中国旅行社协会

中国旅行社行业发展年度报告 2011

Annual Report on the Development of China Travel Service Industry 2011

旅游教育出版社
Tourism Education Press

《中国旅行社行业发展年度报告 2011》编委会

主　任：吴文学

副主任：蒋齐康

委　员：郑　旭　郭毓洁　胡剑南　张　特

《中国旅行社行业发展年度报告 2011》编写组

《中国旅行社业发展分析与预测 2011》

主 持 人：姚延波

小组成员：胡宇橙　焦　彦　刘　莉　王碧含　张柯柯　张培玲

《中国入境旅游年度报告 2011》

中国旅行社协会　艾威联合旅游顾问有限公司

《中国出境旅游年度报告 2011》

主 持 人：厉新建

小组成员：曾博伟　李　志　崔　莉　李　静　王真真　陈　梅　王雪东　万文平　许文婧　张芳芳

目 录

CONTENTS

主报告:中国旅行社业发展分析与预测 2011

分报告一:中国入境旅游年度报告 2011

分报告二:中国出境旅游年度报告2011

主报告：中国旅行社业发展分析与预测 2011

第一章　我国旅行社业宏观环境分析与预测

在世界上越来越多的国家把旅游业提升到国家战略的地位,把发展旅游业作为推动产业升级和转变发展方式的抓手的同时,我国的旅游业迎来黄金发展时期——“十二五”时期。“十二五”时期是我国全面建设小康社会承上启下的重要时期,也是深化改革开放、加快转变经济发展方式的攻坚时期。“十二五”时期是我国旅游业发展的黄金时期,旅游业发展要通过两大战略目标的实现,即旅游业的转型升级和改革创新。“十二五”时期同时也是中国旅行社业发展的黄金时期,中国旅行社业的发展既面临许多机遇,又面临新的挑战。旅行社业作为旅游行业的龙头,连接旅游生产服务的各个环节,直接沟通旅游生产供给和旅游消费需求,对旅游生产服务诸环节起到纽带作用。在中国旅行社业的发展过程中,宏观环境是影响旅行社业发展的关键因素之一。分析研究 2010 年中国旅行社业的宏观环境,总结中国旅行社业在 2010 年抓住机遇、应对挑战的经验,预测 2011 年宏观环境建设的发展趋势,为中国旅行社业 2011 年宏观环境建设的发展提供理论支持,进行宏观环境建设设计,是中国旅行社业在 2011 年以及“十二五”时期科学发展的现实需求。

一、2010 年我国旅行社业宏观环境分析

2010 年我国旅行社业宏观环境涉及多方面因素,我们主要从经济、制度、市场、相关产业等方面进行分析。

(一)2010 年我国旅行社业经济环境分析

2010 年,面对极为复杂的国内外经济环境与极为严峻的各类自然灾害和各种重大挑战,党中央、国务院团结带领全国各族人民,深入贯彻落实科学发展观,加快转变经济发展方式,加强和改善宏观调控,发挥市场机制作用,有效巩固和扩大了应对国际金融危机冲击的成果,国民经济运行态势总体良好。根据国家统计局公布的数据,2010 年国内生产总值 397 983 亿元,按可比价格计算,比 2009 年增长 10.3%,增速比 2009 年加快 1.1 个百分点。分季度看,第一季度同比增长 11.9%,第二季度增长 10.3%,第三季度增长 9.6%,第四季度增长 9.8%。分产业看,第一产业增加值 40 497亿元,增长 4.3%;第二产业增加值 186 481 亿元,增长 12.2%;第三产业增加值 171 005 亿元,增长 9.5%。[①] 国家持续出台一系列宏观经济调控政策,使我国国民经济运行逐渐回归正常增长轨道。

① 中国统计信息网. 马建堂. 2010 年国民经济运行态势总体良好. 2011 - 1 - 20. [EB/OL]. http://www.stats.gov.cn/tjfx/jdfx/t20110120_402699441.html.

国民经济正常发展为旅行社业的发展提供了良好经济环境和有利因素，但是由于2010年国际金融危机对我国的影响还在延续，国内又遭遇了较大的自然灾害，所以旅行社业的发展仍存在一些不利因素。尽管如此，我国旅游业仍呈现出又好、又快的增长态势。

2010年，全国旅行社在数量上呈现逐季增长的趋势。①

表1-1 2010年全国旅行社总数统计数据

季 度	第一季度	第二季度	第三季度	第四季度
全国旅行社	21 695家	21 842家	22 142家	22 784家

以数量逐季增长为基础，2010年旅行社行业在国内游、入境游、出境游三大市场全面增长，其景气指数如下：

表1-2 2010年全国旅行社国内游市场统计数据

	第一季度	第二季度	第三季度	第四季度
国内旅游组织游客	1 265.471 9万人次/3 310.107 9万人天	2 581.391 8万人次/6 457.347 1万人天	4 073.39万人次/12 378.57万人天	4 033.05万人次/10 685.71万人天
国内旅游接待游客	1 574.426 9万人次/3 212.132 8万人天	3 014.938 9万人次/5 963.303 3万人天	4 833.52万人次/1 0919.88万人天	4 724.37万人次/8 737.89万人天

表1-3 2010年全国旅行社入境游市场统计数据

	第一季度	第二季度	第三季度	第四季度
入境旅游外联游客	201.037 4万人次/581.278 1万人天	272.486 5万人次/836.262 7万人天	404.56万人次/1 313.76万人天	473.96万人次/1 883.27万人天
入境旅游接待游客	293.910 2万人次/687.215 2万人天	489.650 0万人次/1 047.009 1万人天	767.31万人次/1511.52万人天	857.18万人次/2 364.36万人天

① 国家旅游局网. 国家旅游局监督管理司. 国家旅游局关于2010年全国旅行社统计调查情况的公报. [EB/OL]. http://www.cnta.gov.cn/html/2011-3/2011-3-7-16-21-91055.html.

表 1-4　2010 年全国旅行社出境游市场统计数据

	第一季度	第二季度	第三季度	第四季度
组织游客出境	312.107 5 万人次 /1 184.028 3 万人天	316.192 4 万人次 /1 291.576 2 万人天	468.76 万人次 /1 665.95 万人天	566.82 万人次 /2 229.94 万人天

(资料来源:国家旅游局监督管理司 . 国家旅游局关于 2010 年全国旅行社统计调查情况的公报. [EB/OL]. http://www.cnta.gov.cn/html/2011-3/2011-3-7-16-21-91055.html.)

截至 2010 年 8 月,全球已有 140 多个国家、地区成为中国公民出境旅游目的地。中国旅游研究院最新报告显示,2010 年,中国出境旅游人数将超过 5 400 万人次,增速超过 11%。① 旅游业投资规模进一步扩大,旅游业的发展对扩大消费和改善民生的功能明显显现。"2010 年我国旅游业实现了国内、入境、出境三大旅游市场全面恢复并较快增长。其中,国内旅游人数达到 21 亿人次,增长 11%;国内旅游收入1.25万亿元,增长 22.5%;入境旅游总人数 1.34 亿人次,增长 6%;入境过夜旅游人数 5 570 万人次,增长 9.5%;旅游外汇收入达到 450 亿美元,增长 13%;特别是出境旅游人数达到 5 600 万人次,增长 17.5%。出境旅游人数已超过入境过夜旅游人数。全国旅游总收入达到 1.57 万亿元,增长 20.5%。"②

从 2010 年全国旅游业发展态势来看,呈现以下亮点:一是旅游业产业绩效总体向好;二是旅游产业融合发展深化;三是旅游行业市场化进程加快;四是现代商业模式和科技手段在旅游业得到广泛运用;五是旅游产品转型升级有了新进展。同时,我国旅游业发展态势还显示出以下基本特点:在国内旅游市场上,城镇增速高于农村;在出境旅游市场上,因私出境旅游者进一步增多。

从 2010 年国内东部、中部、西部地区区域旅游发展态势来看,呈现以下趋势:2010 年国内东、中、西部地区区域旅游发展格局在总体上显现出全面增长的态势。无论是国内游,还是出入境游,处于领先地位的仍然是东部地区,但是中西部地区的出游能力也有大幅度提升。同时,由于我国高速交通体系加速建设,尤其是高速铁路建设方面取得的进展,在全国各地形成一批新的旅游热点,促进了沿线旅游业的发展,为我国区域旅游发展提供了新的增长点。此外,上海世博会、广州亚运会的举办等热点事件成为旅游发展的重要影响因素,给旅游业带来较好的效益。尤其是"2010 年上海世博会,共有 246 个国家、国际组织参展。自 5 月 1 日开幕到 10 月 31 日闭幕,上海世博会参展人数达到 7 308 万人,创造了世博会历史新纪录。据中国旅游研究院初步测算,世博会带来超过 800 亿元人民币的直接收入。"

2010 年我国旅行社业在经济环境既存在有利因素,也存在不利因素的情况下,充分运用有利因素,克服不利因素,为最终取得全年全国旅游总收入达到 1.57 万亿元的

① [2]师兴,徐源. 旅行社角逐 500 亿美元出境旅游市场. 北京商报,2010-9-9(1).

② 国家旅游局网. 邵琪伟. 中国旅游协会召开会长座谈会盘点 2010 展望 2011. 国家旅游局信息中心 2011-1-18. [EB/OL]. http://www.cnta.com/html/2011-1/2011-1-18-0-12-57623.html.

优异成绩作出了贡献。

(二)2010 年我国旅行社业制度环境分析

国务院在《关于加快发展旅游业的意见》文件中将旅游业确立为国民经济的战略性支柱产业,旅游业已经进入国家发展的战略体系,为 2010 年中国旅行社业制度环境建设奠定了基础。2010 年是全面贯彻落实这一文件精神的第一年,也是实现"十一五"规划目标的最后一年。同时,我国旅游业实现了国内、入境、出境三大旅游市场全面恢复并较快增长。旅游业所取得的成绩与国家旅游局和中国旅行社协会在制度环境建设方面从宏观到微观所做出的努力是分不开的。

1. 国家旅游局为贯彻落实《旅行社条例》在制度环境建设上的举措

第一,国家旅游局于 2009 年 5 月 3 日起施行《旅行社条例实施细则》,它对《旅行社条例》进一步作出详尽规定。第二,为贯彻落实条例和细则,促进我国旅行社业形成批发、零售业务分工体系,国家旅游局于 2010 年 5 月 6 日发布《关于试行旅行社委托代理招徕旅游者业务有关事项的通知》,决定在旅行社之间突破许可经营权限制,试行招徕旅游者委托代理制度。这是我国旅行社业务管理制度的重大突破,对旅行社业务分工体系将产生重大影响。这是在国务院修订发布《旅行社条例》和国家旅游局修订发布《旅行社条例实施细则》之后,我国旅行社业的又一件大事,是国家旅游局推进旅行社业改革发展的重大举措。第三,为了具体落实《关于试行旅行社委托代理招徕旅游者业务有关事项的通知》,国家旅游局于 2010 年 5 月 6 日同时发布《团队出境旅游合同示范文本》(代理招徕专用),对试行旅行社委托代理招徕旅游者业务的有关事项进一步加以规范。

2.《旅行社条例》规范旅行社行为,推动旅行社改革

《旅行社条例》的颁布实施,既对旅行社行为进行强制规范,又推进了旅行社改革的进一步深化。

《旅行社条例》涉及规范旅行社行为的主要规定有:对旅行社的经营行为作了严格规范,明确规定禁止旅行社低于成本报价;规定未经旅游者同意,不得在旅游合同约定之外提供其他有偿服务;规定对违法经营、超范围经营的单位给予严厉处罚的相应等次。这些规定对规范旅行社的行为更具有操作性,有利于整治旅游市场的零负团费现象,树立旅游市场信誉,使旅游企业向着大集团的品牌化趋势发展。

《旅行社条例》在推动旅行社的改革上有以下特点:

(1)条例由原来注重对旅行社的监管转变为对旅游者权益的保护。条例实施后,游客将在以下方面受益:一是有效解决了过去严重困扰旅游者的频繁购物问题。旅行社改变了安排游客购物的方式,让游客对购物作出选择。二是条例的实施规范了旅行社的操作,使游客切实体会到了旅游的乐趣。

(2)条例对旅行社改革的规定主要涉及旅行社分类,旅行社、分社及服务网点的设立,规范旅游合同等几个方面。

第一,降低了旅行社的进入门槛,这直接导致旅行社数量的快速增长,社会各种投资主体进入该行业更加便利,更多的商务公司、旅游公司将会转型过渡成正规旅行社,

旅行社的业务范围进一步拓宽。

第二，规定了旅游合同必须包含的 14 项内容，其中包括购物次数、停留时间及购物场所名称，旅游者自由活动时间和次数，交通、住宿、餐饮服务安排及其标准，旅行社统一安排的游览项目的具体内容及时间等，对旅行社经营活动进行规范。

第三，旅游产品的分类更加细化，覆盖了不同旅游者的要求。过去旅行社和游客之间签订的旅游合同有的内容含混不清，条例实施后在旅行社与游客签订合同前，必须将合同中的条款作出明确的细化和量化，游客同意后必须亲自签字，方能生效。这种做法有利于旅行社进一步细分旅游产品市场。

3. 中国旅行社协会在制度环境建设方面所做的努力

中国旅行社协会作为行业利益的代表，在维护行业利益，及时有效地与政府管理部门沟通、及时反映行业需求；引导和推进行业升级，积极开展各项活动、加强会员之间交流合作等方面做了大量的工作。[①] 对 2010 年我国旅行社行业的发展起到了保障作用。

（三）2010 年我国旅行社业市场环境分析

1. 2010 年我国旅游业发展态势分析

2010 年，我国旅游业发展态势是总体运行稳中有进，首先，由于全国旅游行业全面贯彻落实国务院《关于加快发展旅游业的意见》，着力深化旅游业改革创新，旅游业保持快速平稳发展；其次，随着中国深化改革经济转型、扩大内需的战略推进，旅游作为居民消费的龙头产品，迎来历史性发展机遇，为旅行社业的发展提供了广阔的市场；再次，在居民收入不断增加、交通格局逐渐改善、区域经济振兴等政策扶持的情况下，中国旅游业进入新一轮加速增长周期，也推动了旅行社产业的稳步快速发展；最后，人民币升值推动出境游快速增长，也在一定程度上推进了旅行社产业的发展。

2010 年发生了一系列影响我国旅游业发展的重大事件，如武汉——广州高铁开通、上海世博会开幕、广州亚运会，等等。国内旅行社抓住这些时机，适时推出相关主题线路和产品，取得较好的效益，表现出以下特点：

（1）城际高铁形成新的旅游集散地及旅游者消费热点

高速铁路的快速发展，对拉动两地间或第三地间的旅游发展起到了积极促进作用。一些城市高铁开通，形成新的旅游集散地及旅游消费热点。交通运输不仅是国民经济发展的基础和前提，也是区域旅游业发展的基础条件。因此，交通运输对旅游业的空间扩展产生显著的影响。中国高速铁路的发展以及高速公路、民航体系的建设，使中国正在出现旅游“同城化”效应。

（2）世博游引导旅游者消费

围绕 2010 年上海世博会，各地的旅行社自 2010 年 5 月以来，通过宣传、组织世博游，使世博游成为国内游业务的主打产品，尤其是暑假和“十一”黄金周期间，世博游

---

① 中国旅行社协会网：盖志新. 盖志新会长在中国旅行社协会三届三次理事会上的工作报告. 2010 年 10 月 15 日[EB/OL]. http://www.cats.org.cn/html/Article/20101129/14125.shtml.

成为各地游客的首选，旅行社也获得极好的效益。统计数据显示，为期6个月的世博游收益占2010年全年国内游业务总收入的30%～50%，以往任何一次主题旅游项目都没能取得像世博游这样好的成绩。"按照上海世博组委会的要求，在海内外广泛开展世博旅游宣传推广活动。在全球27个国家、237个城市推出'全球百城世博旅游推广月'，组织了1 000多场世博旅游推广活动，在国内123座城市组织开展'全国百城世博旅游推广周'和世博旅游大篷车等系列大型活动。实现了上海世博入园游客7 308万人次，其中海外游客425万人次、团队游客2088万人次，超过预期目标。"①一些省市在国家旅游局确定2010年是"中国世博旅游年"后，借世博游之力，发展本地旅游。如天津市提出了"观世博游天津，中国旅游产业节欢迎您"的主题口号，津沪两地的20家旅行社共同签署了《相互接送旅游团队合作协议书》，吸引了大量海内外游客"先观世博、后游天津"。世博会期间来津的海内外旅游团队达310多个，游客达28万多人次。②

2. 旅游者消费模式和特点分析

在旅游需求方面，旅游者消费模式首先呈现出短线化的特点，目前旅行社设计的旅游线路大多是长线产品，游客把所有的景点都玩遍，颇为辛苦。更多的游客其旅游目的是休闲度假，这类游客注重精神上的放松和享受，不再满足于传统的旅游方式，即跟着导游"上车睡觉、下车拍照"的走马观花式旅游模式。这就要求旅行社在线路设计上向短线倾斜，向深度发展。其次，旅游者消费模式呈现出散客化、自助化的特点，越来越多的游客通过网络渠道来完成旅游，散客化的趋势越来越重，大量旅游者通过自由行的方式完成旅游活动。

短线化、散客化、自助化时代的到来，必然会对旅行社的经营模式提出挑战，而且对旅行服务商业模式的创新提出更高的要求。

3. 我国中小型旅行社传统经营模式在旅游市场上受到挑战

我国中小型旅行社的规模偏小，基础设施相对薄弱，人力资本积累不足，人员流动性大，员工学历总体上偏低，战略管理人才和经验丰富的业务骨干呈紧缺状态，普遍存在高薪"挖人"和频繁"跳槽"现象，这些都必然影响到中小型旅行社的日常经营和管理，从而间接制约其市场竞争力的提高。同时，中小型旅行社缺乏大量的资金、人力及技术实力去开发新产品，往往造成旅游产品单一，无深层次开发，缺少品牌价值，产品没有特色，模仿现象严重，"零负团费"的现象多发生在中小型旅行社的经营过程中。

(四)2010年我国旅行社业的相关产业分析

"据统计，与旅游相关的行业、部门已超过110个，旅游的外延在不断扩展，旅游消费对住宿业的贡献率超过90%，对民航和铁路客运业的贡献率超过80%，对文化娱乐业的贡献率超过50%，对餐饮业和商业零售业的贡献率超过40%。"③

在旅行社业发展的同时，2010年与旅行社业相关的产业也得到长足发展。限于

① 新浪网. 天津旅游局信息中心. 天津旅游亮出新名片 上半年各项指标创最好水平. [EB/OL].

② http://sy.house.sina.com.cn/biz/2010年7月5日北方网.

③ 史国祥. 大旅游格局的产业结构变动. 中国旅游报. 2011(12).

篇幅,仅对相关产业中的饭店业、景区、交通运输业的发展进行分析。

1. 饭店业的发展

旅游饭店业作为我国旅游产业的核心要素,在 2009 年因受金融危机影响而下滑的需求,在 2010 年的经营业绩逐季度上升。

表 1-5　2010 年各季度全国星级饭店经营情况统计表①

	第一季度	第二季度	第三季度	第四季度
平均房价	280.37 元/间夜	297.12 元/间夜	294.35 元/间夜	312.91 元/间夜
平均出租率(%)	52.78	60.22	64	61.58

2010 年,越来越多的饭店开始进入市场,一些立足在一线城市的外资品牌饭店纷纷进军二三线城市,中档饭店迅速崛起,持续增长的饭店入住率和渐渐步入正轨的品牌细分化道路让饭店业内人士对未来发展充满希望。在"'十一五'期间星级饭店数量稳步增长,年均增长率为 5.5%;星级饭店客房数量年均增长率为 6.3%。截止到 2010 年底,全国共有 14691 家星级饭店,其中五星级饭店 603 家,四星级饭店 2 214 家,三星级饭店 6 399 家,二星级饭店 5 121 家,一星级饭店 354 家。"②作为我国旅游产业的核心要素,旅游饭店业的持续发展为 2010 年我国旅行社业的发展提供了充分条件。

2. 2010 年全国景区旅游收入

2010 年,全国各 5A 级风景区旅游接待和收入情况统计的结果显示,风景区旅游收入都获得较大幅度增长,其中,福建武夷山景区以旅游总收入 106.6 亿元暂列第一。③

表 1-6　2010 年 5A 景区旅游收入排行榜

名次	景区	接待游客总人数(万人次)	同比增长(%)	旅游总收入(亿元)	同比增长(%)	省份
1	武夷山	635	9.40	106.6	11.98	福建
2	张家界武陵源	1 524	25.99	56.2	17.56	湖南
3	青城山-都江堰	1 150	20	50.5	21	四川

① 资料来源:国家旅游局网. 国家旅游局监督管理司. 2010 年全国星级饭店统计公报. [EB/OL]. http://www.cnta.gov.cn/html/2011-2/2011-2-16-16-53-69893.html.

② 刘士军,鲁凯麟. 中国旅游饭店业的发展与管理——"十一五"回顾与"十二五"展望. 中国旅游报. 2011(7).

③ 人民网. 肖路. 北京 2010 年 2 月 18 日电. 2010 年 5A 级风景区旅游收入排行榜. [EB/OL]. http://travel.people.com.cn/GB/13950076.html.

续表

名次	景区	接待游客总人数（万人次）	同比增长（%）	旅游总收入（亿元）	同比增长（%）	省份
4	千岛湖	974.28	17.80	45.4	19.20	浙江
5	九华山	400	29	39	25.80	安徽
6	井冈山	453.61	10.10	33.24	12.10	江西
7	黄果树大瀑布	511	10	30	10	贵州
8	衡山	420.23	20	27.75	20	湖南
9	普陀山	478.42	26.40	26.81	24.75	浙江
10	五台山	321.4	34.45	21.836	0.28	山西
11	峨眉山－乐山大佛	500.36	312.35	18.5	35.04	四川
12	黄山	251.83	6.88	16.52	14.72	安徽
13	长白山	200	17.30	6	23.40	吉林
14	云台山	391.23	20	2.95	18	河南

3.交通运输业的发展

2011年3月5日，国务院总理温家宝同志所作的《政府工作报告》中指出："十一五"时期"建成铁路新线1.6万公里，新增公路63.9万公里，其中高速公路3.3万公里，新建、改扩建机场33个。"我国先后开通了武广、郑西、福厦、成灌、沪宁等高铁线路，极大地推动了沿线地区的旅游业发展。目前"全国民用机场数量达到166个，定期航班通航的城市163个；高速公路通车里程6.5万公里，位居全球第二；高速铁路运营里程2 319公里，名列世界第一。"①

高速铁路以及高速公路、民航体系建设的快速发展，对拉动两地间或第三地间的旅游起到了积极促进作用，不仅拉近了两地间的距离，同时也改变了游客的出游方式。

二、2011年我国旅行社业宏观环境预测

2011年3月5日，温家宝总理所作的《政府工作报告》中指出：大力促进旅游消费。2010年11月24日，国家旅游局出台《关于促进旅游饭店业持续健康发展的意见》和《关于促进旅行社业持续健康发展的意见》，为2011年我国旅行社业宏观环境建设奠定了良好的基础。

① 王志发. 新战略新环境新发展——在第五届贵州旅游产业发展大会上的讲话. 中国旅游报，2010－9－20(2).

（一）2011 年我国旅行社业面对的机遇与挑战

国外旅游发展经验表明，当人均国内生产总值达到 300 美元时，开始有国内旅游需求；当人均国内生产总值达到 3 000 美元时，将迎来一个国内游与出境游全面繁荣、社会各阶层广泛参与的全民旅游时代。[①] 目前，我国人均国内生产总值已经达到3 000 美元，这是世界旅游界公认的旅游业爆发性增长阶段。现在，我们刚刚实现每年人均出游 1 次的目标，而世界上的发达国家美、日、韩人均出游均在 7 次以上，我国旅游市场成长潜力巨大。[②]

在实施《中国旅游业发展“十二五”规划》过程中，2011 年，我国旅行社业宏观环境面临重大的机遇和挑战，表现为：

（1）世界和中国旅游业的发展，对中国旅行社业的经营、管理、服务和体制、机制，提出了一系列新课题、新要求，要求中国旅行社业加快专业化、网络化、品牌化、国际化的步伐。

（2）中国的社会主义市场经济体制不断完善，使中国旅行社业面临复杂多变的经营和发展环境，对制度环境建设提出一系列更高的新的需求。

（3）旅游消费者对旅行社价格标准和服务水准的期望值越来越高，权益意识和维权行动不断加强，对旅行社产品和服务的要求日益多样化，社会公众，尤其是网民、驴友越来越关注旅行社业存在的问题，使旅行社的社会责任逐渐增加。

（4）在互联网等信息和管理技术迅猛发展的过程中，中国旅行社业普遍存在的小作坊式的经营方式难以为继，促使旅行社探求新的生存方式和生存空间。

（5）外资投资旅行社给本土旅行社带来了压力。国家旅游局已开始受理中外合资经营旅行社经营中国公民出境旅游业务试点的申请，这标志着我国旅游市场对外开放迈出了新的实质性步伐。外资旅行社在经营模式、服务质量、管理方式等方面均对本土旅行社形成挑战。

（二）2011 年我国旅行社业经济环境预测

随着中国深化经济转型、扩大内需的战略推进，旅游作为居民消费的龙头产品，迎来历史性发展机遇。“2011 年全国旅游业发展的预期目标为：国内旅游人数 23 亿人次，增长 9%；国内旅游收入 1.4 万亿元，增长 12%。入境旅游人数 1.38 亿人次，增长 3%；入境过夜旅游人数 5 850 万人次，增长 5%；旅游外汇收入 495 亿美元，增长 8%。出境旅游人数 6 500 万人次，增长 13%。旅游业总收入 1.72 万亿元，增长 10%。”[③] 2011 年，我国旅行社业蕴藏着巨大的发展潜力，经济环境呈现有利于旅行社业快速发展的态势。

---

① 徐虹. 以大旅游产业观培育支柱产业. 天津日报，2010－1－11(10).

② 国家旅游局网. 王志发. 关于中国旅游投资的几点思考. 2009－12－1. [EB/OL]. http://www.cnta.gov.cn/html/2009－12/2009－12－1－16－28－92089_1.html.

③ 国家旅游局网. 邵琪伟. 在 2011 年全国旅游工作会议上的讲话. 2011 年 1 月 18 日. [EB/OL]. http://www.cnta.gov.cn/html/2011－1/2011－1－21－8－58－11493_1_1_1_3.html.

1. 国民人均旅游消费增长空间较大

2011 年,在国家宏观调控政策的影响下,社会公众对旅游消费给予更大的投入。由于我国人均旅游消费基数较低,而我国人均收入又处于旅游消费的“井喷”点,所以国民人均旅游消费增长空间较大。随着我国经济快速发展、城乡居民收入不断提高和闲暇时间大量增加,旅游消费将进入一个快速发展的新阶段。

2. 旅游业得到各省、自治区、直辖市政府的高度重视和大力投入

国务院《关于加快发展旅游业的意见》以及《中国旅游业发展“十二五”规划》发布实施后,各省、自治区、直辖市人民政府给予高度重视,纷纷提出建设“旅游大省”、“旅游强省”的目标。北京市自 2011 年起,每年对旅游发展的专项资金投入将达到 10 亿元以上,并逐年提高用于旅游基础设施建设的资金比重。河北省省政府将 2011 年省级旅游产业发展资金增加到 3 亿元。①

3. 各级政府加大对旅游发展资金和旅游设施建设的引导性投入

国家持续加大中西部基础设施建设等投入,云南、贵州、四川、广西、重庆等旅游资源富集省、市加快了支线机场、快速铁路、高速公路建设,旅游资源开发建设的基础条件加速改善。加大旅游投入已成为各地普遍性的认识,东部地区侧重完善旅游公共服务设施,中西部则继续加强旅游基础设施,并都致力于推动旅游大项目建设。有的省规定对总投资较大的旅游重点项目,采取以奖代补的办法予以支持,所需资金从省旅游专项资金中列支。各级政府都加大对旅游发展资金和旅游设施建设的引导性投入,推动社会资金投入旅游业。

(三)2011 年我国旅行社业制度环境预测

1. 2011 年我国旅行社业宏观制度环境建设

旅行社业的制度环境体现出一个国家的社会、政治、经济、文化等诸方面的特征,集中反映出在旅行社业中的政府意志,它在旅行社的成长与发展过程中起着重要作用。

为了给旅行社业的发展提供一个良好的制度环境,根据《国务院办公厅关于做好规章清理工作有关问题的通知》的要求,国家旅游局开展了对规章、规范性文件的全面清理工作,并于 2010 年 11 月 30 日发布关于规章及规范性文件清理结果的公告,清理结果是:清理,废止规章 4 件,继续保留规章 16 件;废止规范性文件 13 件,宣布失效规范性文件 11 件,继续保留规范性文件 33 件。② 国家旅游局所清理的规章、规范性文件,包括直接或间接不利于旅行社业今后发展、不利于旅行社业制度环境建设的规章、规范性文件,对旅行社业的制度环境建设产生了积极的作用。

2. 中国旅行社业制度环境建设需要发展和完善之处

(1)制定全国旅行社业发展规划,将旅行社业的发展建设纳入国民经济和社会发

① 国家旅游局网. 国家旅游局信息中心 2011 - 1 - 19. 北京、河北、甘肃等 8 省市领导介绍贯彻落实《国务院关于加快发展旅游业的意见》的经验. [EB/OL]. http://www.cnta.com/html/2011 - 1/2011 - 1 - 19 - 18 - 51 - 27638.html.

② 国家旅游局网. 国家旅游局政策法规司. 关于规章及规范性文件清理结果的公告. [EB/OL]. http://www.cnta.com/html/2010 - 12/2010 - 12 - 1 - 10 - 48 - 95822_1.html.

展规划之中。国务院在《关于加快发展旅游业的意见》中明确指出：把旅游业培育成国民经济的战略性支柱产业和人民群众更加满意的现代服务业。实现这一目标，仅仅依靠旅行社业自身现有的力量难以完成，这需要充分发挥全社会的力量，需要制定全国旅行社业发展规划。不仅要解决旅行社业基础设施薄弱，建设投入不足等问题，而且要从国民经济和社会中长期发展的视角去研究旅行社业今后的发展对实现旅游业发展目标的作用，对国民经济和社会的影响。

（2）加快制定旅行社业行业监管规范、从业规范等专项法规，不断完善旅行社业相关法律、法规。旅行社业的发展必须纳入法治轨道，这一做法的前提是有法可依。目前，旅行社业法治建设的状况还不理想。表现为：一是调整旅行社业发展的法规规定不足，仍存在运用“红头文件”调整行业发展的现象。这些“红头文件”在协调与社会其他政府部门、企事业单位、社会组织、旅游消费者的关系时，不具有强制力。二是在行业发展过程中，调整旅行社业发展的法规规定位阶较低，大多数法规是部门规章。三是在行业发展过程中，个别旅行社利用调整旅行社业发展的法规规定不足的缺陷，进行恶性竞争，搅乱旅游市场，直接影响旅行社业的整体发展水平。

（3）在旅行社业制度环境建设方面采取措施，整合行业资源。《中国旅游业发展“十二五”规划》的发布实施，为我国旅行社业的发展提供了广阔空间。“目前我国以旅游业务为主业的上市公司仅为24家，大大低于其他行业的发展水平。”[①]我国旅行社业当前“弱、小、散、差”的状况需要尽快改变，需要促进企业上市，需要进行优化整合，促进旅行社业有序地开展委托代理招徕旅游者业务，促进批发－零售业务分工体系的形成。具体而言：

第一，打破行业、地区壁垒，鼓励社会资本公平参与旅行社业的发展，鼓励各种所有制企业依法投资旅行社业；

第二，进行国有旅行社改组改制，支持民营和中小旅行社发展，支持各类旅行社跨地区、跨所有制兼并重组，培育一批具有竞争力的大型旅行社集团；

第三，探索适合我国国情的旅行社业经营方式与业务分工体系，逐步建立有中国特色的旅行社业务分工体系。

第四，整合旅游教育资源，加大对旅行社员工培训工作力度，从根本上解决服务质量问题。

3.2011年旅行社业制度环境发展的重点

2011年，旅行社业制度环境发展的重点是在旅行社业实施垂直分工体系。我国旅行社现行的业务分工体系是水平分工体系，该体系存在的弊端直接影响我国旅行社业国际竞争力的提升。在水平分工体系下，每类旅行社都要从事旅游产品的设计、开发、销售等一系列经营活动。无论再小的旅行社，它都必须具备从票务预订、旅行线路设计、销售组团等一整套功能机构的设置。这些人力、财力、物力极为有限的中小型旅

---

① 国家旅游局网．王志发．关于中国旅游投资的几点思考．2009－12－1．[EB/OL]．http://www.cnta.gov.cn/html/2009－12/2009－12－1－16－28－92089_1.html.

行社，难以保证对每个环节的充分投入，造成旅游产品的浅层次开发，直接导致在旅行社业经常出现恶性削价竞争、服务质量差等现象。

（四）2011 年我国旅行社业市场环境预测

1. 2011 年我国旅行社业市场环境

（1）中国旅游业进入一轮加速增长的周期。为克服国际金融危机的影响，国家投入 4 万亿资金拉动经济建设。这 4 万亿资金中有 45% 是用于道路、交通等基础设施的投资。经过"十一五"期间的建设，发达的高速交通网络、持续增长的私家车数量、完善的公共服务体系、社会将普遍实行带薪休假制度等因素的出现，使发展大众旅游的条件已经基本具备。党的十七大确定了坚持扩大国内需求、特别是消费需求的重大方针。随着居民收入水平的提高和全年 115 天假期的进一步落实，国内居民度假休闲的需求日益强烈，旅游消费在社会总需求中的比重将逐步提高。在居民收入提升、交通格局改善、区域经济振兴等政策的扶持下，中国旅游业将进入一轮加速增长的周期。

（2）2011 年旅行社行业的竞争将会更加激烈，不仅中小型旅行社面临生存危机，国内大型旅行社集团也将面临外资旅行社集团的挑战。品牌建设的重要性日益凸显，国内外旅行社集团之间的竞争归根到底是品牌之争，创建知名品牌已成为国内外旅行社取得竞争制胜的法宝之一，依靠品牌和服务来赢得市场将成为旅行社未来发展的主旋律。

（3）旅行社业面临各种突发事件将成为常态。2011 年，旅行社业面临的各种突发事件将成为一种常态，在各种突发事件频发的情况下，我国的旅行社业在处理、应对突发事件的过程中，将不断积累经验，提高危机管理的意识和水平。

2011 年初，埃及发生了骚乱，在我国游客滞留埃及当地的情况下，承办该次旅游的旅行社第一时间成立紧急事件处理小组，与团组领队、当地地接社密切配合，制订紧急处理方案，并妥善地处理相关事宜。在最短时间内安排游客离开了骚乱核心地区开罗，并在第一时间为游客安排了返程航班，确保游客顺利回国。①

2. 通过培训提高旅行社业员工素质，加强旅行社业人才队伍建设

在 2011 年，"零团费"、"导游欺客"、"购物陷阱"等依然是影响中国旅行社业服务水平及服务质量提升的主要问题。上述现象的出现，既有制度规定上的缺陷，又有旅行社业员工素质方面的原因。提高旅行社业员工的素质，是从根本上提升中国旅行社业服务水平及服务质量的基础。首先，要加强旅行社业人才队伍的建设。国家旅游局和中国旅行社协会要实施旅行社人才发展计划，加强经营管理人才队伍和导游人才队伍的建设。其次，要进一步重视旅行社业中高层管理人员、中高级导游人员的培养。再次，要积极开展争创岗位明星活动，提升导游队伍的文化素质和专业技能。对在全国性技能比赛取得优异成绩或获得全省旅游行业岗位明星称号的旅行社员工，要给予一定的奖励。最后，在旅行社业中要建立科学的用人、留人机制和员工薪酬保障机制，对注册登记的专职导游员和员工，要按规定办理劳动聘任手续、签订劳动合同，按月给

---

① 新华社. 埃及金字塔重新开放. 今晚报，2011－2－21(4).

予不低于当地劳动部门公布的最低月工资标准的保底工资,并为其办理社会保险。通过采取上述措施,增强旅行社业的凝聚力,努力造就一支懂经营、善管理、具有较高专业水平的旅行社业人才队伍,为中国旅行社业又好、又快发展奠定坚实的基础。

3. 净化市场,建立我国信息化模式下的中国旅行社业质量监督管理体系

信息技术在旅游业的广泛应用,正在推动旅行社业的经营模式、营销方式等发生着前所未有的深刻变革。信息化开创了技术创新和生产力发展的新局面,成为推动旅行社业结构调整和促进旅行社业发展方式转变的重要力量。

(1)中国旅行社业传统的质量监督管理方式存在的问题

一是传统的质量监督管理方式需要旅游行政管理部门与有关部门联合进行,运行成本高。二是传统的质监管理方式在旅行社安全、卫生、服务等方面出现问题后,发现不及时。旅行社出现问题后,旅游行政管理部门要根据旅游消费者的投诉,立案处理,取得相关证据,研究如何解决等。这一过程需要较长时间,不利于及时处理问题。三是传统的质监管理方式处罚较轻,旅行社违法成本低。出现一般问题的旅行社,仅受到通报批评的处罚。

(2)信息化模式下的中国旅行社业质量监督管理制度的发展和完善

发展和完善信息化模式下的中国旅行社业质量监督管理制度,通过网络对旅行社的经营行为进行监督管理,由“突击式”监管模式转变为常规式管理模式,将对国内那些有投机行为,靠寻租挂靠或出租承包等不规范经营的旅行社产生威慑作用,对守法经营的旅行社起到保护作用。

4. 建立中国旅行社业应对自然灾害、社会突发事件制度

(1)自然灾害、社会突发事件对旅游业的影响

旅行社业对自然环境依存度高,是极易受到气候变化影响的行业之一。为此,2008 年世界旅游日的主题定为“旅游:应对气候变化挑战”。2009 年哥本哈根世界气候变化大会期间,世界旅游组织和世界旅行旅游理事会专门举办主题为“应对气候挑战——旅行和旅游行业的思维”活动。到目前为止,气候变化对中国旅行社业带来的影响已经显现出来。主要有:旅游交通受到的影响,如高速公路因雾天而关闭,直接对旅行社的旅游计划产生影响;因气温升高,青藏高原冻土的季节融化深度加大,使青藏公路、铁路运营安全受到严重威胁;因气候变暖,造成主营滑雪、滑冰等冬季体育项目的目的地的雪量不足,制约冰雪旅游的发展,等等。此外,社会突发事件,如:传染病、群体性事件等,对旅行社业也具有比较重大的影响。

(2)中国旅行社业处置自然灾害、社会突发事件应采取的措施

第一,建立中国旅行社业风险基金,帮助旅行社抵御各种自然灾害、社会突发事件和市场经济波动造成的直接冲击,增强抗风险能力。

第二,建立中国旅行社业突发事件应急预案,最大限度地减少事故造成的损失,确保旅行社在面对突发事件、安全事故时能采取及时有效的安全应急措施。

第三,建立中国旅行社业面对突发事件的舆论引导制度。在面对突发事件时如果“集体失语”,导致的后果将不堪设想,需要建立中国旅行社业面对突发事件的舆论引

导制度。要设置新闻发言人,面对突发事件,由新闻发言人发布信息,引导舆论走向。

(五)2011 年我国旅行社业的相关产业预测

“旅游业是一个综合性产业,也是一个异质性产业,主要由旅行社业、饭店业、交通运输业、餐饮业和旅游景区(景点)组成。”[①]在旅游产业链中,旅行社业起着主导作用。但是,饭店业、交通运输业、餐饮业和旅游景区(景点)的发展对旅行社业有直接的影响。

1. 旅游饭店业发展的预测

旅游饭店业作为旅游产业的核心部分,其发展状态对旅行社业会产生直接影响。2010 年 11 月 24 日,国家旅游局出台《关于促进旅游饭店业持续健康发展的意见》,指出我国旅游饭店业还存在重建设轻管理、重硬件轻软件、结构不够合理、服务质量下降和企业竞争力不强等问题。为 2011 年旅游饭店业确定的发展方向是:以标准化工作为抓手,以提升服务质量为重点,积极引导旅游饭店业优化产业结构、转变发展方式,推动旅游饭店业持续健康发展。

(1)旅游饭店业品牌化发展需求

旅游饭店业是现代服务业的重要组成部分,在提升旅游接待水平中起着重要作用。与发达国家相比,我国饭店业集团化程度依然较低(不足 15%),中国饭店品牌的市场影响力依然较弱,虽然以客房总数排名的位次不断上升,但品牌建设相对滞后,多为区域品牌或业内品牌,没有得到消费者和市场的广泛认可,缺乏全国性的饭店品牌,尤其是顶尖级饭店品牌;品牌的影响力尤其是国际影响力薄弱。[②] 因此,品牌化是 2011 年中国旅游饭店业发展的客观需求。

(2)2010 年中央企业饭店走向市场化

2010 年 1 月 25 日,国务院国有资产监督管理委员会宣布“拟让央企剥离非主业的饭店和宾馆资产”,剥离范围包括“不以宾馆饭店为主业的央企”及“其各级子企业投资兴办的各类非主业宾馆饭店”。这一举措将在中央企业范围内全面开展非主业宾馆饭店剥离重组工作,将使中央企业非主业宾馆饭店分离重组,进而逐步走向市场化。这场涉及 128 家中央企业饭店资产重组的改革对饭店业发展产生重要影响。曾经依附在中央企业名下的饭店走上市场化道路,增强了饭店业阵容,加剧了饭店业的竞争。通过竞争,将会出现一批适应旅游业发展需求的具有高质量服务水平的饭店。

(3)2011 年 1 月 1 日起实施国家标准《饭店星级的划分与评定》

国家质监总局、全国标准化管理委员会于 2010 年 10 月 18 日正式发布《旅游饭店星级的划分与评定》(GB/T 14308—2010)(以下简称“2010 版星级标准”),并于 2011 年 1 月 1 日起正式实施。2010 版星级标准将在 2011 年引导旅游饭店行业“关注饭店核心产品,关注产品舒适度,关注管理制度建设,关注宾客满意度,倡导个性化经营,体验式服务。2010 版星级标准将低星级饭店定位于有限服务,降低了对配套设施的要

① 姚延波. 旅行社经营管理. 北京:北京师范大学出版社,2010.

② 中国旅游报. 刘士军,鲁凯麟. 中国旅游饭店业的发展与管理. 2011 - 1 - 24. [EB/OL]. http://info.hotel.hc360.com/2011/01/241352286147.shtml.

求，放低门槛以吸引更多有限服务饭店加入星级饭店行列”[①]。2010 版星级标准对小型精品饭店作出可获评五星级的规定，这对小型精品饭店在 2011 年的发展将产生促进作用。

2. 交通运输业发展的预测

党的十七届五中全会强调，“按照适度超前原则，统筹各种运输方式发展”。2011 年，中国高速铁路的建设将会继续升温，高铁的发展以及高速公路、民航体系的建设，旅游“同城化”效应将会在中国各地出现。我国高速交通体系加速建设，尤其是在高铁方面取得的进展，将会在全国各地形成一批新的旅游目的地和旅游热点。新建高速铁路、高速公路、民航支线将会促进 2011 年旅游业的发展，为我国旅游业发展生成新的增长点。

三、2011 年我国旅行社业宏观环境建设的相关政策建议

（一）放松政府微观规制，加强法制性规制

放松政府微观规制，就是在旅行社业的管理规范上，逐步减少运用“红头文件”调整旅行社业发展的现象。加强法制性规制，就是将旅行社业的管理逐步纳入法治轨道。为此，需要加快《旅游法》立法的进程，逐步建立包括法律、条例、部门规章、实施细则、办法、规范在内的旅游法律体系。具体措施包括：

1.《旅游法》立法基本框架的研究

制定《旅游法》是依法治国的要求，也是中国旅行社业发展的内在需求。《旅行社条例》的颁布实施，为《旅游法》的制定奠定了基础。但是，条例在实际运行中存在哪些问题，需要通过执法检查来发现。旅行社业在发展过程中还存在哪些问题需要解决，等等，都需要进行深入研究。通过调查研究，找出解决问题的方法，以便在制定《旅游法》时，避免在旅行社业的规定上出现立法缺陷。

作为新中国的第一部旅游法，在《旅游法》起草工作中需要对其基本框架、主要内容进行调研、论证。旅行社业作为旅游行业的龙头，既要连接旅游生产服务的各个环节，也要沟通旅游生产供给和消费需求。在《旅游法》的基本框架以及主要内容中，应当对旅行社的法律地位、旅行社的设置、旅行社的组成、旅行社与其他国家机关、企事业单位、社会团体、社会组织、旅游产品消费者的关系等作出具体的、明确的规定。

2. 制定统一的国家标准、行业标准，实行中国旅行社业工作标准化

规范旅行社业的行为，需要实行旅行社业工作标准化。规范是将实践概括总结上升为理论，是从实践中提炼出来的。为此，需要对旅行社业进行调查研究，在此基础上进一步加强旅行社业地方标准和行业标准的制定。2010 年，国家旅游局制定、修订了 11 项国家标准和行业标准，并启动了旅游标准化试点示范工作，确定了 1 个省、10 个市县区、67 家企业为首批试点单位。出台了《旅游投诉处理办法》、《“旅游饭店星级

① 中国旅游报. 刘士军，鲁凯麟. 中国旅游饭店业的发展与管理. 2011 - 1 - 24. [EB/OL]. http://info.hotel.hc360.com/2011/01/241352286147.shtml.

的划分与评定(2010)”实施办法》,研究制订了《旅行社服务质量赔偿标准》等,大力推广《出境旅游组团合同》、《国内旅游组团合同》、《国内组团一日游合同》和内地居民赴台湾地区旅游合同等。[①] 这些标准,健全了旅行社业标准化工作机制,完善了行业标准体系。制定旅行社业国家标准、行业标准、地方标准和企业标准,是实行旅行社业工作标准化的前提。在已经推行的《旅行社访查规范》、《旅行社散客服务规范》等规范的基础上,更多地制定相关标准,对旅行社业的行为进行全面规范,实现中国旅行社业工作标准化的目标。

(二)培育多元化行业管理主体,确立旅行社协会的行业管理主体地位

1. 我国旅行社的行业管理主体

我国旅行社的行业管理主体包括:中央、地方各级旅游行政管理部门和旅行社行业组织。

(1)我国政府对旅行社业的管理

我国政府对旅行社业的管理包括宏观管理与微观管理两个方面。宏观管理一般是通过国务院颁布行政法规、或以国家旅游局局长令颁布的部门规章等。微观管理涉及以下几个方面:一是经营范围管理;二是市场准入管理;三是服务质量管理;四是对导游人员的管理。

(2)旅行社行业组织对旅行社业的管理

旅行社行业组织即旅行社行业协会。旅行社行业协会属于社会中介组织,介于政府与企业之间,向上接受政府法律、法规的制约与调整,向下依靠协会的规则规范旅行社企业的各种市场行为。为旅行社企业提供需要的服务、促使旅行社企业遵守市场竞争规则、进行政府与旅行社企业之间的沟通、协调各旅行社企业之间的关系。[②]

2. 我国旅行社的行业管理需要改革之处

从世界范围看,越是市场化和法制化程度高的国家和地区,越是趋向于对旅游企业实施较为宽松的管理,更多地用法律、法规和产业政策为旅游业的发展指明战略方向,而将对于旅游企业进行微观规制的任务交给行业协会等中介组织。越是市场化和法制化程度较低的国家和地区,越是趋向于对旅游企业实施较为严格的管理,不仅在宏观上用法律、法规等手段对旅游企业实施管理,而且对旅游企业的进入、运作和退出等微观规制方面,也实行严格的管理。

我国是发展中国家,市场化和法制化的程度与发达国家还有一定差距,因此,我国对旅行社的行业管理也属于严格型,从宏观和微观两方面对旅行社业实施严格管理。但是随着我国旅行社行业的市场化进程的加快和开放度的提高,我国政府对于旅行社业规制正在逐渐放松,对旅行社进行微观规制的职能正在向行业组织过渡,政府在行业管理中的角色正在不断转变。[③] 在未来,政府对行业的管理将集中在宏观管理方

---

① 杜江. 在2011年全国旅游监管工作会议上的讲话(厦门). 2011 - 1 - 25. [EB/OL]. http://www.cnta.gov.cn/html/2011 - 1/2011 - 1 - 25 - 16 - 36 - 31820.html.

② 姚延波. 旅行社经营管理. 北京:北京师范大学出版社,2010.

③ 姚延波. 旅行社经营管理. 北京:北京师范大学出版社,2010.

面，通过制定法律、法规、部门规章、产业政策等制度安排确定旅行社业的发展方向，不再承担对旅行社业进行微观管理的职能，旅行社行业协会将对旅行社业进行微观管理。旅行社行业协会属于社会中介组织，介于政府与企业之间，向上接受政府法律、法规的制约与调整，向下依靠协会的行规会约规范旅行社企业的各种市场行为，发挥协调和自律作用，引导旅行社进行合法、公平竞争和诚信经营。

要达到上述目标，就需要对我国旅行社的行业管理制度进行改革，确立行业协会的行业管理主体地位，使我国旅行社的行业管理由单一政府主体发展为政府与旅行社行业组织等主体共同进行管理。

对于中国旅行社行业协会来说，需要更多地发挥中介组织的行业管理职能，具体来说包括四个方面：一是服务职能。包括加强协会成员间的信息沟通，定期发布统计分析资料；调查研究协会成员感兴趣的问题，向协会成员提交研究报告；定期出版刊物，向协会成员提供有效信息；开展联合推销和联合培训等；二是培养旅行社行业自律的职能。即通过行业组织的引导与管理，规范旅行社企业的经营活动，促使旅行社着眼于本企业的经济利益和社会利益，建立守规意识，遵守市场公平竞争原则；三是沟通职能。只要是指旅行社协会受成员旅行社企业的委托，可以就某一项对旅行社行业利益有重要影响的公共政策，与政府进行沟通，为旅行社行业以及行业协会成员企业的共同利益服务；四是协调职能。作为政府与旅行社企业之间的中介组织，旅行社行业协会不仅要服务于旅行社企业，也要服务于政府，尤其是做好政府和旅行社企业之间的协调工作。旅行社行业协会有责任和义务向旅行社成员企业提供、传达和实施政府制定的各项公共政策，加强对旅行社企业的政策引导，密切企业与企业、企业与社会之间的相互关系。

（三）加快旅行社市场化进程，促进企业制度创新

整合旅行社业资源，提升中国旅行社业的国际竞争力，是旅行社业发展的必然要求。中国旅行社业现行的业务分工体系已不适应发展的要求，需要改革。

1. 中国旅行社业现行业务分工体系基本状况

据国家旅游局发布的 2010 年全国旅行社统计调查情况公报数据显示，我国现有旅行社约 2 万多家。平均规模较小，市场集中度较低，缺乏规模优势，造成大量旅游产品的相互模仿和雷同，阻碍了产品创新，导致旅行社之间的恶性竞争，市场混乱无序，难以形成规模经济。造成这种局面的重要原因之一，是旅行社业现行的水平业务分工体系，直接影响着我国旅行社业国际竞争力的提升。因此，改革我国旅行社现行的分工体系，对提升旅行社业的国际竞争力具有重要意义。

2. 建立对旅行社现行业务分工体系进行改革的制度环境

发展、完善中国旅行社业的业务分工体系制度环境建设，应采取以下措施：旅行社业业务分工体系不合理是造成市场秩序混乱和低效率运转的主要原因，也是阻碍行业健康发展的重要因素。旅行社业的对外开放，不仅仅是市场的扩大，更是竞争范围的扩大和对手强度的提高。《旅行社条例》第二十一条规定：经过批准，允许外商投资旅行社。为了贯彻执行《旅行社条例》，国家旅游局制定出《中外合资经营旅行社试点经营出境旅游业务监管暂行办法》。① 外方旅行社一旦进入中国，就会利用自己的客源网络优势、品牌优势、管理优势，逐步垄断旅游客源和旅游接待渠道，独占全部利润或大部分利润。另外，外方旅行社优厚的薪资待遇和灵活的用人机制，也将直接对中方旅行社造成人才流失的威胁。如果再加上外方旅行社品牌的无形资产，对中方旅行社产生的威胁更大。

分工是专业化生产的基础，目前外国旅行社实行的是垂直分工体系（由执行不同职能的旅行社组成，各类旅行社在经营中互相配合）。中国旅行社实行的是水平分工体系（由执行同一职能的旅行社按照服务的市场和业务范围分化而成）。在旅行社业务分工体系方面的差异决定了旅行社业市场竞争力的差别。

由于中国旅行社业业务分工体系的限制，目前国内旅行社既做组团业务，也做地接业务，还承担着旅游产品的开发，由于职能过多、过重，所以无力开发出具有市场影响力和竞争力的旅游新产品。

外国旅行社业实行的垂直分工体系则是一种比较有效率的分工体系。旅游批发商是产品开发的主体，他们将产品开发分为市场调研、供应商谈判、行政管理和市场营销四个部分。旅行社企业面向各自的细分市场，提供具有市场竞争力的特色旅游产品，产品个性化突出。

实行垂直分工体系是我国旅行社业业务分工体系的发展趋势，也是我国旅行社业业务分工体系的改革目标。国家旅游局对旅行社业业务分工体系的改革给予高度重视，突破许可经营权限制，试行招徕旅游者委托代理制度，为建立适应旅行社业业务分工体系改革的制度环境迈出了关键性的一步。

3. 建立旅行社业务分工体系改革的制度环境的步骤

在建立旅行社业务分工体系改革的制度环境的过程中，需要注意以下问题：一是外国旅行社业务分工体系生成于外国的国情，在中国旅行社业务分工体系改革中不能完全照搬，否则会水土不服；二是对中国旅行社业分工体系的改革不能急于求成，需要采取小步推进的方式进行；三是借鉴外国旅行社分工体系前，必须先试点，取得经验后再逐步推广，避免在中国旅行社分工体系改革上走弯路。

实行垂直分工体系是中国旅行社业的发展趋势，中国旅行社业将由水平体系逐步发展形成批发、零售业务分工体系，在此基础上，再向垂直分工体系发展。

（四）推进产业融合，创新旅行社经营模式

“按照发展大旅游的理念，加快发展旅游相关产业，积极探索发展旅游业与其他产业相结合的交叉产业。当前尤其要高度重视发展文化创意产业、体育休闲产业、娱乐业和会展业，促进旅游业与这些产业的融合发展。”②在推进旅游业产业融合的基础上，通过创建中国旅行社业的品牌，创新旅行社经营模式。

---

① 国家旅游局、商务部 33 号令：《中外合资经营旅行社试点经营出境旅游业务监管暂行办法》公布施行. [EB/OL]. http://www.cnta.gov.cn/html/2010-9/2010-9-6-11-7-32955.html.

② 刘应杰. 实施旅游发展国家战略把旅游业发展成为我国综合性的大产业. 中国旅游报，2009-12-14.

1. 创建中国旅行社业的品牌，是中国旅行社业发展的必然趋势

品牌是什么，美国市场营销协会在 1960 年提出的定义是："品牌是一个名称、名词、标志、符号、设计或是它们的组合，其目的是识别某个销售者或某个群体销售者的产品或劳务，并使之同竞争对手的产品或劳务相区别开来。"①品牌是在商品经济条件下，在市场竞争中产生的包括企业、企业的产品和服务、企业的商标，区别于其他同类企业、同类企业的产品和服务的标识。

20 世纪 90 年代后期，夏威夷旅游业下跌。为了应对这一局面，夏威夷旅游公署把夏威夷作为一个完整统一的品牌进行战略开发。在品牌形象塑造上，把夏威夷定位为上乘度假之处，使夏威夷成为旅游业界的著名品牌。

创建中国旅行社业的品牌，作为中国旅行社业发展的必然趋势，是中国旅行社业实现科学发展的必经途径。在目前我国旅行社市场竞争如此激烈的背景下，不仅中小旅行社面临不断增大的生存危机，国内的大型旅行社集团也将面临外资旅行社集团的挑战。品牌建设的重要性越来越凸显，国内外旅行社集团间的竞争归根到底就是品牌之争，创建知名品牌已成为国内外旅行社取得竞争制胜的法宝，依靠品牌和服务来赢得市场将成为旅行社未来发展的主旋律。

创建中国旅行社业的品牌，需要采取一系列相应措施：首先，要改变中国旅行社业当前存在"弱、小、散、差"的状况，形成规模经济。其次，要加大旅行社业在创建品牌上的科研投入。选择创建品牌的切入点，确定中国旅行社业创建品牌的抓手。再次，要加大旅行社业在创建品牌上的资金投入。中国旅行社业的品牌是中国旅游业的品牌，需要动员全旅游行业力量完成这一发展目标。

2. 创建中国旅行社业的品牌，推动旅游业与一、二、三产业的融合发展

"加快推动旅游业与一、二、三产业的融合发展，大力发展乡村旅游，发展旅游装备制造业，要促进旅游业与文化、体育、医疗、交通、信息、金融、物流、动漫、影视、气象等现代服务业的融合发展，推动开发新的产品形态和产业形态。"②

随着信息技术在经济、社会各个领域的广泛应用，信息技术在推动旅行社与其他产业的融合上将发挥关键作用。信息技术在旅游产业中的应用，促进旅游业与文化、体育、农业、商贸、金融、房地产、物流、动漫、影视、气象等产业的融合发展，构建旅游产业结构新体系，旅行社业作为旅游业的龙头，在这个产业融合过程中要率先摸着石头过河。目前，旅行社与其他产业的融合已经开始，如旅行社联合银联中心服务于旅游业。在旅行社与金融产业的成功融合后，今后旅行社将会与更多的相关产业进行融合。

"改革开放之初，邓小平同志曾强调"旅游事业大有文章可做，要突出地搞，加快地搞。"③"十二五"时期是我国旅游业黄金发展期，但是，"我国旅游业对国民经济的

① 郭毅，陈洪安. 市场营销案例. 北京：清华大学出版社，2006.

② 邵琪伟. 中国旅游协会召开会长座谈会盘点 2010 展望 2011. http://www.cnta.com/html/2011-1/2011-1-18-0-12-57623.html.

③ 崔鹏. 国内旅游挑大梁. 人民日报，2009-07-28.

贡献率大约只是德国的1/2,法国的2/3,对照人均创造旅游收入指标,中国只是德国、法国、瑞士平均水平的4%左右。"①我国旅游业近些年来一直保持快速发展的态势,国际旅游专家预测21世纪的中国将成为世界重要的旅游中心。21世纪前20年,是我国经济社会发展的重要战略机遇期,也是旅游业发展的重要战略机遇期,将实现从"世界旅游大国"向"世界旅游强国"的历史性转变。② 通过分析研究中国旅行社业的宏观环境,找出2010年中国旅行社业宏观环境中存在的问题,预测2011年中国旅行社业宏观环境的发展趋势,最终实现中国旅行社业在"十二五"时期的科学发展,使中国旅行社业为旅游业、为国民经济作出更大的贡献。

---

① 宋凯,王迎辉. 旅游业拉动内需新领域. 中国财经报,2009-04-30.

② 国务院研究室课题组. 新时期旅游业发展战略研究报告. 北京:中国旅游出版社,2009.

第二章 我国旅行社业总体运行状况分析与发展预测

2010 年，是我国旅行社业既面临机遇又应对挑战的一年，有上海世博会、广州亚运会等重大节事活动的举办所引发的国内游热潮，也有因金融危机影响逐渐减弱而促使国际入境旅游的快速恢复，同时也面临产品升级、服务品质提升等方面的挑战。

一、2010 年我国旅行社业总体运行状况分析

2010 年，我国旅行社走出了国际金融危机的影响，三大业务均得到恢复和发展，产业规模进一步壮大，经营能力和服务水平等方面也有所提高。

（一）产业规模

截至 2009 年底，全国有旅行社 21 649 家，同比增长 4.63%。据国家旅游局关于 2010 年第一、二、三、四季度全国旅行社统计调查情况的公报数据，全国旅行社总数，第一季度为 21 695 家，第二季度为 21 842 家，第三季度为 22 142 家，第四季度为 22 784家①，即截止到 2010 年底，我国共有旅行社 22 784 家。

2009 年底，全国旅行社总资产 585.96 亿元，同比增长 12.28%，其中，负债 345.99 亿元，同比增长 15.34%；所有者权益 239.97 亿元，同比增长 8.15%。按形态划分，固定资产 106.31 亿元，占总量的 18.14%，同比增加 14.23%；流动资产 430.39 亿元，占总量的 73.45%，同比增加 20.95%；其他类型资产 49.26 亿元，占总量的 8.41%。

旅行社直接从业人员为 340 894 人，其中，导游人员 112 777 人、领队人员 29 593 人、会计人员 32 845 人、经理人员 84 271 人、其他人员 81 408 人。

据 2010 年旅行社产业的发展背景和国内外的宏观环境情况，我们可以乐观地预测我国旅行社的资产状况和从业人数等在 2009 年的基础上有所增长。

表 2－1 2005—2010 年旅行社产业规模指标及其变化

指标							变化率（%）			
年份	2005	2006	2007	2008	2009	2010	2006 / 2005	2007 / 2006	2008 / 2007	2009 / 2008
旅行社数量	16 846	18 475	19 720	20 691	21 649	22 784	9.67	6.74	4.92	4.63
国际旅行社	1 590	1 688	1 838	1 970	—	—	6.16	8.89	7.18	—
国内旅行社	15 256	16 787	17 882	18 721	—	—	10.04	6.52	4.69	—

① 国家旅游局网站：http://www.cnta.gov.cn/html/2010-11/2010-11-19-17-5-75846.html.

续表

指标							变化率(%)			
年份	2005	2006	2007	2008	2009	2010	2006 / 2005	2007 / 2006	2008 / 2007	2009 / 2008
总资产/亿元	419.26	484.80	517	521.86	585.96	—	15.63	6.64	0.94	12.28
负债	232.02	282.04	299.30	299.97	345.99	—	21.56	6.12	0.22	15.34
所有者权益	187.24	202.76	217.70	221.89	239.97	—	8.29	7.37	1.93	8.15
固定资产	99.19	97.39	91.87	93.06	106.31	—	-1.81	-5.66	1.29	14.23
流动资产	250.54	315.05	357.55	355.85	430.39	—	25.75	13.49	-0.48	20.95
其他类型资产	69.53	72.36	67.58	72.95	49.26	—	4.07	-6.61	7.95	-32.47
直接从业人数/万人	24.89	29.331 8	30.797 7	32.165 5	34.089 4		17.85	4.99	4.44	5.98
导游人员	9.39	9.956 0	10.190 2	10.368 8	11.277 7	—	6.02	2.35	1.75	8.77
领队人员	2.05	2.137 4	2.444 0	2.663 2	2.959 3	—	4.26	14.34	8.97	11.11
会计人员	2.86	3.110 2	3.234 7	3.349 1	3.284 5	—	8.74	4.00	3.53	-1.93
经理人员	6.95	7.571 2	8.045 3	8.310 8	8.427 1	—	8.94	6.26	3.30	1.39
其他人员	6.25	6.557 0	6.883 5	7.473 6	8.140 8	—	4.91	4.98	8.57	8.93

说明：在2009年实施的《旅行社条例》中，不再有国际旅行社和国内旅行社的分类，所以2009年、2010年国际旅行社和国内旅行社的数量指标不再统计。2010年的相关指标目前只统计到旅行社的总数。

（二）经营规模和效益

2009年度，全国旅行社营业收入1 806.53亿元，同比增长8.64 %；毛利润总额134.36亿元，毛利率为7.44%；净利润总额11.48亿元，净利率为0.64%。同期，旅游业务营业收入1 745.58亿元，同比增长8.87%；毛利润为120.28亿元，毛利率为6.89%；实缴税金为12.69亿元，同比增长12.37%；外汇结汇10.51亿美元，同比减少11.24%；全年促销费支出6.76亿元，同比增长13.87%。预计2010年经营规模和效益水平会在2009年的基础上有所增长。

表 2－2 2005—2009 年旅行社产业经营规模效益指标

指标						变化率(%)			
年份	2005	2006	2007	2008	2009	2006／2005	2007／2006	2008／2007	2009／2008
营业收入/亿元	1116.59	1411.03	1639.3	1662.88	1806.53	26.37	16.18	1.44	8.64
毛利润总额	78.47	96.56	106.86	115.3	134.36	23.50	10.67	7.89	16.56
净利润总额	1.27	5.79	10.81	8.53	11.48	355.90	86.70	-21.09	34.58
旅游业务营业收入/亿元	1070.14	1366.89	1585.52	1603.3	1745.58	27.73	15.99	1.12	8.87
旅游业务毛利润/亿元	67.49	84.64	94.59	102.87	120.28	25.41	11.76	8.75	16.92
实缴税金/亿元	8.12	9.9	10.97	11.29	12.69	21.85	10.84	2.89	12.37
外汇结汇/亿美元	9.01	10.43	13.1	11.84	10.51	15.69	25.61	-9.60	-11.24
全年促销费支出/亿元	4.77	5.63	5.75	5.94	6.76	17.96	2.09	3.31	13.87

（三）三大业务构成

1. 入境旅游业务

2010 年，第一季度旅行社入境旅游外联 2 010 374 人次、5 812 781 人天，接待 2 939 102人次、6 872 152 人天；第二季度旅行社入境旅游外联 2 724 865 人次、8 362 627人天，接待 4 896 500 人次、10 470 091 人天；第三季度旅行社入境旅游外联 404.56 万人次、1 313.76 万人天，接待 767.31 万人次、1 511.52 万人天；第四季度旅行社入境旅游外联 473.96 万人次、1 883.27 万人天，接待 857.18 万人次、2 364.36 万人天。全年旅行社入境旅游外联 1 352.04 万人次、4 614. 57 万人天，接待 2 408.06 万人次、5 610.106 万人天。

同年，按旅行社入境旅游外联人次算，排名居前十位的客源地国家或地区，第一季度依次为中国香港、日本、韩国、中国台湾、俄罗斯、中国澳门、美国、马来西亚、泰国、新加坡；第二季度依次为中国香港、日本、韩国、中国台湾、俄罗斯、中国澳门、美国、马来西亚、越南、新加坡；第三季度依次为中国香港、日本、韩国、中国台湾、俄罗斯、中国澳门、美国、泰国、马来西亚、新加坡；第四季度依次为中国香港、韩国、日本、中国台湾、中国澳门、俄罗斯、美国、马来西亚、新加坡、泰国。全年排名居前十位的客源地国家或地区依次为中国香港、韩国、日本、中国台湾、俄罗斯、中国澳门、美国、马来西亚、泰国、新加坡。

按旅行社入境旅游接待人次算，排名居前十位客源地的国家或地区，第一季度依次为中国香港、中国台湾、韩国、日本、中国澳门、俄罗斯、马来西亚、美国、泰国、新加坡；第二季度依次为中国香港、中国台湾、韩国、日本、美国、俄罗斯、中国澳门、马来西亚、泰国、新加坡；第三季度依次为中国香港、中国台湾、中国澳门、韩国、日本、俄罗斯、美国、马来西亚、新加坡、泰国；第四季度依次为中国香港、韩国、中国台湾、日本、美国、中国澳门、马来西亚、俄罗斯、泰国、新加坡①。全年排名居前十位客源地国家或地区依次为中国香港、中国台湾、中国澳门、韩国、日本、俄罗斯、美国、马来西亚、泰国、新加坡（见图 2-1）。

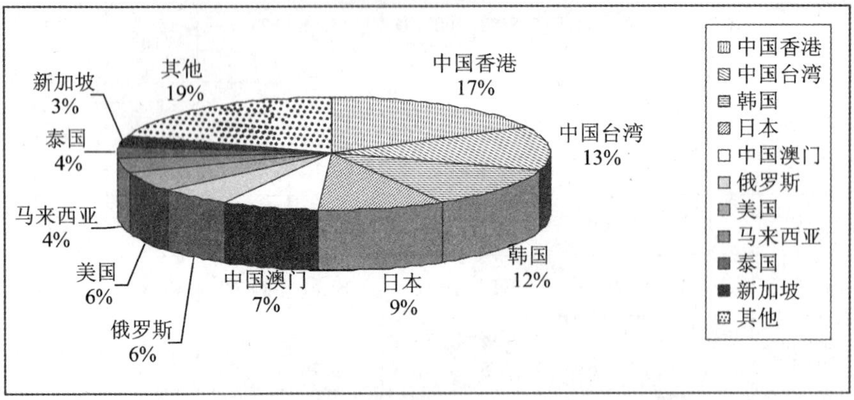

图 2-1　入境旅游接待人次排名居前十位客源地国家或地区情况

表 2-3　2005—2010 年旅行社产业入境旅游业务指标及其变化

指标							变化率（%）			
年份	2005	2006	2007	2008	2009	2010	2006 / 2005	2007 / 2006	2008 / 2007	2009 / 2008
营业收入/亿元	187.05	248.92	265.52	224.87	222.15	—	33.08	6.67	-15.31	-1.21
毛利润/亿元	15.06	21.19	19.09	17.85	18.69	—	40.71	-9.91	-6.48	4.72
入境外联/万人次	936.07	1 107.27	1 373.04	1 324.69	1 261.43	1 352.04	18.29	24.00	-3.52	-4.78

① 国家旅游局网站：http://www.cnta.gov.cn/html/2010-11/2010-11-19-17-5-75846.html.

续表

指　标							变化率(%)			
年份	2005	2006	2007	2008	2009	2010	2006 / 2005	2007 / 2006	2008 / 2007	2009 / 2008
外国人	547.18	643.50	687.81	613.91	516.83	878.21	17.60	6.89	-10.74	-15.81
外联人天数/万	3 989.45	4 767.11	5 821.87	5 806.21	5 615.89	4 614.57	19.49	22.13	-0.27	-3.28
外国人	2 617.90	3 008.36	3 193.77	2 830.09	2 399.31	2 794.20	14.92	6.16	-11.39	-15.22
接待入境旅游者/万人次	1 552.53	1 854.75	2 175.14	2 032.88	1 873.38	2 408.10	19.47	17.27	-6.54	-7.85
外国人	915.05	1 139.51	1 155.36	927.38	774.84	1 512.77	24.53	1.39	-19.73	-16.45
接待入境旅游者人天数/万	4 363.67	5 274.23	6 378.70	6 407.63	6 304.59	5 610.10	20.87	20.94	0.45	-1.61
外国人	2 708.99	3 265.25	3 452.72	3 133.77	2 604.42	3 294.74	20.53	5.74	-9.24	-16.89

2. 国内旅游业务

2010 年,第一季度全国旅行社国内旅游组织 1 265.471 9 万人次、3 310.107 9 万人天,接待 1 574.426 9 万人次,3 212.132 8 万人天;第二季度全国旅行社国内旅游组织 2 581.391 8 万人次、6 457.347 1 万人天,接待 3 014.938 9 万人次、5 963.303 3 万人天;第三季度全国旅行社国内旅游组织 4 073.39 万人次、12 378.57 万人天,接待 4 833.52万人次,10 919.88 万人天;第四季度全国旅行社国内旅游组织 4 033.05 万人次、10 685.71 万人天,接待 4 724.37 万人次、8 737.89 万人天。全年全国旅行社国内旅游组织 1.1953 亿人次、3.2831 亿人天,接待 1.4147 亿人次、2.883 3 亿人天。

按旅行社国内旅游组织人次算,排名居前十位的地区,第一季度依次为广东、上海、江苏、浙江、山东、北京、湖南、四川、福建、湖北;第二季度依次为广东、江苏、浙江、上海、山东、湖南、河南、湖北、北京、安徽;第三季度依次为广东、四川、江苏、浙江、上海、山东、辽宁、湖北、安徽、湖南;第四季度依次为浙江、广东、江苏、上海、四川、山东、湖北、湖南、安徽、辽宁。[1] 全年组织国内旅游人次排名居前十位的地区依次为广东、浙江、江苏、上海、四川、山东、湖北、湖南、辽宁、安徽（见图 2－2）；接待国内旅游人次排名居前十位的地区依次为江苏、广东、四川、浙江、上海、山东、云南、湖北、湖南、辽宁。

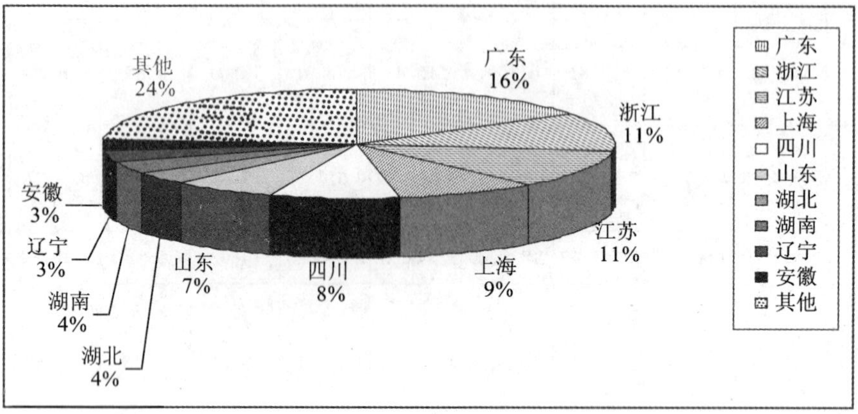

图 2－2　组织国内旅游人次排名居前十位的地区情况

表 2－4　2005—2010 年旅行社产业国内旅游业务指标及其变化

指　标							变化率(%)			
年份	2005	2006	2007	2008	2009	2010	2006 / 2005	2007 / 2006	2008 / 2007	2009 / 2008
营业收入/亿元	691.13	856.15	1 009.01	1 018.97	1 139.10	—	23.88	17.86	0.99	11.79
毛利润/亿元	42.22	50.24	60.11	65.44	76.33	—	19.00	19.65	8.87	16.64
组织/万人次	6 216.03	7 583.78	8 424.49	8 541.07	10 123.47	11 953.31	22.00	11.09	1.38	18.53
组织/万人天	20 347.77	22 927.34	26 391.76	25 413.99	30 018.97	32 831.73	12.68	15.11	-3.70	18.12

① 国家旅游局网站：http://www.cnta.gov.cn/html/2010-11/2010-11-19-17-5-75846.html.

续表

指　标							变化率(%)			
年份	2005	2006	2007	2008	2009	2010	2006 / 2005	2007 / 2006	2008 / 2007	2009 / 2008
接待/万人次	8 089.43	9 622.58	10 631.69	10 449.62	13 696.05	14 147.25	18.95	10.49	-1.71	31.07
接待/万人天	17 350.97	21 348.96	23 742.45	22 966.28	26 339.34	28 833.21	23.04	11.21	-3.27	14.69

3. 出境旅游业务

2010 年，各季度旅行社出境旅游组织情况如下：第一季度，312.107 5 万人次、1 184.028 3万人天；第二季度316.192 4 万人次、1 291.576 2 万人天；第三季度468.76 万人次、1 665.95 万人天；第四季度 566.82 万人次、2 229.94 万人天。

同年，按旅行社出境旅游组织人次算，各季度排名居前十位的目的地国家或地区情况如下：第一季度依次为中国香港、中国澳门、中国台湾、日本、泰国、韩国、新加坡、马来西亚、澳大利亚、印度尼西亚；第二季度依次为中国香港、中国澳门、中国台湾、日本、韩国、新加坡、马来西亚、法国、泰国、意大利；第三季度依次为中国香港、中国澳门、日本、韩国、中国台湾、泰国、新加坡、马来西亚、法国、意大利；第四季度依次为中国香港、中国澳门、中国台湾、韩国、泰国、日本、新加坡、马来西亚、越南、法国。全年旅行社组织出境旅游人次排名居前十位的目的地国家或地区依次为中国香港、中国澳门、中国台湾、日本、韩国、泰国、新加坡、马来西亚、法国、澳大利亚（见图 2-3）。

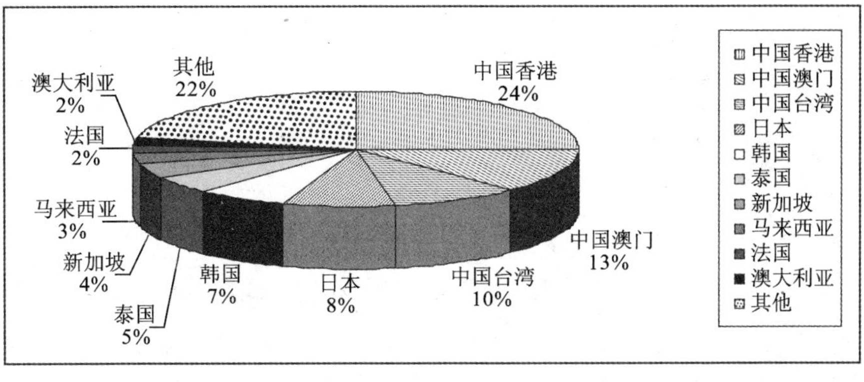

图 2-3　旅行社组织出境旅游人次排名居前十位的目的地国家或地区

表 2-5　2005—2010 年旅行社产业出境旅游业务指标及其变化

指标							变化率(%)			
年份	2005	2006	2007	2008	2009	2010	2006/2005	2007/2006	2008/2007	2009/2008
营业收入/亿元	191.96	261.05	310.99	359.47	384.34	—	35.99	19.13	15.59	6.92
毛利润/亿元	10.21	13.16	15.39	19.58	25.25	—	28.85	16.96	27.20	28.99
组织/万人次	679.69	843.02	987.42	1090.91	1234.68	1663.88	24.03	17.13	10.48	13.19
组织/万人天	3164.88	3830.69	4376.22	5046.41	5767.87	6371.49	21.04	14.24	15.31	14.29
出国/万人次	312.67	408.74	502.27	603.55	685.29	—	30.73	22.88	20.17	13.54
出国/万人天	1850.56	2423.48	2932.57	3477.00	4073.87	—	30.96	21.01	18.56	17.17
港澳/万人次	367.02	434.28	485.15	487.36	519.58	629.47	18.33	11.71	0.46	6.61
港澳/万人天	1314.32	1407.21	1443.65	1569.41	1694.01	—	7.07	2.59	8.71	7.94
边境/万人次	40.34	32.85	45.81	42.93	29.82	—	-18.55	39.44	-6.29	-30.53

4. 三大市场的比较

(1)第四季度三大市场人次数比较

以国内组织人次、入境外联人次、出境组织人次三项指标数据为依据比较三大市场,2010 年度旅行社国内旅游组织、接待人次明显高于入境和出境市场,所占份额达 80%(见图 2-4)。

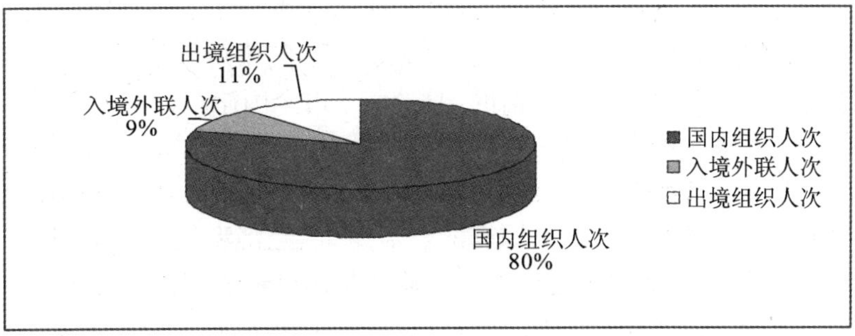

图 2-4　2010 年三大旅游市场人次情况比较

(2)年度三大市场人天数比较

以国内组织人次、入境外联人次、出境组织人次三项指标数据为依据比较三大市场，2010 年度全国旅行社国内旅游组织人天明显高于入境和出境市场，所占份额达 74%（见图 2-5）。

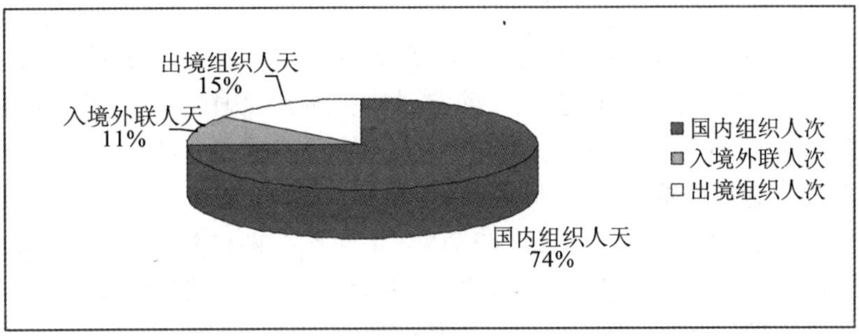

图 2-5　2010 年三大旅游市场人天情况比较

（四）旅行社产业构成进一步优化，垂直分工体系形成过程加速

旅行社的区域分布与各区域经济发展和市场需求相吻合，从 2009 年的统计情况看，旅行社数量排名居前十位的省（自治区、直辖市）基本上均位于经济发达的沿海和东部地区。同样，从旅行社经营状况的分布看，经对各省（自治区、直辖市）旅行社经营的旅游业务营业收入、旅游业务毛利润、实缴税金、外汇结汇、入境外联人天、入境接待人天、国内组织人天、国内接待人天等八项指标进行综合排名，居前十位的地区为北京、广东、浙江、上海、山东、辽宁、江苏、云南、湖南、四川。旅行社所有制结构分布，国有独资企业占 8.23%，股份制企业占 76.24%，其他类型企业占 15.53%。这种分布格局和发展趋势在 2010 年及未来的几年均不会被打破。[①]

从旅行社的规模和主要业务构成来看，承担旅游批发经营商角色的大型旅行社和旅游集团不断涌现，而且其经营能力和竞争实力在 2010 年得到进一步加强。国旅总

① 国家旅游局网站：http://www.cnta.gov.cn/html/2010-6/2010-6-21-11-1-16698.html.

社，通过在入境、国内和出境“三游并重”的策略，持续推动自组织客源的增长，逐步形成真正意义上的旅游批发商。从公开的市场数据看，其旅游组织和接待人数，以及旅游主营业务的收入一年中有了近一倍的增长，而且占全国旅行社的市场份额也有了较大的提升。以中青旅为代表的另一部分传统旅行社企业则选择了旅游综合运营商的战略。中青旅在推动乌镇景区分拆上市的同时，还在与北京市密云县的战略合作框架下着力创建司马台长城项目。加上原有的会展服务、经济型饭店等业务板块，一个经由市场力量培育，按照商业规则运作的综合旅游集团已经成型。春秋国旅进入民用航空领域以后，努力把旅游与民航产业联盟以后的范围经济优势转化为现实的商业竞争力。像这样的旅游批发经营商，还包括首旅、锦江、港中旅、康辉旅行社集团、中旅总社、广之旅、众信国旅、凯撒国旅、南湖国旅、深圳宝安中旅等，或者通过与地方政府的战略合作，或者透过在各地布局销售渠道，或者谋求创新管理模式，均成为 2010 年我国旅行社业界中有亮点的明星旅游批发经营商。

在这些旅游批发经营商逐渐成熟扩张的过程中，不断地挤压着中小旅行社的市场和存在，面对生存的压力，中小旅行社也在不断探索其自身的发展。其中有些中小旅行社避开与旅游批发经营商的正面竞争，寻找市场的空白，专做具有特色的旅游产品和线路；还有一部分中小旅行社主动加入旅游批发经营商的体系，成为其产品的销售渠道，成为旅游批发经营商的代理。这种发展趋势随着我国旅游批发经营商的发展壮大将进一步加速，促成我国旅行社产业垂直分工体系的建立。

（五）在线旅游规模进一步扩大

2010 年，在线旅游业的产业规模与 2009 年同比有两位数以上的增长，在整个旅游行业中具有越来越重要的影响。据 CNZZ 对旅游行业网站的相关盘点，截至 2010 年 12 月，全国共有各类旅游网站 5.23 万家，相比 1 月的 5.17 万家增长了 1.13%，但比 2009 年全年超 38% 的增长率有明显下降。这表明，旅游网站整体进入了一个稳定期。另外，2010 年商旅类网站从年初的 1 195 家增至 12 月的 1 242 家，全年增长率为 3.93%，略高于旅游网站整体增长幅度，而商旅网站日均行业访客数在 2010 年却不增反降，从年初的 438 万降至年末的 413 万，降幅为 5.62%。[①] 这表明，首先，商旅类网站目前已经呈现出几大强者垄断的态势，特别是实力雄厚的国际巨头纷纷与国内的明星企业联合，更是增大了目前领先者的优势；其次，目前整个市场都十分看好在线商旅市场的盈利能力，因此，许多传统互联网巨头都纷纷以大手笔进入市场，试图来分一杯羹。淘宝、拍拍等交易平台上的商旅服务交易量日益高涨，在一定程度上分流了传统商旅行业网站的访客量。

而从商旅网站访客行为分析，首先，虽然商旅类网站的站均访客数有所下降，但行业整体的访客集中度还是在增长；其次，商旅网站的访客一般都有较强的出行意愿，有消费预期的访客比例较高，这些都提高了商旅类网站的平均页面浏览次数和浏览时长；再次，随着商旅类网站的经营日益正规化，人们对在线旅游交易的信心在增强，访

① 迈点网：http://res.meadin.com/IndustryAnalysis/2011－1－22/1112273423.shtml.

客的在线交易比例也在不断提高。

此外,旅游论坛社区正越来越被旅游者所重视,游客们需要在上面找到别人对景区的评价,分享自己的旅游心得,旅游的专业性也在不断增长。2010 年,旅游论坛受到的关注度以及整体行业的集中度也在增加,因此造成了一部分经营不善的网站倒闭。

(六)信息技术在旅游业务中的应用更加深入和广泛

在目前互联网的应用技术一日千里,移动通信技术飞速发展的基础上,不仅新的产业组织借助新兴技术的发展开始崛起,如携程、去哪儿、艺龙、芒果、同程等一批根植旅游产业的信息技术(IT)企业集团开始逐步壮大起来,依靠强大的预定网络渠道和信息影响能力,动摇着传统旅游商业模式的市场主导地位。而且传统旅行社在信息技术应用方面进一步深入。

除了已有的在线 B2B、B2C、EPR、Call Center 等方面的应用,2010 年,移动商务也应用到了旅行社的业务领域。11 月,凯撒旅游手机网正式上线,通过手机浏览器访问 caissa. m. cn,可以浏览到丰富多彩的旅游资讯与各具特色的内容。随着各种移动终端的普及、移动通信网络的完善、移动服务提供商的不断增多,移动商务将成为旅游行业的新增点。时下,手机无线上网已经成为人们的生活方式,随着生活水平的不断提高,越来越多的人开始热衷于旅游,而通过手机上网随时掌握最新的旅游资讯和旅游产品,已经成为时尚的潮流。凯撒旅游手机网站的上线填补了凯撒旅游在无线网络领域的空白,也预示着无线信息技术在旅行社业务领域应用的开始。同时,春秋国旅、携程、去哪儿网、艺龙等国内其他一些传统旅行社和在线旅游企业也推出手机预定业务,开始踏入了这一领域。去哪儿网团购频道也于 2011 年初上线,成为国内首家主营旅游产品直销的旅游团购平台。目前,去哪儿网每周会精选 1 ~3 单特色旅游产品,包括酒店客房、酒店美食、会员卡、酒店 SPA 等,以团购模式拓展直销新收益模式。

同时,以互联网信息技术为核心竞争优势的专业网站也开始涉足旅游领域,而且开创了全新的在线旅游理念和实践。5 月 19 日,淘宝网旅行频道悄然上线。在原有机票频道基础上,旅行频道通过将全网酒店、旅行社等卖家资源整合进来,使消费者可以在线安排旅游中几乎所有的服务。短短一个月,旅行频道仅旅游门票一项,日交易额最高已超过 200 万元,成为增长最迅速的部分。2010 年 4 月,知名互动娱乐企业盛大网络旗下的云游天地(中国)有限公司在沪成立,正式亮出了盛大进军旅游业的旗帜。致力于构建一个“线上 + 线下”现实虚拟互动世界,通过移动客户端,打破传统旅游表现方式,实现人与网的联动、文化与旅游的结合。7 月 13 日,天涯社区与港中旅旗下全资子公司芒果网在香港会议展览中心签署战略合作协议,宣布双方将联手打造跨平台互动商务生态旅游大社区,此举也被视为天涯社区进军旅游电子商务、布局香港的积极信号。在现有天涯旅游频道与芒果网旅游指南及芒果社区的基础上,新社区将会融“社区、资讯、产品、服务”为一体,增加特色旅游度假产品预订通道等。进入 2011 年,这种趋势仍在继续,近日,腾讯入股中国在线旅游网站同程网 30% 的股权,交易金额在 5 000 万元 ~6 000 万元之间,现在交易已经完成。自此,腾讯进入中国在线旅游市场。

（七）市场竞争迫使旅行社进行商业模式的创新或重构

2010 年可以说是旅行社产业战国纷争的一年，原有的传统旅行社不断运用和强化信息技术，弱化在线旅游企业对市场和业务的侵蚀；在线旅游企业也不甘示弱，通过资本运作渗透实体经济，创建“线上 + 线下”的立体经营体系。再加上淘宝、盛大、腾讯、天涯等的加入，更加剧了旅行社产业的竞争程度。在这样的背景下，出现了一批进行创新、探索和深化新的经营模式的旅行社。

旅行社强调对客源市场的掌控能力，意味着零售终端成了旅行社核心竞争力的核心要素和有力支撑。尽管在经济欠发达地区的旅行社由于市场空间受限，还是依靠传统的人脉关系做生意，但是就全国范围来看，越来越多的主流旅行社开始在主要客源地广泛设立门市部，并投入更多的资本、人力和技术资源去构建基于互联网的市场推广和产品销售体系。重庆海外旅业集团倾力打造的全国性超大旅游连锁超市——“旅游百事通”，在 2010 年继续扩大其区域布局，1 月，旅游百事通进军成都，8 月 18 日，湖北旅游百事通（武汉）正式成立，目前门市超过 50 家。与传统的旅行社不同，旅游百事通定义为旅游零售连锁卖场，就相当于旅游业内的“苏宁”、“国美”。“旅游百事通”采用超大连锁超市经营模式，会聚了国内外上千条旅游线路资源，以统一产品采购、统一产品推广、统一门店管理、统一服务标准的集团化经营模式，随时为消费者提供丰富、优质的旅游线路。有了这样一个平台，市民出游将会像购物一样便利。旅游百事通这种模式将给业内带来不小的震动，加速一批小旅行社的整合，从而促使旅游业内进行洗牌。

旅行社在整合相关资源，建立战略联盟，以实现多方共赢的探索也引人注目。由于客观上存在着地方政府主导的旅游目的地之间的竞争，大型旅游服务运营商开始加强与特定旅游目的地政府或者旅游行政主管部门的战略合作，以期实现旅行社“客源优势转化为资源控制力”和地方政府“资源优势锁定目标客源集中销售”的双赢目标。2010 年 1 月，中青旅控股与桂林市，6 月 18 日，中旅总社与张家界市分别签署战略合作协议。事实上，这种旅行社与城市之间的战略合作不仅仅是国家旅行社的专利。同年 4 月 8 日，郑州市黄河生态游览风景区与河南省中旅达成战略合作。9 月 16 日，作为中国港中旅集团进军海军旅游业的战略举措，在其三亚分支机构挂牌后即与海南海之缘国际旅行社签署合作协议，委托海之缘国旅全面代理其出入境业务。

新世纪以来，信息技术的进步使旅游服务的商业模式和组织形式处于持续重构进程中。作为新业态成功运作的标杆企业，走过了十年创业历程的携程正在从一家相对单纯的 OTA（线上旅行代理商）转向综合性的旅行服务运营商。同发力扩张期一样，携程的战略转型依然是经由资本运作来推动的，包括通过证券市场对如家和汉庭两家经济型酒店的增持，通过非公开市场对“首旅建国”高端酒店品牌的参股，以及通过香港基地在海外接待体系的战略布局。实现线上、线下和无线三大领域综合发展的目标。10 月 28 日，它还同步发布无线战略，推出“一网三客户端”，大规模进入移动互联网领域。一系列的战略举措意味着在新的十年开始之际，步入成熟期的旅游服务新业态开始对自身商业模式进行再梳理和战略调整。①

(八)中外合资旅行社加入经营出境旅游业务,加剧出境市场的竞争

2010 年 9 月 7 日,国家旅游局和商务部联合发布的《中外合资经营旅行社试点经营出境旅游业务监管暂行办法》正式公布,国家旅游局同日宣布开始受理中外合资经营旅行社经营中国公民出境旅游业务试点的申请,并表示将逐步对全外资旅行社开放。这标志着我国旅游市场对外开放迈出了新的实质性步伐。按照试点办法和国家旅游局发布的公告,此次试点工作在已批准设立的中外合资经营旅行社中,选择一部分业绩突出、管理规范的旅行社进行,外商独资旅行社暂不在试点范围之列。

国家旅游局的统计数据显示,1992—2009 年,出境旅游市场由不到 300 万人次持续增长至 4 766 万人次,增加了 15 倍,年均增长率达 18%。出境旅游消费支出也保持了 15% 左右的年均增幅,2009 年我国出境旅游消费达 420 亿美元。截至 2010 年 8 月,全球已有 140 多个国家、地区成为中国公民出境旅游目的地。来自中国旅游研究院的最新报告显示,2010 年中国出境旅游人数将超过 5 400 万人次,增速超过 11%,旅游服务贸易逆差将达 50 亿美元,至 2015 年则有望达到 200 亿美元。② 时下国内游线路的利润每位游客只有几十元,毛利率只有 2%。而出境游的毛利率至少 10%,尤其是北美、南美、澳洲线路的利润能够达到每位游客数千元,这将是旅行社竞争的焦点。目前,我国共有中外合资经营旅行社 17 家,美、日、欧等国排名居前 10 位的旅行社相继在中国开办合资、独资旅行社。

(九)全球突发事件频发,推进旅行社的危机管理意识和水平

2010 年旅行社产业在逐渐恢复与发展的同时,频发的自然灾害、社会事件、地区紧张气氛和外交关系恶化等突发事件均让旅行社产业受到冲击。10 月受台风“鲇鱼”影响,台湾普降大到暴雨,苏花公路沿途多处发生水灾、泥石流和山体塌方,造成了内地旅游团多人伤亡。同期海南的持续降雨也影响了游客兴致,以致中旅出现了退团纠纷事件,令本处在淡季的旅游市场雪上加霜。8 月 23 日的香港游客人质事件、中日钓鱼岛事件所引发的外交关系的紧张、朝韩炮战造成的区域紧张局势均对旅行社的出境游造成影响,出现退团现象。

进入 2011 年,埃及发生了骚乱,当时凯撒旅游“埃及 9 日尼罗河游轮度假之旅”19 名游客滞留当地,凯撒旅游第一时间成立紧急事件处理小组,与团组领队、当地地接社密切配合,制订了紧急处理方案,并且妥善地处理相关事宜。骚乱发生当天,凯撒旅游就与地接社紧急协调,在最短时间内安排游客离开了骚乱核心地区开罗。为了随时获悉当地局势信息、保障游客的安全,凯撒旅游随时保持与中国驻埃及大使馆、当地地接社以及团组领队的密切沟通,安排游客入住当地安保措施良好的五星酒店,并第一时间为游客安排了返程航班,确保游客顺利回国。此外,在埃及期间,凯撒旅游除与领队保持联络,及时通过领队向全团游客表达慰问外,每天都会

① 中国旅游研究院网站:http://www.ctaweb.org/html/2010-12/2010-12-27-17-58-33681.html.

② 师兴,徐源.旅行社角逐 500 亿美元出境旅游市场,北京商报.2010-9-9.

在获悉游客平安后，向在国内焦急等候的游客家属发送平安短信，及时地消除家属疑虑，减轻游客负担。

可以预知，旅行社面临各种突发事件在今后将成为一种常态，在各种突发事件频繁发生的情况下，我国相关旅行社在处理、应对突发事件进行过程中，不断积累经验，也提高了旅行社危机管理的意识和水平。

（十）开发品质旅游，抵制零团费在旅行社业界进一步蔓延

根据国家旅游局提出的《2010 全国旅游服务质量提升年》的目标和要求，各省、自治区和直辖市均紧紧围绕提升服务质量这个核心，积极推动各旅游业态开展丰富多彩的服务质量提升活动，取得明显成效。旅行社业界围绕抵制"零负团费"、虚假广告，倡导以诚信经营、品质服务为切入点，全面提升旅行社服务质量。

福建省旅游协会旅行社专委会召开常务理事会议，福建省中旅等 18 家常务理事单位发出全面提升旅行社企业质量和从业人员素质的《倡议书》。天津市旅游局将与全市所有旅行社签署《旅游安全责任书》，并建立"旅游包机、专列备案制度"，维护游客的正当权益。安徽省旅游局召开旅行社座谈会，提升旅游企业服务质量成为热点。山东省旅游局在全省集中开展为期一个月的打击"零负团费"专项行动，查处 12 家经营"零负团费"旅行社。中国旅行社协会也发出坚决抵制出境旅游"零负团费"运营方式的倡议书。

在国家旅游局、各级地方旅游行政管理机构及相关组织的倡导下，旅行社及相关企业也积极行动起来，或者从自身的经营管理入手，或者参加相关诚信联盟，提升服务质量。2010 年 5 月，由海南省旅游客运管理服务有限公司（以下简称"管理公司"）倡导，海南省内 4 家旅游汽车公司和 8 家旅行社共同组建的海南旅游服务品质联盟日前成立。该联盟旨在为游客提供高规格、高品质的接待服务，全面提升海南国际旅游岛的旅游形象。

二、2011 年我国旅行社业总体状况预测

2010 年旅行社产业总体运行稳中有进，热点不断。2011 年随着全国旅游行业全面贯彻落实国务院有关文件精神，着力深化旅游业改革创新，贯彻中央重大部署，旅游业将保持平稳较快发展；中国深化经济转型、扩大内需的战略推进，旅游作为居民消费的龙头产品，迎来历史性发展机遇，为旅行社提供了广阔的市场；在居民收入提高、交通格局改善、区域经济振兴等政策扶持的情况下，共同促进中国旅游业进入一轮加速增长周期，也将推动旅行社产业的稳步快速发展；人民币升值推动出境游快速发展，同时对入境游影响有限，也在一定程度上推进旅行社产业的发展。在上述背景下，旅行社行业将呈现以下几方面发展趋势：

（一）旅行社品牌化发展趋势

截止到 2010 年底，我国有各类旅行社达 2.2 万多家，2009 年 5 月 1 日颁布实施的《旅行社条例》不仅降低了旅行社准入门槛，也取消了国内旅行社和国际旅行社的类别划分，旅行社的数量将会以更快的速度增长。2010 年 9 月 7 日，国家旅游局和商务

部联合发布的《中外合资经营旅行社试点经营出境旅游业务监管暂行办法》正式公布,可以预见,出境旅游市场将来必定对全外资旅行社开放,会有更多的外资旅行社进入中国,旅行社行业将面临更加激烈的竞争局面。

在目前我国旅行社产业市场竞争如此激烈的背景下,不仅中小旅行社面临不断增大的生存危机,国内的大型旅行社集团也将面临外资旅行社集团的挑战。品牌建设的重要性越来越凸显,国内外旅行社集团之间的竞争归根到底是品牌之争,创建知名品牌已成为国内外旅行社取得竞争制胜的法宝之一,依靠品牌和优质服务来赢得市场将成为旅行社未来发展的主旋律。

在未来的品牌建设推广过程中,各家旅行社除了通过创建高品质的旅游产品、诚信经营以外,还将通过兼并、重组、结盟等战略方法和手段,进行跨区域、跨行业的资源整合和跨区域的品牌推广。

(二)旅行社产业的国际化趋势

随着这些年中国经济的稳定快速发展,中国在世界上发挥着越来越重要的作用。承接 2008 年北京奥运会的成功举办,2010 年我国又圆满完成了上海世博会和广州亚运会的举办,在世界上掀起了一股中国旋风,2011 年 1 月,胡锦涛访美更是将这股中国旋风推向高潮,极大地提升了中国在国际上的形象。可以想象,2011 年及今后的若干年,中国将会迎来更多的国际游客,同时,越来越多的中国游客也会前往世界各地旅游,对推动中国旅行社产业的国际化发展起到了积极的推动作用。

一方面,伴随着国际入境游客的增多,我国的一些主要客源国(美国、日本、韩国、德国等)的旅游经营商,将会通过资本控股、收购、合资等各种方式进入中国。再加上我国旅游市场对外资企业开放的程度进一步扩大,2010 年 9 月 7 日,国家旅游局和商务部联合发布的《中外合资经营旅行社试点经营出境旅游业务监管暂行办法》正式公布,国家旅游局表示将逐步对全外资旅行社开放,更加促进了这些旅游经营商进入中国提前布局的动力。另一方面,随着我国出境游客的突飞猛进,国内的旅游经营商也会加大走出去的力度,并且以国内实力比较强大的一批旅游批发经营商为主。

(三)旅行社集团化趋势

中国旅行社产业集团化势在必行,这主要是由中国旅行社业发展的外在压力和内在动力所决定的。一方面,旅游市场对外开放带来的外部压力,使中国旅行社业不得不选择集团化发展道路。另一方面,从内部动力来看,旅行社为了实现利润最大化也应选择集团化。

从当前我国旅行社产业面临的全球经济、技术、旅游产业发展的背景来看,旅行社集团化过程将具有以下趋势。第一,旅行社集团作为旅游产业先进生产力的代表,其形成将受到产业融合与新业态发展的强有力推动。旅游产业融合与旅游新业态本质上是一种创新,产业融合的过程产生了大量的旅游新业态,旅游新业态的大量出现是产业融合的表现特征。第二,根据国际旅行社产业的发展规律,"抓两头,带中间"是国际旅行社集团成功的基本模式。其发展路径为:有效积聚客户资源——整合旅游资源要素——深化客户关系,并运用信息技术解决需求个性化与经营规模化的矛盾。从国内已经成规模的一些旅行社集团的发展路径来看，遵循了这一规律。所以，今后将有更多的旅行社按照这一模式推进其集团化。第三，就驱动因素而言，互联网技术的飞速发展以及我国大众化旅游市场日趋成熟是旅游产业新兴业态和商业模式兴起的主要驱动要素，在这两个变革要素的强劲驱动下，出现了诸如携程、去哪儿、艺龙、芒果、同程等新的旅游集团出现，并飞速成长起来，大有后来者居上之势。现阶段的旅行社集团化发展，资本已经成为核心驱动要素，以资本运作为手段的旅游产业资源的重组整合已经成为旅游新业态和产业融合的加速器。第四，中小旅行社面对旅行社集团的挤压，寻求了组建联盟，进而形成统一管理旅行社集团，然后通过连锁经营，吸纳加盟成员，对抗综合性的旅行社集团，寻求发展。

（四）中小旅行社专业化或代理化趋势

随着国内外各种旅行社集团的进一步发展，将使一大批中小型旅行社面临生存危机，根据国际旅行社产业的发展规律，中小旅行社或者通过专业化发展战略，做利基市场，避开与旅行社集团的正面交锋，求得生存和发展；或者就作为旅行社集团的代理成为其收客点，同时还可以代理保险、机票等业务获取利润。

（五）旅行社信息化发展趋势

信息技术在旅行社业中的应用范围十分广泛，旅行社利用信息网络技术开展网上咨询、网上预定、网上在线付款业务以及进行内部管理。信息网络技术在旅行社业中广泛应用，极大地促进了发达国家旅行社业的发展，增加了预定，扩大了销售，同时提高了企业的管理效益。今后，信息技术不再仅仅承担旅行社提高效益的利器，更充当了推动旅行社产业转型升级的平台，所以，旅行社的信息化将是旅行社未来发展的必然趋势。

在自助游与商业智能的推动下，在线旅游市场快速成长，企业呈现多元化发展趋势，如突出综合类比的垂直搜索、降低中间成本的分销渠道、主推价格优势的机票超市等，这些模式都将主导在线旅游业的未来走势。

随着散客时代的到来，旅行社信息化将向更深入、更细致的方向发展。在旅游者查找搜寻旅游相关信息时应用的在线、无线搜索技术；旅游者在旅行过程中所能应用到的移动定位、移动搜索服务支持技术；地理位置应用程序的发展成熟的移动设备、零漫游费离线导航的可能性、人造环境技术，均会在今后应用到旅行社信息化服务中。尤其在2011年，随着第三代移动通信技术（3G）的日渐普及，将带动无线互联网大发展，手机预订将成为在线旅游网站及旅行社未来重要的发展市场和竞争阵地。

（六）旅行社产业与其他产业的融合趋势

随着信息技术在经济、社会各个领域的广泛应用，今后信息技术将推动旅行社与其他产业的融合。旅游产业转型升级要推进产业融合，关键在于产业价值链的构建。以技术为先导，推进通信技术、信息技术在旅游产业中的应用，促进旅游业与文化、体育、农业、商贸、金融、房地产、物流等产业的融合发展，延伸旅游业链条，扩展旅游产业边界，发展产业集群，推动产业融合，构建旅游产业结构新体系，在此过程中旅行社也必将参与其间。从目前来看，旅行社与其他产业的融合刚刚开始，旅行社联合银联中心服务于旅游，取得双赢。实际上，美国的运通公司早就开创了旅行社与金融产业融合的先河，今后旅行社将会与更多的相关产业进行融合。

三、相关政策建议

根据以上对 2011 年旅行社行业总体发展状况的预测，提出以下相关政策建议。

（一）进一步制定和完善旅行社相关法规和标准，营造良性健康的竞争环境

随着旅行社行业人的发展，不断出现新现象、新事物，以致出现法规和标准的盲点，所以在法规和标准方面需要不断完善，而且要严格落实和执行，以保证合法经营者的利益，营造良好健康的竞争环境。

（二）引导旅行社进一步提升其信息化、智能化的管理水平和服务品质

信息技术的应用是旅行社的必然趋势，未来旅行社经营管理的各个领域都离不开信息技术，所以旅行社应不断挖掘信息技术的应用领域和层次，由信息技术发挥有效沟通，到数字化管理，实现功效整合，再到智能化，实现发展模式的创新。

（三）旅行社进一步做好出境游的产品设计和落实

目前中国已与 140 多个国家签订了中国公民旅游目的地协议。据中国旅游研究院发布的《中国出境旅游发展年度报告 2009～2010》显示，预计 2010 年出境旅游人数为 5 400 万人次，同比增幅超过 11%，出境旅游花费 480 亿美元，同比增长 14%。随着我国经济的进一步发展，人民币汇率升值等原因，2011 年将是出境游大发展之年。目前国内的出境组团社有 1 069 家，成团率为 25%，每家旅行社年获利可达百万元。但国内企业还需要更多、更好地关注游客多样化的旅游需求，从目前的粗放型发展向集约型发展转变。所以相关旅行社应做好相关的准备工作。

（四）旅行社结合优势，整合资源，与相关产业融合，创建品牌，探索新的发展模式

在 2010 年整个旅游业落实有关文件精神，推动旅游业与相关产业融合的基础上，2011 年将会有产业融合的丰硕成果，在此过程中，旅行社将会有更多的机会寻求发展。所以，旅行社应结合自身优势，借这股潮流，抓住机遇，探索适合自身的发展模式。

第三章　我国旅行社产业组织结构和竞争力分析与预测

旅行社产业竞争力是旅行社产业内各旅行社企业竞争力的综合总合，因此，提升产业竞争力的根本途径就是如何有效地组织与优化产业内各企业间的关系，形成有效竞争的市场结构和产业组织结构，使产业内有限资源合理配置、有效利用。这对于提高经济效益，增强产业国际竞争力，以及实现经济发展的目标有至关重要的意义。

本章从产业组织结构理论的角度，对我国旅行社产业组织结构的现状进行分析，从产业组织的视角对我国旅行社产业竞争力进行观察与评价，并对 2011 年我国旅行社产业组织结构与竞争力进行预测。通过上述分析和预测，可以理清影响我国旅行社产业内部企业与企业竞争力合成的关系结构，即产业组织结构，探讨改进产业组织结构、创新产业组织形式，提升我国旅行社产业组织整体竞争力的方法和路径。

一、2010 年我国旅行社产业组织结构和竞争力现状与预测

从产业组织理论的角度看，市场结构决定企业行为，企业行为决定市场绩效，同时市场绩效和企业行为又反过来影响市场结构，最终达到一种均衡。总的来说，市场结构是决定企业行为和绩效的基础，因此我们从市场结构入手，对我国旅行社产业组织结构进行分析。通过分析可以看出，目前我国旅行社业呈现出过度竞争的产业组织结构特征，这种特征下的产业组织结构直接导致我国旅行社业总体竞争力的低下，无法在国际市场参与竞争，因此，改革与优化我国旅行社产业组织结构成为提升我国旅行社产业竞争力的必由之路。

（一）现阶段我国旅行社产业组织结构的特征

所谓市场结构，是指在某一产业市场中，买者之间、卖者之间、买者和买者之间与现有卖者和潜在进入者之间的市场关系，以及由此决定的竞争形式。从本质上看，市场结构是反映市场垄断与竞争关系的一个概念。其中用以反映市场结构特征的最重要的指标是产业集中度，从产业集中度能够清晰地判断出一个产业的组织结构特点。

产业集中度（Concentration Ratio, CR），是指某行业内排名居前几位的大企业的销售额、产量、资产总额、职工人数、利润等占整个行业的份额。在实际应用中，通常用排名前 4 位或前 8 位企业的相关指标进行测定，例如产业集中度 4 代表前 4 位企业所占的市场份额，产业集中度 8 则是指居前 8 位企业所占的市场份额。这一指标表明行业内的资源或者利润等经济效益指标向某特定或者某几个特定企业集中的程度，集中度越高，证明少数几个大企业在行业中的市场权力越大，在产品价格、产量、研发技术、产品创新等方面的垄断性越强。

根据日本著名产业组织学家植草益的理论，市场结构可以根据产业集中度产业集中度 8 划分为不同的类型（见表 3－1），并由此判断出产业组织结构的特点。

由于资料所限，我们无法获取我国旅行社排名居前 4 位或前 8 位旅行社的营业额、产量、利润等相关数据，只能通过 2000—2006 年国家旅游局公布的年检报告中的相关数据，以国际百强社和国内百强社产业集中度 100 的市场份额对我国旅行社产业集中度进行测算。

表 3－1　植草益产业垄断和竞争类型测定表

竞争或垄断类型	市场集中度产业集中度 8
高寡头垄断型产业	产业集中度 8≥70%
一般寡头垄断型产业	40%≤产业集中度 8 ＜ 70%
低集中竞争型产业	20%≤产业集中度 8 ＜ 40%
过度竞争型产业	产业集中度 8 ＜ 20%

表 3－2　全国百强国际社营业收入份额变化（2000—2006 年）

年份	2000	2001	2002	2004	2005	2006
百强国际旅行社旅游业务营业收入（亿元）	155.27	197.02	217.04	301.27	310.34	437.4
占全国旅行社旅游业务营业收入的比例（%）	35.00	35.00	32.00	30.85	29.09	32.25

资料来源：根据 2000—2006 年全国旅行社年检通报中的相关数据计算。2003 年“非典”期间的数据被剔除。

表 3－3　全国百强国内社营业收入份额变化（2000—2006 年）

年　份	2000	2001	2002	2004	2005	2006
百强国内旅行社旅游业务营业收入（亿元）	22.62	33.77	36.63	61.23	62.07	71.08
占全国旅行社旅游业务营业收入的比例（%）	5.10	6.00	5.40	6.28	5.80	5.24

资料来源：根据 2000—2006 年全国旅行社年检通报中的相关数据计算。2003 年“非典”期间的数据被剔除。

通过表 3－2 我们可以看出，选取我国旅行社业中排名居前百位的国际旅行社为样本，以旅游营业收入为指标，对我国旅行社业的产业集中度进行测算，我国 2000—2006 年的产业集中度 100 仅仅在 30%～35%之间。表 3－3 中百强国内旅行社所代表的产业集中度则更低，2000—2006 年的产业集中度 100 最高仅为 6.28%。100 家旅行社的集中度尚且如此，如果换为 8 家旅行社的话，则集中度会更低，即使是前 8 家百强国际社，其产业集中度 8 也应当小于 20%。对比植草益的垄断和竞争类型测定表

(表 3-1),我们可以清楚地看出,我国旅行社业的市场结构属于典型的低集中度类型,整个产业具有过度竞争的特征。

自 2007 年起,全国旅行社年检报告中不再公布双百强的相关经营状况,因此我们在数据获取上存在一些困难。但是从中青旅控股股份有限公司、中国国旅股份有限公司这两个上市旅行社公司年报中的一些数据,以及目前旅行社整体行业的发展现状来看,我国旅行社业的产业集中度仍然很低。以 2008 年为例,中国国际旅行社总社居百强国际社排名首位,但是其当年的市场份额仅占全国总量的 2.8%,①以此数据进行简单推算,2008 年我国旅行社业的产业集中度 4 应当不超过 10%,以此推算产业集中度 8 更是小于 20%,属于低集中度的市场结构,整体产业组织结构呈现出过度竞争的特点。2009 年居全国百强旅行社第 2 位和第 4 位的中国国际旅行社总社有限公司和中青旅控股股份有限公司,其旅游业务收入分别仅占全国旅行社营业收入总量的2.07%和 1.28%(见表 3-4),合计仅为 3.35%。排名居第 3 位的旅行社的市场份额应当介于2.07%和 1.28%之间,如果假设其为 2%的话,2009 年我国排名居第 2、3、4 位的旅行社所占的市场份额也仅仅是 5.35%。当然由于数据有限,这种计算仅仅是一个简单估算,但也充分说明我国产业组织结构的过度竞争特征,这种特征并非短期可以改变的,因此,2010 年也仍然是这种过度竞争型产业组织结构特征的延续。

表 3-4　2009 年中青旅和国旅市场份额

旅行社名称	旅游业务收入（亿元）	全国旅行社营业收入（亿元）	占行业总收入比例（%）	在 2009 年全国百强社中排名
中青旅控股股份有限公司	23.19	1 806.53	1.28	4
中国国旅股份有限公司	37.47	1 806.53	2..07	2

资料来源:根据国家旅游局 2009 年全国旅行社统计调查公报和中青旅、国旅股份有限公司 2009 年度报告中的相关数字计算。其中中青旅的旅游业务收入由中国公民旅游业务、入境旅游业务和旅游客运业务三项收入构成。中国国旅股份有限公司旅游服务业务收入包括入境旅游业务、出境旅游业务、国内旅游业务、票务代理和其他服务收入。

(二)我国旅行社产业组织结构现状分析

根据日本学者小宫隆太郎给出的定义,过度竞争是指这样一种状态:某个产业由于进入的企业过多,已经使许多企业甚至全行业处于低利润甚至是负利润的状态,但是生产要素和企业仍无法从这个行业中退出,使全行业的低利润甚至负利润状态长期地持续下去。具体来说,在过度竞争型的产业组织结构中,小企业数量多,其市场结构方面会体现产业集中度低、退出壁垒高、产品差别不足、企业规模小等特点;在市场行为中会体现出恶性价格竞争、产品研发能力不足等特点;在市场绩效方面则体现出行业整体资源配置效率低下、长期利润水平低等特点。就我国旅行社业的具体情况来

① 参考自宝岛旅行网:http://www.twbd.ibicn.com/people/archive/201002/0345810361473289231 09.html,"专访国旅总社首席执行官陈荣".

看，其产业组织结构的过度竞争凸显以下特点：

1. 进入过度与退出限制并存

我国旅行社业的进入壁垒主要体现在政府对旅行社的进入规制方面。我国在旅行社发展过程中前后颁布与实施过三部旅行社管理法规，即：《旅行社管理暂行条例》、《旅行社管理条例》和《旅行社条例》。这三部法规中均对旅行社的申请与设立条件作出了规定，具体体现在注册资本、质量保证金、申请人的资格等方面。随着市场的开放程度不断扩大与加深，这三部法规对于旅行社进入市场的门槛逐渐降低，2009 年 5 月开始实施的《旅行社条例》更是放松了对旅行社的进入管制，并且对外资旅行社在进入条件方面也实行了国民待遇。行政性进入壁垒的逐渐降低使我国旅行社的数量剧增，近十年来年均增长率在 10% 左右。这不仅使真正具有实力的旅行社进入了市场，同时也使大量实力较差、专业化程度不高、没有达到最小经济规模（MES）的旅行社进入了市场。同时由于旅行社扭曲的赢利模式使行业内充斥着大量灰色收入，造成很多小型旅行社虽然看起来连年亏损，但却实则通过回扣等暗箱操作获取不义之财，并因此不愿退出市场，造成行业进入壁垒要低于退出壁垒，大量旅行社不断涌入，而不符合经济规模、缺乏竞争力的旅行社又难以退出，导致市场过于拥挤且秩序混乱。

2. 产品研发能力差，产品差别不足

在过度竞争型的产业中，由于企业规模过小，从事开发的实力不足和规模效益较差。即使规模大的企业在过度竞争导致的无序市场环境中，也时常面临技术和产品创新成果被模仿或被剽窃的可能，从而使进行创新的收益和成本之比降低，企业从事技术创新的动力普遍不足。这种情况在我国旅行社业中的表现尤为突出。由于旅行社产品本身具有专利性差等特点，更加剧了整个行业研发能力缺乏的程度。其后果是导致我国旅行社产品同质化现象严重，许多产品的个性化特征不突出，产品无论是从创意理念、日程安排、游览内容、组织形式和服务质量方面，还是从广告宣传和营销策划方面，都极为相似。在产品缺乏创新、产别度不足的情况下，旅行社之间进行竞争的方式只能是价格竞争，并由此导致行业利润水平低下。

3. 行业价格竞争激烈，利润水平低下

过度竞争下的我国旅行社业，在企业行为上的一个重要表现就是恶性价格竞争。在产业组织理论中，企业行为是指企业为获得更大的利润和更高的市场占有率而在市场上所采取的战略性经营行为，是市场中各企业自身的决策和企业之间的竞争关系的体现，具体表现为企业的价格行为与非价格行为、研究与开发、投资、广告行为等。在我国由于旅行社退出壁垒低，旅行社企业进入过快、过密，生产能力过剩，再加上产品差别不足与研发能力差，使得我国旅行社业价格竞争严重，零、负团费现象屡禁不止，市场秩序混乱，企业热衷于追逐短期利益，严重影响了我国旅行社业的社会形象和公信度，同时也导致全行业利润水平低下。表 3－5 中显示了我国旅行社 2004—2005 年的平均利润水平，我们从中可以看出，我国旅行社业的利润水平长期偏低，严重影响行业整体规模的扩大，导致行业的低水平运转。

表 3-5 我国旅行社 2004—2009 年利润水平

年份	2004	2005	2006	2007	2008	2009
净利润率(%)	0.30	0.11	0.41	0.66	0.51	0.64

资料来源:2004-2008 年全国旅行社年检通报和 2009 年全国旅行社统计调查公报。

4. 规模经济水平低下

规模经济,是指随着生产规模的扩大,产品的平均成本随着产量增长而下降。规模经济实现的一个基本前提是企业保持一定生产批量,企业至少要达到最小经济规模水平(minimum efficient scale,MES),即企业在长期成本最小化时所能生产的最小产量,也是规模经济得以充分实现的最小产量。而处于过度竞争环境下的我国旅行社业,企业规模普遍较小,尤其能够达到最小经济规模水平的企业数量少、比重低,使那些未达到最小经济规模水平的旅行社成为行业内主要的产品供给者,导致行业内大企业不大,小企业不专,资源利用效率低,整个行业规模经济水平的低下。

(三)旅行社产业竞争力分析

通过上述对我国旅行社产业组织结构特征和现状的分析,我们可以看出过度竞争是我国旅行社产业组织结构现阶段的基本特征,而过度竞争又导致我国旅行社业在市场结构、企业行为和市场绩效等方面效率低下的现状。这种现状同样严重影响到我国旅行社整体产业竞争力的增长。

例如,产业集中度是反映一个产业竞争与垄断的最重要指标。从集中度视角考察我国旅行社产业的竞争力,可以反映出整个产业的竞争状况是否合理。如上所述,产业竞争力是所有旅行社企业的“合力”,因此,与产业内各企业数量和相互竞争方式密切相关。我国旅行社产业集中度的低下,反映出产业内的旅行社进入过多、重复生产,难以退出、分散竞争等特点,使产业中各企业竞争力的“合力”被削减,降低了整体产业的竞争力。

再如,规模经济是影响企业成本优势的一个重要因素。从规模经济角度考察我国旅行社产业的竞争力,一是从产业内部能够达到最小经济规模水平的企业数量与比重的大小;二是从整体产业的角度考虑企业与企业之间的协作关系。我国旅行社规模经济水平的低下,不仅使产业内部最小经济规模水平的企业数量与比重过大,同时也使企业与企业之间难以形成有效的分工与协作,无法发挥产业链的整体优势,难以形成整体的协作竞争力,严重影响我国旅行社整体产业竞争力的增长。

产业的整体竞争力是产业组织能力的市场体现。我国旅行社业过度竞争的产业组织结构特点,说明了我国旅行社产业的组织能力较差,产业组织结构不够合理,旅行社企业与企业之间的竞争过度,不能合理配置产业内有限资源,造成整体产业竞争力低下。因此,如何优化我国旅行社的产业组织结构,找到竞争效益和规模效益之间均衡的产业组织状态,对于提高我国旅行社产业的整体竞争力至关重要。

(四)我国旅行社产业组织结构与竞争力预测

过度竞争是造成我国旅行社产业组织结构不够合理,并导致产业整体竞争力较低的主要原因。我国旅行社业的过度竞争特点的形成，源于政策、体制、企业制度和市场机制等多种原因。这些造成过度竞争的原因无法在短期内从根本上消除，因此，过度竞争的状态在一定时期内也不会快速改善，需要经过一个长期过程才会有根本性改变。

二、优化我国旅行社产业组织结构的路径选择

一个良好的产业组织结构应当是一些经营业绩好的旅行社通过自身发展和购并，使旅行社规模越来越大，而那些效益差的旅行社要么退出行业，要么被其他旅行社购并，此时产业集中度越来越高，旅行社的进入和退出壁垒也越来越大，旅行社间的竞争也越来越有效，资源的配置效率变高，规模效应也逐步体现出来，一些大旅行社不愿意干或者干不了的一部分市场或业务会为中小旅行社提供生存的空间，形成大、中、小旅行社协同合作的组织结构，只有这样，我国旅行社产业组织才会逐渐走向成熟。因此，优化我国旅行社产业组织结构的路径选择就是：建立寡头垄断与中、小旅行社并存的产业组织结构，实现由过度竞争向有效竞争的转化。寡头垄断是市场经济条件下产业组织发展的基本趋势，也是成熟的产业组织的最终选择，并可以有效提升旅行社整体产业的竞争力。旅游发达国家旅行社产业的实践经验也证实了上述观点。

（一）寡头垄断的优越性①

1. 提高产业集中度，促进资源合理配置

在寡头垄断的产业中，排名居前几位的大企业的市场份额所占比例通常很高，因此会提高产业的集中度。一个产业的集中度越高，说明少数大企业对市场的控制力也就越强，市场的竞争是建立在主体实力相当基础上的几个寡占式大集团或企业之间的竞争，不是众多中、小企业的无序竞争。这些大企业间的竞争超越单纯价格竞争的限制，而是在产品创新、产品质量、售后服务、广告促销、产品差别等多方面的竞争，因而竞争强度大，形式多，竞争效率高，提高了整个产业的竞争水平，有利于资源配置的优化。这种竞争可以有效地消除过度竞争状态下的恶性价格竞争、产业利润水平低下等弊端，有利于产业竞争力的大幅度提升。

2. 提高产业与企业规模经济效率

规模经济，是指随着生产规模扩大和产量增长而出现的生产成本的降低。在寡头垄断产业中，一方面能促进产业内规模较大的企业内部专业化分工与协作，降低生产成本，同时由于大批量的采购和销售，有利于降低单位产品的成本和销售费用，促进企业规模的扩大；另一方面，可以从整体产业的角度提高企业与企业之间的协作关系，发挥产业链的整体优势。形成以大型企业为核心，众多中、小企业实行专业化协作网络的产业组织形式，提升产业整体的协作能力，扩大产业整体规模。

3. 有利于企业技术创新和产品研发

寡头垄断型产业使有实力、有垄断地位的大型企业有更强的经济实力和动力开发

---

① 部分内容参考：杜传忠. 从分散竞争到寡头垄断：中国工业市场结构调整的路径选择. 人文杂志，2002（1）.

新产品与新技术,这是因为大型企业可以利用自身的垄断地位,以产品成本等优势防止新技术与产品被其他企业迅速模仿。这对于旅行社这样的产品专利性较差的企业来说尤为重要。

4. 增强进入壁垒,避免企业过度进入

判断一个产业是否具有竞争性的一个重要标准,就是进入该产业的壁垒是否很高,以至于扼制了新企业的进入。进入壁垒包括规模经济、最低资本需求量、产品差异和政府管制等。进入壁垒是一个产业重要的结构性特征,影响到产业的竞争程度和绩效,是构成市场结构的重要的决定性因素。在寡占市场上,产业集中度高,大企业拥有较大规模的顾客群,因而新进入企业很难与原有寡头企业竞争。

总之,有效竞争是我国旅行社产业组织结构的目标模式。具体来说,有效竞争在市场结构上表现为规模经济与竞争相兼容的寡头垄断型市场结构;在企业的组织结构上表现为以大企业为核心,众多中小企业实行专业化协作的分层竞争的企业组织形态;从市场行为看,是一种在政府产业组织政策干预下的企业集团或股份公司之间的竞争与协调有机结合的市场行为;从市场效果看,企业集团间的竞争活力促使市场机制有效配置资源。①

(二)旅游发达国家旅行社业的实践经验

在一些旅游发达国家,旅行社产业组织结构早已形成寡头垄断的特征。以英国为例,其旅行社业的三大巨头——汤姆逊旅游集团、航空旅游集团和首选旅游集团三大旅游经营商,在 20 世纪 80 年代所占的海外旅游业务市场份额已达 70%,即产业集中度 3 为 70%。2005 年,美国旅行社的营业收益为 253 亿万美元,其中旅游经营商的营业收益为 36 亿万美元。美国旅行代理行业约 58% 的营业收入主要来自占全部旅行代理商 18% 的大型旅行代理商,其年营业额都在 500 万美元以上。德国的旅行社市场主要为 TUI、Thomas Cook 和 Rewe 三大集团所垄断。2004 年这三大集团的销售额占市场总量的 53%,其中,TUI 以总送客量 670 万人次和营业额 40 亿欧元的经营绩效雄居首位;德国旅行社的集团化程度比较高,这种经营方式为整个行业发展起到了积极的促进作用,并且带来了整个旅行社业经营绩效的提高。

虽然寡头垄断是市场经济条件下产业组织发展的基本趋势,也是成熟的产业组织的最终选择,但是寡头垄断程度过高也会造成产业内的垄断行为,以及对利益相关者、尤其是消费者利益的损害。因此,这里所说的寡头垄断是能够消除过度竞争并带来有效竞争的一种适度寡头垄断型的产业组织结构形式。

三、提升我国旅行社产业竞争力的相关政策建议

旅行社产业竞争力是旅行社产业内各旅行社企业竞争力的综合总合,因此,提升产业竞争力的根本途径就是如何有效地组织与优化产业内各企业间的关系,形成有效竞争的市场结构和产业组织结构,使产业内有限资源合理配置、有效利用。具体来说,

① 王晓燕. 中国产业组织优化的目标模式及实现路径选择. 经济经纬,2002(5).

体现为以下几点相关政策性建议：

（一）推出鼓励企业兼并、重组的政策法规，促进大型企业的形成

政府要积极鼓励旅行社企业做大，做强，大力推进企业兼并、重组、收购等规模扩张行为。一方面要出台各类相关产业政策，鼓励与引导企业向大集团和大企业方向发展；另一方面也要推出各种优惠政策，简化兼并与重组的审批与各类必要程序，以推进大型旅行社企业的扩张行为。

（二）降低退出壁垒，缓解企业过度进入的矛盾

提高进入壁垒和降低退出壁垒，是缓解企业过度进入的有效方法。对于我国旅行社业来说，行业主管部门已经设置行政性进入壁垒，如果再人为性地提高行政性壁垒，既不符合旅行社业本身的开放性，也与我国改革开放的大环境相悖。因此，清除过高的旅行社退出壁垒才是现阶段我国旅行社业实现有效竞争，提升产业竞争力的关键所在。具体来说，应采取克服地方保护主义、拆除行政性退出壁垒、降低沉没成本等措施，帮助相关企业顺利退出市场。

（三）积极促进垂直分工体系的形成，建立大、中、小企业的协同与竞争关系

垂直分工体系的本质是行业内企业间的分工与合作，具体表现为大型旅行社专事旅行社产品的设计与生产，小型旅行社从事产品的销售与代理，形成旅行社产业内的有序分工与各层级内的竞争。也就是形成以大企业为核心，众多中、小企业实行专业化协作的分层竞争的企业组织形态。这样就避免了企业的大而全、小而全、重复生产、无序竞争的局面，实现产业内资源的有效配置。

第四章　我国旅行社企业发展状况分析与预测

2010 年我国经济逐渐摆脱金融危机的影响，旅游市场也得到恢复和发展。我国旅行社企业根据各自的特点和优势，抓住机遇，出现了一批在业务经营、经营模式和扩张方式等方面各具特色的旅行社，为我国旅行社业的健康、全面发展作出了有益的探索，也给其他旅行社的发展提供了借鉴。

一、2010 年我国旅行社企业发展状况分析

2010 年，是我国旅行社企业从国际金融危机影响中逐渐恢复和发展的一年，发展状况可从其业务经营、经营模式和扩张方式三个方面得以体现。

（一）业务经营

根据慧典市场研究报告网 2010 年第四季度对全国 217 家旅行社样本企业的数据分析，2010 年第四季度，我国旅行社企业绩效和发展景气有所下降，但行业整体依然保持较好的发展势头。从整体看，由于世博会的结束和第四季度为传统旅游淡季，旅行社的行业经营状况、主要经营指标与第三季度相比均有明显下降，这与上一季度对第四季度的预期相一致，但降幅要明显高于预期。①

旅行社企业对行业未来发展依然充满信心，但乐观程度有所下降。从旅行社经营业绩来看，由于 2010 年第四季度为传统的旅游淡季，旅行社行业只有不到四成的企业经营状况有所上升或较大上升，较之第三季度八成的比例有明显下降，并且低于第三季度对第四季度超过六成的良性预期。

从行业预期情况来看，旅行社企业对行业未来发展依然充满信心，但乐观程度有所下降。根据调研，对 2010 年第四季度的行业发展预期表示乐观或非常乐观的占 60%，较第三季度 80% 的比例有明显下降；对 2010 年全年的发展预期表示乐观或非常乐观的企业将近八成，与第三季度基本持平；对未来 6 个月表示乐观或非常乐观的企业接近七成，较第三季度 84.9% 的比例也有所下降。

从旅游企业当季主要经营指标的变动来看，与第三季度相比，各项指标均有较大幅度下降。第四季度只有不到四成的样本企业利润水平有增长，营业收入也只有 41% 的企业有增长，23% 左右的企业这两项指标有减少；不到一半的旅行社企业预定人数、接待人数有增长，超过 30% 的企业这两项指标有减少；三成的样本企业线路报价有增长。

东、中、西部旅行社各项经营指标有下降的企业比例均有明显增加。从第四季度旅行社企业的区域差异来看，东、中、西部的旅行社对行业发展的预期与实际经营情况

① 慧典市场研究报告网：http://www.hdcmr.com/bgfree29312.html.

都有显著下降。(区域分析主要通过对不同区域的旅行社企业进行横向对比,分析空间要素对旅行社企业的影响。研究将调研样本划分为东部、中部和西部三个组团,其中东部旅行社占总样本的62.7%、中部旅行社占18.4%、西部旅行社占18.9%)。第四季度,东、中、西部三个地区的旅行社表示乐观或非常乐观的企业所占比率分别为69%、52%和39%。就整体而言,第四季度东、中、西部旅行社各项经营指标有下降的企业比例均有明显增加,就区域间比较而言,东部地区比中西部地区表现稍好。

在调查样本中,有119家旅行社属于国际旅行社、98家旅行社属于国内旅行社。就国内、国际旅行社的比较而言,2010年第四季度,国内旅行社营业收入和利润水平上升的旅行社企业所占比例分别为45%和36%,国际旅行社的比例为40%和29%,两个板块的这两项指标比第三季度的差距有所缩小,但国内旅行社仍高于国际旅行社5个百分点左右。

另外,国内旅行社中接待人数上升的企业所占比例也高于国际旅行社10个百分点,这说明国内旅游相对增速仍然较快。

2010年,随着旅行社业态的多样化、信息技术的深入应用,以及市场需求的高度细分化,国内不同规模和类型的旅行社结合自身的特点,通过分析市场需求,进行准确的市场定位,寻求发展机会,或以综合性的、全面的旅游业务服务于不同类型、不同需求的旅游者,或以独特的、细分化的旅游业务服务于特殊的旅游者群体。纵观全年,不同类型、不同规模旅行社的业务经营体现出以下几方面的基本特点。

1. 强化传统旅游业务,积极拓展新业务领域

具有一定规模的传统旅游批发经营商继续强化其固有的旅游业务,同时结合市场发展变化和信息技术的发展,不断拓展新的业务领域,体现出此类经营商在综合业务能力方面的实力和优势。以中青旅、国旅总社、中旅总社、上海春秋国旅、上海锦旅等为代表的一批规模较大的传统旅行社体现出在综合业务能力方面的优势,业务比较全面,除了传统的出入境旅游业务、国内旅游业务外,散客旅游业务、定制旅游业务等高端和个性化的业务也在不断拓展。中青旅在业务经营方面制定了一体两翼的战略。一体即公民旅游业务,以自由行业务和出境旅游业务为重点。两翼指增长的渠道,以遨游网和渠道拓展部为重点。通过在天津、太原、上海、杭州等城市实体网点的布局,将旅行社业务扩展到华北和华东,同时还加强对邮轮业务的拓展。

同时,与相关行业联手,进行跨界合作,也成为这些旅行社进行业务开拓的一种手段。2010年,中青旅客户服务中心与中石化、麦当劳、慈铭体检、嘉事堂药业及中国移动12 560等7家非旅游龙头企业达成了合作协议。中青旅会员可以凭积分兑换加油卡、体检套餐等各种丰富多彩的礼品,受到了会员的热烈欢迎。这些合作,大大增强了中青旅品牌的影响力,为中青旅会员带来了更多的附加服务和意外惊喜,甚至改变了客户出行时的品牌选择。凯撒旅游与中国银行携手推出"个人旅游刷卡分期付款"活动,这是银行业首次在全国范围内大规模推出旅游产品分期付款业务。凯撒旅游的全线产品均可接受分期付款,且全部分期付款产品均为零利息、零手续费。此项合作不仅可以为时尚旅游消费者提供优惠、便捷的付款方式,对银行业及旅游企业而言,也将

是一次创新和突破，大大开拓了凯撒旅游的业务。

2. 深度挖掘产品特色和产品内涵，提升业务品质

业务相对集中的旅行社通过深度开发，挖掘旅游产品的特色和文化内涵，加强旅游产品的体验性，进行业务经营与拓展。

出境旅游批发经营商凯撒旅游率先在出境游市场上提出欧洲度假的概念，以全新视角审视了近几年国内度假旅游市场的发展状况，突破海岛度假模式，使度假不再停留在人与自然的简单结合，而是上升到人与文化、人际间关系的完美融合，让游客可以从容自在地享受独具异域情调的生活方式。围绕此理念推出的欧洲度假产品打破以往设计惯例，精选了最具欧洲自然风光和风土人情的休闲度假胜地，如拥有蔚蓝海岸、时尚生活的法国南部著名城市尼斯；蔚蓝浩瀚的爱琴海、白墙蓝顶的希腊民居的希腊圣托里尼岛；最甜美的意大利生活方式的托斯卡那和拥有宝石般光泽的蓝色湖水，几百年来备受奥地利皇室喜爱的萨尔茨卡默古特湖区。在行程安排方面，采用了半自助形式，把时间完全交给游客支配，最大限度地为他们释放自由空间，使他们可以悠闲深入地体验当地的惬意生活。

3. 借助信息技术的发展，不断强化和拓展旅游业务空间

不管是传统业态的旅行社，还是新兴业态的在线旅游企业，2010 年均表现出通过对信息技术的深入应用和发挥信息技术的优势来强化和拓展旅游业务。

依托港中旅的芒果网，于 2010 年 11 月 18 日，正式宣布进入汽车在线租赁市场，首期推出自驾服务，覆盖全国 40 多个城市，计划二期代驾服务也将于 2011 年 3 月上线，这是继邮轮和票券频道上线后芒果网又一横向业务的拓展。

在无线旅游业务方面，各家旅行社也纷纷涉入。2010 年 4 月 1 日，携程旅行网（www. ctrip. com）推出“携程无线”手机网站。8 月 2 日，春秋航空携手第三方支付战略合作伙伴易宝支付推出春秋航空掌上春航服务，用户可随时随地通过手机订票、信用卡付款，享受方便、快捷的旅途生活。9 月 21 日，“国旅在线”iPhone 版无线手机网站正式上线。11 月，凯撒旅游手机网也正式上线。

4. 新业态在线旅游企业在强化其网上业务的同时，逐渐向实体化业务渗透

以携程为代表的新业态在线旅游企业或者提供代理预订酒店、机票，或者代销旅游景点门票，或者以提供旅游者旅游评论为主要业务，展现出在线旅游企业业务的特色和市场的定位。

2010 年携程面临来自国内外在线旅游企业同行的严厉挑战，有来自与携程模式近似的 e 龙、芒果网；通过垂直搜索，吸引更多对价格关注的客户的去哪儿和酷讯网；航空公司和酒店平台纷纷自起炉灶试水的直销；还有淘宝、腾讯等平台巨头的介入，更有国际在线企业巨头美国运通（American Express）和嘉信力（Carlson Wagonlit Travel）的进入，迫使携程在做好其网上业务的同时，通过兼并、资产注入等方式向实体化业务渗透，在证券市场增持如家和汉庭经济型酒店，参股首旅建国高端酒店，收购永安旅游业务等一系列行为打造其全产业链的业务体系，应对各方的竞争。2010 年 10 月借着对在线商旅管理系统“商旅通”的全新升级，形成商旅管理、旅游度假业务、酒店预订、

机票预订业务四足鼎立的业务发展格局。

驴妈妈作为目前中国最大的景区票务在线直销平台，形成了以景区票务分销和景区目的地营销为核心的两大业务，致力于散客潮背景下的自助游市场，从2011年春节驴妈妈开始涉足机票销售的业务来看，也透露出其拓展相关领域业务的计划。

去哪儿网于2010年上半年分别与桔子酒店管理有限公司和国际精品酒店集团签署了战略合作协议，双方就酒店直通车和酒店点评业务展开全方位的合作。去哪儿酒店直通车是去哪儿网最新推出的针对广大特色酒店的营销平台，成功集成了互联网搜索和电话预订的综合应用。

5. 中、小旅行社针对特有的目标细分市场进行深度开发，开拓和深化旅行社业务

随着一批大型旅行社经营规模的扩大和业务方面的拓展，逐渐转向旅游批发经营商的角色，我国旅行社垂直分工体系的形成在加速。垂直分工体系的发展趋势将中型旅行社推向专业化的发展方向，小型旅行社则承担了零售和代理的角色。

太美·全球主题旅行聚乐部是国内首家定位于服务高端客户人群的高品质旅行服务公司和生命资产管理机构，由旅行、投资银行、房地产、互联网、文化、传媒和娱乐等领域的成功人士共同投资创建。专注于为影响力人群和公司提供高品质的主题旅行定制，旨在创建中国最大规模的高端人脉圈子的"聚乐部"，作为中国高端定制旅游的专业预订网站已经表现出应有的状态。

作为定位为"欧洲旅游专家"的凯撒国旅，继续强化其出境旅游批发商的地位，而且其业务范围也在扩展，范围涉及欧洲、美洲、亚洲、非洲和大洋洲。在保持欧洲旅游传统优势的同时，进一步拓展旅游服务的深度和广度，旅游产品在设计上已不再局限于观光游览，而力求将民俗特色、文化历史、美食娱乐等多元素主题融入到旅游活动中，让旅客享受视觉震撼与精神享受的完美结合。

春秋国旅作为国内旅游批发商的龙头企业，在开拓其业务的过程中，与各地小旅行社合作，这些小旅行社作为春秋国旅的收客点，自然而然地承担起了代理和零售的角色。国内包括像宝中旅游、旅游百事通等在创建其旅游集团的过程中，也推动了一大批旅游代理商和零售商的出现。

总之，2010年在业务经营方面体现出不同类型的旅行社，通过准确的市场定位，以全面的或独特的业务服务于旅游者，求得发展。

（二）经营模式

在大众旅游需求和市场竞争的双重作用下，旅行社的发展战略、日常经营和职能管理都处于急剧变革的进程中，各家不同的旅行社，根据自身特点走出了具有各自特色的经营模式。

1. 覆盖全旅游产业链的旅游综合体模式

旅行社的业务涉及吃、住、行、游、购、娱等不同方面，决定了旅行社具有较长的产业链。从我国旅行社行业的发展历史来看，过去旅行社主要是作为联系旅游者和旅游供应商的中介角色，缺乏拥有实质性的产品。也正是在这样的背景下，随着旅游业的发展，旅行社的业务越来越多样化，规模也越来越大，旅行社的进一步发展受到旅游产

业链中相关环节的限制，尤其是交通环节，成为旅行社做大做强的瓶颈。所以，中青旅、上海锦旅、首旅集团等具有一定规模的旅行社逐渐整合相关资源，延长旅行社的产业链条，成为率先走向旅游综合运营商的代表。

中青旅作为国内旅游行业的龙头企业，由行业链下游的旅行社起家，逐步进入会展咨询服务、景区、酒店等毛利较高的上游子行业。中青旅在推动乌镇景区分拆上市的同时，还在与北京市密云县的战略合作框架下着力创建司马台长城项目。加上原有的会展服务、经济型饭店等业务板块，一个经由市场力量培育，按照商业规则运作的综合旅游集团已经卓然成型。同样，上海锦旅、首旅集团也都通过向旅行社的上下游产业扩展，形成涉及旅游产业链各个环节的旅游综合体。

2.“旅游+航空”的春秋模式

在旅行社业务运行中，非常重要的、也是最容易导致旅行社处于被动局面的一个环节就是交通。春秋国旅在突破交通障碍，探索企业发展方面走出了具有春秋特色的旅游发展模式。

1994 年，春秋国旅便取得了国内旅游业的桂冠，资产也由当初零散筹集的3 000元发展到超过5 亿元。1997—2004 年，春秋用7 年时间，包了3 万多个航次，总平均客座率为99.07%。2004 年5 月，春秋国旅和春秋包机公司共同出资8 000 万元组建春秋航空公司。

春秋国旅以其子公司——春秋航空为先导，由该航空公司在旅游线路上开出航班，春秋国旅则紧随其后，以“自家”机票的低价优势为依托，设计、推出远低于市场价的旅游产品。春秋国旅进入民用航空产业后，努力把旅游与民航产业实行联盟后的范围经济优势转化为现实的商业竞争力，开创了我国旅行社行业所特有的春秋模式。

3. 专业出境旅游批发商的凯撒模式

随着中国经济不断向好，中国游客出境游的市场成为一块日益增长的诱人蛋糕。而凯撒用精准的定位、精细的管理创建“带中国人去欧洲”的品牌旅行社，实现了快速成长。

2002 年，德国凯撒旅游集团在我国内设立投资公司，并收购北京橄榄树航空服务有限公司，更名成立北京凯撒航空服务有限公司。2003 年9 月，又与保利集团联手，重组原保利国旅，更名成立北京凯撒国旅，其主要业务是提供欧洲旅游、商务会展、票务服务等业务。德国凯撒旅游集团在欧洲的公司自1993 年成立以来，接待了上万个中国团组，近30 万人次，积累了极其丰富的经验。

与此同时，凯撒一直把服务质量看成企业的生命线，把客户的满意度看做全体员工的终极目标。多年来，诚信、稳健的经营理念使德国凯撒旅游集团在行业内以及消费者中树立起良好的口碑。

德国凯撒旅游集团总部设在德国汉堡，在巴黎、维也纳、罗马、巴塞罗那等地设有分支机构，拥有一支强大的采购队伍。集团内部实行一体化的管理模式，即成本中心设于欧洲，利润中心在中国。比起普通中国旅行社来讲，减少了中间环节，既提高了效率，又便于控制成本。

纵观凯撒旅游的发展与成长，其成功在于掌握了“带中国人去欧洲”这个完整的旅游产业链，凯撒旅游实现了“包办全程”，保证服务的水准、并实现直接有效的成本控制，其毛利率超出了10%的行业平均水平，从而形成了通过从组团到地接包办全程、完整产业链的凯撒模式，也造就了凯撒欧洲旅游单项冠军的骄人业绩和欧洲旅游专家的称号。

4. 旅游超市经营方式的宝中旅游模式

就全国范围来看，越来越多的主流旅行社开始在主要客源地广泛设立门市部，并投入更多的资本、人力和技术资源去构建基于互联网的市场推广与产品销售体系。在基于市场分工和自然演化的垂直分工体系尚未建立之前，没有自己掌控的强有力的零售和代理渠道，旅游批发商的地位就不可能建立起来。

在产业现实中，国旅、中旅、青旅、春秋、广之旅、南湖国旅分别拥有数十和上百家门市部，而且全部拥有线上销售平台和客户服务系统。可以看出，旅行社体现出渠道为王的运作特点，正是基于这一特点，深圳宝中旅游通过连锁加盟的方式，迅速扩展其经营规模和市场扩张，从深圳走向全国。截至2010年12月，宝中旅游已经完成深圳、重庆、四川、福建、山西、云南、香港、湖南、河南、湖北、南京、苏州等地共12家子公司的组建运营，旗下全国服务网点已超过1 000余家，实现营业收入30亿元。宝中旅游运作实行产销分离。专线旅行社（产品供应商）提供产品给宝中公司，宝中将产品打包整合交给加盟店。加盟营业部只承担产品的销售职能，其收入是销售产品所获得的佣金。作为平台的公司职能主要在四个方面，即销售渠道管理、采购管理、产品推广和品牌建设、信息化管理。

5. “线上+线下”一站式服务的携程模式

1999年，携程旅行网在上海上线运营，主要为散客提供酒店和机票网上预订业务。2003年12月，携程成功在美国纳斯达克上市，直接融资额超过7 000万美元（约人民币5.8亿元）。之后，公司将这笔钱一方面用于市场开拓、技术更新和产品研发，以进一步巩固公司在旅行分销领域的市场份额；另一方面针对传统旅游企业展开了策略性收购，这为携程进入新的业务领域和通过资本整合产业资源提供了平台支持。

携程是通过对现有旅游资源的整合与旅游链条中的价值再造实现其经营模式的。把遍布各地的酒店与航线资源汇集到网络平台，一方面可以大量节省旅行者在信息搜索方面的时间，另一方面为酒店提供了一个崭新的分销渠道模式。因此，借助第三方平台，携程在旅行者与酒店之间搭建起了一个价值沟通桥梁。携程在不小程度上解决了旅行者在购买旅游服务产品过程中的信息不对称问题，也帮助酒店企业开拓了销售渠道。价值再造，是携程商业模式成功的首要保证。可以说，在中国，携程开创了在线旅游企业的成功模式。

但是，携程同时也遇到了发展中的挑战。首先是来自淘宝、酷讯、驴妈妈等同行对市场的侵蚀。其次来自酒店、航空公司自建直销渠道对携程分销角色的削弱。再次就是市场需求的变化，只提供“酒店+机票”的服务已远远不能满足散客的需求，他们需要更多的附加服务。为此，携程通过增持如家、汉庭经济型酒店，参股首旅建国高端酒店，收购永安旅游业务，建立三亚和香港服务中心等一系列行为整合线上、线下的资源，在目的地建立地面服务体系和平台，打造携程全产业链的业务体系，提供全面的一站式服务，应对各方的竞争。

6. 自助游服务商的驴妈妈模式

从2008年成立后的两年多时间，驴妈妈发展成为目前中国最大的景区票务在线直销平台，已形成一套包括景区数字化、电子门票、二维码电子导游词、数字化信息管理、数字化游客通关等在内的景区信息化建设样板。基于散客时代中国旅游市场的现状和趋势，驴妈妈以景点票务为切入点，融合景点精准营销和网络分销，使景点以零投入方式拥有了自己的门票网上预订平台；根据自由行游客的行为特征，通过电子商务便捷、优惠及个性化的定制服务，满足了自由行游客的需求，最终搭建成国内景点票务电子商务门户和景点整合营销平台，是继携程旅行网等成功开创的"机票+酒店"旅游预订模式后，开创的另一"景点票务+网络营销"在线旅游企业经营模式。

旅游"散客潮"时代和中国电子商务时代双双来临，中国自助游群体占出游总人次的比例已经超过50%，在全新的时代，景区和游客都对旅游电子商务平台提出了全新的需求。通常情况下，国内景区对团队游有门票折扣，而散客的自助游则是全价。通过新的商业模式，驴妈妈从加盟景区获得价格优惠，降低自助游游客迈入的门槛，帮助景区做游客和消费增量，打造出多元化的赢利点组合。驴妈妈正是通过在线旅游、电子商务和精准营销平台三个领域创造企业价值，进行自助游服务商的发展与探索。

（三）扩张方式

中国旅行社行业的市场结构呈现从政策垄断到市场集中的态势，行业集中度呈现先高后低的态势。1980—2000年，国旅、中旅、中青旅的市场占有率由79.6%降到19.5%。2001—2006年，国内、国际旅行社业集中度分别稳定在15%~17%和45%~50%。近年来，市场规范化及行业整合力度的加强使旅行社行业集中度有所回升。2010年是各大旅行社跑马圈地、寻求扩张之年，出现了各种不同的扩张方式。

1. 通过以并购、联合、整合、重组等资本运作手段进行战略扩张

现阶段的旅行社扩张与集团化发展，资本已经成为核心驱动要素，以资本运作为手段的旅游产业资源的重组整合已经成为旅行社发展的加速器。不管是携程、去哪儿、艺龙等新业态企业，还是中青旅、国旅等传统的旅行社，其快速成长的背后都有风险资本、投资机构资本运作的推动。携程通过增持、参股酒店企业，纵向拓展其产业链，同时通过风险投资注资于驴妈妈，横向扩展其业务，走一种混合型的资本运作战略。中青旅在扩张的过程中除了围绕旅行社主业进行遨游网在线业务的准确定位和业务的开展，以及实体网络的布置外，还积极推动乌镇旅游赴香港独立上市。目前，中青旅正逐步加快产业链中的各个相关板块独立运作，满足多元化发展需求，一旦乌镇旅游上市成功，中青旅很可能将其他独立业务陆续上市，进行融资，以求得更多的资金，并进一步进行规模和业务的扩张。

2. 通过整合业务，扩展上下游产业链，实现一体化经营的规模扩张

从国际旅行社行业发展的规律看，"一体化"是旅行社规模扩张、行业内部整合的必然结果。20 世纪 70 年代，欧美旅行社业全面进入行业内部整合时期，主要表现为旅行社企业的横向一体化和纵向一体化。成功的旅行社无不遵循了以下的发展路径，即有效积聚客户资源——整合旅游资源要素——深化客户关系，并运用信息技术解决需求个性化与经营规模化的矛盾。这种基本模式本质上是旅行社掌控旅游价值链的过程，即先控制产业链下游的客户端，再对上游供应商进行整合和控制，从而打通整条旅游价值链。

国内旅行社也在一定程度上遵循国际旅行社发展的规律和轨迹在走其自身的一体化扩张之路。除了春秋国旅涉足航空领域外，2010 年，首旅集团携手海航集团组建了北京首都航空有限公司，加上之前所涉足的景区、酒店、购物中心、餐饮企业等，首旅集团的产业链覆盖了食、住、行、游、购、娱几乎全部的旅游产业链环节，真正实现了该集团全产业链的一体化运作。

3. 通过连锁加盟方式布局营业网点，开拓销售渠道，以实现规模的扩张

从西方旅行社产业的发展来看，在垂直分工体系的旅行社产业运行中，旅游批发经营商和旅游零售商或旅游代理商缺一不可，也只有在二者各司其职、相互配合的情况下才能造就大型旅游企业集团的出现。

从目前我国旅行社产业的发展状况来看，在垂直分工体系正在形成过程中，旅游批发经营商必须开掘其产品的分销渠道。一方面，可以跟其他小旅行社合作，代理其产品。另一方面，就是建立自己的分销网点。在国内旅行社中，宝中旅游在这方面进行了卓有成效的探索，取得了成功，以加盟连锁方式开创了旅行社扩张的宝中模式。宝中旅游实行完全的产销分离模式。组团加盟店通过组织客源的提成获得利润，销售方有积极性；公司通过地接社采购，让采购成本大幅下降，也可以提高加盟地接社的积极性。而作为宝中旅游管理总部，作统一结算，抓好管理，作好品牌宣传等。国内还有重庆的旅游百事通也以同样方式进行企业的扩张。

4. 通过组建联盟、深度合作的方式进行扩张

在我国旅行社垂直分工体系逐渐成形的背景下，承担旅游批发经营商角色的旅行社集团越来越对中、小旅行社形成生存压力，迫使中、小旅行社寻求生存发展的对策。对于那些不甘充当旅行社集团代理的中、小旅行社就得另谋出路，通过组建旅行社联盟，进行深度合作便是一些中、小旅行社的选择。

2010 年初，由重庆君豪国旅、中旅总社重庆分社、光大国旅、长江海外等 16 家旅行社携手共同组建的国内第一家超大型旅行社——重庆旅游联盟成立，并签约宣称：资源利益共享，风险共担，抵制零负团费，提高旅游服务质量。参加联盟体的成员单位需交纳一定数量的保证金，主要用于制约联盟体内成员单位的违规行为。

在河南，也出现了通过联盟方式组建的旅游集团。在 2009 年下半年开始，河南天之涯旅行社与省会部分旅行社及会展公司积极磋商，酝酿合作成立郑州首个旅游集团。经过近一年的运作，郑旅国际旅游集团于 2010 年宣告成立，在郑州市的直营店也

加紧"跑马圈地"。集团组建后以控股形式,对巩义柏茂庄园等景区实行控股经营。下一步,集团将创新经营模式,加快实施连锁店加盟计划,计划在2012年底前郑州的直营店将超过30家,加盟店也将扩容至50家。届时,各种不同的门店将遍布全市的商场、超市、酒店大堂、商务楼大堂、社区等场所,通过统一品牌形象、统一企业标志、统一操作、统一定价、统一发团、统一接受投诉,实现与不同业态的完美融合。

二、2011年我国旅行社企业发展状况预测

根据国际旅游市场及我国旅游市场的发展趋势,结合信息技术等影响旅行社经营的因素的变化及发展,2011年我国旅行社企业发展状况将显现下列发展趋势。

(一)市场需求多样性,旅行社在产品开发方面将进一步贴近旅游者的需求

2011年,旅游需求将会出现以下热点和趋势。首先是京沪高铁将开始运营,将带动京津冀、长三角以及铁路沿线的旅游,旅行社将围绕京沪高铁会开发出更多形式多样的线路和产品。其次,随着人民币的不断升值,出境游将进一步发展,将要放开的赴台湾自由行必将让台湾游成为出境游的热点。再次,老年人旅游市场也将出现"候鸟"游的旅游需求。尤其是对于北方老年人而言,每到冬季,他们会选择一些相对比较温暖的地方过冬,比如海南、三亚、云南等地。最后,围绕个性化的需求,诸如探险旅游、会展旅游、奖励旅游、咨询旅游、拓展培训旅游、考察旅游、疗养旅游、休学旅游等也会不断得到完善。针对以上旅游需求的变化和发展趋势,旅行社将开发出符合市场需求的、更贴近市场的旅游产品和线路。

(二)在信息技术条件下,网络平台与旅行社的融合成为趋势

在线旅游企业都建立了自己的旅行社和目的地接待体系,传统旅行社也越来越多地建立起了自己的网络平台,网络平台与旅行社呈现相互融合的趋势日益普及。在线旅行社目前占整个中国旅游市场的比例虽然不超过5%,但有很大的发展空间,前景一定会更好。

旅游服务与传统的商品交易有很大的不同,旅行是一种复杂的服务产品,从产品预订,到过程消费,继而到售后保障,需要强大的体系化服务,就预订平台而言,旅游产品复杂,价格和信息瞬息万变,这就需要有强大的技术能力和即时服务。专业旅游网站以客户需求为导向,对旅游业务进行了全面整合、流程再造,从服务手段、服务品质、支付方式、服务网络等多方面进行了彻底改造,成为专业从事旅游服务的企业,能够提供高水平的旅行服务。从旅游服务的专业性和质量保障来看,网络平台与旅行社相互融合的在线旅行社模式将更被看好。

(三)新业态将不断出现

2011年,会有越来越多的服务于旅游者的业态形式。从行业发展实践角度看,信息技术的发展和应用以及旅游市场需求多样化促成了旅行社各种不同业态的出现。旅游网站、自驾车组织、俱乐部、商旅公司、中介、会展公司、包机公司或票务公司、外事机构以及老干办、培训机构,等等,均会以不同的形态经营旅游业务。

新业态的出现,对于传统旅行社既是一种挑战,更是一种机遇。首先,各种不同的

业态在客观上分流了一部分旅行社的客源,造成旅行社市场的萎缩,威胁到旅行社的经营。同时,作为新业态,毕竟不是专业的旅行社,在运营过程中总会有新业态的短板,这时,旅行社如果能找到与这些新业态的契合点,进行合作,甚至合并,对于旅行社来说,既拓展了市场,又完善了旅行社的产品体系。

三、政策建议

针对旅行社企业 2011 年的发展趋势,旅行社及相关方面应做好如下几项工作。

(一)进一步扶持大型旅行社集团,培育其旅游批发经营商的角色和功能

我国旅行社行业的健康发展,必须要形成产业的垂直分工体系。而大型旅游批发经营商的出现对产业垂直分工体系的形成具有自然的推动作用,可以说,大型旅游批发经营商的形成过程,就是我国旅行社垂直分工体系的建立过程。

由于我国旅行社行业发展的历史背景不同于西方国家,缺乏形成旅游批发经营商的环境。也就是在我国加入世贸组织后,伴随着信息技术的发展,以及在旅行社行业中的应用,逐渐地从市场需求的发展趋势、旅游产业健康发展的要求,以及应对国际旅游集团的竞争等方面形成了对建立旅行社行业垂直分工体系的需求。

但是,制约垂直分工体系形成的障碍因素很多,有来自传统思想观念方面的,有来自政策法规方面的,也有来自竞争方面的。所以,单靠旅行社企业自身之力完成旅游批发经营商的转变,会需要更长的时间。相应地,在行业管理和旅行社业务运营过程中,如果能够给予一些政策支持或政府的帮助和引导,会加快旅游批发经营商角色的转换,相应地,也加速了我国旅行社产业垂直分工体系的形成。

(二)旅行社要抓住京沪高铁开通的机会,提前做好相关旅游产品的开发和准备

京沪高铁的开通,对于京津冀、长三角两地和沿线地区的旅行社来说是一个非常难得的开拓市场与开发产品的机遇,两地及沿线地区本身经济发达,旅游业繁荣又各具特色,而且互为目的地和客源,有非常好的基础。京沪高铁的开通,带来了完全不同的出行方式和旅游线路的不同组合与变化,所以两地及沿线的旅行社应该提前作准备,分析市场需求、设计不同线路,以应对京沪高铁开通所带来的机遇。

(三)继续挖掘赴台湾旅游市场,以应对赴台湾自由行的开通

2011 年,我国出境旅游将会继续保持快速稳定的增长,尤其是随着赴台湾自由行的开通,必将有更多的游客赴台湾旅游,而且出游的方式更加灵活和多样化。同时内地和台湾行业管理机构也在积极合作,推动台湾旅游市场的发展。所以对于相关旅行社而言,这是一个有待开拓的市场领域,应该做好相关的准备工作。

(四)信息技术渗透引发新业态的出现,要充分研究,保障其健康发展

旅游网站、在线旅游企业等新业态的出现,是未来旅游发展的方向,而且会越来越深入到旅游的各个领域,所以,应该对新业态进行扶持。但是,新型的经营方式对于行业管理者和新业态者本身及相关方都是一种全新的领域,有许多空白,需要各方进行探索和研究,发现其发展规律,建立完善的规范和标准,保证新业态的健康发展。

（五）旅行社应积极探索适合自身的发展模式

从目前在行业中走出具有自身特色发展模式的旅行社来看，都是在同样的背景下，结合自身的优势和特色闯出来的，给行业树立了榜样。所以，不管是大型旅行社，还是中、小型旅行社，都应该分析市场发展的趋势，研究产业发展的规律，结合旅行社自身的优势和特点，探索适合自身的发展之路。

第五章 世界发达国家旅行社业发展状况与对我国的启示

与世界发达国家相比，中国旅行社业还处于尚未成熟的发展阶段，旅行社的企业竞争力仍处在较低水平。因此，即时掌握和分析世界先进旅行社业的发展动态对于我国旅行社业的发展是非常有价值的。

一、2010 年世界发达国家旅行社业发展状况

相较于世界发达国家，中国旅行社业起步较晚，整个行业还处于尚未成熟的发展阶段，因此，需要借鉴世界发达国家的经验教训，探索适合中国旅行社业的成熟之路。

（一）各国旅行社业的总体发展状况

在世界旅游发展史上，欧美发达国家旅行社的发展始终处于领先地位，以日本、韩国为代表的亚洲国家旅行社的发展势头也很强劲。因此，我们将重点分析美、德、英、日、韩五国的旅行社业发展状况。

1. 美国

（1）行业基本经营模式

美国的旅行社采取垂直式分工体系，全国的旅行社分成旅游经营商（Tour Operator）和旅游代理商（Travel Agent）两大类型。美国旅行社的数量在 1978 年美国航空业管制取消后曾一度大幅增长，但随着市场竞争的加剧，这些年美国旅行社的数量呈持续下降趋势。根据美国《旅行周刊》（Travel Weekly）的调查，1997 年共有旅行社33 500家，2002 年底减少为 24 337 家，到 2007 年底为 20 492 家。2010 年最新的调查结果显示，25% 的旅行社有超过 30 年的经营历史，52% 的旅行社已从事旅游经营 20 年以上，只有 11% 的旅行社开业不足 5 年。由此可见，美国的旅行社业相对成熟，发展较为平稳，面对日趋激烈的竞争态势，优胜，劣汰，不断优化着旅行社的行业结构。

根据美国权威刊物《旅游周刊》每年对美国旅行社的排名情况，销售额超过 10 亿美元的旅行社在 2008 年有 13 家，2009 年有 12 家（见表 5 - 1）；超过 5 亿美元的旅行社在 2008 年有 22 家，2009 年有 20 家；超过 1 亿美元的旅行社在 2008 年有 59 家，2009 年有 52 家。根据《旅游周刊》2010 年 10 月对 2 191 家旅行社的调研结果，年销售额在 500 万美元以下的旅行社占 75% ，2009 年为 77% ；年销售额在 100 万美元以下的旅行社占 33% ，2009 年为 29% 。可见，美国旅行社业的垄断经营比较明显，规模较大的旅行社数量有限，但其营业收入占全行业营业收入总额的比重很高。

表 5－1　美国旅行社排名表（前 13 名）

排名	2008 年（销售额：十亿美元）	2009 年（销售额：十亿美元）
1	American Express(29.1)	Expedia Inc(21.8)
2	Carlson Wagonlit Travel(27.8)	American Express(21.5)
3	Expedia Inc(21.3)	Carlson Wagonlit Travel(21.4)
4	Hogg Robinson Group(16)	Hogg Robinson Group(16)
5	BCD Travel(14)	BCD Travel(14.6)
6	Orbitz Worldwide(10.8)	Orbitz Worldwide(10.1)
7	Travelocity(10.6)	Priceline. com(9.3)
8	Priceline. com(7.4)	AAA Travel(3.23)
9	AAA Travel(3.87)	Flight Centre USA(1.88)
10	Travel Leaders Group(1.9)	Travel Leaders Group(1.68)
11	Flight Centre USA(1.675)	Omega World Travel(1.13)
12	Omega World Travel(1.18)	Travel and Transport(1.01)
13	Travel and Transport(1.03)	Travelong(0.825)

资料来源：Power list 2008 and Power list 2009 from Travel Weekly.

依据旅行社不同的商业模式，旅行社又可以分为四种类型（见图 5－1）：混合型（hosted independent）、独立型（fully independent）、特许型（franchise/host brand）和雇佣型（employee）。其中混合型的旅行社有自己的名称，但有一部分业务需要通过母社来完成，并与母社分享佣金（2010 年调查的佣金分配比例为 74/26；2009 年为 75/25）；独立型旅行社则是旅行社直接与服务供应商开展业务；特许型旅行社使用母社的品牌和名称，完全依赖母社开展业务。根据美国旅游代理商协会（ASTA）的调查，占旅行社总量超过 40% 的独立型旅行社虽然量大，但单体规模较小，收入较低，如图 5－2 所示，一半以上独立型旅行社的年收入不到 5 万美元，仅有不到 2% 的独立型旅行社年收入超过百万美元。

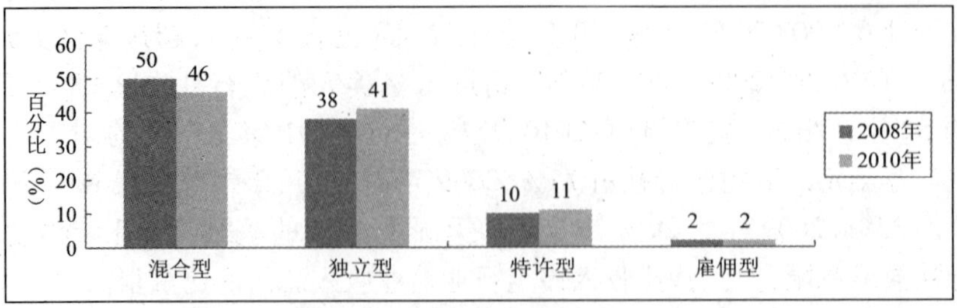

图 5－1　旅行社商业模式

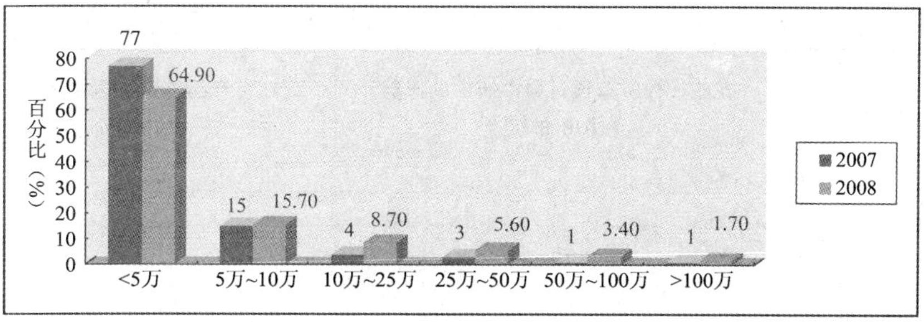

图 5 -2　独立型旅行社的收入

(2) 2010 年基本业绩表现

据美国旅游代理商协会[①]于 2011 年 2 月发布的《休闲趋势报告》(Leisure Trends Report)显示,美国大部分经营休闲旅游的旅行社在 2010 年都有较好的业绩,收入和销售量较 2009 年分别增加 51% 和 49%;从不同产品的销售来看,最强劲的反弹出现在铁路(增长 52%)、饭店(增长 51%)、包价旅游产品(增长 48%)、保险(增长 44%)领域。《旅游周刊》最新的调查显示(见表 5 -2),在旅行社收取佣金的所有代理业务中,游轮预订占 28%,大大低于 2009 年 35% 的比率,这主要是受较低价格的影响;饭店及度假村预订和机票预订分别占 27% 和 25%,基本与 2009 年持平;包价旅游产品预订占 12%,这些产品主要由传统的旅游经营商和旅游代理商自己提供,也有一部分包价旅游产品来自航空公司。旅行社所销售的国内包价旅游产品与国际包价旅游产品分别占 45% 和 55%。受经济危机的影响,在旅行社的营业收入中,商务旅游的比重下降,2008 年和 2009 年旅行社来自商务旅游的收入均占不到 30%。

随着旅游产品分销渠道的日趋多元化,旅行社所面对的竞争态势越来越激烈。2004 年,旅行社在游轮、包价产品、机票、饭店、租车业务方面的销售比重分别为 87%、81%、51%、47% 和 45%,而 2008 年分别为 85%、70%、50%、30% 和 25%(见表 5 -2)。

表 5 -2　旅行社预订业务比重表

预订业务板块	在旅行社所有预订量中所占的比重(2010 年)②	在各产品总预订量中所占的比重(2008 年)③
游轮预订	28	85
饭店及度假村预订	27	30
机票预订	25	50

① 美国旅游代理商协会(American Society of Travel Agents,"ASTA")成立于 1931 年,目前是世界上最大的旅游行业协会。美国旅游代理商协会的成员以旅游代理商为主,也包括旅游经营商,以及提供航空饭店、租车、游船等旅游服务的经营者,分布于全球 140 个国家。美国旅游代理商协会的使命是通过有效代理、知识共享、专业强化来促进旅游的销售。

② *2010 Travel Weekly 2010 Travel Industry Surey.*

③ *2008 PhoCusWright Travel Agency Distribution Landscape Report.*

续表

预订业务板块	在旅行社所有预订量中所占的比重（2010 年）①	在各产品总预订量中所占的比重（2008 年）②
包价旅游产品预订	12	70
租车预订	5	25
铁路交通预订	3	-

对于旅游代理商来说，从旅游服务供应商那里获取佣金一直是他们的基本收入形式，但不是唯一形式，随着旅游服务供应商成本压力的加剧和分销渠道的多元化，越来越多的旅游代理商通过创新服务增加顾客价值，从而开发出新的收入来源。根据 ASTA 的调查，1998 年向顾客收取服务费的旅游代理商占 64%，2009 年最新的调查结果是 91%，而且这部分收入占旅游代理商总收入的 17% ~20%。服务费包括订票费、旅行线路策划费、旅游信息咨询费等，人均收费为 37.56.美元。根据 2009 年的调查结果，有 41% 的旅游代理商收取信息咨询费，有 17% 的旅游代理商对电子邮件信息服务进行收费，12% 的旅游代理商对电话信息服务收费，且有一半旅行社表示将在 2011 年提高服务和咨询费。

在《旅游周刊》的旅行社排名中，居前十名旅行社中有三家是在线旅行社，分别是 Expedia、Orbitz 和 Priceline，而且 2009 年 Expedia 超过了多年稳居首位的美国运通，成为美国排名榜首的旅行社。根据两个公司最新的财务报告，Expedia 在 2010 年的业绩仍然超过美国运通。由此可见，互联网正在为旅行社行业释放着无限的机遇和挑战，而真正愿意并能够把握住机遇的旅行社却是有限的。《旅游周刊》对 ASTA 成员的调查显示，目前 78% 的旅行社都建有自己的网站，但是仅有 20% 的旅行社可以做到每天更新，且大部分网站的功能比较简单，只有 6% 的网站有视频影像，16% 的网站有反馈机制，24% 的网站提供搜索栏，很少有旅行社提供在线预订功能，即使在这些网站，在线预订的比率也仅有 7%。

2. 英国

（1）行业基本经营模式

英国旅行社实行垂直分工体系，旅行社由旅游经营商/批发商和代理商组成。旅游经营商主要负责旅行社产品的生产，其产品通过旅游代理商或直接通过网站、电话销售给游客。英国的旅游经营商包括海外度假旅游经营商、国内旅游经营商、专项旅游经营商和入境旅游经营商四种类型。此外，旅游经营商又划分为独立经营商和生产商拥有的经营商两类。旅游代理商主要负责旅游产品的销售，按照经营规模和产品特

---

① *2010 Travel Weekly 2010 Travel Industry Surey.*

② *2008 PhoCusWright Travel Agency Distribution Landscape Report.*

点,可以分为独立型(有 1 ~6 家销售网点)、中型(6 ~100 家销售网点,往往集中在英国某个地域)、大型(拥有超过 100 家销售网点,范围涉及英国全境)、在线旅游代理。

(2)2010 年基本表现

根据 Plimsoll 发布的最新分析报告,通过对英国 1 000 家旅游经营商的调研,该报告显示面对激烈的竞争环境,有 133 家旅行社连续 2 年以低于成本的价格在市场中角逐,这直接恶化了其他旅行社的经营环境,进一步影响了整个行业的利润水平,全行业平均利润率仅 0.6%(见表 5 -3),但是对于那些获得盈利的旅行社来说,其平均利润率为 6.8%。

表 5 -3　英国旅游经营商利润水平表

	旅行社数量	平均利润率%
赚钱的旅行社	314	6.80
不赚钱的旅行社	686	0
行业平均水平	1000	0.60

根据经营业绩表现和发展前景分析,Plimsoll 对这些旅游经营商进行了等级归类(见下表 5 -4),有 382 家旅行社被提醒有破产风险,占被调查总数的近 40%;近 52% 的旅行社被给予乐观积极的预期。

表 5 -4　旅行社发展前景等级表

等级	旅行社数量
强(strong)	430
好(good)	88
平均(average)	100
警告(caution)	70
危险(danger)	312

根据英国旅游代理商协会[①] 2010 年的最新调查,52% 的游客通过旅行社预订旅游产

① 英国旅游代理商协会(Association of British Travel Agents,"ABTA")成立于 1950 年,并于 1955 年转变为股份有限公司,是英国第一,世界第二的旅游行业协会。其成员包括旅游代理商和旅游经营商至 2010 年止,其成员涵盖不列颠群岛的 5 000 家旅游代理商和经营商,他们销售了英国超 90% 的包价度假产品和大部分的独立交通产品,创造了超过 200 亿英镑的营业额。英国旅游代理商协会除了代表和维护其成员的利益外,还在旅游企业破产时扮演着保护消费者权益的角色,因此享有非常高的社会知名度,成为英国最知名的标志之一。一方面,该协会代表其成员向政府和欧盟施加影响,以创造一个有利于协会成员的自由商业环境;另一方面,该协会制定了一系列的行业行为准则,并针对违规行为制定了惩罚性措施,因此,英国旅游代理商协会被视为保障消费者权益的机构,其成员资格本身就意味着具有高标准的行业水准。

品，其中，24%的游客通过网络直接与旅游经营商预订旅游产品，17%的游客到拥有实体店的旅游代理商那里进行预订，11%的游客则是通过电话向旅游经营商或代理商进行预订，另外，有25%的游客通过电话或网络直接向饭店预订，34%的游客直接向客运部门预订。而根据2008年对欧洲在线旅游的统计，英国市场是欧洲最大的在线旅游市场（见图5-3），在这样的市场需求下，传统的实体旅行社所面临的创新压力显而易见。

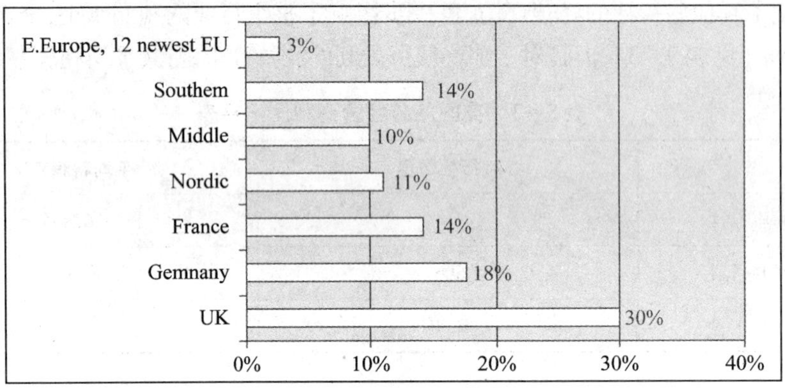

图5-3　2008年欧洲在线旅游市场的地域分布（584亿欧元）

资料来源：Carl H. Marcussen, Centre for Regional and Tourism Research, www.crt.dk/trends, 23 March 2009.

3. 德国

（1）行业基本经营模式

德国旅行社行业的经营模式为典型的批发—零售模式。传统意义上的旅游代理商占旅游市场总销售额的90%左右，是德国旅游批发商最重要的产品销售渠道和包价旅行产品销售的主体力量。

目前，多数批发商主要通过两种代理商渠道进行销售，一是他们自己或母公司拥有的代理商，另一种就是其他公司拥有的代理商。只有真正的大型批发商才有实力拥有属于自己的代理商销售网点，最典型的就是控制德国旅游零售市场的三大巨头公司TUI、Thomas Cook和Rewe，这三大集团的特点是本身既是旅游批发商，又拥有自己的旅游代理商体系，而且其旅游代理商是真正意义上"羽翼丰满"的代理商，既代理自己母公司批发商的产品，又能代理所有其他批发商的产品。

德国的旅行社行业具有较强的垄断性，有近50%的市场份额被TUI、Thomas Cook和Rewe三家大型旅游公司控制。大型旅游公司通过购买或包租旅游热点地区的旅馆、控制大批旅游热线、相互建立市场联盟等措施，排挤中、小旅游公司，并利用价格优势吸引游客。对于绝大部分中、小旅游公司来说，留给他们角逐的市场空间不到40%，为了寻求生存和发展，他们另辟蹊径，专攻特色旅游，开发了森林游、乡村农场游、登山游及青年之家等专向旅游产品。

目前，对于旅游代理商来说，来自其他销售渠道的竞争日益激烈，最突出的有来自批发商的直接销售、网络销售以及电视购物频道销售，等等。有少数批发商绕过旅游代理商，直接销售自己的产品，如 Hansa Kreuzfahrten、Alpetour 和 Plantours & Partner 等旅行社直销的营业额分别占各自全部产品销售总额的 88%、75% 和 74%。

（2）2010 年基本表现

2010 年德国人继续保持"旅游世界冠军头衔"，在 2009 年微降 2.2% 后，德国旅游经营商逐渐从 2009 年经济危机的消极影响中恢复过来，又回到了增长的轨道上。根据德国旅游行业协会（DRV）①的统计数据，德国旅游经营商在 2010 财年创造收入 213 亿欧元，较 2009 年增长近 3%，游客接待量增加 5%，各细分市场的增长情况如表 5－5 所示。

表 5－5　德国细分市场增长情况

细分市场	海洋游轮	内河游轮	陆上度假
市场增长率	15	5	3

另据德国权威旅游报纸 FVW 的调查显示（见图 5－4），途易德国公司以 38 亿的营业额居行业首位，不过其营业额和市场份额有所下降。REWE 旅游公司得益于其成功运作的子公司 Dertour 而居第二位，而曾长期处于第二位的托马斯・库克公司目前排名第三位。排名第六位的是专营豪华邮轮业的 Aida Cruises 邮轮公司。

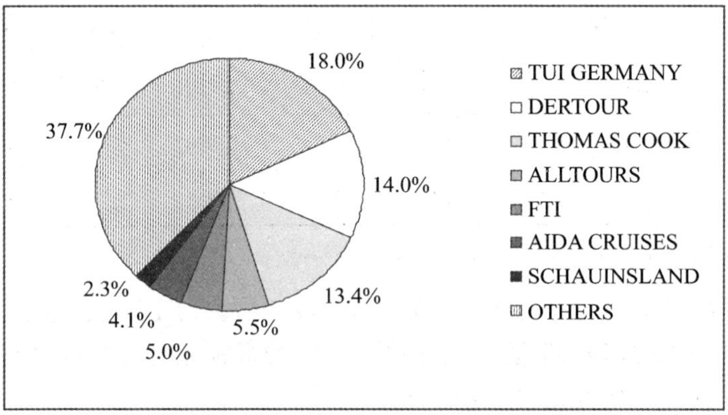

图 5－4　2010 德国旅游公司市场份额

根据德国旅游行业协会的最新统计，2010 年德国有旅游代理商10 370家，平均每十万居民就拥有 11.7 家代理商（2009 年为 12 家）。其中，位于商业街区的旅游代理商有9 600家，较 2009 年减少 299 家（新开业 421 家，关闭或被兼并 720 家）；专营商务旅游预订的旅游代理商有 800 多家，比 2009 年减少 67 家。尽管旅游代理商数量减少，但是 2010 财年（2009 年 11 月 1 日至 2010 年 10 月 31 日）的收入（202 亿欧元）较

① 德国旅游行业协会（DRV）成立于 1950 年，目前是世界上第三大旅游行业协会，仅次于美国旅游代理商协会和英国的旅游代理商协会. 德国旅游行业协会是德国最大的旅游行业协会，2010 年其成员创造了德国旅游代理商和旅游经营者营业额的超 80%.

2009 财年(193 亿欧元)增长 5%,但是利润压力依然比较大。

4. 日本

1996 年以前,日本旅行社采取的是一般旅行社、国内旅行社和旅行社代理店的混合分工体系。日本新的《旅行业法》将旅行业划分为旅行业和旅行业者代理业两大类型,依然保留了其传统的混合分工体系。其中,旅行业进一步细分为第Ⅰ种旅行业、第Ⅱ种旅行业和第Ⅲ种旅行业三种。第Ⅰ种旅行业是能够经营包括国内和国际招揽型策划旅游业务在内的所有旅游业务的旅行业;第Ⅱ种旅行业是能够经营国内招揽型策划旅游业务,但不能经营出境招揽型策划旅游业务的旅行业;第Ⅲ种旅行业是不能经营招揽型策划旅游业务的旅行业。旅行业者代理业是一种具有独立法人资格的销售型旅行业,《旅行业法》规定:他们在与上述三类旅行业中任意一家签约后,即可代理销售该旅行业以及该旅行业代售的其他旅行业产品。2002—2009 年,日本旅行社总体数量稳中有降(见表 5-6),截至 2009 年,日本共有9 535家旅行社,其中大型的批发商仅有数十家。

表 5-6 日本旅行社数量变迁表(2002—2009 年)

(单位:家)

年份	2002	2003	2004	2005	2006	2007	2008	2009
第Ⅰ种旅行社	855	841	784	781	817	808	812	791
第Ⅱ种旅行社	2 780	2 782	2 765	2 727	2 757	2 793	2 804	2 787
第Ⅲ种旅行社	6 312	6 314	6 259	6 179	6 088	6 153	6 098	5 957
合计	9 947	9 937	9 808	9 687	9 662	9 754	9 714	9 535

资料来源:日本旅行业协会(http://www.jata-net.or.jp/data/stats/)。

日本旅行社行业的经营业绩近年来波动不是很大,第Ⅰ种旅行社 2007 年的营业收入只比 2006 年增加 14.89 亿美元,而第Ⅱ种、第Ⅲ种旅行社 2007 年的营业收入比 2006 年下降了 31.12 亿美元,见表 5-7。

表 5-7 日本旅行社经营业绩

(单位:亿美元)

年份	2006	2007
合计	888.19	871.96
第Ⅰ种旅行社	756.01	770.90
第Ⅱ、Ⅲ种旅行社	132.18	101.06

资料来源:日本旅行业协会(http://www.jata-net.or.jp)。

其中,日本最大的旅行社,日本交通公社(JTB)拥有 2 500 家分支机构,遍布全球和日本全境,渗入到中、小城市,旅游景点,以及许多超市商场,2006 财年(2006 年 4 月至 2007 年 4 月）的年销售额达 135 亿美元，年营业收益 19 亿美元，截至 2001 年 9 月 30 日，拥有雇员 2.73 万人。日本第二大旅行社为近畿日本国际旅行社，2010 年的收入为 635.4 亿日元，比 2009 年（627.9 亿）增加 1.2%，净利润为 3.14 亿日元，在日本境内有 144 家分支机构，海外有 33 家，拥有雇员 4 012 人。

鉴于旅游业出现的新情况，在旅行社业界和国土交通省的要求下，日本政府于 2005 年 4 月 1 日实施了新《旅行业法》。该法不仅对旅行社的经营资格等作了严格的规定，对旅行社的经营行为，尤其是旅游合同签订作了明确规定，从而在法律上保障了旅行社内部的精细化管理。该法明确规定："行业者应事先制定与旅游者缔结有关旅行业务的约款"。约款的内容非常丰富，其规定之细腻堪称典范，对当事人双方，即旅游经营和旅游消费者（团体或散客）的权利、义务和责任都作了详尽的规定。具体内容包括总则、契约（合同）的缔结、契约的变更、契约的解除、旅程管理、责任、营业保证金以及特别补偿规程等，涉及了旅游活动的方方面面。比如，订立合同时，要写明旅游日程、旅游地、观光设施、景点、交通工具种类、等级及公司名称、住宿饭店种类和名称、客房的种类、设备及景观等，如有变动，法律规定旅行社不但要向游客退还实际旅行费用，还须支付赔偿金。日本《旅行业法》还对旅行业协会作了一系列的界定，这些界定保证了政府在无法进行职能干预的领域里通过行业协会规范行业发展的有效性。

5. 韩国

韩国旅行社行业主要分为三种类型，即一般旅行社、国外旅行社和国内旅行社。其中，一般旅行社以在国内旅行和出境旅游的韩国游客与外国游客为服务对象；国外旅行社的服务对象是到国外旅行的韩国游客；国内旅行社则以在国内旅游的韩国游客及外国游客为服务对象。根据韩国《观光振兴法》对旅行社注册基准在资金上的下限作出的规定：一般旅行社的注册资金不得低于 3.5 亿韩元，国外旅行社的注册资金不得低于 1 亿韩元，国内旅行社的注册资金不得低于 5000 万韩元。由于韩国政府降低了旅行社行业的进入门槛，导致大量旅行社的涌现。据韩国观光协会中央会的统计，韩国旅行社数量持续增长（见表 5－8），截至 2010 年，韩国共有各类旅行社 13 182 家，其中一般旅行社 1 214 家，国外旅行社 6 714 家，国内旅行社 5 254 家。然而，韩国旅行社的数量虽多，但大部分规模不大，经营业绩也处在较低水平状态，由于韩国政府没有建立相应的配套制度，造成目前旅行社行业出现了诸如低价竞争等许多问题。

表 5－8　韩国旅行社数量变迁表（2002—2010 年）

（单位：家）

年份	2002	2003	2004	2005	2006	2007	2008	2009	2010
国外旅行社	3 827	4 101	4 390	4 659	4 985	5 793	5 329	4 547	6 714
国内旅行社	3 496	3 584	3 641	3 699	3 844	4 162	3 616	6 318	5 254
一般旅行社	754	815	697	768	794	726	705	1 003	1 214
合计	8 077	8 500	8 728	9 126	9 623	10 681	9 650	11 868	13 182

资料来源：韩国观光协会中央会（www. koreatravel. or. kr）。

随着旅行社业的发展和旅行社的大型化趋势，韩国旅行社业的销售成本比率呈逐年下降的趋势，逐渐接近其他行业的水准。1996 年，韩国旅行社行业的销售费用和一般管理费用占销售总额的 36. 05%，1999 年该两项费用的比例降至销售总额的 29.00%，2000 年进一步降至 26. 53%。（见表 5－9）

表 5－9　韩国一般旅行社接待外来游客与外汇收入情况

区分 年	全体旅客（人次）	通过旅行社（人次）	比率（%）	获得外汇（千美元）	每人次消费	全年对比增加率（%）			
						全体旅客	通过旅行社	外汇	每人次消费
1997	3 908 140	1 017 729	33.2	401 794	337.5	3.2	16.1	30.1	6.4
1998	4 009 713	1 234 061	32.4	466 039	372.3	1.1	7.0	51.7	4.5
1999	4 229 045	1 335 144	31.6	472 238	417.5	2.2	10.3	52.4	4. 3
2000	4 146 659	1 436 227	31.2	413 118	325.9	−2.7	10.7	−30. 1	3.6
2001	4 446 751	1 459 086	30.5	483 180	459.4	3.5	8.4	29.8	−12.8
2002	4 822 834	1 458 261	32.2	490 186	506.8	7.2	14.7	34.7	18.1

资料来源：韩国观光公司，韩国观光协会，2003 年。

2008 年以来，随着韩币的逐步贬值，韩国入境旅游市场呈现良好的发展势头，经营业绩逐年上升，见表 5－10。

表 5－10　韩国旅行社部分经营业绩

（单位：亿美元）

年份 业绩	2006	2007	2008	2009
入境业绩	4.50	4.34	4.87	5.56
出境业绩	26.38	33.84	33.51	19.78

注：1. 上述统计以一般旅行社的业绩为准，国外旅行社大部分是一般旅行社的零售商，所以此统计具有代表性。

2. 韩币对美元的汇率以 2010 年 2 月底为准，1160.0 韩元 = 1$

资料来源：韩国一般旅行社协会（http://www. kata. or. kr）。

目前，在韩国实力最强的旅行社是：Hana Tour、Mode Tour、乐天观光（Lotte Tour）、自由 Tour（Freedom Tour）（见表 5－11）。一般来说，人们把这四家旅行社称为‘BIG4’。但是，其中 Hana Tour 的实力遥遥领先。2006 年，该旅行社接待了约 89 万的出境游客，相当于另外三家旅行社接待量的总和。

表 5－11　2006 年韩国旅行社排名情况

	名称	出境营业收益(一亿韩币)		增长率(%)
		2006 年	2005 年	
1	Hana Tour	794.8	506.1	54.2
2	Mode Tour	350.1	228.5	53.2
3	Lotte Tour	260.2	168.6	57.0
4	Freedom Tour	150.9	126.2	19.6
5	Nex Tour	92.3	62.7	47.2
6	Hyundai Dream Tour	82.2	65.0	26.4
7	Online Tour	79.8	47.2	69.1
8	Interpark tour	76.5	26.1	192.3
9	OK Tour	74.4	62.6	18.7
10	Good Tour	69.9	55.5	25.9

资料来源:韩国一般旅游协会(http://www.kata.or.kr)。

(二)发达国家旅行社企业典型代表的发展状况

美国运通公司、途易集团、托马斯·库克集团、日本交通公社都是世界知名的重量级旅游企业,他们具有各自独特的经营特点和发展状况。

1. 运通公司

(1)企业概况

美国运通公司成立于 1850 年,总部设在纽约。运通公司成立初期,其主营业务是快递服务,该公司最早是由三间不同的快递公司股份合并组成,分别是亨利·威尔士(Henry Wells & Company)、威廉·法格(William Fargo & Company)和约翰·巴特菲尔德(John Butterfield)所拥有。当时,运通公司的业务范围主要是投递书信、包裹、货物、黄金、货币以及银行凭证、票据和金融证券等。公司因为快速与可靠的服务而获得信誉,成为首批最成功的快递企业之一。

美国内战之后,铁路系统的发展带来了地区市场的全国化,全国性货币流动变得更为重要。但是,在美国没有全国性银行的情况下,资金的传运只能依赖于邮寄系统。为了与美国邮局竞争,运通公司于 1891 年发明了世界上第一张旅行支票。随着美国出境旅游人数的不断增加,旅行支票很快就成为运通公司的重要产品之一。直到今天,运通公司的旅行支票以 10 种货币发行,可以开出任何数额的金额以替代现金,在世界的很多地方使用。

1915 年,运通公司正式进入旅行社业,在美国本土及欧洲都设立了很多办事处。第一次世界大战期间,由于为身处欧洲的美国旅游者提供旅行支票、行李存放、船票预订等服务,公司的旅行业务得到了快速发展。第二次世界大战期间,运通公司的很多欧洲办事处受战争影响而停业。二次大战之后,随着世界旅游业的复苏,美国运通公司的旅行业务也得到了长足发展,1957 年的净利润就达到了 690 万美元。在随后的很长一段时间内,旅行业务一直是该公司的主营业务。

20 世纪三四十年代,运通公司发现了信用卡的巨大发展潜力,于 1985 年收购了美国旅馆协会,进军信用卡市场。进入 21 世纪,信用卡业务已逐步成为运通公司的主要收入来源。目前,美国运通公司是国际上最大的旅游服务及综合性财务、金融投资及信息处理的国际公司。2010 年运通年营业额 278 亿美元,基本营业利润 41 亿美元。

(2)经营模式特点

①实施相关多元化战略。作为一个大型的跨国公司,美国运通并没有将自己的经营范围局限于某一范围,而是适应市场环境的变化,不断调整经营结构,陆续进入新的领域,实施多元化战略。需要注意的是,运通公司选择的是相关多元化战略,亦即在原有业务的基础上,增加相关的产品和服务。例如,该公司的旅行支票与信用卡都是旅行社业务提供给游客的重要服务之一。相关多元化战略能够将不同经营业务的相关活动合并在一起,降低成本;同时,在新的经营业务中也可以借用公司已有产品所创造的品牌声誉。

②提高市场集中度。运通公司通过多项收购业务实现了纵向及横向的一体化,有效地提高了市场集中度。例如,公司曾收购美国名列第九位的 Travel One 旅行社及名列第五位的 Rosenbluth International 旅行社,同时还收购了包括法国 Havas Voyages 及巴西 Bel Air Viagens 在内的多家海外旅行社,从而拓展了在国际旅行市场上的份额,增强了竞争力。另外,2010 年底,美国运通公司以大约 1.50 亿美元的价格收购生产防网络诈骗软件的公司 Accertify Inc,以便扩大其对接受在线支付的商家的防诈骗技术供应;2010 年 12 月 16 日,运通公司宣布计划以最高 6.6 亿美元的价格收购德国营销公司 Loyalty Partner,旨在提高运通公司的移动支付及数字营销的能力。这一系列横向及纵向的一体化战略无疑给运通公司带来了规模经济性,增强了其议价能力,同时大大提高了行业的进入壁垒,限制了行业竞争程度。

③实施品牌营销策略。品牌营销策略也是运通公司取得成功的关键之一。一直到 20 世纪 80 年代中期,运通公司旅行业务的核心客户都是成功的商务旅行者。这个群体需要的是一流的服务、受人尊重、承认,全球漫游以及应急安全网。运通公司的做法是:将核心客户、他们的需求和期望与运通提供的主要产品结合起来,这就是运通品牌初创时期的成功之道。随着市场形势及顾客需求的变化,运通公司在产品和品牌承诺上也在不断地扩展、更新。例如,近年来运通公司的品牌承诺就经历了“提供综合性服务,帮助客户控制商务旅行支出”、“面向全球企业,提供商务旅行预算和旅行方案咨询,开展商务旅行全程代理”等变化,有效地满足了目标顾客的需求。

④努力提高顾客价值。

运通公司一直致力于提高顾客价值,并认为这是为公司创造利润的重要方式。例如,运通公司为顾客提供的白金旅行服务就具有独特的价值,其中包括国际航空计划

(提供 22 个国际一流的航空公司和他们的商务伙伴计划)、酒店和度假村计划(提供房间的升级和价值提升)、游轮优惠计划、目的地休假计划和私人飞机服务计划等。

2. 途易集团

(1)企业概况

途易集团,其前身是普鲁赛格股份公司,最初是原材料型企业。1997 年普鲁赛格股份公司开始收购哈帕格—劳埃德公司,在拓展新的业务领域后,逐渐从一家大型联合企业转变为专注于休闲产业的服务型企业。2000 年,普鲁赛格股份公司收购了国际旅游联盟和汤姆森旅行集团,成为当时世界上最大的垂直一体化旅游企业。2002 年,普鲁赛格股份公司基本完成了转型,正式更名为途易股份公司。目前途易集团旗下拥有独立的旅行社、地接机构、酒店、航空公司、邮轮公司等企业品牌,其业务范围十分广泛,几乎涵盖旅游服务的所有环节。此外,途易还持有航运集团赫伯罗特股份公司 43.33% 的股份,这也令途易成为全球第五大航运集团。目前,途易旅游公司的员工大约 4.9 万名,负责全球 200 多项旅游业务。2010 年途易旅游年营业额 135.25 亿欧元,基本营业利润 4.47 亿欧元。其中主营业务利润约占 68%,住宿和其他的新兴市场则创造了 32% 的利润。具体如图 5 - 5 所示。

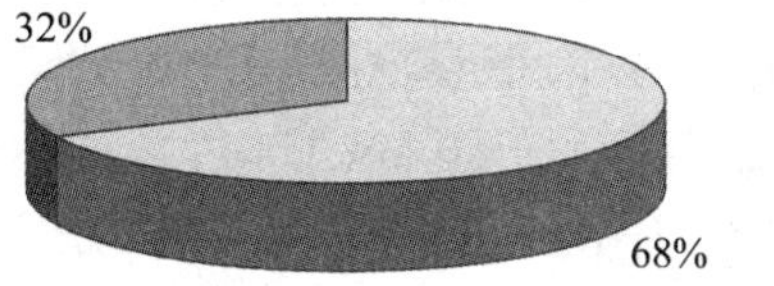

图 5 - 5　2010 年途易利润分布情况(截至 2010 年 9 月 30 日)

(2)经营模式特点

①战略性收购。在途易集团的发展过程中,多次利用战略性收购,成功地实现了市场扩张、降低成本、增强核心竞争力等目的。例如,国际旅游联盟曾经是德国最大的一体化旅游经营商,途易集团通过对国际旅游联盟的收购顺利进入德国市场并取得领导地位;2000 年 10 月,途易完成了对英国最大的汤姆森旅行集团的收购,此举使途易扩张为世界上最大的一体化旅游集团;2002 年 10 月,途易收购了法国最大的新边界旅游集团,从而使途易在欧洲包价旅游市场上的占有率提升至 70%。

②垂直一体化经营模式。随着欧洲旅游市场领导地位的确立,途易集团开始致力于旅游产业链的垂直一体化经营。例如,在航空方面,2001 年途易集团与波兰白鹰航空公司建立战略联盟;2002 年收购意大利航空公司(Neos);2004 年、2005 年分别在比利时、荷兰成立途易比利时航空公司和途易荷兰航空公司。酒店方面,2003 年途易集团收购了索里马尔酒店集团 50% 的股份。游船方面,2007 年 12 月途易集团与意大利皇家加勒比邮轮公司合作成立途易邮轮公司。途易集团通过垂直一体化经营,得到了规模经济性以及由交易成本和信息成本节约而来的成本优势。

③可持续发展。途易集团非常注重自身的可持续发展,各经营环节都达到了严格

的环保标准和政府标准。例如，途易航空通过能源节约计划已减排3.4万吨二氧化碳。2009年，途易集团被授予“世界旅游责任奖”。为了继续贯彻可持续发展战略，该集团还制订了有关的战略行动计划。具体见表5-12。

表5-12　途易集团可持续发展战略行动计划

二氧化碳排放管理 一些主要的员工组成团队，来确定在航空、水路运输、陆路运输、主要经营场所等能采取的减排领域。	我们的员工 我们在全体员工中分享最佳的工作实践，从而推广可持续发展的知识以及积极的行为。
目的地 员工定期会面解决目的地可持续发展中的一些问题，以使我们提供的旅游能给环境、社会、经济等方面带来最佳影响。	我们的顾客 我们在市场营销人员中分享经验，以促使顾客能参与到可持续问题的解决中来，鼓励他们选择可持续性强的旅游活动。

3. 托马斯·库克集团

(1)企业概况

托马斯·库克旅行社成立于1845年，是世界上第一家旅行社。在此后的一百多年中，托马斯·库克旅行社的经营范围和业务空间逐渐扩大，产权关系也经历了数次重大变化。2007年2月，托马斯·库克旅行社和英国My Travel旅游集团合并组建托马斯·库克集团。合并后的托马斯·库克集团业务范围十分广泛，几乎涵盖了旅游活动的各个环节，如旅行社、酒店、航空运输、旅行支票、金融服务等。经过多年的发展，该集团在全世界21个国家设有公司或机构，一年接待游客2 250万人次，是世界上旅游集团的领头羊之一。2010年各主要市场的经营状况见表5-13。

表5-13　托马斯库克集团2010年各主要市场经营状况

区域板块	接待游客数(万人次)	零售网点数量	飞机数量	自主分销比例	在线分销比例	收入(百万英镑)	收入占集团的比例	业务营运利润(百万英镑)		利润率(%)
								2009年	2010年	
英国&爱尔兰，印度和中东	780(110印度和埃及)	1 011(224印度和埃及)	—	72	32.6	3 143.4	35.3	162.0	123.9	3.4
中欧	360	1 321	—	23.7	7.2	1 973.4	22.2	50.0	60.9	3
东欧和西欧	310	1 105	7	56.9	21.4	1 698.4	19.1	86.0	86.7	4.8
北欧	140	11	11	84.4	60.7	1 014	11.4	86.0	93.9	9

续表

区域板块	接待游客数（万人次）	零售网点数量	飞机数量	自主分销比例	在线分销比例	收入（百万英镑）	收入占集团的比例	业务营运利润（百万英镑）		利润率（%）
								2009 年	2010 年	
北美	110	48		14.3	36.7	352.2	4	18.0	9.7	2.6
德国航空公司	570	—	34	—	—	996.2	8	47.0	54.1	5.1

资料来源：Annual Report & Accounts 2010, Thomas Cook Group plc. http://ara2010.thomascookgroup.com/business_review/ceo/ceo_2.shtml.

目前，托马斯·库克集团的主要业务体系包括三大板块，一是财务方面的业务；二是自由行业务；三是传统的包价旅游产品业务。财务方面主要是进行公司兼并收购，以及提供与游客履行有关的财务方面的服务。2010 年，托马斯·库克集团年营业额 88.9 亿英镑，基本营业利润 3.91 亿英镑，较 2009 年有一定程度的下滑。造成这一情况的主要原因是主流包价旅游产品预订的下降，以及火山爆发引起的阴霾天气也造成了相当的损失。从各市场的经营情况来看，整体经营情况下滑，主要是受英国和北美板块拖累的影响。在一定程度上，外汇兑换业务的逆差局面和夏天需求低迷，使英国板块遇到了较具挑战性的一年。经调整过的基本经营利润为 1.24 亿英镑，较 2009 年，下降 24%。由于加拿大板块主流市场产能过剩，带动北美地区的利润从 2009 年的 1 800 万英镑降至 1 000 万英镑。

（2）经营模式特点

①采用一体化经营战略。托马斯·库克集团在其经营过程中采用一体化经营战略，不断整合外部资源，从而扩大自身规模和增强竞争能力。例如，1982 年托马斯·库克旅行社收购了 Rankin Kuhn Travel，因而获得了规模经济，扩大了在欧洲市场的旅游业务；而 1992 年西德意志联邦地方银行和德国途易联合收购了托马斯·库克旅行社，该旅行社因此拥有了包机业务。通过采用水平及垂直的一体化战略，托马斯·库克集团得以增强盈利能力和扩大经营规模，进入新的经营领域。

②本土化经营模式。作为一个大型的跨国旅游集团，托马斯·库克集团非常注重国际市场范围内的本土化经营。在面对不同市场时，该集团会采用不同的经营模式，以便更好地满足当地顾客的需求。例如，在面对美国、北欧、加拿大等市场时，会采用直销渠道，同时控制航空公司的所有权。而在其他市场由于经营环境的限制，并不采用此模式。

③注重信息技术的应用

托马斯·库克集团非常重视信息技术的应用。例如，该集团与 IBM 全球商业服务合作开发了座位分配管理系统 AVANTI，提高了包机运输的座位利用率和利润；在印度，托马斯·库克集团建立了印度语版本的网站，为顾客提供一站式旅游服务，方便了游客对各种旅游产品的选择。信息技术的应用极大地提高了托马斯·库克集团的盈利能力和竞争能力。

4. 交通公社

(1)企业概况

日本交通公社集团是日本第一家旅行社,也是日本最大的旅游集团,占日本旅游市场50%的市场份额。同时,交通公社也积极进军海外市场。1952 年,它在纽约创立了分社。之后,其办事处遍及美洲、欧洲和东南亚等地区,形成了一个覆盖全球的旅游业务网络。2006 年,交通公社的营业额达到了 1 兆 3 000 亿日元。交通公社的业务范围十分广泛,包括旅游观光、休闲度假、饭店餐饮、会议展览、金融保险、房屋地产、建筑装饰、教育卫生、技术情报、广告娱乐、印刷出版、运输物流、信息技术产业等多个领域。

交通公社在中国的发展也极为迅速。2005 年 5 月,日本交通公社与中信旅游总公司合资成立了中国第一家中日合资旅行社——交通公社新纪元国际旅行社;2007 年 11 月,交通公社在上海设立独资旅行社——佳天美国际旅行社。目前,交通公社在中国拥有十几家企业,地区遍及北京、上海、广州、青岛、香港、澳门等地,主要从事旅游、咨询、会展等相关业务。

(2)经营模式特点

①经营领域多元化。从上述企业概况中可以看出,日本交通公社是以旅游业为核心,进行多领域、多行业的经营。多元化经营可以充分利用企业的技术优势、市场优势、管理优势等资源优势,合理配置资源,提高资源的利用效率。同时,能够分散经营风险,避免因经营范围单一造成企业过于依赖某一市场而产生波动的弱点。

②强调顾客满意。日本交通公社高度强调顾客满意的重要性,认为顾客满意是品牌概念、产品和服务的质量、管理的有效性、改进和创新的能力、企业的理念和形象等因素综合作用的结果。只有不断增进顾客满意,才能保持并增强自己的市场竞争力,才能获得更多的顾客忠诚与顾客价值。因此,交通公社非常重视为客人提供精细化、个性化的服务。例如,交通公社在海外旅游市场设立旅行社为本国出境旅游者和其他国家的游客提供接待、运输、金融、保险等相关服务,以便最大限度地使顾客感到满意。

③注重信息技术创新。信息是企业重要的战略资源,而旅行社在旅游产业链中的中介地位更决定了其收集信息、传递信息和综合利用信息的重要性,旅行社对信息技术有天然的依赖性。日本交通公社非常注重信息技术创新,例如,公司曾建立了覆盖全球的网络系统"欢迎网络",该网络包括办事处网络、国际计算机网络、海外员工网络和日本交通公社集团网络等 4 个子系统。全球所有交通公社的办事处及员工都可以通过欢迎网络共享信息,从而实现更高效率的工作。

二、2011 年世界发达国家旅行社业发展预测

基于发达国家旅行社业的发展状况,结合世界旅游业的整体发展态势,预计 2011 年世界发达国家旅行社业将呈现出以下发展趋势:

(一)旅游环境乐观，行业整体发展向好

联合国世界旅游组织（UNWTO）报告称，全球旅游业正以超出预期的速度从2008年第四季度及2009年的全球金融危机和经济下滑中恢复，继2010年全球旅游业复苏后，2011年全球旅游业将继续增长，但增长步伐将缩小。联合国世界旅游组织预测，全球旅游业也有望实现4% ~5%的增长，略高于长期的平均预测值。面对如此积极的旅游大环境，旅行社行业的表现也值得期待，很多旅行社都对未来有乐观的预期。据美国旅游代理商协会的调查显示，美国的旅行社普遍对2011年有积极的预期：94%的旅行社预期在2011年将会赢利，20%的旅行社已将增加雇员列入2011年的经营计划，56%的旅行社将增加承包商的数量列入2011年的经营计划。另据德国市场研究机构（GFK）对1 200家德国旅行社的调查，2011年1月的订单量比2010年同期增长23.3%，所销售的德国夏季旅游产品比2010年同期增长25%。德国旅游联合会根据今后几个月的数据和差旅市场不断增加的需求断定，2011年德国旅游业还会继续增长。不过也有专家认为，2011年的机票价格因航空税提高而上涨，可能对旅游市场有所影响。

乐观的旅游环境体现强劲的旅游市场需求，也预示旅行社积极发展的潜力。但是，对每家旅行社而言，是否能够真正把握住优越的市场机遇，将潜力变成实力，则还要取决于各自对市场动态的把控能力。

(二)在线消费增长，互联网继续释放价值潜力

随着技术对在线消费环节的不断优化和市场在线消费习惯的逐渐建立，在线消费正在成为被越来越多人所接受和认可的消费方式，旅游消费也不例外。以欧洲旅游市场为例，1998—2008年，在线旅游市场持续增长，如表5-14所示，其市场份额从0.1%增至20%以上。如此的市场变化在过去十年里对旅行社行业产生了很大的影响，不仅影响着传统旅行社的经营模式，而且催生了一批在线旅行社，其中不乏拥有强劲竞争实力的行业巨头，如Expedia Inc、Priceline.com以及Orbitz Worldwide。

表5-14 欧洲在线旅游市场发展状况（1998—2009年）

Year	Market (billion E.)	Internet sales (billion E)	Internet sales in% of market(%)	Internet sales increase(%)
1998	200	0.2	0.1	N.A.
1999	212	0.8	0.4	257
2000	227	2.5	1.1	216
2001	223	5.0	2.3	99
2002	221	8.9	4.0	77
2003	215	14.0	6.5	57
2004	220	21.2	9.6	51

续表

Year	Market (billion E.)	Internet sales (billion E)	Internet sales in% of market(%)	Internet sales increase(%)
2005	235	30.4	12.9	43
2006	247	40.3	16.3	32
2007	254	49.8	19.6	24
2008	260	58.4	22.5	17
2009(prospected)	254	65.2	25.7	12

资料来源:Carl H. Marcussen, Centre for Regional and Tourism Research, Denmark.

这些在线旅行社和在线旅游产品的出现,既满足了市场的在线消费需求,也进一步培养了市场的消费习惯,开发了市场的在线需求潜力。

从市场地域看,根据 PhoCusWright 和 Expedia 的观察,亚太地区在线旅游预订市场的规模 2011 年预计将达 516 亿美元,增长率将在 30% ~40% 之间,远远超过相对成熟的欧美市场,而目前在线旅游相对落后的非洲、南美等其他市场也将在在线消费的趋势下展现出更可观的潜力。

从产品需求看,最早出现在线旅游消费的饭店和航空市场仍然占在线旅游市场的较大份额,如欧洲的在线旅游产品分布(见图 5-6),而其他旅游产品也因此呈现出更大的市场潜力。根据 PhoCusWright 最新的研究结论,旅游活动、景点、大型活动和观光旅游的在线预订领域有很大的投资机遇,这一市场的规模在 2009 年已达 268 亿美元,经研究预测,2011 年美国旅游相关活动的在线交易量将会上升 13%,其增长速度将会超过休闲旅游产品在线预订的增速。

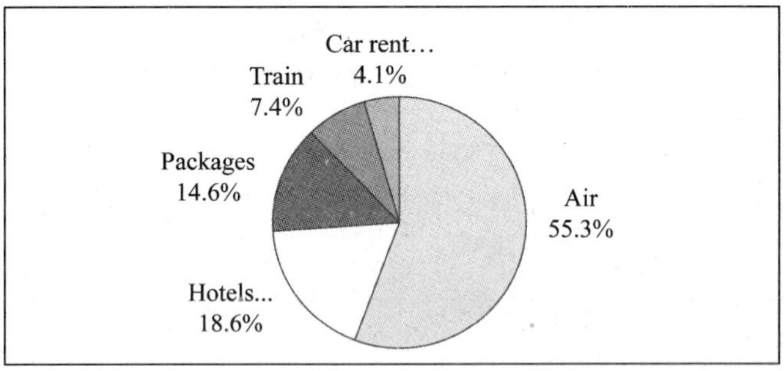

图 5-6 2008 年欧洲在线旅游市场的产品分布

资料来源: Carl H. Marcussen. Centre for Regional and Tourism Research, www.crt.dk/trends, 23 Marck 2009.

从产品的市场可达性来看,手机旅游应用程序的发展更便利了市场对在线旅游产品的消费,进一步拓展了在线旅游市场。2010 年 2 月 26 日,Expedia.com 发布了 iPhone 和 iPod 的免费应用程序 TripAssist™,旅行者可以通过其手机设备预订航班和管理行程。TripAssist 已经被下载了 10 万次，Expedia 通过手机进行的预订量也增长了 25%。除此之外，TripAdvisor 的手机网站已经在 18 个国家，以 12 种语言发布。

可见，以互联网为平台的在线旅游产品用技术不断为旅游者创造出新的价值，也因此给旅行社行业创造了无限的价值潜力。而在线旅游产品所内含的这种提升顾客价值的新思想也正在成为旅行社行业必须重视的发展理念。

（三）市场竞争加剧，旅行社面临多元创新压力

面对激烈的市场竞争环境，旅行社日益意识到围绕顾客需求进行创新的重要性。

1. 利用先进技术引导顾客需求

在这方面，以在线旅行社最为显著，通过技术革新来引导顾客需求。这种创新不仅可以来源于行业内，而且会因为科技的依赖性使创新来源于行业之外，这也就给行业现有的旅行社带来更大的竞争压力，如很多在线旅游吸引信息技术企业进入旅行社行业。这一趋势就提醒在位的旅行社企业要对顾客价值和先进科技有较强的敏感性，适时通过先进科技来提升顾客价值。

2. 革新传统经营模式，挖掘顾客潜在需求

常规的经营模式使旅行社理所当然地忽略了顾客的很多潜在需求，而只有创新经营模式才能突破行业定式，挖掘顾客更多的潜在需求，从而找到新的价值增长点。如 Priceline 将传统的由提供商定价、再由消费者自主比对选择，转变成由消费者出价、供应商根据当时具体销售情况决定是否成交的新模式，从而获得了成功。

3. 整合小众市场，满足顾客个性需求

小众市场是伴随着市场细分而产生和发展的，新兴的细分市场虽然起步阶段多为个性化需求，容量不大，但往往是这些个性化需求代表了市场的发展方向。因此，在市场差异化日趋明显的今天，准确把握和满足小众市场潜力巨大的个性化需求，将为旅行社开拓出新的竞争优势。如，曾经为小众所偏爱的豪华游轮已经成为欧美旅游市场增长的发动机。

旅行社可以根据自身的优势，采取各种方式来开发专项旅游产品。目前，一些旅游发达国家的旅行社在开发专项旅游产品时主要采取的策略包括：①针对消费群体的特点，将游客加以归类，分别针对如学生市场、老年人市场等消费群体的需求进行挖掘，在特定人群中树立自己的品牌，达到较高的顾客忠诚度，如 Karambola 专营青少年包价游；②针对特种产品进行企业兼并，致力于该专项旅游市场的开发；③一些旅行社按照目的地划分其目标市场，如 Francorosso 将多米尼加共和国作为目标市场，Viaggidea 专营加勒比海业务；Volando 专营地中海和加勒比海的假日包价游，等等；④一些旅行社开始经营伴随游客个性化趋势而产生的新兴旅游产品，例如新产生于地中海的派对旅游。目前，托马斯·库克假日（Thomas Cook Holidays）下属的 18 ~ 30 俱乐部已经成为派对旅游业的一个品牌标识。

（四）竞争不断升级，旅行社谋求外部成长战略

1. 业内整合持续加速

20 世纪 70 年代，欧美旅行社业全面进入行业内部整合时期，主要表现为旅行社

企业的横向一体化和纵向一体化。90 年代后,随着行业集中度的逐渐提高,欧美大型旅行社开始向海外旅游市场扩张,不断加快国际一体化进程。进入到 21 世纪,在线旅行社的发展将欧美旅行社业带入了新的整合阶段,既有在线旅行社之间、在线旅行社与传统旅行社之间的横向整合,也有在线旅行社与旅游供应商、技术供应商之间的纵向整合。整合所带来的规模效应和各单项旅游产品的无缝连接都将使顾客的常规需求得到更好的满足。

2. 战略合作不断深化

与兼并收购一样,战略性合作也是源于市场竞争压力下资源优势互补、降低研发成本、分散经营风险等的需要,是旅行社企业发展壮大的重要渠道。以 Expedia 为例(见表 5 - 15),多元化战略合作项目使公司在短期内丰富了自己的产品,也加速了品牌的扩张,提高了市场占有率。

表 5 - 15　Expedia. com 2010 年主要战略合作项目表

	战略合作项目
1	Expedia 和 Top international Hotels 签署合作协议,使得 Expedia 及其所属品牌的 90 多家网站可以预订 Top international Hotels 的产品。Top international 饭店总部位于德国,在欧洲有超过 250 家的 3 ~ 5 星级酒店。
2	Expedia 与太平洋航空签署长期战略性全球分销协议。在此协议下,旅行者可通过 19 家 Expedia 旗下网站和全球第五大旅游管理公司 Egencia 查询预订太平洋航空航班班次。
3	Expedia 和中国领先的直连技术供应商 CHINAonline 畅联建立了战略合作关系。CHINAonline 畅联和 Expedia 将通过 Expedia® 及 HoteLS. com® 超过 90 个国家或地区站点的全球市场向百万计的消费者推荐中国区数百家新合作酒店。在该项新合作协议下,CHINAonline 畅联将为这些酒店和 Expedia 合作实施全球化的直连模式。
4	Expedia 宣布与莫泰 168(Motel 168)饭店连锁集团签署全球合作协议。莫泰 168 是中国最著名的经济型酒店集团之一,在中国 50 多个城市有超过 300 家的酒店。在此协议下,游客在 Expedia 全球各地 90 多个品牌的旅游网站上均可预定到莫泰 168 的客房。
5	Expedia 宣布与格林豪泰(Green Tree)饭店集团和锦江之星饭店集团分别签署全球合作协议。格林豪泰(Green Tree)是中国商务酒店知名品牌之一,遍布中国 100 多个城市。锦江之星则是中国最著名的经济型酒店集团之一。在此协议下,旅行者们可以在 90 多个 Expedia 旗下网站预订格林豪泰和锦江之星的酒店。
6	Expedia 宣布同 Iberostar 酒店与度假地签署全球合作协议。Iberostar 酒店与度假地是一家西班牙酒店连锁集团,在加勒比、南美洲、欧洲和北非等 16 个国家拥有酒店和度假区。在此协议下,游客在 Expedia 全球各地 90 多个品牌的旅游网站上均可预定到 Iberostar 的客房和度假区产品。

资料来源:Expedia 官网(http://press. expediainc. com/index. php? o = 25&s = 43&year = 2010)。

三、启示

世界发达国家旅行社业的发展对我国旅行社业有以下主要启示：

（一）旅行社要强化创新意识、增强创新能力

为了保持快速、健康、可持续的发展，旅行社业必须充分重视创新的意义与价值。旅行社业是一个必须时刻保持自身创新性的行业。因为旅行社一切经营活动的开展都是以旅游者的需求为核心的，而旅游者的需求以及旅行社与旅游者之间的即时互动都是处在不断的发展、变化中。因此，创新对于旅行社业而言，具有特殊意义，决定了旅行社生存和发展的基础。我们认为，旅行社创新活动可以从以下几个方面进行：

1. 观念的创新

目前，很多国内旅行社的经营观念仍是以短期利润最大化为核心。这种短视观念是削价竞争、零负团费等诸多弊端的主要原因之一。缺乏对旅游者及其需求的重视必然无法达到提高服务质量、创造顾客价值、增强竞争实力，从而开拓和占领市场的目的。此外，绝大多数国内旅行社还缺乏对于社会责任的关注与承担力度。“企业社会责任”的概念最早由西方发达国家提出，近些年来这一思想广为流传，连《财富》和《福布斯》这样的商业杂志在企业排名评比时都加上了“社会责任”标准，可见西方社会对企业社会责任的重视。有的企业错误地认为，承担社会责任会带来成本的增加。实际上，国内外多数研究表明承担社会责任与经济绩效之间是正相关的。因为承担社会责任可以帮助企业树立良好的社会形象、有效地改善与政府和公众之间的关系、提高企业知名度，进而减少宣传、公关费用；而这些企业外部经营环境的改善又进一步促进了内部环境的改善——最明显的例子就是员工凝聚力的增强。

因此，旅行社必须创新经营观念，以旅游者需求为核心，努力承担社会责任，实现自身的可持续发展。

2. 产品的创新

随着旅游者需求的不断变化，以及旅行社市场竞争的日益激烈，产品创新成为各类旅行社共同面临的课题之一。产品创新是旅行社保持持久竞争力和生命力的源泉。有的学者提出，由于产品在企业经营中所占的独特地位，决定了企业中所有创新都是围绕产品创新而进行的，所有的创新最终都要通过产品创新来体现。旅游线路是旅行社产品的最重要表现形式。但目前市场上各家旅行社的线路雷同程度极高，“别人卖什么，我就卖什么”，缺乏产品的个性和特色。目前绝大多数旅行社更像是中介公司，唯一的职能就是将食、住、行、游、购、娱等旅游要素串连起来出售给游客。

其实，旅游线路并不是旅行社产品的唯一表现形式。企业应该明确一点：游客购买的并不是旅游线路本身，而是能够满足游客旅游需求的各种服务。因此，旅行社产品创新的实质是服务的创新，而并非新型旅游线路的开创。旅行社应该在市场细分、目标市场选择的基础上，为各类不同的旅游者量身开发个性化的旅游产品。其中需要特别关注的一点是，在未来的旅游服务中应增加游客参与的成分。例如，旅行社可以进一步深化开发自驾车旅游、探险旅游等可以发挥旅游者个性的产品，也可以加强常

规线路中的游客参与成分。如很多旅行社的修学游与普通的观光游无异,只“游”不“学”,或者重“游”轻“学”。因此,旅行社应在服务中增加游客参与的比例,使得有游有学,游学得当。

3. 经营模式的创新

纵观国外一些著名旅行社的经验,对于我国大型旅行社而言,多元化发展之路几乎是必然的选择。多元化战略可以形成多业并举、关联带动、优势互补的运作格局,使企业经营、资本经营具有较大的转换空间,增强企业抗击市场风险的能力。事实上,中青旅、国旅、首旅股份等都在朝多元化的方向发展。相对于大型旅行社的扩张性盈利需求,中、小型旅行社则追求生存性盈利。因此,中、小型旅行社应当定位于恰当的市场空隙,以旅游者的需求为导向,注重产品差异化及品牌塑造。

(二)旅行社要加快信息化进程,适时推进在线旅游业务

旅游业是与信息技术高度契合的产业,旅行社利用信息技术可以进行接团组团等日常业务的数据处理、与酒店等旅游供应商的信息往来记录,以及客户档案管理等工作。但目前很多旅行社信息化进程严重滞后,无法有效利用信息资源,从而严重削弱了旅行社整体实力。旅行社应结合本企业具体情况制定信息化进程的长远规划,逐步完善旅行社的网站、管理软件、分销系统和客户管理系统等具体操作层面。此外,随着旅行社信息化进程的加速以及旅游者信息化应用水平的提高,中国的在线旅游市场必将日趋完善和成熟。旅行社应适时推进在线旅游业务,在旅游主题、旅游模式、旅游品质等方面为顾客提供个性化的服务。

(三)旅行社要把握战略性机遇,多渠道整合外部资源

1. 通过一体化经营不断壮大企业实力

无论国内、国外,整个旅游市场正在日益走向集中,重组、兼并已经成为一种发展趋势。国际旅游市场上那些跨国经营的大型旅行社集团在发展壮大的过程中,无一不是通过并购、重组等方式实现了一体化的经营。我国已进入世界旅游大国行列,但却没有一家能够与世界知名旅游企业相匹敌的旅行社,旅行社行业仍然呈现为散、小、弱、差的结构特点和低水平的竞争层次。但也正是在这样的发展背景下,对于那些谋求成长的大企业来说,应该积极把握战略性机遇,实现纵向或横向的一体化经营,增强企业实力,提升市场竞争力。而且在全球化发展的背景下,随着我国国际旅游的发展和国外旅行社业竞争的加剧,大型旅行社要加快跨国经营的步伐,一方面直接进入客源国市场,加强旅行社与旅游者之间的沟通和了解,吸引更多的旅游者选择我国旅行社的旅行服务;另一方面直接进入目的地市场,从而更好地为我国的旅游者提供出境旅游服务。

2. 通过战略合作不断增强企业实力

对于势单力薄的中、小旅行社来说,一方面要集中自身优势力量着力开发特色产品,另一方面,利用自身优势,寻求与其他旅行社或服务供应商之间的战略合作机遇将是非常重要的。一些旅游发达国家的中、小型旅行社通过连锁经营方式获得规模效益和批量购买的优势,增强与供应商讨价还价的能力,扩大这些旅行社产品的市场覆盖面,增强对顾客的吸引力。美国旅游代理商协会进行的一次调查表明,近六成的独立旅游代理商属于一些大型的零售市场营销组织。在英国,连锁经营成了近年来旅游代理商经营的主要发展趋势。英国的旅行代理商开始了国家化扩张,表现为大连锁买断较小的连锁,形成了强大的连锁集团和大型旅游集团竞争的局面。

(四)政府要进一步转变职能,为企业发展服务

随着旅行社业市场化程度的进一步深入,相关政府部门也应改变原先单纯行政命令式的管理方式,转而靠政策、法规引导旅行社加强自律管理,并在旅行社的市场营销、接待等经营方面强化政府职能部门对旅行社的服务功能。例如,政府部门可以出台相关的政策、法规,引进国内外先进旅游企业的资金、技术及管理经验,增强当地旅行社的竞争能力。此外,政府部门还应规范旅游市场秩序,优化企业竞争环境,为旅行社的正常业务开展提供良好的平台与基础。

第六章　2010 年我国旅行社业发展热点评析

2010 年是国家"十一五"规划的结局之年,这一年内我国旅游业取得了可喜的成绩。旅游业逐渐迎来黄金发展时期,同样作为行业内龙头产业的旅行社行业也迎来新的发展机遇与新的竞争挑战。这一年内,行业发生了太多颇具影响性的事件,以及相关法规、行业创新等。2010 年的上海世博会、广州亚运会世界级的节事盛会,无疑给中国旅游业带来巨大的发展机遇;为了行业环境的稳定有序,维护旅游者与旅游经营者的合法权益,依法公正处理旅游投诉,行业相关的法规条例相继颁布,为行业塑造了一个更加和谐的竞争环境;另外,行业内也不乏出现新的经营亮点,例如:淘宝加入在线旅游服务领域、在线经营商调整商业模式,向综合旅游服务运营商转换、旅游经营商开通手机网站和手机预定业务等,这些都是旅行社行业在不断摸索前进中改进的创新经营策略。

回顾 2010 年,搜集行业热点、创新点,发现新的机遇,准备应对未来挑战。下列十大热点及十大创新点,为人们了解展望旅行社行业未来的发展提供了有益的参考和启示。

一、十大热点

(一)2010 年圆满完成"十一五"规划

2010 年是国家"十一五"发展规划的结局之年,在这一重要年份,党和国家以及各级旅游部门更加重视以服务大局的高度责任感,秉持服务品牌意识,圆满完成了年度计划。

2010 年,各地旅游局组织员工认真学习了胡锦涛等中央领导关于深入贯彻科学发展观、加快经济发展方式转变等一系列重要讲话精神。《关于加快发展服务业的若干意见》中也明确提出,要把旅游业培育成为国民经济的战略性支柱产业和人民群众更加满意的现代服务业,所以,要转变旅游业的发展方式必须紧紧围绕着这两大战略来推动,把握基本方向,加快推动旅游业与一、二、三产业的融合,通过现代科技的运用将旅游业培育成为人民群众满意的现代服务业①。国家旅游局局长邵琪伟强调,针对旅游行业效益不高、结构不合理、人才和科技的支撑作用发挥不明显、可持续发展意识不强、工作方式与创新发展的要求不相适应等问题仍需要认真的思考,采取切实有效的措施,加以认真解决。旅游行业在政策的指导下,借鉴经验,不断探索适合自己产业发展的道路。

各地旅游企业之间也加强了交流合作。第十届世界旅游旅行大会于 2010 年 5 月

① 国研网:http://www.drcnet.com.cn/DRCNet.Common.Web/docview.aspx? SearchRecordID = 2686857.

在北京召开，以“旅游，世界第一大产业，迈向新领域”为主题，借鉴世界旅游业发展的有益经验，加快北京旅游产业的发展。并对旅游业作为世界第一大产业的发展状况做了认真的分析研究。①

在全国旅游工作会议上，旅游局局长邵琪伟总结了 2010 年行业取得的成绩：国内旅游人数年均增长 12%，入境过境旅游人数年均增长 3.5%，出境旅游人数年均增长 19%，全国旅游业总收入年均增长 15%。我国跃居全球第四大入境旅游接待国和亚洲第一大出境旅游客源国，居民人均出游率达 1.5 次，旅游直接就业达 1 350 万人，旅游消费对社会消费的贡献超过 10%，旅游业对我国经济社会发展的积极作用更加明显。② 另外，从年内行业重大事件中我们也可以看出旅游成绩斐然，上海世博会、广州亚运会的成功举办，让全世界看到了中国人民的热情与友好，旅游服务的高效与专业。海峡两岸旅游进一步开放，台湾入境过夜旅游达 4 158 万人次，同比增长 11%；旅游外汇收入 337 亿美元，同比增长 16%；出境旅游 4228 万人次，同比增长 21%；国内旅游 15.9 亿人次，同比增长 10%；国内旅游收入 1 428 亿美元，同比增长 24%。③

这一年旅游业不断开拓、创新，服务质量和产业的发展水平也有了大幅提升，为旅游业“十二五”的发展奠定了基础。

（二）确定 2010 年为全国旅游服务质量提升年

为贯彻落实国务院《质量振兴纲要（1996—2010 年）》和《关于加快发展服务业的若干意见》，整体提升旅游服务质量，推动旅游产业转型升级，促进旅游产业科学发展，国家旅游局继而实施了《旅游服务质量提升年（2009—2015 年）》，并于 2010 年正式下发了《关于开展旅游服务质量提升年活动的通知》。在“中国服务”发展论坛上，各界旅游专家学者普遍认同将“中国服务”作为未来的国家战略，并认为旅游业是最有可能、最有条件成为“中国服务”战略的核心产业和先导领域。④ 国家旅游局副局长杜江提出，旅行社应率先创建“中国服务”品牌；首旅集团董事长段强指出，“中国服务”应注重细节服务，提升产品附加值；中国旅游研究院院长戴斌认为，通过提供满足大多数旅游者的服务创建品牌；中国旅游研究学院学术委员会主任魏小安提出，根据自身实力，提供服务为主导，形成规模，将“中国服务”建成一个世界品牌。

国家旅游局按照“优化服务环境，强化旅企及从业人员质量意识，全面提升旅游服务质量，梳理旅游行业良好形象，促进旅游业又好、又快发展”的指导思想，先后安排了“品质旅游、伴你远行”公益宣传、“文明旅游、理性消费”进社区宣传活动周、“旅游质量万里行”、旅游标准化示范单位创建、旅游目的地创建、全国旅游饭店服务技能大赛及“中国饭店金星奖”评选、全国导游大赛及模范导游员和优秀导游员表彰等多

① http://drcnet.com.cn/DRCnet.common.web/DocView.aspx? DocID = 2243061&LeafID = 3060&ChnID = 282.

② http://news.xinhuanet.com/travel/2011 - 01/18/c_12994577.htm.

③ http://www.mafengwo.cn/travel - news/175491.html.

④ http://www.lxsnews.com/show.asp? id = 3151&Fid = 9.

项活动。[①] 这一主题引起了强烈的反响，各地竞相开展与旅游服务质量提升年主题相关的系列活动，为提升整个行业的服务质量，打出服务品牌作出努力。

随着国际贸易竞争程度的激烈化，作为国际贸易重要组成部分的旅游服务贸易，更是需要不断提升自身的竞争力，为国家的经济发展作出贡献。毋庸置疑，国家旅游局的战略决策将会为我国旅游服务贸易迎来一个新的发展机遇，为我国旅游服务贸易更好地走出国门奠定基础。

（三）两岸旅游市场继续蓬勃发展

自 2008 年 7 月实现内地居民赴台湾旅游，在开放内地居民赴台湾旅游的第二个年头之际，内蒙古自治区、西藏自治区、甘肃省、青海省、宁夏回族自治区、新疆维吾尔自治区等省、自治区、市正式开放赴台湾旅游。本次增加的赴台湾旅游组团社共 18 家，至此，内地具有经营赴台游业务的组团社已增至 164 家[②]。同年 5 月，台旅会和海旅会分别在北京和台北设立了旅游办事处，这是两岸旅游部门首次互设的办事处，标志着两岸旅游交流与合作进入了常态化、机制化发展的新阶段。在两岸经济合作框架协议正式签署的背景下，两岸旅游业交流合作的深度与广度将进一步得到拓展，旅游产业的综合功能将得到更有效的释放。

在内地居民赴台湾旅游两周年会议上，中国旅游研究院院长戴斌发表了题为《两岸民众的自由行往来是旅游产业融合的市场基础》的报告。他认为，两岸民众的自由往来是旅游产业融合的市场基础。[③] 随着内地居民赴台湾旅游发展进入大众化时代，台湾、内地民众之间的交流、往来就如同串亲戚一样常态化、方便化，两岸的障碍也越来越少。这也势必要求内地赴台湾旅游需求方式的转变，由单纯的观光进一步延伸到深度体验和广泛的商务活动。同时，内地各界对台湾的了解也会日益增多，商业合作的领域、空间也将随之增多，并将带来更大的商务旅游需求。继 ECFA 签署之后，福建、广西、吉林、黑龙江、辽宁等地方主要领导便分别率经贸团已经或即将访台招商。这将为内地赴台湾旅游市场的转型奠定基础。

内地居民赴台湾旅游热情不减。据统计，2010 年赴台湾地区旅游人数达 18.89 万人次，同比增长 74.06%。指定经营赴台湾旅游旅行社的数量也在逐步增加，赴台游争夺客源的竞争也愈加激烈。对于内地旅行社存在的削价竞争，甚至非理性的"零团费"和"负团费"的竞争，旅行社业要意识到由这种竞争所引发的严重后果，放弃这种饮鸩止渴的做法。因为这种竞争必然以牺牲游客的旅游品质为代价。而这种代价则会进一步削弱消费者的出游欲望，最终影响旅行社业的长远发展。

（四）旅游新规陆续出台，行业气象不断更新

为了行业环境的稳定有序，维护旅游者与旅游经营者的合法权益，依法公正处理旅游投诉，国家旅游局明令指出，《旅游投诉处理办法》自 2010 年 7 月 1 日起施行。该

---

① 国研网：http://www.drcnet.com.cn/DRCNet.Common.Web/docview.aspx? SearchRecordID = 2686850.

② http://www.mafengwo.cn/travel - news/175491.html.

③ 国研网：http://www.drcnet.com.cn/DRCnet.common.web/DocViewSummary.aspx? docid = 2329876&leafid = 11.

旅游法规对旅游投诉相关的管辖范围、受理条件、处理方法都给予了明确规定。同时各地也相继开通旅游投诉电话，设立旅游投诉平台，以加强这项法规的实施力度。继《旅行社投诉处理办法》颁发之后，同年 11 月，国家旅游局审议通过《旅行社责任保险管理办法》，同时废止 2001 年 5 月 15 日发布的《旅行社投保旅行社责任保险规定》。此法规要求旅行社要依法为游客以及导游、带队人员提供与其经营风险相匹配的责任保险，责任限额可以根据旅行社业务的经营范围、经营规模、风险管控能力、当地经济社会发展水平和旅行社自身需要，由旅行社与保险公司协商确定，但每人人身伤亡责任限额不得低于 20 万元人民币。监管由县级以上旅游行政管理部门依法对旅行社投保旅行社责任保险情况实施监督检查，中国保监会及其派出机构依法对保险公司开展旅行社责任保险业务实施监督管理。同年 12 月，为进一步扩大我国旅游业的对外开放，促进边境地区的经济繁荣和社会稳定，增进同毗邻国家人民的交往和友谊，完善边境旅游管理，国家旅游局暂定边境旅游暂行管理办法。该办法具体审核了旅行社申请开办边境旅游业务的必备条件：未经批准，任何单位和个人不得经营边境旅游业务或任意扩大边境旅游范围。对违反本办法开展边境旅游业务的单位或个人，各级旅游行政主管部门应会同有关部门给予罚款、追究有关负责人责任、勒令停业整顿、终止其边境旅游业务等处罚。

据国家旅游局局长邵琪伟在南开大学演讲时透露，我国正在制定《旅游法》，并逐步完善旅游行业的体制机制。业内人士普遍认为，《旅游法》有望从根本上解决旅行社“零团费”问题。随着旅游意外事故的相继发生，旅游市场秩序成为当前全社会高度关注的问题，也是旅游管理部门最棘手的问题。而这部法律的实施将会给旅游市场一个明确的规范，策划能够为调整旅游服务合同关系的统一法律文件。虽然，旅游新规的出台会给行业带来一定的不一样的新气象，对旅游行业规范起到一定的作用，但也只能是治标不治本，只有有了一部《旅游法》才能使一些模糊的概念界定清晰起来，才能打破旅行社行业长久以来的潜规则，根治行业内的各种负面问题。

（五）中外合资旅行社试点出境游业务

2010 年 9 月 7 日，国家旅游局和商务部联合发布的《中外合资经营旅行社试点经营出境旅游业务监管暂行办法》正式公布，国家旅游局同日宣布：开始受理中外合资经营旅行社经营中国公民出境旅游业务试点的申请，并表示将逐步对全外资旅行社开放。这是继 2009 年 5 月 1 日国务院发布施行的《旅行社条例》规定，外资旅行社经营中国公民出境旅游业务由国务院决定后的一次实质性改变，也是对国务院《关于加快发展旅游业的意见》的进一步落实与实施。

此次试点批准设立的中外合资经营旅行社是部分业绩突出、管理规范的旅行社，但是外商独资旅行社暂不在试点范围之列。至此全球著名的利益企业如美国的 GTA、英国的 MIKI、德国的 TUI、瑞士的 Kuoni、日本的 JTB 等都参与到了中国旅游市场的竞争中，与国内的旅行社共享旅游市场。相对国外旅行社雄厚的资金和一条线服务，国内旅行社、尤其是实力相对较弱的旅行社必将面临巨大的压力。这也迫使国内旅行社要想在竞争中求生存，就必须一改以往国内旅行社散、小、弱、差的状态，积极参与联盟合作,将国内旅行社做大,做强。

政策放宽所带来的竞争压力,以及政府的支持与鼓励,国内实力较强的旅行社,如首旅集团、中国国旅、上海锦江、上海春秋、中青旅、携程旅行网等,以多元化的经营方式加强与各国和地区的旅游企业合作,并同时开始在境外投资。这不仅推动了我国旅游业加快融入全球发展的格局,同时也为国际知名旅游企业和国内旅游企业的发展提供了更广阔的市场空间。据悉①,有推测表示,未来出境旅游将达到或超过 1 亿人次,而目前一人次平均在境外的消费为 1 000 美元,也就是说未来 5 ~6 年,中国游客在境外要消费掉 1 000 亿美元,这对于旅行社来说,无疑是一个巨大的市场空间。

(六)世博会、亚运会带动国内市场发展

随着“奥运效应”逐步显现释放,2010 年我国旅游业再次迎来了巨大的发展机遇——中国进入了上海世博会时代。世界博览会是以展示人类在社会、经济、文化和科技等领域成就的大型国际性展示会,对于旅游界来说,犹如一场大型旅游推介展览。据统计,上海世博会历经 184 天的精彩展示,创下规模最大、参观人数最多、单日客流最大等多项历史新纪录。根据世博局的统计数据②,总计 7 308.44 万人次参观了世博园,其中海外游客超过 350 万人次。本次世博会超越了 1970 年大阪世博会 6 400 万人次参观的最高纪录,单日最高客流超过 103 万人,平均每天将近 40 万人进出世博园,高峰客流 60 万 ~80 万人,极端客流超过 100 万人,创历史最高水平。另外,世博会对上海口岸出入境客流拉动明显。2010 年前十个月,上海口岸出入境人员流量已突破 2 000万人次大关,这也是上海年度出入境客流首次突破2 000万人次。③ 此次世博会被誉为“经济助推器”和“经济发动机”,经济效应凸显,带动了整个长三角的城市就业,其中就旅游而言,都市旅游以及长三角旅游成为 2010 年的旅游热点路线。上海世博会的成功举办给上海带来了 5% 的国内生产总值的增长与超过 800 亿的旅游收入。世博会为内地旅游业可持续发展带来新机遇的同时,也遇到了挑战。内地旅游业相对势单力薄,短期内提升的空间小、风险系数较大。内地旅行社企业“散、小、弱、差”的情况仍然比较普遍,且资金少;企业经营以粗放经营为主,重数量,轻质量,经营秩序不规范。这对内地旅游业的发展是一种巨大的挑战。

广东亚运会的绩效也令世人瞩目。广州亚运会期间,各大旅行社的“新广州游”全线飘红,不仅吸引了众多国内外游客,连珠三角居民、广州市民都纷纷报名参团游广州。据广之旅董事长卢建旭介绍,亚运会期间,该社每天接待近 4 000 人次参加不同的“新广州一天游”线路畅游广州。旅行社的月接待量近 10 万人次。旅客选择“观赛 + 游览”的方式持续涌入广州进行旅游,从而也带动了广州周边城市的旅游市场。

举办大型国际展会或大型赛事将会为旅游业提供发展的契机,旅行社业在把握住机遇的同时,需要不断提高自身的竞争力,以更好地适应随之而来的挑战。

---

① 国研网:http://www.drcnet.com.cn/DRCNet.Common.Web/.

② 国研网:http://www.drcnet.com.cn/DRCNet.Common.Web/docview.aspx? SearchRecordID = 2686840.

③ 国研网:http://www.drcnet.com.cn/DRCNet.Common.Web/docview.aspx? SearchRecordID = 2686833.

（七）旅行社迎来高铁旅游时代

交通运输是发展旅游业的基础和重要前提，是旅游者完成空间位移的主要工具。高速铁路是我国新兴的交通运输工具，其运行速度快、安全性好、运量大、耗能低、效率高。在 2007 年 4 月之前，我国的高铁里程还为零。但截止到 2010 年底，我国的高铁投入运营里程已达 8 358 公里，居世界首位。随着京津、武广、郑西、沪宁等一批高铁建成通车以来，我国高铁已累计安全运送旅客 6 亿多人次。高铁在春运中也发挥了重要作用，其运客量已占全国铁路旅客运量的近 20%。中国高铁时代正在到来，高速铁路的快速发展以及高速公路、民航体系的建设，使中国正在出现旅游“同城化”效应。我国高铁版图的陆续铺开，将对我国旅游业的发展产生极为深远的影响，也会给区域旅游发展带来新的发展机遇。对旅行社业而言，高铁沿线旅游的“井喷式”发展及后续效应也是行业发展的机遇与挑战。

1. 旅游客源市场扩大

高速铁路的建成，大大缩短了旅游者对目的地之间距离的感知时间，从而进一步引起了旅游者出行方式的转变。高铁的同城化效应使城市之间进入了以“分钟”为距离计量单位的时代——北京至天津 30 分钟，上海至杭州 45 分钟，合肥至南京 54 分钟，南京至上海 1 小时 13 分钟，郑州至西安 1 小时 58 分钟，武汉至广州 3 小时 16 分钟。而计划在 2011 年 6 月底通车运营的京沪高铁，将带领人们在 4 小时的时间里，穿越北京、天津、河北、山东、安徽、江苏、上海 7 省、市。随着高铁的普及，越来越多的旅游者将选择高铁作为新的旅游出行工具，旅游交通向高速、舒适、省时、便利的方向发展。

由于速度提高、时间缩短，新的客源市场也将纳入到沿线旅游目的地的市场半径中来。在国内游方面，便利的交通条件将以往较难实现的长途游变为“短线游”，旅游资源的吸引力进一步扩展。在入境游方面，发达的交通将吸引更多的国外游客来华，他们的目的地也将从传统的北京、上海、西安等地向其他省市扩散。同时，高铁也必然带来更多的散客旅游者，也势必会转变目的地的客源结构。以武广高铁为例，湖北旅游客源凸显出主流现象，以广东、香港、澳门、台湾客人较多。2010 年第一季度，直接从高铁开通受益的武汉、咸宁两市旅游业收入分别增长 36.5%、166.7%。

客源市场的扩大对旅行社而言，不仅是机遇，更是挑战。游客“爆棚式”增长以及散客的增多，对旅行社的接待能力也提出了更高要求。首先是旅行社要依据新的交通条件安排合理的旅游路线和旅游产品。高铁通车，使很多传统的路线不再适应当前游客的需要，因此，旅行社应研究客源市场变化，开发特色产品和新型旅游路线，针对差异化需求进行个性化设计，提升旅游品质和服务体验水平。

2. 区域旅游目的地竞争与合作的新局面

相邻地区的旅游资源、旅游环境和发展模式难免存在雷同性，而高铁的便利和快捷使旅游者的可选择性更强。因此，为争夺客源市场，各地区势必会纷纷推出“差异化”产品，以吸引旅游者，地区之间的旅游客源市场竞争也将更加激烈。有优势的景点会越做越强，而档次低的景点则会被逐渐淘汰，从而实现资源的优化配置。同时，高铁的普及也会带来与其他交通方式——特别是高速公路和民航的竞争日渐白热化。①

尽管竞争激烈,但沿线地区的协同合作也是大势所趋。在高铁建成通车后,各省、市纷纷携手合作,成立高铁旅游联盟,各铁路段在文化、人才和信息等各方面相互协调,共同促进旅游的发展。武广高铁开通后,武汉、广州两地的旅游部门就成立了高铁旅游联盟,以应对两地旅游同城化。在郑西高铁运营后,豫陕两省展开了旅游深度开发,签署了合作开发高铁旅游市场协议书,建立了长期合作机制。西安市旅游局、铁路、航空部门"三家"联手,以郑西高铁为纽带,实施铁路、航空联运。联盟的成立和合作机制的展开,使沿线旅游资源逐渐一体化,不仅实现地区间旅游资源的整合开发和优化配置,还改变了原有的旅游格局,形成初步的旅游圈,创立区域旅游品牌,提高区域旅游业的竞争力。因此,在区域合作的大背景下,旅行社业也应加强与其他旅游企业的合作。例如与景区签订合作合同,进行联动发展,实现无障碍合作。

(八)旅游安全问题引热议,旅游保险问题露端倪

2010 年,是旅游业逐渐恢复的一年,也是旅游安全事件频发的一年。3 ~4 月,冰岛火山喷发,火山灰严重影响了欧洲交通的正常运转。5 月,泰国发生骚乱,严重打击了泰国旅游业,有 40 多个国家向泰国发出旅游警告。8 月 23 日,中国香港游客在菲律宾马尼拉遭劫持,引起了全球的关注。8 月 24 日,黑龙江伊春发生坠机事故,造成 42 人遇难。10 月 21 日,台湾苏花公路因暴雨发生塌方造成内地游客失踪或伤亡。中日钓鱼岛撞船事件和朝韩开火也大大影响了人们的出境游意愿。频发的旅游事故将旅游安全问题推上前台。人们开始重视旅游安全问题,风险意识增强,并纷纷购买意外险。据统计,8 月下旬后,游客的旅游意外险投保率上升 30%,创下历史最高水平。国内游和出境游的投保率均大幅度提高。尽管人们树立了风险意识,但当前我国旅游安全领域仍存在不少问题。因此,我国旅游意外救援机制的完善和旅游意外险产品的创新刻不容缓。

受安全事件影响,各地也纷纷出台措施,并建立旅游安全统筹制度。2010 年 7 月,云南成立旅游救援中心,成为连接旅游企业和保险企业的"桥梁",共同建立旅游救援绿色通道和旅游安全事故救援保障体系。海南计划建立旅游安全预警信息发布制度体系。新疆则全面推行新版旅行责任险,全自治区 300 家旅行社均需投保该险,游客如果在旅行时发生意外,最高可获赔 80 万元人民币赔偿款。

对旅行社而言,除加强与保险公司的合作,根据出行目的地、参与项目和风险级别,推出多样化细分化产品外,也应提高游客对意外险的了解,引导顾客购买适宜的保险产品。另外,在安全事件频发的状况下,旅行业应有意识地提高旅行社的危机管理意识和水平,加强旅行社在各种突发事件的应变和处理能力。同时也应将企业社会责任作为公司发展前景的一项评价因素。

---

① http://www.studa.net/Travels/100809/10212642.html.

（九）旅游区域联盟再度成为发展趋势

2010 年初，为改变当地旅行社散、小、弱、差的局面，摆脱行业无序竞争的困扰，重庆和桂林等地旅行社纷纷携手组建旅游联盟。借助联盟的力量加强行业自律，实现区域内的资源整合、利益共享、风险共担。同年 7 月，天津港牵手北京 40 余家旅行社共同开发京津两地天津港客源市场。9 月，“黄河之旅”联盟几十家旅行社倡议，三省八市联手实现旅游互动。[①] 我国重庆市与韩国釜山、日本福冈联手，加强在旅游企业、产品开发以及路线设计等各方面的联动作用，共同创建国际化的城际旅游。区域旅游联盟在各地纷纷成立表明，旅行社已经意识到，只有结成战略联盟关系，做大，做强，才能在激烈的市场竞争中得以生存。

旅游联盟的一般目标是在特定区域内做到资源共享、市场共享、利益共享和风险共担，从而提高旅行社整体的竞争力，实现共同发展。通过加入旅游联盟，并与其他旅行社构建战略合作关系，旅行社可以获得一定的市场发展优势。成立旅游联盟，共同组建区域旅游信息交流平台，实现信息分享与交流，便于旅行社的信息交流与互动；开展整体旅游营销，提升区域的影响力；整合区域资源，形成优势互补；进行产品深度开发，分担新产品开发风险，创建区域品牌；共同推介精品旅游路线，提高区域竞争力；规范成员行为，抵制零负团费，提高服务质量，创造良好的竞争环境；实行集团化采购，降低成本，提高经济效益；开展多层次的旅游合作，实现网络化、规模化、品牌化。当前国外大型旅游企业开始涉足出境游业务，因此，只有通过联合，形成集团化的规模与合作机制，才能改变我国旅行社散、小、弱、差的现状，更好地参与竞争。

已成立的旅行社联盟虽然走过了“松散型联盟”的阶段，但还只是初级阶段的利益联盟，未达到以资本为纽带的联盟层次，成员间的关系仍然很脆弱。此外，联盟内旅行社的信任机制仍有待加强。因此，旅行社在“做大做强”上依然有很长的路要走。[②]

（十）环保成趋势，旅行社试水低碳旅游

受全球气候大会的影响，旅游业界兴起了“低碳旅游”的新潮流。所谓低碳旅游，即以低能耗、低污染为基础的绿色旅行，在旅行过程中，减少二氧化碳排放，减少碳足迹。随着“低碳旅游”、“绿色旅游”观念的普及，越来越多的游客开始关注旅行中的碳排放，并自觉地选择最简约的低碳旅游方式。例如，出行时尽量选择公共交通工具；采用步行、骑单车或乘电瓶车的游玩方式；在旅途中自带生活用品；注意旅游垃圾的排放等。对低碳的倡导也使登山、徒步旅行等旅行方式受到旅游者的追捧。

为了顺应低碳旅游的趋势，满足旅游者的新需求，旅行社业也纷纷采取措施降低碳排放。2009 年底，温州海外旅行社引入旅游信息化系统，启动无纸化办公程序，率先推行低碳办公。[③] 位于上海的稻草人旅行社加入北京环境交易所发起的“中国碳中和联盟”，成为中国第一家自愿为自己的旅行活动所产生的碳排放负责任的旅行公

---

① http://news.shangdu.com/sanmenxia/20100917/172712_129_48939.shtml.

② http://www.sdta.gov.cn/rlzy/module/nsolexam/dylw/lwinfo.asp? discode = 0000002079.

③ http://www.wzta.gov.cn/xwdt/50 - 8895.html 2011 - 2 - 22.

司,此举开创了中国旅游业自愿减排之先河。① 继上海稻草人旅行社之后,携程、春秋等纷纷尝试"低碳旅游"。2010 年 4 月,携程与中国绿化基金会合作,组织志愿者到北京金山岭长城共植"携程林"。春秋旅行社也设计了低碳旅游路线,向旅游者推荐低碳旅游目的地。近期携程以"低碳出游,减排二氧化碳"为主题,推出了低碳旅游线路标准,并设计了首批 13 条低碳游线路。这也是中国旅游企业首次大规模推出低碳旅游线路。②

低碳旅游是当今旅游的发展趋势,也是旅行社新的发展契机。首先,旅行社要真正了解低碳旅游的内涵与意义。一方面,管理者要将低碳理念贯彻到日常经营活动中去;同时,向员工传导低碳旅游的理念与知识,以及降低碳排放的各种举措,这样,员工才能积极、有效地向顾客宣传低碳旅游的相关知识,从而引导游客的旅行行为;这也是提高员工素质和企业凝聚力的契机。③ 借助更多旅游者关注并接受低碳旅游理念的契机,旅行社可呼应旅游者的新需求,进行产品线路和服务上的创新,赢得市场先机。在企业内部贯彻低碳观念,不仅顺应形势,更可以加强内部管理,节能,减排,降低能耗,从而降低成本,提高经济效益。此外,发展低碳旅游是旅行社履行社会责任的方式之一,有利于帮助旅行社进行对外自我推广,树立良好的企业形象。实施低碳旅游也是旅行社对社会负责的一种经营方式,履行企业社会责任,也是衡量旅行社持久、健康发展的评价因素。

尽管低碳旅游是未来旅游业发展的新方向,但是由于旅行社业务的特殊性,特别是旅行团规模较大、人数较多,低碳游涉及的用房、用车等配套服务,需要与酒店、车辆等公司协调,因此,还需要一个等待的过程。但我们坚信,低碳旅游将会成为未来旅游业经济增长的助推器。

二、十大创新

(一)淘宝网加入旅游在线服务领域,增加旅游者的出游选择

2010 年 5 月,淘宝商城完成了机票平台的构建后,高调进入在线旅游行业。在原有机票频道的基础上,旅行频道通过将全网的优质酒店、旅行社等卖家资源进行整合,使消费者可在线安排好旅游中所需的几乎所有服务,并一举成为当前最大、最全的互联网旅行服务平台。淘宝网旅行频道分为机票、酒店、旅游服务、保险和目的地资讯等板块,消费者除了可以像传统旅游网站一样在线购买机票、预订酒店外,随着上航假期、春秋旅游、中青旅、一嗨租车、驴妈妈等专业旅游服务商的入驻,顾客还可以直接在线购买旅游目的地门票、租车、导游,以及出国签证服务,并获得基于网友点评的目的地最火的吃、喝、玩、乐项目信息。

淘宝的加入,给旅游业界带来以下几方面的变化。首先,进一步整合机票代理领域,清除了一批无资质机票代理,净化了机票代理市场。在"淘宝旅行"这一在线旅行

① http:// www. 17u. net/news/newsinfo_253214. html 2011 - 2 - 22.

② http://jfdaily. eastday. com/j/20110110/u1a844078. html.

③ http://www. jjykj. com/wenzhang/viewnews. asp? id = 10451.

业务全面开展前，淘宝已清理不合规的代理，平台上的机票卖家100%都具有中国航空运输销售代理业务资格认可证书，都是能独立出票的专业机票代理公司，消费者在淘宝购买机票，无须担心不正规的黑代理带来的风险问题。其次，淘宝的加入，将改变携程在在线旅游市场一家独大的格局。根据中国旅游协会与中国旅游研究院联合发布的“2010年度中国旅游集团营业额20强”排名，以电子商务主导的新业态表现强劲，携程旅游集团在排名中居第四位，在非国有旅游集团中排名中居首位。淘宝作为国内网购龙头的地位已经深入人心，截至2010年8月，淘宝网用户数超过2亿，覆盖了国内大部分网上消费人群。将庞大的用户群引导到机票等在线旅游消费上，淘宝在用户规模和用户获取成本方面的优势是携程等其他平台所难以比拟的。除了用户规模，淘宝的另一个优势在于占当前国内机票市场70%以上的市场份额，几乎垄断了国内B2B机票代理市场的传统机票代理商入驻淘宝。显然，海量的用户群体、众多传统行业巨头的合力、更具优势的在线销售模式，淘宝作为一股不可忽视的力量已经登上在线旅游市场，随后的颠覆和角力值得期待。再次，创造了新的在线旅游模式。携程模式一直是中国在线旅游市场的主流模式，直到近年来像酷讯、去哪儿这样的垂直搜索网站和到到网这样的点评网站出现后，这一局面才有所改观。在淘宝介入前，目前国内的在线旅游行业主要分为三种模式：一是传统在线旅游预订网站，携程、艺龙等巨头已在行业内瓜分了主要的市场份额，以为用户提供预订服务、收取佣金为主，属于酒店的分销渠道；二是旅游点评网站，主要为用户提供酒店和目的地点评参考，包括到到网等，主要为旅行者提供开放性的分享平台，增加用户互动和访问量，以收取网站媒体广告为主，属于酒店直销平台；第三种是旅游比价搜索网站，包括去哪儿和酷讯网。作为在线旅游市场的新军，淘宝是利用其强大的电子商务平台，采取直销模式。实际上，直销模式也越来越受到酒店和航空公司的青睐。毫无疑问，所有酒店和航空公司都希望在不影响销售率的情况下，尽可能提高直销比例。此外，酒店和航空公司只有掌握自己的直销渠道，才不会轻易受制于分销渠道商。

（二）在线经营商调整商业模式，向综合旅游服务运营商转换

2010年，是携程加快“线上+线下+无线”布局，实现“一网三客户端”目标，向综合旅游服务运营商转换的一年。在2009年已经拥有14家旅行社，通过股份增资成为如家第一大股东的基础上，2010年3月，携程分别签署收购汉庭约8%和首旅建国酒店15%股份的正式协议，2010年1月，携程宣布收购香港永安旅游90%的股权，12月成立丽江携程旅行社。这一系列的动作表明携程正在从一家相对单纯的线上旅行代理商（OTA）转向综合性的旅行服务运营商。

除了携程对市场宏观环境的把握和战略考虑外，商业模式的调整还面临由技术进步和商业模式创新带来的竞争压力。携程早在2006年便开始了新的战略探索。2007年后，正式将度假业务与商旅业务作为未来的发展战略重点。伴随战略布局的推进，携程同时也面临传统旅行社和在线旅游企业同行的竞争和挑战。国际在线预订运营商Expedia通过并购艺龙、到到网，在中国旅行市场的有谋划、有步骤的系统布局，欧美市场从事商旅管理近百年，目前全球最大的两家商旅管理公司的美国运通和嘉信力

的虎视眈眈，盛大网络公司创新性地进入旅游业务、淘宝旅行平台上市、腾讯公司推出QQ旅游频道等一系列动作，都在拨动着携程的敏感神经，就连国旅总社、凯撒国旅、春秋旅游等这样的传统企业都开始把无线网络服务应用到市场推广和产品销售的商业实践。事实证明，在一个日趋复杂的市场上，仅靠传统经验与模式的企业一定会被更加适应市场需求变化的后来者所取代。

随着我国酒店行业的发展，各种类型酒店的供给丰富，但是酒店行业在分销渠道建设方面的滞后，以及国资背景旅行社的落后管理并不能为旅行者提供信息获取上的便利，市场也因此出现了新的机遇。携程正是在这样的背景下创建的。1999 年，携程旅行网（www. ctrip. com）在上海上线运营，主要为散客提供酒店和机票网上预订业务。旅游产品的核心价值是信息对称与服务创新。在中国旅游市场，携程关注的焦点是对现有旅游资源的整合与旅游链条中的价值再造。通过把遍布各地的酒店与航线资源汇集到网络平台，一方面可以大量节省旅行者在信息搜索方面的时间，另一方面由于携程为酒店提供了一个崭新的分销渠道模式，因此，也乐于以“协议”价格将客房资源交给携程。因此，借助第三方平台，携程在旅行者与酒店之间搭建起了一个价值沟通桥梁。携程在一定程度上解决了旅行者在购买旅游服务产品过程中的信息不对称问题，也帮助酒店企业开拓了销售渠道。价值再造，可以说是携程商业模式成功的首要保证。

起步于“酒店 + 机票”预定的携程，从本质上讲属于顾客与旅游产品提供商之间的中介服务机构，其盈利焦点的关键在于旅游资源信息集成与报价优势。在网络技术完善和网民使用习惯养成的背景下，更多的竞争对手加入到在线旅游行列，例如中青旅、中旅等传统旅行社纷纷“上线”经营，e 龙等在线旅游服务提供商在市场上涌现。可见，携程需要对在线旅游产业进行深入的整合才能保持其竞争优势。

依托先期积累的旅游资源平台优势，携程与酒店的合作关系也进一步深入。庞大的酒店预订总量为携程带来充裕的佣金收入，也获得了酒店作为销售业绩奖励的“免费房”。为了不扰乱酒店本身的销售系统，携程将“免费房”与机票进行捆绑销售，以具有竞争力的价格将自由行度假产品（“机票 + 酒店”组合销售）推向市场。这时，携程已经从单纯意义上的定票中介向旅行社角色转变。此外，根据国内商旅人士在酒店和航空领域支出增加的现实情况，从 2000 年开始携程针对企业客户推出了“商旅管理”业务。携程商旅管理一方面可以为企业客户提供一揽子的出行旅游产品，还可以节省企业的差旅费用支出。

但是，携程并不具备经营国内外旅游的资质。为了解决“身份问题”，2004 年 2 月，携程通过战略合作方式收编了上海翠明国际旅行社，得到了现成的出境旅游经营权在国内经营旅游业务的资格，正式进入度假业务市场。在发展的模式上，携程度假产品也逐渐向除“机票 + 酒店”组合之外的导游、租车和门票等业务领域拓展。到 2009 年，携程已经拥有 12 家旅行社，其中 4 家是国际旅行社。

为了保证与线下旅游服务提供商之间的深度连贯性模式，携程又以一种新的合作形式整合旅游产业链条——参股或者控股酒店。之后，携程展开了一系列收购兼并行为:2009 年 5 月,携程通过股份增资成为如家第一大股东;2010 年 3 月,携程分别签署收购汉庭约 8% 和首旅建国酒店 15% 股份的正式协议;2009 年 8 月,携程控股中国台湾最大网络旅游服务提供商“易游网”;2010 年 1 月,携程宣布收购香港永安旅游 90% 股权等。这样,携程逐渐形成了以“酒店预订、机票预订、度假预订和商旅管理”四大业务模块为主导,集线上预定平台与线下旅行社、酒店为一体的综合性旅游服务整合者和提供商,也构建成了一条清晰完整的旅游产业链条。

(三)旅游经营商开通手机网站和手机预定业务,信息技术应用领域纵深发展

随着各种移动终端的普及、移动通信网络的完善、移动服务提供商的不断增多,移动商务将成为旅游行业新的增长点,在携程之前,去哪儿网、艺龙等在线旅游企业以及国航等航空公司也纷纷推出了手机预定业务。2010 年 4 月 1 日,携程旅行网推出“携程无线”手机网站。8 月 2 日,春秋航空携手第三方支付战略合作伙伴易宝支付推出春秋航空掌上春航服务,用户可随时随地通过手机订票、信用卡付款,享受方便、快捷的旅途生活。9 月 21 日,“国旅在线”iPhone 版无线手机网站正式上线。11 月,凯撒旅游手机网也正式上线。

各在线旅游企业和传统旅行社纷纷涉足无线移动网络领域,表明旅游企业在旅游电子商务领域业务的探索和拓展。移动商务将成为旅游行业一个新的切入点,结合智能网络技术,真正实现以人为中心的旅游电子商务应用。通过移动电话等终端就能完成对企业或对个人的安全的资金支付,移动商务可以随时随地把顾客、旅游中间商和旅游服务企业联系在一起,预订的结果、航班的延迟等信息皆可随时通知旅游者。移动电子商务技术的应用将使旅游电子商务服务功能更加完善,应用更加普及。

从市场的发展趋势来看,选择无线移动服务也是未来发展的一种必然趋势。谁先涉足,谁便占据未来竞争的主动。目前中国有 38% 的手机用户使用手机上网,占 4.2 亿网民总数的 65.9%。在 2010 年上半年的新增网民中,手机上网网民所占比重达 62%,其中 42.4% 只用手机上网。预计未来三年内将有 30% 的中国手机用户利用无线互联网获取旅行信息服务。艾瑞咨询发布的数据显示,2010 年第二季度中国移动互联网市场整体规模达到 40.2 亿元,同比增长 7.7%。整体而言,网络的趋势在快速地向移动互联网切换,移动设备取代个人电脑成为用户的互联网入口。相信随着第三代移动通信技术越来越广泛的应用,无线移动服务将会成为旅行社呼叫中心、电子商务网站、实体门市等已有销售网络的有力补充,为游客提供便捷的服务,具有巨大的发展空间。

(四)宝中旅游超市模式在做大宝中的同时,也成就了一批加盟中、小旅行社的生存发展

2010 年,可以说是宝中旅游凤凰涅槃之年,成功完成从单一入境旅行社向综合旅游集团发展的转型。截至 2010 年 12 月,宝中旅游已经完成深圳、重庆、四川、福建、山西、云南、香港、湖南、河南、湖北、南京、苏州等地共 12 家子公司的组建运营,旗下全国服务网点已超过 1 000 余家,实现营业收入 30 亿元。

宝中旅游被誉为中国最具创新精神的旅游机构,其创立的“宝中模式”受到了业界的充分肯定，目前，宝中旅游全国所有门店实行“统一采购、统一产品、统一广告、统一财务、统一人事、统一选址、统一形象、统一组团”八统一管理。在2011年里，宝中旅游预计将完成全国15个子公司的组建运营。届时，宝中旅游在全国的服务网点将超过2 500个，基本做到覆盖全中国。

成就宝中旅游做大的关键有两点。其一，抓住了旅行社组织客源的关键，即通过加盟方式迅速扩张了其收客的网点，提升了其组织客源的能力，迅速提高了营业额，做大企业规模；其二，连接各加盟店、网点和总部的信息系统。通过系统对线路进行统一安排和报价，实现宝中旅游的八统一管理。

以如此快的速度迅速做大，不禁让人担心宝中旅游如何保证服务品质，在做大的基础上如何做强。从成长的路径看，宝中模式确实开创了国内旅行社快速发展和壮大的创新之举，但是从旅行社的产品和服务来看，目前造成旅行社多年来零团费、负团费、虚假广告、销价竞争等痼疾的诸多因素仍然存在，怎样保证在这样的经营环境中做出高品质的旅游产品，应该是宝中旅游今后也要有所创新的领域。比如如何面对散客潮、自助游的发展趋势，如何应对在线旅游企业的竞争，如何保证导游的合理收入而确保服务品质等，都是宝中应该思考和解决的现实问题。

（五）传统中、小旅行社组建旅行社联盟或集团，打破经营中的瓶颈

2010年1月5日，由重庆君豪国旅、中旅总社重庆分社、光大国旅、长江海外等16家旅行社携手共同组建的国内首家超大型旅行社——重庆旅游联盟成立，并签约宣称：资源利益共享，风险共担，抵制零负团费，提高旅游服务质量。2011年1月12日，济南市旅游行业协会旅行社分会公布“集中采购、统一宣传、联合发团”活动方案，这标志着今后济南旅行社将整合各自的优势资源，合力推出拳头产品，共同做大，做强。

这两个事件不是单独的、偶然的，在全国其他地方，还有相似的旅行社联盟或旅行社集团在组成或出现，这一现象是我国旅行社发展中必然会出现的。一方面，从我国旅行社竞争发展的态势来看，国内传统的一些大社通过这些年现代企业制度改制、资产重组、技术改造和升级等一系列措施，已经今非昔比，给传统中、小旅行社造成压力。随着我国加入世贸组织，一批合资和独资旅行社也在逐渐成长，熟悉国内的市场和经营环境，而且随着我国对外资旅行社开放程度的加大，也形成了对这些中、小旅行社的竞争。此外，新兴的在线旅游企业的加入和迅猛发展势头，更使这些中、小旅行社感到所受的压力加重。为了寻求发展，自发的组建联盟或成立旅行社集团就成为这些中、小旅行社的必然抉择。另外，从旅行社经营的特点和运作的规律来看，组建联盟或成立旅行社集团是一种最高效和成本最低的方式。联盟或集团具有旅游产品采购推广中心、旅行社人才调剂中心、旅游信息交流平台、旅行社维权后盾等作用，通过集中采购、统一宣传和联合发团，推出高品质的产品，扩大市场覆盖面，降低经营成本，以此增强竞争的实力。

（六）追踪时事热点，营销主题概念

2010年，从年初到年底，不乏重大事件的发生，武广高铁开通、上海世博会开幕、广州亚运会，等等。国内一些旅行社抓住时机，适时推出相关主题线路和产品，名利双收。

武广高铁开通后，深圳宝中旅行社、深圳国旅、南湖国旅深圳分公司等旅行社获悉，虽然武广高铁价格比淡季武汉飞广州单程的飞机票略贵，但市民反应非常热烈。适时推出了湖南长沙、湖北武当山等地的武广高铁游系列线路，满足市民抢鲜武广高铁游的需求，如武当山——三峡大坝——武汉黄鹤楼高铁五天游市场价2000 元左右，游客将游览道教名山——武当山、世纪工程三峡大坝、江南三大名楼之首的黄鹤楼，以及全国最大城中湖——武汉东湖听涛景区，然后再乘武广高速火车返回广州。

围绕 2010 年上海世博会，各地的旅行社可谓是做足了世博旅游的文章。自 5 月起，世博游便成为鞍山旅游市场国内游业务的绝对主力，尤其是暑假和“十一”黄金周期间，世博游更是一枝独秀，受到了鞍山市民的力捧，由此也给各家旅行社带来了滚滚财源。部分旅行社统计数据显示，为期 6 个月的世博游收益占 2010 年国内游业务总收入的 30% ~50%，这是以往任何一次主题旅游项目所无法企及的骄人业绩。世博游也成为考验鞍山旅行社营销能力的一块“试金石”。为了争取更多的世博客源，各家旅行社无不使出浑身解数，推出形式丰富、价格全面的世博游产品，如纯粹世博游的 3 日、4 日浓缩团，以及世博 + 华东等诸多景点的组合团型。另外，保进中国馆、全程无购物、鞍山起止独立团等也成为旅行社争夺客源的主要卖点。

对于旅行社来说，“追踪时事热点，营销主题概念”意味着借势时事营销，以时事为背景，借机推出新概念、新产品，是一种全新的赢利模式，不仅能提高企业或产品的知名度、信任度，还能树立良好的企业形象。随着我国经济、社会、文化的发展，会有越来越多的重大社会事件发生，只要抓住机会，营销策划得当，必定给旅行社提供名利双收的机遇。

（七）整合相关产业资源，促进产业融合

2010 年 7 月，厦门建发国旅首批 5 家邮政门市网点开业，市民可以直接到邮局办理旅游相关业务。无独有偶。北京的爱嘉途公司在门市布点时就是专门跟着大型超市运作的，作为旅行社在超市开门店的尝鲜者，他们提出了“旅游超市”这个全新的概念，现已在北京拥有 5 家门店，主要在家乐福超市、欧尚超市开设门店。浙江省中旅也已在世纪联华、好又多、华润万家这几家大型超市布点了 5 处旅游门市。同年 4 月 15 日，贵州省旅游局与贵州省邮政公司签订《战略合作协议》，双方决定整合资源，发挥优势，提升旅游服务质量，做大贵州旅游“蛋糕”。邮政行业拥有覆盖城乡的实物网、先进的信息网和强大的金融服务网络。邮政参与旅游发展，借助邮政遍布城乡的发达网络，有利于拓展旅游市场空间和经营结构的调整。同年 12 月29 日，国家旅游局与中国银联在北京签署战略合作协议，围绕“提升旅游消费体验、优化旅游消费环境、提高人民生活品质”这一共同目标，合力推动旅游业和银行卡产业的全面合作。

这股旅游产业与相关产业融合之势的潮流已经显现。旅游业是融合力最强的产业之一。旅游活动的综合性、多样性和旅游产品的组合性，决定了旅游业必须以一种开放的方式来发展。在这种开放式的发展过程中,旅游业几乎要和国民经济任何一个产业发生关联,从相关产业那里获得资源、能源、产品、设施、技术、装备、信息、服务等诸多方面的支持,依托相关产业的发展而发展。同时,旅游业作为一种新兴产业、时尚产业和处于快速发展过程中的产业,对相关产业的新技术、新产品、新服务的吸纳性很强。旅游业是亲和力最强的产业之一。旅游业在依托相关产业的发展而发展的同时,作为相关产业的下游产业,对相关产业具有很大的拉动力。同时,旅游业发展所形成的庞大的流动客源、巨大的综合性消费和多元化的市场需求,对相关产业而言,是一个不断增长的大市场,会吸引相关产业积极研究和顺应这些需求,主动融入进来。旅游业是催化力最强的产业之一。旅游业一旦与相关产业有机结合起来,就表现出很强的催化作用,能够迅速催化出新的需求、新的市场、新的产品、新的技术和新的服务,催生出一批富有生命力的新业态,从而在国民经济中形成新的生产力与增长点。实践中,无论旅游业是与农林牧渔、交通运输、装备制造等传统产业融合,还是与金融保险、房地产、信息技术等现代产业融合,都会迸发出许多新的亮点。

作为旅游业的龙头产业,旅行社在产业融合中走在了最前端,通过在运转过程中不断地探索,整合相关联的资源,一方面促进了自身的发展,另一方面也带动了相关产业的发展。

(八)针对高端市场,国旅开发定制服务

2010 年,是出境旅游业迅猛增长的一年,中国国际旅行社总社有限公司(以下简称“国旅总社”)出境游较 2009 年整体增长约 57%。国旅总社拥有大批出境游高端客户,使国旅总社在产品开发方面投入大手笔,不断向游客推出丰富的旅游产品,并注重开发高端定制服务。所谓定制服务,是国旅总社可以按照客户的要求量身定制旅游服务,直到客户满意整个旅游服务为止。与常规团队有所不同,定制服务可以满足更高的旅游需求,游客可以安排自己所喜爱的旅游景点,入住符合自身偏好的星级酒店,享受更加高档的航空服务。

随着旅游业的发展,标准产品已经很难满足游客的个性化需求,细分市场促成更多的个性化产品出现,定制旅游产品已登上旅游市场的舞台。国际旅游市场早在 20 世纪 80 年代就从以目的地为中心向以游客为中心转移,游客的出行理由不再是目的地而是出行的行为本身,这意味着真正的市场竞争已经开始。从营销的角度讲,市场的竞争就是满足消费者需求的竞争。从此时起,定制旅游就走上了大众旅游市场的舞台。

目前,中国游客的消费需求正在发生变化,个性化主张越来越强烈,而市场销售的基本上都是标准化产品,传统的标准化产品注定服务内容单调,服务水准低下,所以高端的旅游市场和具有特殊需求的游客越来越多地采取自助游的方式,逐渐地在摆脱旅行社的服务。正是在这样的背景下,国旅适时地推出了满足这部分高端市场的定制旅游服务,既避开了在传统旅游市场的竞争,同时也开拓了新的市场领域,在向获取较高的利润,创建企业的品牌方面迈上了新台阶。

(九)山东旅游局联合拉手网,开旅游团购先河

2010 年团购风潮袭来,正在互联网上持续火暴的“团购”开始重返实体经济,对国内既有商业销售模式造成的影响和冲击不容小觑。2010 年 12 月 18 日,山东旅游局将携手中国最大的团购网站“拉手网”正式宣布双方在旅游产品团购方面的合作关系,这是山东文化旅游品牌体系在营销方式上的一大创新。

团购旅游,就是大家一起在团购网上“团”旅游线路,出游方式仍为自由行,却可享受到比团队游还低的“团游价”。团购在使游客得到实惠的同时,也给景点、酒店等商家和团购网站带来效益。因为团购组织能够在较短时间里组织起数量庞大的游客。对于商家来讲,虽然在优惠上有一定折扣,但因数量多,对商家的业绩是有帮助的,同时从游客的角度讲更实惠一些。

团购模式的出现,带来了惊人的超低价,但是由于团购券使用时间受到限制,难免会出现扎堆现象,虽然花了较低的钱,但是所购买的商品也在质量上大打折扣。同时某些团购网站存在虚标低价,在消费中出现二次消费的问题。这些现象都是由于旅游产品的特殊性所造成的。针对团购旅游中的欺诈现象,团购旅游还存在维权空白的情况。目前,我国针对网络团购尚无明确的法律规定,因此,导致大量纠纷得到无法顺利解决,售后服务更没有保障。

旅游团购,对于商家是一种新的营销模式,对于旅游团购的消费者来说是一种新的消费模式,作为旅游经济活动中的一种新生事物,应从开始时即步入健康、良性的发展。一方面通过企业自律、诚信经营,赢得游客的信任,树立企业品牌。政府参与合作也能够通过对价格、销售加以监管,使行业规范起来;另一方面,企业也应该研究旅游团购的规律,推出适合旅游团购的产品。适合团购的旅游产品首先要够便宜、折扣力度够大;其次,支付总额要低,便于支付;最后,要有完善的售后服务支持。

(十)银旅合作,开创旅游消费的新模式

2010 年,可以说是旅游业与金融行业实质性开始合作之年,不光有银联联合国外政府发行旅游卡,也有银联与地方旅游局联合发行的旅游卡,更有国家旅游局与银联的战略合作。当然作为旅游业的龙头,旅行社也必然要走在旅银合作的前列。

2010 年 12 月,凯撒旅游与中国银行携手推出“个人旅游刷卡分期付款”活动。活动期间,凯撒旅游的全线产品将全部可接受分期付款,且全部分期付款产品均为零利息、零手续费。此次合作,不仅可以为时尚旅游消费者提供优惠、便捷的付款方式,对银行业及旅游企业而言,也将是一次创新和突破。

旅游产品分期付款并非新鲜事物,早在几年前银行业就已经与旅行社合作推广旅游产品分期付款业务,由于此前参与的旅游产品数量不多、覆盖地区有限、手续较为烦琐,使得旅游贷款消费市场发展缓慢。此次中国银行携手凯撒旅游推出的“个人旅游刷卡分期付款”活动,覆盖地区辐射全国、活动推广时间历时一年、参与的旅游产品更是涵盖欧、美、澳、非、亚所有旅游目的地,此举或将成为旅游消费方式的一次全新尝试。分期付款旅游业务,意味着银行从有形的实物商品支付方式提升为无形的文化产品的有形的支付方式,对于银行业来说,也将是一次创新和突破。

从国外旅游企业发展的情况来看,银行业与旅游业的融合,相互促进,是一种双赢合作,客观上能够促进旅游产业的健康发展,甚至产生了像美国的运通公司这样的旅游金融公司。从凯撒旅游的主要海外业务和规模来看,非常适合推广旅游过程中用银联卡消费,在旅游金融、旅游保险上可以按照运通的模式,进行一些尝试。

分报告一：中国入境旅游年度报告 2011

第一章　国际旅游业发展分析

20 世纪中叶以来，现代旅游在世界范围内迅速兴起，旅游人数不断增加，旅游产业规模持续扩大，旅游经济地位显著提升，旅游活动日益成为各国交流文化，增进友谊，扩大交往的重要渠道，对人类生活和社会进步产生越来越广泛的影响。世界旅游组织在 2010 年全球旅游业发展概况的回顾中也特别指出，随着时间的推移，世界各地越来越多的国家投资发展旅游业，使现代旅游业成为推动社会经济发展，创造就业机会，改善基础设施建设和提高出口收入的关键驱动力。

在世界旅游组织 2008 年旅游卫星账户框架（协议）下，根据现有不完全国家信息数据的统计，旅游业在全球范围国内生产总值（GDP）中占 5%。从旅游业发展对就业的促进作用来看，全球 6% ~7% 的就业人数直接或和间接与旅游业相关。对于先进的、多元化的经济体国家，旅游业约占国内生产总值的 2%（当旅游业处于相对较弱产业地位时）~10%（当旅游业处于重要支柱产业地位时）。在岛屿国家和发展中国家，或一些特定的地区和地方旅游目的地，旅游业更是当地至关重要的产业部门，旅游对当地社会经济发展的重要性也往往更为凸显。

作为国际贸易服务的重要组成部分，入境旅游业已经成为一个重要的世界贸易种类。因入境旅游所产生的出口总收入，包括旅客交通运输出口，在 2010 年已超过 1 万亿美元，相当于接近每天 30 亿美元。旅游业出口总量占世界整体商品和服务出口的 6%，占世界商业服务出口的近 30%。在全球范围内，旅游业排在燃油、化工产品和汽车业之后，成为世界第四大出口贸易种类。对许多发展中国家来说，旅游业更是外汇收入的主要来源，并创造了大量的就业和发展机会。

旅游需求的大小首先取决于主要客源市场经济环境和条件的总体状况。当经济增长时，可支配收入水平通常也会上升。尤其是对于新兴经济体，通常可支配收入的一大部分将会被用于旅行。而另一方面，紧缩的经济形势往往会导致旅游交易和消费的减少。面临机遇和挑战，1975—2000 年，世界旅游业总体保持了 4.6% 的年平均增长率。在过去的六年中，国际旅游业更是走过了持续的、多样化的发展阶段，正在成为世界范围内最大的，也是增长速度最快的产业部门。除了欧洲和北美洲等传统旅游目的地之外，新兴旅游目的地不断涌现。尽管偶尔受到冲击，国际游客数量在过去的几十年中，从 1950 年的 2 500 万，到 1980 年的 2.77 亿，继而到 1990 年的 4.35 亿，且到 2000 年的 6.75 亿，再到目前的 9.4 亿，从总体上呈现持续增长趋势。

一、2010 年国际旅游业发展回顾和分析

（一）2010 年国际旅游业总体发展状况

在遭受到 2008 年下半年和 2009 年的全球金融危机与经济衰退的冲击后，2010

年世界旅游业恢复速度比预期快。在世界范围内，国际游客数量达 9.4 亿人次，较上年增长 6.6%。旅游业在大多数目的地都呈现积极的复苏态势，在很多情况下甚至实现两位数的增长幅度。这样的发展速度使很多旅游目的地已经达到或正在接近弥补经济危机造成损失的目标。然而，各地区复苏发展的速度不尽相同。总体而言，大多数新兴经济体国家的发展速度（8%）快于经济发达地区（5%）。亚洲和太平洋（13%）是 2010 年最早呈现反弹趋势的地区，回升力度也最大。非洲增长 7%，中东地区（14%）恢复到了两位数的增速。美洲以 6 个百分点的增幅结束了该地区在 2009 年的下滑趋势。欧洲（3%）的恢复速度较其他地区缓慢。

2010 年，因休闲、娱乐和度假而出游的旅游人数占国际旅游者总数的一半以上（约 4.8 亿人次）。15% 的国际游客因商务或工作目的出行，27% 的国际游客因探亲访友，朝圣或宗教相关活动，或康体医疗等目的出行。

2010 年，略超过一半（51%）的国际游客选择航空运输往来于居住地和目的地之间。其余 49% 的国际游客选择公路（41%）、铁路（2%）、或水路（6%）运输出行。从长期发展趋势看，未来航空运输将以更快的发展速度在国际旅游中超越地面运输，航空运输的市场份额也将不断增长。

总体上，2010 年国际旅游收入的增长速度慢于国际游客数量的增速。同年国际旅游总收入达 9 190 亿美元（6 930 亿欧元），超过 2009 年的 8 510 亿美元（6 100 亿欧元）。从绝对值来看，国际旅游收入增加了 680 亿美元（830 亿欧元，因美元对欧元汇率升值 5%）。以货币恒定价格计算并排除汇率波动和通货膨胀等因素，2010 年国际旅游收入预计整体上升 4.7%。因此，国际旅游收入的恢复速度（4.7%）滞后于国际出游人数（6.6%）的恢复速度。这体现出经济复苏期的典型特征。通常，市场在经历了经济动荡的强烈冲击下，数量（人数）的回升往往比收入（收益）的回升快。因为激烈竞争使供应商在价格上作出让步，而游客也可能更趋向于选择离家较近的旅游目的地和制订较短期的旅行计划。除欧洲（-0.4%）外，世界各地区在 2010 年均实现了积极的复苏增长。中东（14%）、亚洲和太平洋（13%）显示出最强劲的增长态势。而美洲（5%）的增速接近世界平均增速。非洲（3%）也出现了缓慢的增长。

游客在住宿、食品和饮料，当地交通、购物和娱乐方面的消费是很多旅游目的地重要的经济收入来源。旅游相关消费也提供了更多的就业机会和发展机遇。2010 年，全球有超过 80 个国家的国际旅游收入超过 10 亿美元。在目的地国家，过夜游客和不过夜游客所带来的国际旅游收入通常计入该国出口贸易收入。同年国际旅游总收入，包括国际旅客运输收入，达到近 1.1 万亿美元。亦即，每天国际旅游业都为全球出口贸易贡献近 30 亿美元的收入。

综上所述，2010 年国际旅游业发展的总趋势主要体现在：

（1）全球旅游呈现较强势反弹，国际游客数量达 9.4 亿人次，比 2009 年增长 6.6%。

（2）旅游业的强势反弹效应超过了世界经济衰退给旅游业带来的负面影响。国际游客数量甚至比达到国际旅游发展高峰的 2008 年多 2 300 万人次。

(3)全球国际旅游收入达 9 190 亿美元(6 930 亿欧元),较 2009 年的 8 510 亿美元(6 100 亿欧元)增长 4.7%。

(4)作为全球经济环境变化的重要指征,2010 年旅游的复苏和反弹在新兴经济体国家中体现得尤为明显。这些国家的旅游增长速度(8%)高于经济发达国家的旅游增长速度(5%)。

(二)2010 年国际旅游业分地区发展状况

如果把国际游客数量和国际旅游收入作为旅游业发展的两大衡量指标的话,2010 年有 8 个国家在这两项指标的排名中均列居世界前十位。虽然这些国家所吸引游客的种类,游客平均停留时间和游客平均旅游消费并不尽相同。在国际游客数量该年排名中最引人关注的国家是中国,继过去几年里连续赶超英、意之后,在 2010 年超过西班牙,跃居世界第三位。在国际旅游收入方面,凭借 15% 的增速,中国超过意大利(1%),升至第四位。此外,中国香港从上一年的第 12 位升至第九位。在其他排名前十位的国际旅游目的地中,法国保持在国际游客数量(7 700 万)的领先地位。同时法国的国际旅游收入也居世界第三位。美国以 1 040 亿美元被称为国际旅游收入第一大国,并在国际游客数量的统计中名列第二位。西班牙保持国际旅游收入第二位欧洲首位的排名,并在国际游客数量的排名中居第四位。意大利在两项排名中均名列第五位。英国在国际游客数量和国际旅游收入的排名中分列第六位和第七位。德国在国际游客数量和国际旅游收入的排名中分列第八位和第六位。列居国际游客数量第七位的是土耳其,该国的国际旅游收入列居第十位。另两个排在国际游客数量前十名的国家是马来西亚(第九位)和墨西哥(第十位),另一个排在国际旅游收入前十位的国家是澳大利亚(第八位)。

欧洲旅游业呈稳步回升态势。2010 年 1 月,作为全球受经济危机影响最严重的地区,欧洲旅游业终于结束了连续 19 个月负增长的局面。但由于地区内经济不确定性因素以及 4 月冰岛火山灰导致的机场和领空关闭对航空业的影响,欧洲旅游业的回升发展速度(3%)较世界其他地区慢。该地区的国际旅游在 2010 年下半年表现出明显回升势头,一些旅游目的地大国(如土耳其和德国),以及新兴旅游国家(如巴尔干和南高加索地区),旅游复苏成效显著。2010 年,欧洲的国际游客总数达 4.77 亿人次,比 2009 年增长 1 500 万人次,但仍比 2008 年最高峰时少 900 万人次。欧洲总体旅游收入略有下降(0.4%),为 4 060 亿美元(3 060 亿欧元)。中欧和东欧(5%)在经历了 2009 年的大幅度衰退以后,成为欧洲境内增长最为迅速的地区。西欧(3%)是本地区唯一从经济危机影响中全面复苏的地区。德国(11%)的旅游人数超过 2008 年的 250 万人次,是该项表现最好的国家。在其他旅游目的地,包括奥地利(3%)、比利时(6%)、荷兰(10%)和瑞士(4%),旅游的复苏使这些国家的国际游客数量超过了 2008 年的水平。法国是个例外,作为世界顶级旅游目的地,其在 2010 年的增长率为零。北欧旅游(1%)开始慢慢复苏回升。作为国际著名的旅游目的地,英国(-0.2%)还未能实现旅游的正增长。在南欧和地中海地区,国际旅游虽未能达到 2008 年的高峰,但仍达到了 3% 的增长。以色列(21%)、马耳他(13%)和土耳其

(6%)均取得了高于地区平均水平的增速。传统旅游目的地国家,如西班牙、意大利和希腊(均为 1%)的复苏速度相对趋缓。

亚洲和太平洋地区成为世界范围内首个旅游复苏的地区。2010 年,国际游客数量在亚太地区达到2.04 亿人次的历史最高水平,较2009 年增长2 400 万人次,较经济危机前的2008 年增长 2 000 万人次。在经历了 2009 年 2% 的小幅下滑后,该地区 2010 年 13 个百分点的增速是同年世界平均增长水平的 2 倍,也因此在过去两年中成为世界公认的旅游发展最迅速的地区。凭借该地区经济的快速发展,大多数国家的旅游业实现了两位数增长。亚太地区的国际旅游收入也比 2009 年提高了 13%,达2 490 亿美元。东北亚地区 14% 的增速令人瞩目。区域内几乎所有旅游目的地都实现了两位数增长,日本和中国台湾地区更是取得了增长率 27% 的骄人成绩。在区域内最大的旅游目的地中国,国际游客数量增长了 9%,略低于区域平均增幅,但仍然占世界范围内新增国际旅游者数量将近 1/4 的份额。东南亚地区是唯一在 2009 年实现增长的区域,2010 年进而达到 12% 的增长。其他主要旅游目的地,如越南(35%),新加坡(22%),柬埔寨(17%),菲律宾(17%),泰国(12%)和印度尼西亚(11%),也都在经历了 2009 年的疲软后,于 2010 年达到两位数增长。凭借斯里兰卡(46%)和马尔代夫(21%)等国家该项的良好表现和主要目的地国家印度(8%)的稳定增长,国际游客数量在南亚地区增加了 11%。在大洋洲,6% 的增速略低于世界平均水平。该地区内成熟型旅游目的地,如澳大利亚(5%)和新西兰(3%)都在平淡的 2009 年后呈现增长态势。

美洲旅游业出现良性反弹。经历了 2009 年经济危机及“非典”(H1N1)病毒爆发所导致的旅游衰退,美洲地区在 2010 年呈现良好的反弹趋势。国际游客数量增长 6%,达 1.5 亿人次,较 2009 年危机年和 2008 年高峰年分别上涨 900 万人次和 200 万人次。美国经济实力的复苏和拉丁美洲经济实力的增强是该地区整体反弹趋势背后的主要原因。国际旅游收入增加了 160 亿美元,达 1 820 亿美元的水平。区域内三个最主要的目的地国家,美国(9%),墨西哥(4%)和加拿大(2%)都在年底实现了旅游增长。南美洲增速迅速(11%)。其中阿根廷(23%)表现最佳,其次是乌拉圭(16%),厄瓜多尔(8%),巴西和秘鲁(7%)。巴西近年来成为世界范围内旅游发展最快的客源国之一,以及美洲第三大出境旅游市场(以旅游支出衡量),凸显了该区域内强有力的国际旅游需求。加勒比海地区国际游客数量增速(4%)超过 2009 年该地区旅游下滑的速度,三个主要目的地国家牙买加(5%),古巴(4%)和多米尼加共和国(3%)均取得了新的增长记录。在中美洲,除危地马拉外,所有旅游目的地都有增长,国际游客数量也增长了 4%,但要全面弥补 2009 年旅游下滑所带来的负面影响,仍须持续的良好表现。

非洲旅游业保持发展势头。非洲是 2009 年世界范围内唯一保持旅游增长的地区,这一增长势头在 2010 年得到延续。非洲旅游的发展受益于该地区经济活力的不断增强和国际足联世界杯足球赛的举办。2010 年国际游客数量增长 7%,达 4 900 万人次,其国际旅游收入增加 30 亿美元(4%),达 310 亿美元。因为世界杯足球赛的成功举办，南非的国际游客数量在同年增长 15%，占整个撒哈拉以南非洲国家国际游客数量的近 1/4。另根现数据，该区域内的马达加斯加（21%），佛得角（17%），坦桑尼亚和塞舌尔（11%）都高于平均水平。北非 6% 的增长率主要由其最主要旅游目的地摩洛哥所带动（11%）。

中东旅游业回到两位数增长。经历了 2009 年的大幅下降，中东成为 2010 年世界旅游增长最快的地区，总体增长达 14%。受高石油价格的影响，该区域内国际游客数量达 6 000 万人次，分别比 2009 年和 2008 年增加 750 万人次和 500 万人次。国际旅游收入实际增长 14%，达 500 亿美元。除该地区第二大旅游目的地国沙特阿拉伯的复苏反应平淡外，几乎所有旅游目的地国都实现了两位数增长，如叙利亚（40%），巴勒斯坦（32%），约旦（20%），埃及（18%）和黎巴嫩（17%）。

（三）出境旅游发展状况回顾与分析

数据显示，2010 年绝大多数出境旅游者选择留在其居住地所在地区旅行，大约每五个出境旅游者中就有四个来自同一区域。国际旅游客源市场在很大程度上仍然集中在工业发达的欧洲、美洲和亚太地区。然而，近几年随着可支配收入水平的不断提升，旅游业在许多新兴经济体国家呈现快速增长的趋势。这一趋势特别体现在东北亚、东南亚、中欧、东欧、南非共和国和中美洲地区不断涌现的新兴旅游客源市场的数量上。欧洲目前仍然是世界上最大的出境旅游客源市场，其出境旅游者数量略超过国际旅游者总人数的一半，紧跟其后的是亚洲和太平洋地区（21%），美洲（16%），中东（4%）和非洲（3%）。

中国凭借 550 亿美元的境外旅游花费，超过英国（490 亿美元），在世界前十名中列居第三位。在过去的十年中，中国在境外旅游支出方面增长很快，自 2000 年以来更是完成了近四倍的增长。作为 2005 年世界第七大客源市场，中国在境外旅游花费上已先后超过意、日、法、英四国。另一个值得注意的变化来自在 2010 年上升了两位而在前十名中列居第六位的加拿大和进入排名并列居第十位的澳大利亚。这两个国家排位的提升在很大程度上得益于本国货币的升值。在出境旅游花费中排名前两位的仍然是德国（780 亿美元）和美国（760 亿美元）。在前十名中，俄罗斯以 27 个百分点表现出最强劲的增长势头，虽然这一增幅是在 2009 年下降 12% 的基础上反弹获得的。紧随其后的是中国（26%）。经过连续两年的衰退，日本在 2010 年实现了积极的增长（4%）。由于经济疲软和英镑贬值，英国成为前十名中唯一出现负增长的国家（-2%）。

二、2011 年国际旅游发展现状和展望

（一）国际旅游业总体发展现状分析（2011 年 1～5 月）

2011 年世界旅游业到目前为止仍保持着良好发展势头。尽管从年初开始就面临着新的挑战，在 2011 年 1 月和 4 月间国际游客数量比 2010 年同期增加了 4.5%。积极的增长态势表现在除中东以外的世界各个地区中。新兴经济体（6%）继续以比经济发达国家（3%）更快的速度发展。一些地区实现了两位数增幅，其中包括南美

(17%),南亚(14%)和东南亚(10%)。根据2011年6月更新的世界旅游组织《世界旅游晴雨表》发布的数据,国际游客数量在2011年头两个月中增长了近5%,进一步巩固了旅游业在2010年呈现的强势反弹趋势。这也符合世界旅游组织在2011年初预测的国际游客数量将在同年达到4%~5%的增长。北非和中东部分地区的动荡局势,以及3月在日本发生的破坏性地震和海啸袭击,预计不会严重影响世界旅游业的总体增长趋势。新兴旅游目的地的增长尤为迅速。新兴经济体和发展中国家的旅游接待市场份额呈稳升趋势,从1990年的31%上升到2011年的47%。

从地区的发展趋势看,欧洲超过预期6%的增速,在2011年的前四个月成为发展速度最快的地区。这一结果反映出欧洲各旅游目的地延迟的旅游复苏反弹,2011年复活节假期偏晚的事实,以及对2010年4月冰岛火山灰事件消极影响的补偿性增长。北欧、东欧和南欧的一些旅游目的地回升趋势尤为明显。亚太地区5%的增幅与世界平均发展水平持平,但略低于之前对该地区发展的预测。在亚洲,特别是东北亚地区的日本,地震和海啸的发生对该国出入境旅游及区域内旅游业都产生了相当大的负面影响。在美洲,凭借南美洲旅游业的强劲增长,该地区整体国际游客数量增幅达5%。近期动荡的社会政治经济环境给中东(-7%)和北非(-11%)的旅游发展带来很大影响。尽管如此,一些中东地区旅游目的地,如沙特阿拉伯和迪拜(阿拉伯联合酋长国),呈现积极增长趋势,显示出该地区旅游业的活跃发展。撒哈拉以南非洲国家的突出表现(8%)在非洲整体2%的增幅中脱颖而出。

2011年现阶段国际旅游业发展状况总体趋势主要体现在:

(1)目前,全球有125个国家报告了其一个月或多个月的国际游客数量。绝大多数国家(104个,占83%)的数据都显示了积极的增长态势,其中有46个国家(占37%)已达两位数增长,但有21个国家(占17%)目前仍处于负增长的境况。

(2)有80个国家已报告过去至少4个月的旅游业发展数据。基于这些旅游目的地数据样本分析,国际游客数量在2011年1~4月增长率达4.5%。

(3)2011年1~4月,全球游客数量预计达2.68亿人次,超过2010年同期的2.56亿人次。

(4)2011年4月是到目前为止发展势头最为强劲的月份,估计4月的增幅超过6%。与2010年4月相比,这一增幅的取得一部分得益于2011年复活节假期偏晚,同时也因冰岛火山喷发欧洲领空关闭而导致的2011年4月旅游业大幅下滑。

(5)2011年1月(6%)也是一个强劲发展的月份,而2月和3月(3%)的发展势头相对较弱。

(二)国际旅游业分地区发展现状分析(2011年1~5月)

(1)欧洲,以6个百分点的增幅超出此前对该地区的预测,并成为在2011年前四个月增长最快的地区。这一结果体现在欧洲各主要旅游目的地及客源市场上盼望已久的复苏态势。其中4月的增长(10%)尤其显著。在中欧和东欧(8%),格鲁吉亚(44%),阿尔巴尼亚(22%),波罗的海诸国(拉脱维亚30%,立陶宛24%,爱沙尼亚22%),俄罗斯联邦(13%)和罗马尼亚(12%)等国的快速复苏,使该地区保持在国际游客数量上的强力回升。北欧旅游业的发展势头紧随其后。芬兰(8%),冰岛(11%)和挪威(9%)的增长都已超过地区平均水平。也许是受益于全球关注的皇家婚礼的举行,英国旅游业成功扭转了其在 2011 年头两个月的负增长势头,在 3 月(13%)和 4 月(17%)连续实现了两位数的增长。爱尔兰(9%)也终于扭转了其在过去两年里的持续颓势,呈现出积极的增长趋势。欧洲南部和地中海地区的旅游增长因一些新兴旅游目的地的出现,如马耳他(23%),前南斯拉夫马其顿共和国(21%),克罗地亚(17%),土耳其(14%),塞尔维亚和塞浦路斯(12%)以及黑山共和国(10%),表现特别引人注目。同时,2011 年 4 月对伊比利亚国家来说是一个好月份。葡萄牙和西班牙分别在 4 月实现了 8% 和 7% 的增长。然而,意大利和 2010 年第一季度相比经历了小幅下降(1%)。西欧在这一时期的增长相对平缓(4%)。西欧各国的数据也显示了不同的结果。其中德国(8%)继续保持良好的增长势头。法国(3%),瑞士(2%)和奥地利(1%)的增长速度则低于该地区平均水平。

(2)亚太地区,保持与世界平均水平较为一致的旅游业发展步伐(5%),但整体上并未达到之前对这一地区旅游业发展的预测。该地区,特别是日本,在这一时段里出入境及区域内旅游市场无疑受到了地震和海啸的负面影响。此外,亚太地区相对放缓的增速,也是经历了 2010 年 13% 的强力反弹之后的结果。东北亚地区受日本地震和海啸影响旅游业增幅微弱(1%)。日本的国际游客数量在 2011 年前五个月整体下降了 32%,其中 3 月下降了 50%,4 月下降了 63%,5 月下降了 50%。虽仍居中国之后位列该地区第二大出境旅游市场,日本的出境旅游人数也在前五个月下滑 4%,其中 3 月和 4 月各下降 9%,5 月下降 8%。除日本外,该地区其他各旅游目的地国均呈现良好增长态势,虽然较 2010 年同期增幅不大。韩国(3%),中国内地和澳门特区(1%)的增幅低于地区平均水平。而香港特区和中国台湾分别达到了 8% 和 6% 的增长幅度。相比之下,南亚一些国家旅游业的两位数增长显得更为显著,其中包括斯里兰卡(40%),不丹(25%),尼泊尔(23%),马尔代夫(17%)和印度(12%)。南亚也因此成为亚太地区发展最快的区域。东南亚地区继续保持旅游业稳定增长(10%)。缅甸(30%),泰国(24%),新加坡(16%),菲律宾和柬埔寨(13%)也同样实现了两位数的增速。大洋洲的增长幅度仅达 1%,该地区三个主要旅游目的地:澳大利亚(1%),新西兰(-1%)和关岛(5%)皆表现欠佳。

(3)美洲,国际游客数量在 2011 年头四个月中增加了 5%,这主要得益于南美各国的突出表现(17%)。南半球夏季旅游旺季和发展态势良好的 4 月带给了南美洲一个强大的季度。乌拉圭(36%),哥伦比亚(16%)和智利(12%)在 2011 年前五个月里,秘鲁(16%)和阿根廷(13%)在同年第一季度中均有两位数的增长记录。委内瑞拉(3%)在前四个月恢复到正增长水平。值得注意的是,巴西邻国的旅游发展在很大程度上受益于巴西作为出境旅游市场的快速崛起。加勒比海地区达到美洲平均发展水平(5%),其中以主要目的地国古巴(11%)表现最为夺目,其次是牙买加(6%)和多米尼加共和国(4%)。中美洲地区旅游的平稳增长主要由巴拿马(10%)和哥斯达黎加(8%)带动。北美洲成为这一地区相对较弱的增长点(2%)。墨西哥的国际游客数量在复活节前后增加了 2%。

美国在 2011 年前三个月的增幅也仅为 2%，随着 4 月统计数字的加入，这个增幅可能会有所提高。加拿大统计数据显示其旅游业在这一时期经历了 3% 的下滑。

（4）中东和北非地区，旅游业发展在很大程度上受到了地区内一些旅游目的地国社会政治动荡的影响。据估计 2011 年前四个月，中东和北非两地的国际游客数量分别降低了 7% 和 11%。事实上，受益于国际原油价格的上涨，中东地区在 2011 年伊始延续了其在 2010 年 14% 的增长趋势，然而自 1 月下旬开始发生的政治事件很快就遏制了该地区国际游客数量的上升趋势。据目前中东和北非的局势分析，该地区出现了三组不同类型的目的地国，分别是：

①已呈现复苏迹象的目的地国，如埃及（2 月，-80%；3 月，-60%；4 月，-36%；5 月，-41%）和突尼斯（1 月，-47%；2 月，-43%；3 月，-43%；4 月，-37%；5 月，-42%）。

②仍持续受到局势影响的目的地国，到 2011 年 5 月止，叙利亚下降 24%，黎巴嫩下降 19%，约旦下降 12%，还包括巴林、也门和利比亚。

③未受局势明显影响的目的地国。该地区一些目的地国及时调整旅游发展方向，以应对区域内政治动荡带来的负面影响。沙特阿拉伯旅游业虽尚未恢复到危机发生前的水平，但到 2011 年 3 月已取得 65% 的大幅度增长。虽然具体数字还有待进一步确认，迪拜（阿联酋）也在 2011 年前 3 个月内达到了两位数的增长。摩洛哥在复活节假期后取得了 7% 的增长。2011 年 4 月末发生在马拉喀什的炸弹事件所引起的负面影响在 5 月的统计数字中有所体现（-4%），但预计该事件的影响是短暂的，并不会在 2011 年余下的时间内产生长期的影响。

从总体看，尽管遭遇一些暂时的中断和挫折（如九一一事件、伊拉克战争、恐怖主义袭击、政局动荡等），中东地区仍然是过去十年旅游业发展最迅速的地区。该地区很多目的地国家花大力气投资改善其交通运输和旅游基础设施条件。2000—2010 年，该地区的国际旅游者数量以平均 9% 的速度增长，比其他地区快近 3 个百分点。同期，国际旅游者数量从 2 400 万人次增加到 6 000 万人次，旅游收入也由 170 亿美元增加到 500 亿美元。

（三）2011 年国际旅游业发展预测（2011 年剩余时间）

近 40 个国家截止到 2011 年 5 月的数据表明，目前全球旅游业的良好发展趋势将在 2011 年年内得以延续。世界旅游组织保持其对全球旅游者人数在 2011 年总体增长 4% ~5% 的预测。这一预测略高于旅游业长期平均发展水平，并与之前的相关预测基本相符。虽然近期存在着北非、中东社会局势动荡，以及在日本发生的灾难性自然灾害等诸多消极因素影响，2011 年全球旅游业从总体上将进一步巩固 2010 年的复苏发展态势。但此积极发展趋势将仅发生在表现活跃的旅游目的地国家。短期内，替代型旅游目的地国可能仍将面临较为萧条的发展状况。而大多数目前仍面临困难的旅游目的地国则可能会在 2011 年底看到旅游市场需求的逐渐恢复。

随着北半球旅游高峰季节的到来，世界旅游业的短期发展前景值得期待。这一乐观预测也体现在世界旅游组织基于对全球 350 位专家的问卷调查结果发布的短期信心指数(UNWTO Confidence Index)上。该信心指数显示专家们对 2011 年 5 ~ 8 月的世界旅游业发展持乐观态度。但它对世界不同地区发展的判断存在差异。专家们认为,美洲和欧洲可能会取得最好的发展结果。非洲是另一个获得信心指数较高的地区。但亚太地区的旅游业发展可能会低于预测水平。由于众所周知的原因,中东地区是目前旅游信心指数最低的地区。

同时应当注意到,世界旅游业仍将面临许多可能抑制其增长的挑战,如不稳定的失业率、各国财政的紧缩政策、对美国和欧洲金融市场稳定性的担忧、社会动荡和国际油价波动等。

三、国际旅游业未来十年发展前景分析

《愿景 2020》(Vision 2020)是世界旅游组织对全球旅游业在 21 世纪第一个 20 年中长期发展前景和趋势的分析报告,其主要成果是在跨度为 25 年的预测周期中,以 1995 年为基年,针对 2010 年和 2020 年旅游发展总体状况所作的科学定量分析。虽然近年来全球旅游业状况时而呈现不规则的发展态势,在目前阶段,世界旅游组织仍维持其基于《愿景 2020》数据分析所作出的长期预测。世界旅游业长期趋势预测的基本结构并没有发生显著变化。过去的实践经验显示,从短期来看,旅游业快速增长阶段(1995 年、1996 年、2000 年、2004 年和 2007 年)和旅游缓慢增长阶段(2001 年、2003 年、2008 年和 2009 年)事实上交替出现。据《愿景 2020》报告预测,国际游客数量在 2020 年将达近 16 亿人次,其中将有 12 亿人次为区域内旅游者和 3.78 亿人次为长途旅游者。全球长途旅行将较之区域内旅游增长更快,两者在 1995—2020 年期间每年增长率分别为 5.4% 和 3.8%。因此,区域内和长途旅行之间的比例将从 1995 年的 82∶18 左右变为 2020 年的 76∶24。

东亚和太平洋地区,南亚,中东和非洲的旅游业年增长率预计超过 5%,高于 4.1% 的世界平均增长水平。较为成熟的旅游市场,如欧洲和美洲的年增长率预计将低于世界平均增长率。2020 年,欧洲将继续保持国际游客数量的最高份额(46%),虽然这一数字将低于其在 1995 年所占的 60% 的份额。按区域划分的国际游客数量数据显示,到 2020 年,排名世界前三位的旅游接待地区将分别是欧洲(7.17 亿)、东亚(3.97 亿)和美洲(2.82 亿),非洲、中东和南亚将紧随其后。

第二章 中国入境旅游的发展

一、入境旅游统计的基本情况

衡量中国入境旅游发展情况主要通过三个方面的指标:入境旅游人数、入境过夜旅游人数和旅游外汇收入。

1. 入境游客人数统计

基础数据源自公安部出入境管理部门,为月度统计,反映的是从中国各口岸进入中国内地的人数。同时,政府综合统计和部门统计的惯例都是对香港、澳门、台湾这三个独立的经济体进行单独反映,因此,将入境游客分为四类人:外国人、香港同胞、澳门同胞和台湾同胞。

2. 入境过夜旅游人数(亦称"入境旅游者人数")

这是国际上衡量一个旅游目的地入境旅游规模的基本指标。在国际上,统计这一指标有六种方法,但普遍使用的是两种方式,其一据口岸数据进行统计;其二是在住宿设施(宾馆及类似设施)方面进行统计。但因后一种统计方式容易造成数据的重复计算(比如,一个境外游客到中国旅游,实际上只应该计算一次,但由于住了四个晚上,有可能会计算出四个人次),因此,多数国家都是依据口岸数据来统计入境过夜旅游人数。在中国,对入境过夜旅游人数的统计是在口岸人数的基础上,通过抽样调查确定外国人、香港同胞、澳门同胞、台湾同胞一日游和过夜游的比例,然后在四类人群总数的基础上,按照相应的比例,计算出最终的入境过夜旅游人数。需要说明的是,由于境外游客进入中国内地后,可以在各省、自治区、直辖市自由流动,这就意味着各省(区、市)不可能像一个国家一样通过口岸来计算入境人数。因此,在中国内地的各省、自治区、直辖市是通过住宿设施接待的境外游客数据来统计入境过夜旅游人数的。

3. 入境旅游外汇收入

这主要取决于入境旅游人数和入境旅游人均花费。入境旅游人均花费源自全国开展的海外游客抽样调查。① 既包括口岸调查,也包括住宿设施调查。调查内容包括入境游客在华期间的停留天数以及总的花费金额等。在具体操作的时候,分别对一日游和过夜游的花费,分别对外国人、香港同胞、澳门同胞和台湾同胞在中国内地的花费进行调查,然后用四类人群的平均花费水平乘以对应的游客人数,从而得出旅游外汇收入的最终数据。此外,由于入境游客抽样调查是每年进行一次,最终调查结果要在年底才能昭示。因此年底时,国家旅游局都会根据当年入境旅游花费调查的情况,对之前的数据进行修正。

---

① 调查份数近 5 万,其中口岸调查的问卷占 30% 多、饭店调查的问卷占 60% 多。——笔者

二、2010 年和 2011 年上半年入境旅游数据分析

（一）中国入境旅游基本情况

2010 年，中国入境旅游 13 376.22 万人次，比 2009 年增长 5.76%。其中，接待外国人 2 612.69 万人次，增长 19.1%；香港同胞 7 932.19 万人次，增长 2.57%；澳门同胞 2 317.29 万人次，增长 2% ；台湾同胞 514.06 万人次，增长 14.64%。入境过夜游客 5 566.45 万人次，比 2009 年增长 9.41%。全国旅游外汇收入 458.14 亿美元，比 2009 年增长 15.47%。

2011 年上半年，中国接待入境游客 6 627.13 万人次，同比增长 1.15%；入境过夜游客 2 746.31 万人次，同比增长 1.09%；旅游外汇收入预计 225.5 亿美元，同比增长 3.15%。其中，入境外国游客 1 287.24 万人次，同比增长 2.56%；入境外国游客过夜人数 1 040.95 万人次，同比增长 1.80%；入境外国游客在中国内地花费 130.87 亿美元，同比增长 1.84%。香港同胞入境游客 3 917.09 万人次，比 2010 年同期减少 0.17%；入境过夜游客 1 291.21 万人次，减少 0.14%。香港同胞在内地花费 52.86 亿美元，下降 0.15%。澳门同胞入境游客 1167.00 万人次，比 2010 年同期增长 3.66%；入境过夜游客 198.04 万人次，增长 3.79%；澳门同胞在内地花费 13.33 亿美元，增长 3.73%。台湾同胞入境游客 255.8 万人次，比 2010 年同期增长 3.38%；入境过夜游客 216.11 万人次，增长 2.77%；台湾同胞在内地花费 28.44 亿美元，增长 2.81%。（见表 2－1）。

表 2－1　2010 年和 2011 年上半年中国入境旅游接待收汇情况

	计量单位	2010 年	同比增长(%)	2011 年上半年	同比增长(%)
入境旅游人数	万人次	13 376.22	5.76	6 627.13	1.15
#外国人	万人次	2 612.69	19.10	1 287.24	2.56
中国香港同胞	万人次	7 932.19	2.57	3 917.09	-0.17
中国澳门同胞	万人次	2 317.29	2.00	1 167.00	3.66
中国台湾同胞	万人次	514.06	14.64	255.80	3.38
过夜旅游人数	万人次	5 566.45	9.41	2 746.31	1.09
#外国人	万人次	2 127.64	20.23	1 040.95	1.80
中国香港同胞	万人次	2 609.45	2.34	1 291.21	-0.14
中国澳门同胞	万人次	392.89	2.10	198.04	3.94
中国台湾同胞	万人次	436.47	13.89	216.11	2.81

续表

	计量单位	2010 年	同比增长(%)	2011 年上半年	同比增长(%)
入境旅游外汇收入	亿美元	458.14	15.47	225.5	1.60
# 外国人	亿美元	267.38	20.15	130.87	1.84
中国香港同胞	亿美元	106.89	9.67	52.86	-0.15
中国澳门同胞	亿美元	26.46	-3.69	13.33	3.73
中国台湾同胞	亿美元	57.41	16.52	28.44	2.81

资料来源:《旅游统计快讯》和2010 年入境游客抽样调查结果。

总体来看,2010 年中国接待入境游客数量、入境过夜游客数量、旅游外汇收入三大指标在2008 年和2009 年连续下降后出现较大反弹。近程的香港、澳门市场出现小幅度增长;中程的台湾市场和相对远程的外国市场出现较大幅度增长。中国入境旅游业开始重新进入上升期。但是进入2011 年上半年,受国际经济形势等因素的影响,我国入境旅游增速明显放缓,香港同胞来内地的人数和消费甚至出现下降,2010 年反弹势头明显的外国人和台湾同胞的人数与消费也增长乏力。

(二)主要客源市场情况分析

1. 港、澳、台客源市场分析

2010 年,香港客源市场总体稳定,来内地旅游人数同比增长2.57%。值得注意的是,尽管人民币持续升值,港币在内地的购买力下降,来内地旅游成本升高,但是来自香港的过夜游客人均花费同比增加了10.99%,远高于其他三类市场花费增速。进入2011 年,由于受人民币持续升值使地接成本不断增加,政府打击“水客”(小额贸易者)力度加大,香港通货膨胀压力加大等因素的影响,造成香港入境旅游市场出现小幅度下降。

2010 年,澳门经济发展势头良好,前三季度本地生产总值较2009 年同期增长29.8%,出游意愿趋高;但由于人民币持续升值,令赴内地旅游成本增加,加之内地海关进一步严格征税政策,抑制了水客出入境次数。有利因素和不利因素平衡后,澳门同胞入境人数同比增长2%;但是带来的旅游外汇收入却减少3.69%。进入2011 年,澳门特区政府积极推动建设“世界旅游休闲中心”、《粤澳经济合作协议》的签署,为入境旅游人次数的增加奠定了良好基础;而同期澳门经济发展态势继续向好,虽通货膨胀的压力有所加重,但特区政府出台了调升养老金等一系列有效措施(2011 年澳门每名永久居民和非永久居民将分别获得累计7 000 澳门元和4 200 澳门元的现金),在一定程度上增强了澳门居民出境旅游的意愿。这些因素使澳门同胞来内地旅游和消费都出现小幅度增长。

2010 年台湾经济强劲增长,两岸各领域的交流合作日益密切,加之内地各省市在台湾开展了密集的旅游宣传促销,进一步激发了台湾同胞来内地旅游的热情。这使得2010 年台湾同胞来内地旅游人次数增长很快。进入2011 年,虽然各种有利因素依然存在,但是由于2010 世博会效应的释放殆尽等因素,使台湾来内地旅游人次数的增速开始进入相对平稳阶段。

2. 外国客源市场分析

2010 年,外国客源市场成为中国入境旅游市场的最大亮点,尽管来自外国的入境过夜游客人均花费只增加了 1.27%,但是入境人数增加了 19.1%,带动相应的旅游外汇收入增长了 20.15%。17 个主要客源国全部实现增长,其中 16 国的增速都达两位数。2011 年上半年,主要客源市场分化情况比较突出。这其中,既有实现 31.27% 的蒙古,也有出现下降的日本、马来西亚和法国(见表 2-2)。

表 2-2 2010 年和 2011 年上半年中国主要客源市场情况

排序	国　名	2010 年		2011 年上半年	
		入境人数（万人次）	同比增长（%）	入境人数（万人次）	同比增长（%）
1	韩　国	407.64	27.49	206.45	5.23
2	日　本	373.12	12.47	167.12	-9.74
3	俄罗斯	237.03	35.99	111.55	13.77
4	美　国	200.96	17.53	105.22	7.21
5	马来西亚	124.52	17.58	59.85	-0.35
6	新加坡	100.37	12.83	49.80	2.95
7	越　南	92.00	11.03	50.10	14.47
8	菲律宾	82.83	10.59	44.10	7.42
9	蒙　古	79.44	37.75	44.76	31.27
10	加拿大	68.53	24.53	36.79	17.15
11	澳大利亚	66.13	17.77	34.47	11.15
12	泰　国	63.55	17.29	32.65	2.69
13	德　国	60.86	17.37	30.64	4.58
14	英　国	57.50	8.73	29.01	4.78
15	印度尼西亚	57.34	22.25	27.98	5.85
16	印　度	54.93	22.36	30.21	12.86
17	法　国	51.27	20.71	23.85	-1.06

资料来源:《旅游统计快讯》。

在外国客源市场中,列居前四位的韩、日、俄、美四国占据了半壁江山。现作简要分析如下。

(1)韩国。2010 年,韩国经济快速增长,全年增速在 6% 左右,人均收入恢复到

2 万美元的水平。韩国旅行社、航空公司牢牢抓住韩国经济反弹的有利时机，推出极具吸引力的旅游商品及票价，进一步增强了韩国国民来中国旅游的意愿，继 2007 年后，韩国来华旅游人数再次突破 400 万人次，达 407.64 万人次，但还未恢复到 2007 年的水平。尽管如此，2009 年后，韩国再次成为中国最大的客源国。

2011 年上半年，一是韩国社会政局较为稳定、经济发展较为平稳，没有出现严重影响民众出游心理和情绪的负面因素；二是中韩两国政府和民间层面的交流与合作积极、友好和稳定，为韩国访华市场营造了积极的外部环境；三是自 2010 年底南北关系紧绷的半岛局势随着岁月流逝也日趋缓和，虽偶有摩擦，但不足以制约韩国访华旅客的脚步；四是围绕"2011 年中华文化游"、"2011 年西安世界园艺博览会"，开展了推广促销及广告宣传活动。这些因素都使韩国来华旅游人数总体保持了增长态势。但从分月情况看，韩国来华旅游人数起伏较大。1～2 月，总体增长势头良好，同比增长 7.57%；进入 3 月，受日本地震灾害的影响，同比下降 7.67%，4 月开始重现恢复性增长同比增长 3.66%；5～6 月又开始呈现较快的增长势头，分别同比增长 9.61% 和 10.83%。

（2）日本。2010 年，日本经济小幅度增长，加之日元大幅度升值，推动日本出境旅游市场出现明显恢复。2010 年 1～8 月，受世博会因素的带动（日本国民有较强的世博会情结），旅华人数增长 21.09%。9 月上旬，因日方挑起钓鱼岛事件造成两国关系紧张，日本旅华人数增速迅速放缓，9 月增速为 3.92%、10 月增速为 1.62%。11 月和 12 月均为下降状态。全年日本旅华人数为 373.12 万人次，同比增长 12.47%。

2011 年上半年，3 月发生的大地震以及引发的核危机，对日本社会造成巨大冲击，日本旅游业一度陷入停滞，同样对日本国民来华旅游造成了极大的影响。1～6 月，日本客源市场变化情况分别为 -10.94%、8.57%、-17.59%、-12.28%、-12.37%、-8.69%。从中可以看出，地震对日本市场的影响。更重要的是，地震灾害对日本赴海外旅游造成了巨大的心理影响。虽然有部分日本国民通过出国旅游的方式来躲避潜在的核辐射，但是也有不少人认为，在国家受灾的情况下出国旅游不太合适，他们的心理压力对出境旅游愿望形成了明显的一致。另外，日本经济一直未见好转，加之国家政局动荡，这些都对日本人来华旅游形成了制约。

（3）俄罗斯。2010 年，俄罗斯经济形势明显好转，随着经济的复苏，卢布汇率保持基本稳定，失业率降低，俄罗斯居民消费能力开始恢复和增长；中俄关系进一步深化，双方高层互访、国家层面大型活动频繁，头九个月两国贸易额达 451 亿美元，增长 43.4%；加之东航、南航相继复航莫斯科——上海和莫斯科——乌鲁木齐航线，中俄之间的航线日益增多。这些原因推动俄罗斯来华旅游人数大幅反弹，达 237.03 万人次，同比增长 35.99%，但是离 2008 年的最高水平还有较大差距。

2011 年上半年，俄罗斯来华旅游的人数虽较 2010 年的增速有所回落，但是总体仍然保持了较快增长。1～6 月，分别同比增长 11.62%、26.48%、11.25%、20.15%、10.24%、9.67%。2010 年是《中俄睦邻友好合作条约》签署十周年、中俄战略协作伙伴关系建立十五周年。两国关系不断深化有力地促进了两国经济的发展，也推动了两国旅游合作的不断发展。特别是《中俄互免团体旅游签证协定》为两国公民赴对方国家旅游提供了便利，两国边界地区居民往来更加频繁。据统计，2011 年 1 ~4 月，通过互免团体旅游签证途径赴对方国家的中俄游客数量分别为 9 044 人（中赴俄）和 32 1380（俄赴中），分别占总数的 4% 和 46%。同时，近两年，俄罗斯经济平稳发展，本国货币持续坚挺，卢布兑美元汇率保持增长，失业率降低，俄罗斯国民的收入水平不断提升，消费能力进一步增强；加之随着中国在俄罗斯旅游宣传推广效应的显现，都为俄罗斯客源市场的稳步增长创造了条件。2011 年 1 ~6 月，俄罗斯来华旅游人数分别同比增长 11.62%、26.48%、11.25%、20.15%、10.24%、9.67%。

（4）美国。2010 年，美国整体经济朝复苏方向发展，消费者的信心开始恢复，游客出行的欲望在受到抑制后得到一定释放，美国出境游人数总体较 2009 年同期稳中有升。此外，美国东西两岸每日飞往北京和上海的直达航班数量稳中有升，使两国交流基础更加牢固。美国全年旅华人数达 200.96 万人次，同比增长 17.53%，再创历史最高水平。

2011 年上半年，美国来华旅游总体上保持了平稳增长。作为中国远程客源市场的中坚力量，美国消费开始出现恢复性增长；同时失业率开始下降（截至 2010 年 12 月 25 日，美国首次申领失业金的人数减至 38.8 万，为 2008 年以来最低水平）；此外，美国小企业信心指数出现较大幅上升（2010 年 11 月这一指数升至 93.2，为 2007 年以来最高水平）。国际货币基金组织预测，2011 年美国经济增长率有望达到 2.8%。这些因素都对美国客源市场的稳步增长创造了有利条件。此外，中国在美国游客心目中形成了较为安全、稳定的旅游目的地形象，虽然有人民币汇率上升和机票价格上涨等因素存在，也没有阻止美国客源市场的增长。2011 年 1 ~6 月，美国来华旅游人数同比增速分别达 8.67%、16.78%、3.92%、7.75%、5.63%、4.55%。

（三）入境旅游方式分析

目前，境外进入中国旅游的方式有五种：船舶、飞机、火车、汽车和徒步。总体而言，通过陆路口岸以徒步方式入关的比例最高，其次是通过汽车、飞机、船舶和火车入境的游客。

以 2011 年上半年数据为例，通过徒步入境的游客为 3 791.32 万人次，占入境总人数的 57%。其中，香港、澳门同胞通过徒步入境的游客 3 565.61 万人次，占全部徒步入境游客的 94.05%，而其中大部分是通过深圳的罗湖口岸和珠海的拱北口岸徒步入关。乘汽车入境的游客为 1 526.56 万人次，占入境总人数的 23.04%。其中香港同胞乘汽车入关的 1 260.48 万人次，占全部乘汽车入境游客的 82.57%。乘飞机入境的游客 997.83 万人次，占入境总人数的 15.06%。其中外国人乘飞机入境的 765.52 万人次，占全部乘飞机入境游客的 76.72%。值得注意的是，外国人乘飞机入境人次数占全部外国游客的 59.47%，这也表明中远距离外国客源市场在整个外国客源市场中占主要地位；台湾同胞乘飞机入境 144.81 万人次，占全部乘飞机入境游客的14.51%，而台湾同胞乘飞机入境人次数占全部台湾同胞的 56.61%。此外，通过对比 2011 年上半年与 2006 年上半年的数据可以发现，五年中，乘飞机入境的游客占入境总人数的比例从 12.70% 上升到 15.06%，增加了 2.36 个百分点，这既反映出中国国际航空运力的增长，又表明中国入境旅游客源结构的逐步变化。通过船舶入境的游客为242.83万人次，占入境总人数的3.66%。其中外国人通过船舶入境的131.23万人次，占全部通过船舶入境游客的54.04%。乘火车入境的游客为68.58万人次，占入境总人数的1.03%（见表2-3）。

（四）入境旅游目的分析

由于公安部的出入境口岸只记录入境游客中外国人来华旅游的目的；对香港、澳门和台湾同胞没有进行相关记录。因此，此处的入境旅游目的分析仅仅针对外国游客。外国游客入境的目的基本分为五种：会议/商务、观光/休闲、探亲访友、服务员工和其他。其中比较有研究价值的是会议/商务和观光/休闲两种。

以2011年上半年为例，以会议/商务为目的的外国游客308.67万人次，占入境外国游客总数的23.98%，其中，以会议/商务为目的的亚洲游客174.71万人次，占亚洲游客总数的22.06%；以会议/商务为目的的美洲游客35.50万人次，占美洲游客总数的22.40%；以会议/商务为目的的欧洲游客81.69万人次，占欧洲游客总数的29.84%。以观光/休闲为目的的外国游客576.50万人次，占入境外国游客总数的44.79%，其中，以观光/休闲为目的的亚洲游客325.83万人次，占亚洲游客总数的41.14%；以观光/休闲为目的的美洲游客87.72万人次，占美洲游客总数的55.34%；以观光/休闲为目的的欧洲游客128.44万人次，占欧洲游客总数的46.92%。大体上看，以会议/商务和观光/休闲为目的的外国游客占全部外国游客的2/3，是外国客源市场的主体；而以观光/休闲为目的的外国游客大约是以会议/商务为目的的外国游客的一倍，表明多数中国对外国游客的吸引力更多表现在中国的自然和人文资源方面。（见表2-4）

表2-3　2010年和2011年上半年不同方式入境旅游人数

（单位：万人次）

			船舶	飞机	火车	汽车	徒步
2010年	合计	13 376.22	503.90	2 001.39	131.30	3 118.63	7 621.01
	香港同胞	2 612.69	137.87	173.73	67.70	2 598.64	4 954.25
	澳门同胞	7 932.19	8.95	6.83	0.24	115.80	2 185.48
	台湾同胞	2 317.29	83.44	277.06	2.60	62.28	88.67
	外国人	514.06	273.64	1 543.78	60.76	341.91	392.61
2011年上半年	合计	6 627.13	242.83	997.83	68.59	1 526.56	3 791.32
	香港同胞	1 287.24	67.60	84.75	35.41	1 260.48	2 468.84
	澳门同胞	3 917.09	4.52	2.75	0.12	62.83	1 096.77
	台湾同胞	1 167.00	39.48	144.81	1.33	28.58	41.60
	外国人	255.80	131.23	765.52	31.73	174.66	184.09

资料来源：《旅游统计快讯》。

表 2－4　2010 年和 2011 年上半年不同目的的入境旅游人数

（单位：万人次）

	合计	会议/商务	观光/休闲	探亲访友	服务员工	其他
2010 年	2 612.69	619.67	1 238.20	9.10	246.27	499.44
亚洲	1 618.87	365.93	694.72	8.33	169.5	380.38
美洲	299.54	68.01	175.45	0.33	14.46	41.30
欧洲	568.78	152.53	297.26	0.30	55.14	63.55
2011 年上半年	1 287.24	308.67	576.50	5.45	127.89	268.73
亚洲	791.96	174.71	325.83	4.73	87.80	198.89
美洲	158.49	35.50	87.72	0.32	7.88	27.07
欧洲	273.75	81.69	128.44	0.26	28.65	34.70

资料来源：《旅游统计快讯》。

（五）地方接待入境旅游者分析

由于我国 31 个省（自治区、直辖市）统计的入境旅游者人数主要来自各地的住宿设施，因此，分析各地入境旅游情况应该以 31 个省（自治区、直辖市）合计数为参照，而不是以全国入境旅游数为比照。2011 年上半年，全国各地共接待入境旅游者 4 589.99万人次，同比增长 13.57%；接待总人天数为 12 279.29 万人天，同比增长 15.26%。其中，接待入境旅游者人次数居全国前 10 位的省（自治区、直辖市）分别是：广东（1 416.58 万人次，增长 11.47%）、浙江（351.52 万人次，增长 14.01%）、江苏（327.92 万人次，增长 13.49%）、上海（319.95 万人次，下降 4.64%）、北京（239.92 万人次，增长 3.53%）、云南（179.06 万人次，增长 23.52%）、福建（178.12 万人次，增长 16.19%）、山东（176.87 万人次，增长 13.28%）、辽宁（166.42 万人次，增长 15.24%）和广西（132.67 万人次，增长 23.22%）。从总体看，经济发达地区也多为入境旅游发达的地区，而传统意义上的旅游资源富集地区入境旅游发展不一定在全国处于领先地位。比如，2010 年国内生产总值排名第一、第二、第四位的广东、江苏、浙江，也分别占全国入境旅游人数的前三位。此外，在全国范围内入境旅游的发展也不平衡，入境旅游排名前四位的省（直辖市）的接待量超过了全国各地接待入境旅游者合计数的一半。

（六）旅行社接待入境游客分析

1. 旅行社外联和接待入境旅游者情况

2010 年度全国旅行社入境旅游外联 1 352.04 万人次、4 614.57 万人天，接待 2 408.06万人次、5 610.10 万人天。同期旅行社外联入境旅游人次排名前十位的客源地国家或地区依次为中国香港、韩国、日本、中国台湾、俄罗斯、中国澳门、美国、马来西亚、泰国、新加坡。同期旅行社接待入境旅游人次排名前十位客源地的国家或地区依次为中国香港、中国台湾、韩国、日本、中国澳门、俄罗斯、美国、马来西亚、泰国、新加坡（见表2-5）。

此外，通过分析2006—2010年入境旅游外联和接待情况可以发现：5年间，旅行社入境旅游外联人次平均增幅为5.12%，但入境旅游外联人天数却平均下降了0.80%；旅行社入境旅游接待人次数平均增幅为6.74%，但入境旅游接待人天数却仅平均增长了1.56%。相对于人次数的稳步增长，人天数却变化甚少，这表明：通过旅行社外联和接待的入境游客在中国停留的平均天数近年来呈现出缓慢下降的态势，这一情况值得注意。此外，旅行社接待入境旅游人次数占入境过夜游客总数的比重却从37.16%增至43.26%，表明通过旅行社依然是发展中国入境旅游的重要支撑，且近年来还有上升的趋势，这也意味着中国发展入境旅游业还需要进一步依靠旅行社的力量（见表2-6）。

表2-5　2010年度全国旅行社外联接待入境旅游情况

指标名称	人次数(人)		人天数(人天)	
	外联	接待	外联	接待
入境游客	13 520 373	24 080 595	4 614 5731	56 101 006
香港同胞	2 503 082	4 183 325	8 570 076	11 110 613
澳门同胞	810 578	1 721 180	2 751 595	3 282 400
台湾同胞	1 424 584	3 048 362	6 882 462	8 760 634
外国人	8 782 129	15 127 728	27 941 598	32 947 359

资料来源：《旅行社统计公报》。

表2-6　2006—2010年旅行社外联接待入境旅游情况

（单位：万人次/人天）

年份	外联人次	外联人天	接待人次	接待人天	入境过夜游客总数
2006	1 107.27	4 767.11	1 854.75	5 274.23	4 991.34
2007	1 373.04	5 821.87	2 175.14	6 378.70	5 471.98
2008	1 324.69	5 806.21	2 032.88	6 407.63	5 304.92
2009	1 261.43	5 615.89	1 873.38	6 304.59	5 087.52
2010	1 352.04	4 614.57	2 408.06	5 610.10	5 566.45

资料来源：《旅行社统计公报》。

2. 旅行社入境旅游业务收益情况

2010年度，全国入境旅游业务营业收入为289.58亿元，同比增长30.35%，占全国旅行社旅游业务营业收入总量的12.29%；入境旅游业务毛利润为19.19亿元，同比增加2.67%，占全国旅行社旅游业务毛利润总额的15.30%，毛利率为6.63%。但与此相对的是，2010 年度，全国出境旅游业务营业收入 581.74 亿元，同比增长 51.36%，占全国旅行社旅游业务营业收入总量的 24.68%，出境旅游业务毛利润为 30.23 亿元，同比增加 19.71%，占全国旅行社旅游业务毛利润总额的 24.10%，毛利率为 5.20%。虽然中国目前入境旅游人数远远高于出境旅游人数，但是旅行社入境旅游业务营业收入只有出境旅游业务营业收入的一半。这表明：目前许多旅行社把国际旅游业务的经营重心转向了发展更为迅猛的出境旅游业务。不过值得注意的是，旅行社入境旅游业务的毛利率却比出境旅游业务的毛利率高出 1.43 个百分点，这也意味着旅行社出境旅游业务虽然发展得很快，但是由于竞争激烈，利润率也在下降。

通过对比 2006—2010 年旅行社入境旅游业务数据可以发现：其一，2006—2009 年，入境旅游业务收入都处于一个徘徊状态，直到 2010 年入境旅游业务收入才出现较大幅度增长。其二，入境旅游业务收入占旅行社业务收入总量的比例逐年下滑，5 年内下降了 5.92 个百分点，这表明：旅行社更多地把力量投入到增长更为迅速的国内旅游和出境旅游中，造成了入境旅游业务所占比重的下降。其三，旅行社入境旅游业务毛利润和入境旅游毛利率总体上都出现缓慢下降的态势，这意味着旅行社入境旅游业业务的经营状况有恶化的趋势。其四，入境旅游毛利润占旅行社业务毛利润总额的比重在 5 年间下降了 9.74 个百分点，这也从另一个侧面反映出旅行社在三大市场上经营重心的变化（见表 2－7）。

表 2－7　2006—2010 年旅行社入境旅游经营状况

年份	入境旅游业务收入（亿元）	占旅行社业务收入总量的比例（%）	入境旅游业务毛利润（亿元）	入境旅游毛利率（%）	占旅行社业务毛利润总额的比例（%）
2006	248.92	18.21	21.19	8.51	25.04
2007	265.52	16.75	19.09	7.19	20.18
2008	224.87	14.03	17.85	7.94	17.35
2009	222.15	12.73	18.69	8.41	15.54
2010	289.58	12.29	19.19	6.63	15.30

资料来源：《旅行社统计公报》。

三、中国入境旅游的基本特征

对于中国入境旅游的分析需要在一个较长周期内进行衡量，才能分析出其基本特征。从总体看，进入 21 世纪以来，中国入境旅游分别经受了 2003 年“非典”和 2008 年国际金融危机两次大的冲击，使中国入境旅游出现了比较大的起伏。具体来说，中国入境旅游总体上呈现出非均衡增长的态势，突出表现为：入境游客数增长趋缓，入境过夜游客数增长稳定，入境外国游客数增长迅速，入境游客的人均花费水平总体上呈现出缓慢下降的态势。反映入境旅游人数的几个主要指标中，外国游客增速最快，入境过夜游客次之，入境游客最慢（见表2－8）。

表2－8　2001—2010年中国入境旅游人数主要指标

年份	入境游客（万人）	同比增长（%）	入境过夜游客（万人）	同比增长（%）	外国游客（万人）	同比增长（%）
2001	8 901.29	6.67	3 316.67	6.21	1 122.64	10.49
2002	9 790.83	9.99	3 680.26	10.98	1 343.95	19.71
2003	9 166.21	－6.38	3 297.05	－10.41	1 140.29	－15.15
2004	10 903.82	18.96	4 176.14	26.66	1 693.25	48.49
2005	12 029.23	10.32	4 680.90	12.09	2 025.51	19.62
2006	12 494.21	3.87	4 991.34	6.63	2 221.03	9.65
2007	13 187.33	5.55	5 471.98	9.63	2 610.97	17.56
2008	13 002.74	－1.40	5 304.92	－3.05	2 432.53	－6.83
2009	12 647.59	－2.73	5 087.52	－4.10	2 193.75	－9.82
2010	13 376.22	5.76	5 566.45	9.41	2 612.69	19.10
年均增长（%）	—	4.63	—	5.92	—	9.84

资料来源：历年《中国旅游统计年鉴》。

（一）入境游客数增长趋缓

进入21世纪，除2004年与2005年对2003年“非典”的恢复性增长以外，入境游客数的增长速度在逐渐放慢。造成这一状况的重要因素是：约占入境游客总量60%的中国香港游客增速缓慢导致了入境游客数快速增长乏力；另外，最近两年，约占入境游客总量17%的中国澳门游客人数出现下降，进而导致了入境游客数增长趋缓（见表2－9）。

由于中国香港居民在中国内地入境旅游人数上居主体地位，其增减变化对中国入境旅游人数具有决定性影响。目前平均每个中国香港居民到中国内地的次数在10次以上；而从“2010年的入境游客抽样调查”中也可以发现，当年香港同胞入境次数在4次以上的占其总入境数的85.3%，首次入境的只占5%。由于来内地的香港同胞以正常的工作和生活为主，单纯以“观光、度假”为目的的旅游相对较少，这就意味着如果外部条件没有发生重大变化，未来中国香港游客后续增长空间有限。另值得注意的是，中国澳门客源市场2005年之前的快速增长在一定程度上抵消了中国香港客源市场对整个入境旅游人数增幅的负面影响；但最近几年由于中国澳门客源市场状况的下滑，进一步加剧了入境游客数量增长总体趋缓的态势。可以预计，中国香港和中国澳门客源市场的总体格局将导致中国入境游客数的增幅很难达到两位数。

表 2-9　2001—2010 年中国香港游客和中国澳门游客数

年份	中国香港游客数(万人)	同比增长(%)	中国澳门游客数(万人)	同比增长(%)
2001	5 856.85	0.01	1 577.61	36.71
2002	6 187.94	5.65	1 892.88	19.98
2003	5 877.01	-5.02	1 875.73	-0.91
2004	6 653.89	13.22	2 188.16	16.66
2005	7 019.38	5.49	2 573.41	17.61
2006	7 390.97	5.29	2 440.87	-5.15
2007	7 794.89	5.47	2 318.68	-5.01
2008	7 835.01	0.51	2 296.63	-0.95
2009	7 733.60	-1.29	2 271.84	-1.08
2010	7 932.19	2.57	2 317.29	2.00
年均增长(%)	—	3.43	—	4.36

资料来源:历年《中国旅游统计年鉴》。

(二)入境过夜游客数增长稳定

中国的入境游客中,过夜游客和一日游游客的比重大约是 4∶6。从 2010 年反映的数据看,中国香港游客中过夜的比重占 32.90%,中国澳门游客中过夜的比重占 16.95%,外国游客中过夜的比重占 81.43%,中国台湾游客中过夜的比重占 84.91%。这意味着增长缓慢的中国香港、中国澳门市场对入境游客人数的影响大于对入境过夜游客人数的影响。此外,在过夜游客总数中约占 40% 的外国客源市场增长快速,有利于过夜游客数增幅的提高。预计未来入境过夜游客数的增幅将保持在入境游客增速和外国游客增速之间,总体增长会比较稳定。

(三)入境外国游客数增长迅速

外国游客的快速增长是中国入境旅游十分重要的特征,同时也是反映中国这一国际旅游目的地吸引力的最重要指标。尽管受到两次重大冲击,2001—2010 年,外国游客数仍然达到了 9.84% 的增长速度,在四大客源市场中遥遥领先。形成这一原因的主要因素是:

其一,外国游客中多次来华(内地)的比重明显低于中国香港、中国澳门、中国台湾同胞,这意味着外国游客来华旅游的潜力巨大。从“2010 年入境游客抽样调查资料”可以发现这一特征(见表 2-10)。

表 2-10　2010 年入境游客来华(内地)旅游次数

	次数构成(%)		
	第 1 次	第 2~3 次	4 次以上
外国人	32.7	28.8	38.5
中国香港同胞	5.0	9.7	85.3
中国澳门同胞	5.3	8.4	86.3
中国台湾同胞	23.4	26.5	50.1

资料来源:《2010 年入境游客抽样调查资料》。

其二,随着中国经济迅速发展,对外经济交流不断增强,给中国带来了大量商务游客;特别是中国独具特色的自然和文化旅游资源对外国观光/休闲游客产生了巨大的吸引力。商务游客和观光/休闲游客成为推动外国客源市场高速增长的两大主要因素(表 2-11)。

其三,目前中国对境外的宣传促销主要集中在国外市场。以国家旅游局及地方旅游局为主体的旅游形象宣传推广客观上增加了中国旅游的知名度,有助于吸引更多潜在的外国游客来华旅游。

表 2-11　入境外国游客主要旅游目的

年份	观光/休闲(万人次)	同比增长(%)	会议/商务(万人次)	同比增长(%)
2001	393.90	—	296.93	—
2002	556.05	41.17	322.04	8.46
2003	430.67	-22.55	290.20	-10.00
2004	741.21	72.11	386.14	33.06
2005	934.46	26.07	459.81	19.08
2006	1 133.19	21.27	554.83	20.67
2007	1 314.08	15.96	696.05	25.45
2008	1 203.96	-8.38	567.77	-18.43
2009	1 013.27	-15.84	523.72	-7.76
2010	1 238.20	22.20	619.67	18.32
年均增长(%)		13.57		8.52

资料来源:历年《中国旅游统计年鉴》。

(四)入境游客人均花费水平呈缓慢下降态势

从现价看,中国入境游客的人均花费呈缓慢下降态势(见表 2-12)。

中国对境外游客在境内的旅游花费调查采用的是人民币计价，并通过人民币折算成美元来反映入境游客的人均花费，这就意味着人民币与美元的汇率关系将成为影响人均花费水平的重要因素。尽管在 2001—2010 年，入境过夜游客人均花费增长 45.65%，平均增幅为 4.2%；但是截至 2010 年 12 月 31 日，人民币兑美元的汇率较 2005 年 7 月 21 日启动汇改时已经升值 25.4%，因此如果排除汇率因素，入境过夜游客的人均花费实际上还有轻微下降，这同全球范围内国际游客人均花费下降的特征基本一致。

表 2－12　2001－2010 年入境过夜游客人均花费

年份	入境过夜游客人均花费(美元)	外国过夜游客人均花费(美元)	中国香港过夜游客人均花费(美元)	中国澳门过夜游客人均花费(美元)	中国台湾过夜游客人均花费(美元)
2001	846.44	1 113.07	307.23	587.71	957.22
2002	854.55	1 004.50	411.40	469.61	1 045.35
2003	—	—	—	—	—
2004	909.67	1 077.68	455.35	451.58	1 186.77
2005	924.96	1 087.65	421.56	480.19	1 191.06
2006	1 035.03	1 207.98	442.11	491.81	1 242.59
2007	1 132.68	1 374.73	467.22	516.12	1 308.57
2008	1 172.93	1 403.01	496.73	612.65	1 230.37
2009	1 229.24	1 466.27	495.65	415.84	1 341.45
2010	1 232.87	1 464.68	550.10	395.96	1 370.48

资料来源：历年《入境游客抽样调查资料》，其中 2003 年因“非典”没有开展相关调查。

第三章　中国入境客源市场概况分析

世界旅游组织(UNWTO)资料显示,2010 年全球接待国际入境过夜旅游者最多的国家分别是法国(7 680 万人次)、美国(5 970 万人次)、中国(5 570 万人次)、西班牙(5 270 万人次)、意大利(4 360 万人次)、英国(2 810 万人次)、土耳其(2 700 万人次)、德国(2 690 万人次)、马来西亚(2 460 万人次)、墨西哥(2 240 万人次);在国际旅游外汇收入方面,中国为 458 亿美元,而列居世界排名首位的美国则为 1 031 亿美元,约为中国的 2.25 倍;西班牙的外汇收入为 525 亿美元,是中国的 1.2 倍,法国为 463 亿美元,较中国稍高。另一方面,出境旅游花费最多的国家分别是德国(777 亿美元)、美国(746 亿美元)、中国(549 亿美元)、英国(486 亿美元)、法国(397 亿美元)、加拿大(295 亿美元)、日本(279 亿美元)、意大利(271 亿美元)、俄罗斯(265 亿美元)、澳大利亚(225 亿美元)。此外,旅游花费排在第 11 ~ 20 位的国家和地区依次是沙特阿拉伯、荷兰、比利时、韩国、中国香港、西班牙、新加坡、巴西、挪威、瑞典等。

从中国接待的入境旅游人次排位看,依次是韩国、日本、俄罗斯、美国、马来西亚、新加坡、越南、菲律宾、蒙古、加拿大、澳大利亚、泰国、德国、英国、印度尼西亚、印度、法国、缅甸等国。

下面结合全球主要客源市场及中国主要客源国的情况,对相应的客源市场进行简要分析。

一、亚洲主要客源市场分析

(一)韩国出境旅游市场

1. 中国是韩国最大的出境游目的地国

从世界旅游组织发布的数据(2005—2009 年)来看,中国是韩国最大的出境旅游目的地国①。2009 年由韩国列为前五位的出境旅游目的地国分别是中国、日本、美国、泰国和菲律宾。另据韩国国家旅游局的统计数据,2010 年韩国出境旅游 1 249 万人次(主要集中在 7 月和 8 月,约占全年的 20%),较 2009 年(949 万人次)增长了 31.5%,而同期中国接待韩国游客为 407.6 万人次,同比增长了 27.5%,略低于上述 31.5% 的增长率;2011 年上半年中国接待韩国游客 206.5 万人次②,同比增长 5.2%,略高于同期韩国出境旅游人次(616 万人次)3.9% 的增长率。从中可见,中国在吸引韩国出境市场方面虽然优势仍在,但是其中隐藏的竞争压力不容忽视。实际上,韩国国家旅游

① 2010 年,韩国出境旅游花费 177 亿美元,较 2009 年增长了 17.5%;2011 年同比增速为 22.0%。

② 同期,中国赴韩国游客 92 万人次,同比增长 11.5%,是韩国第二大入境客源国,占韩国入境客源的 21.3%,仅次于日本(139.6 万人次,占韩国入境客源的 32.2%)2006 年 - 2010 年历年中国赴韩国游客增长率分别为 26.3%、19.2%、9.3%、14.9%、39.7%。

局 2005 年的一份数据显示，韩国人最渴望访问的目的地国中排在第一位的是日本（28.3%），其次分别是美国（24.8%）、澳大利亚（21.1%）、法国（19.1%）、英国（16.6%），然后是中国（16.4%）。

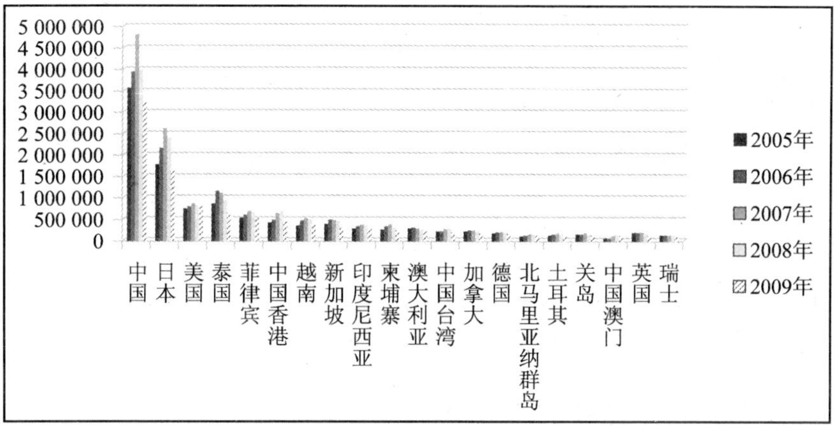

图 3-1　韩国主要出境旅游目的地国家和地区

资料来源：世界旅游组织。

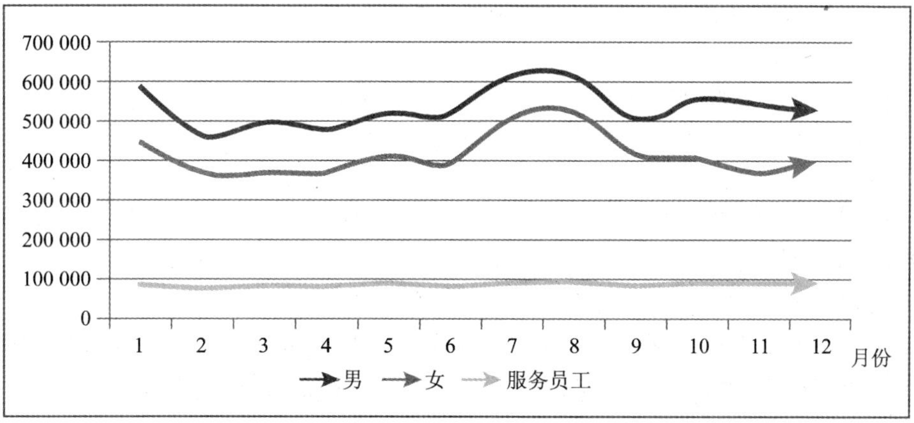

图 3-2a　韩国赴中国旅游市场构成（2010 年）

资料来源：KTO。

2. 韩国出境游市场特征①

中国是韩国最重要的出境旅游目的地国家。但从 2010 年的情况看，韩国赴日本旅游的当年增长率（54%）超过了来华旅游（27%），同时从 2005—2010 年的年增长率看，中国香港、中国台湾地区以及越南、新加坡、马来西亚、印度尼西亚等目的地显示出

① 所涉及的出境市场统计不包括一日游游客、过境旅客、邮轮乘客，也不包括军事人员、外交人员和交通员工及货车司机。数据主要源自 Euromonitor 数据库。下同。

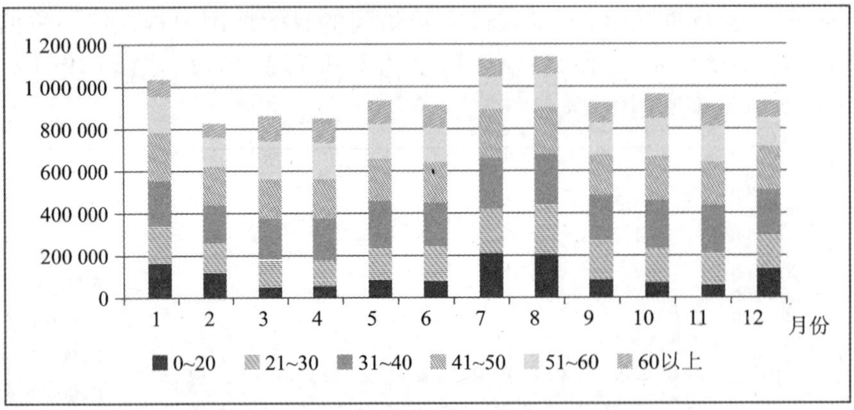

图 3－2b　韩国赴中国旅游市场年龄构成（2010 年）

资料来源：KTO。

了强劲而稳定的竞争力，已成为中国内地的重要竞争对手。

2010 年，在韩国出境旅游者中，76.3% 是基于休闲目的的旅游者，在约为 23.7% 的商务旅游者中，约有 86.1% 与 MICE 有关；出行方式中，航空交通约占 91.4%，另有 8.6% 是从海路出境旅行，航空交通是出境旅游中占绝对优势的方式，增加往返韩国的国际航线，以及航空变革提升票价竞争力对于吸引更多的韩国游客具有举足轻重的作用。

从休闲性出境旅游的方式看，有组织的团队旅游所占比重有逐年显著下降的趋势，①从 2005 年的 52% 降到 2010 年的 35.7%，而单独出行的比例则显著增加，从 2005 年的 6.3% 升至 2010 年的 13.5%。这在一定程度上要求中国在吸引韩国入境客源方面应在继续保持现有的团队操作方式基础上，适应新形势，采取新方法，建立新渠道。

从韩国旅游者海外花费比例结构来看，总体相对稳定，但是餐饮花费有一定程度的增加。从海外旅行支付的方式看，现金支付的比例降幅较大，从 2005 年约占 80% 降到 2010 年约占 55%，而信用卡和借记卡支付比例有显著提升，分别约占 34% 和 10%。从韩国出境的目的地人次状况及在相应目的地的花费情况看，旅华韩国游客的人均消费较之美国、日本等尚有差距。为了增加韩国游客在中国的消费，不仅从产品上要更加丰富，增强其竞争力，同时要在消费支付环境方面适应韩国市场的偏好。

从长期发展来看，Euromonitor 预计到 2015 年，不包括一日游游客、过境旅客以及邮轮乘客，也不包括军事人员、外交人员和交通员工及货车司机，韩国旅华人次将达 472.5 万人次，约为韩国旅日游客的 2 倍，仍将维持韩国第一大出境目的地国的地位。

---

① 这种状况与 2006 年韩国国家旅游局的分析吻合，在 2005 年影响韩国居民出境旅游的信息来源中居首位的是旅行服务商（39.5%）、互联网（30.7%）、亲朋好友的介绍（27.5%）。

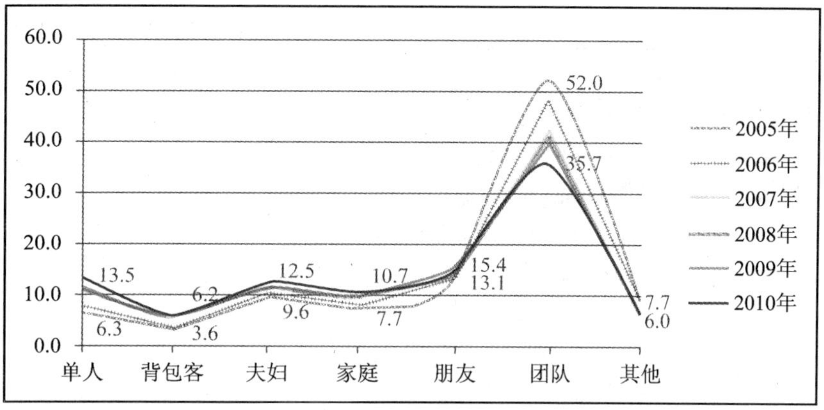

图 3-3　韩国基于休闲目的的出境旅行方式

资料来源:Euromonitor。

表 3-1　韩国海外花费项目比例(2005—2010 年)

年份 消费(%)	2005	2006	2007	2008	2009	2010
住宿花费	30.0	30.0	28.5	28.4	28.7	28.8
娱乐花费	15.0	15.0	15.4	15.6	15.0	14.9
短途旅行①	10.0	10.0	7.2	7.8	7.7	7.5
餐饮花费	13.7	14.2	16.5	17.0	17.1	17.3
购物花费	15.0	15.0	15.1	15.3	15.2	15.2
目的地国家和地区内旅行②	4.7	4.5	4.3	4.5	4.3	4.2
其他花费	11.6	11.3	13.0	11.4	12.0	12.1
总计	100.0	100.0	100.0	100.0	100.0	100.0

资料来源:Euromonitor。

① 到目的地后报团参加的包价(包括交通、导游、活动或景区门票、餐费等)一日游或多日游方面的花费。下同。

② 指在目的地内公共交通方面的花费。下同。

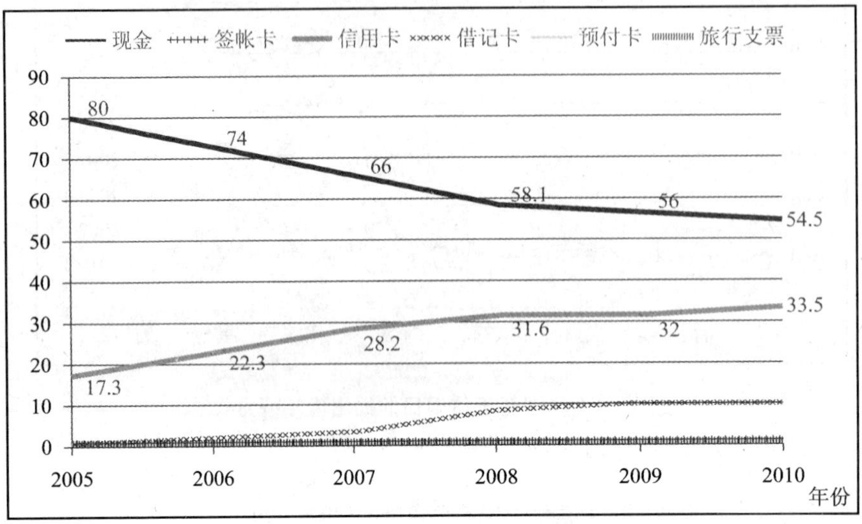

图 3-4 韩国海外花费支付方式(2005—2010 年)

资料来源:Euromonitor。

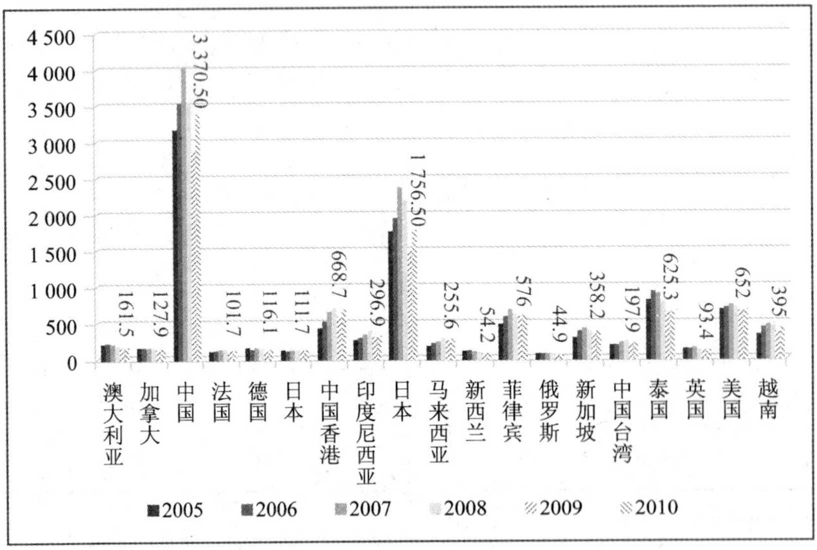

图 3-5 韩国出境旅游目的地分布(2005—2010 年)

资料来源:Euromonitor。

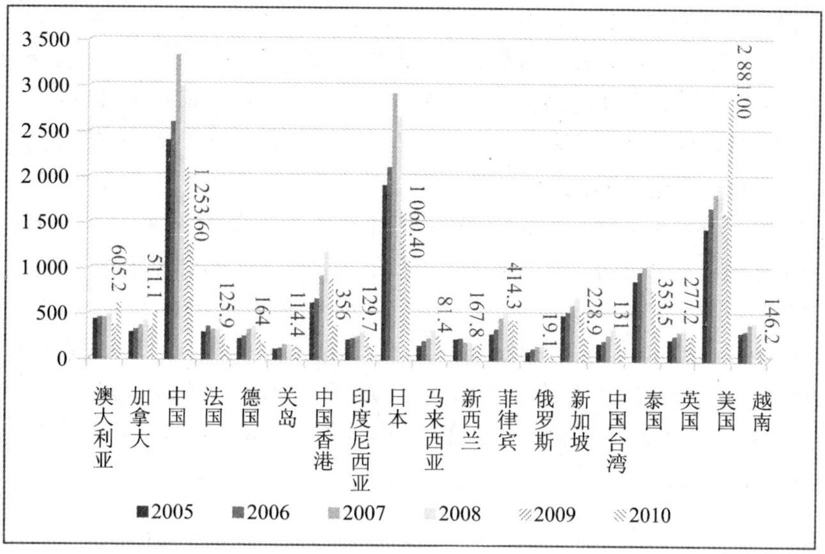

图 3－6　韩国出境旅游花费情况①（2005—2010 年）

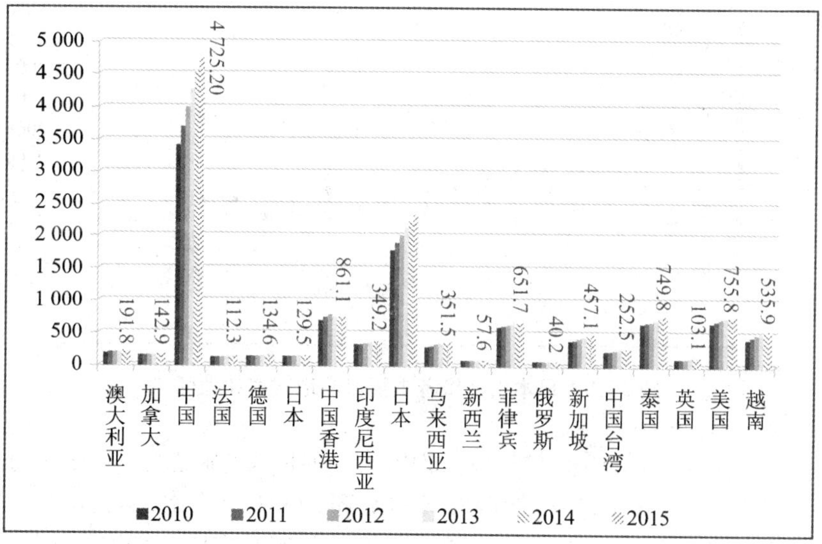

图 3－7　韩国出境旅游目的地预测

资料来源：Euromonitor。

（二）日本出境旅游市场

1. 中国是日本最重要出境游目的地国家和地区

从世界旅游组织发布的数据（2005—2009 年）来看，自 2006 年始，中国成为日本最大的出境旅游目的地国家。2009年居日本出境旅游前五位的海外旅游目的地国家和地区分别是中国、韩国、美国、泰国和中国台湾,尤其是日本旅韩市场有强劲的增长(较2008年增长了28.4%),使韩国日益成为中国吸引日本游客的强有力竞争对手(日本旅华较2008年下降3.7%)。在此过程中,韩剧在日本广泛传播起到重要的作用,就如同当年韩国凭借"韩流"吸引了大量的中国游客一样。比如,2004年日本到韩国旅游的游客较2003年增长了40%,而这些日本旅游者中有很多是中年及以上的女性,她们主要是因韩国的电影、电视剧以及音乐作品而前往韩国旅游的。相反,到中国旅游的日本游客中男性占的比例更高。JTB 2005年的一份报告显示,旅华的日本中年男性约占15%~20%,而已婚妇女和男性学生的比例都在0~5%之间,单身女性、已婚男性及老年男性旅游者大致在10%~15%。该份报告还显示,日本游客在中国停留1~4天的占41.8%,停留5~7天的占35.1%,停留8~14天的占15.7%,停留15天及以上的占4.8%。

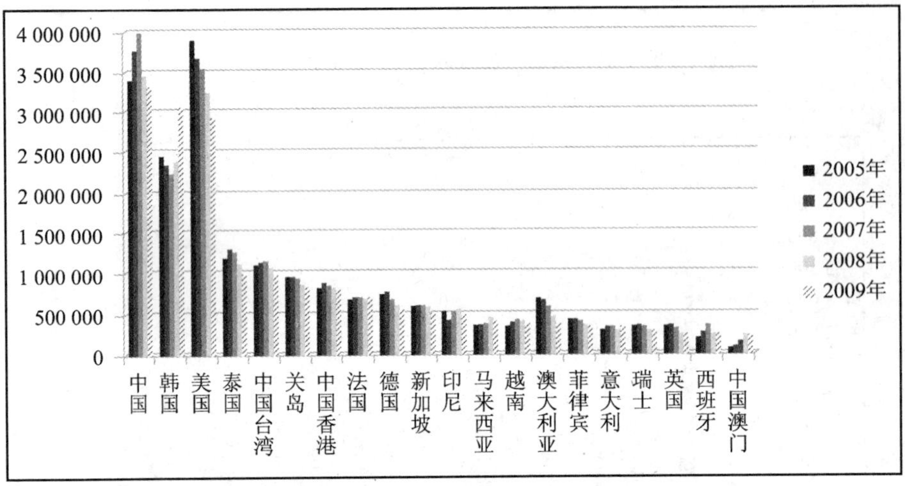

图3-8 日本出境旅游主要目的地国家和地区

据日本国家旅游局的统计数据显示,2010年,日本出境旅游为1 663.7万人次,较2009年增长7.7%①。其中,中国接待的日本游客373.1万人次,同比增长12.5%②;日本赴韩国旅游302.3万人次,同比下降了1.0%;日本赴中国台湾地区旅游110.2万人次,同比增长了9.4%。

2011年上半年,日本出境市场总体下滑明显。1~6月,其同比增长率分别为1.4%、7.9%、-9.1%、-8.1%、-8.4%、-2.9%。从中可见3月日本海啸及福岛核电站爆炸对日本经济以及人们出游行为的影响。但从中我们也要客观地看到,并非所有日本出境旅游目的地接待的日本游客都呈负增长,即便是负增长,其降幅也有所不

① 2010年日本出境旅游花费279亿美元,同比增长了4.0%;2011年第一季度增速为6.9%。

② 同期,中国赴日本旅游141.3万人次,同比增长40.4%。

同。日本旅华人次同比增长率分别为 -10.9%、8.6%、-17.6%、-12.3%、-12.3%、-8.7%，合计同比下降 9.7%[①]，而同期日本赴韩国旅游增长率分别为 -6.2%、-3.9%、-12.3%、-7.9%、-2.9%、10.0%，合计同比下降 4.3%；日本到中国台湾地区、泰国、新加坡、菲律宾、越南等目的地国家和地区的旅行几乎都实现了正增长（除菲律宾 6 月增长率为 -3.4%），日本到中国台湾地区的合计同比增长了 12.3%。由此可见，中国在争取日本客源方面的稳定性还有待进一步提高，特别是在中国到日本旅游市场快速发展的情况下，这个问题尤其值得高度关注。

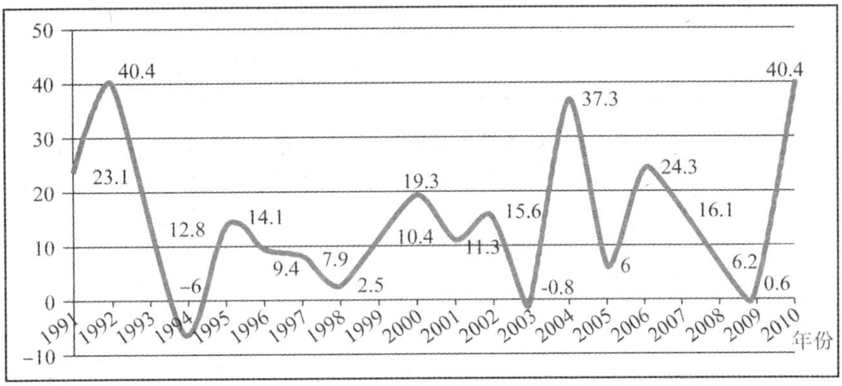

图 3-9　中国赴日旅游增长状况

2. 日本出境旅游市场特征

2010 年，在日本出境旅游者中，81.3% 是基于休闲目的的旅游者。与韩国出境旅游者不同，日本 18.7% 左右的出境商务旅游者中，只有 10.2% 左右与 MICE 有关；其出行方式中，航空交通约占 98.7%，另有 1.3% 是从海路出境旅行，相信当前春秋航空的介入及其引发的廉价航空发展必将通过廉价机票推动中日两国旅游交流。但在廉价推动入境发展的同时，如何提升日本旅华市场的人均消费能力，依然是一个必须面对的问题。这一点已经在当前日本旅华和旅韩消费差异上体现出来。

从休闲性出境旅游的方式看，有组织的团队旅游所占比重有逐年下降的趋势，从 2005 年的 38.0% 降到 2010 年的 34.6%。从其海外花费比例来看，总体比较稳定，购物消费仍占日本出境旅游消费的重要位置，是仅次于住宿消费的消费大项，占全部消费的比例在 21% 左右。从海外旅行支付的方式来看，一个明显的现象是，曾占海外支付 60% 份额的旅行支票受到了信用卡和现金支付方式的有力挑战，尤其是信用卡支付比例已从 2005 年的 10.3% 升至 22.5%，短短五六年的时间，增速近倍，值得关注。

① 同期，中国赴日本旅游 46.3 万人次，较 2010 年同期下降 34.2%。

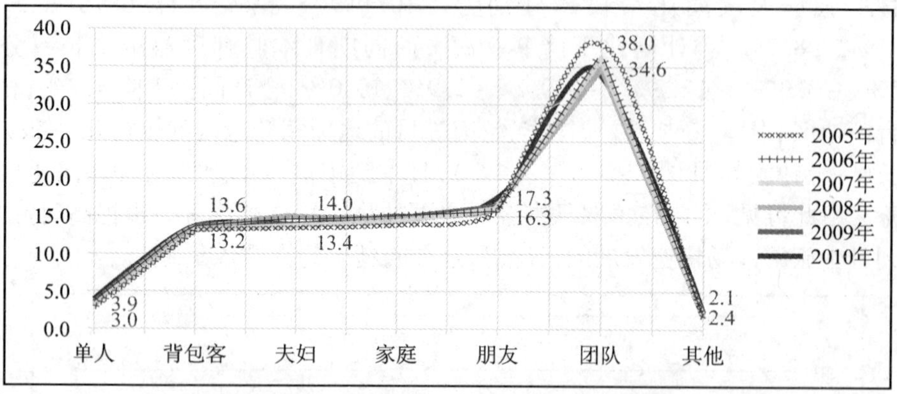

图 3-10 日本基于休闲目的的出境旅行方式

资料来源：Euromonitor。

表 3-2 日本海外花费项目比例(2005—2010 年)

年份 / 消费(%)	2005	2006	2007	2008	2009	2010
住宿花费	27.6	27.5	27.3	27.1	27.0	26.9
娱乐花费	15.7	15.8	15.9	15.6	15.6	15.6
短途旅行	5.9	5.9	6.0	6.1	6.2	6.3
餐饮花费	12.9	12.9	13.1	13.0	13.1	13.2
购物花费	21.6	21.6	21.5	21.6	21.5	21.4
目的地国内和地区内旅行	12.0	12.1	12.2	12.4	12.5	12.6
其他花费	4.3	4.2	4.2	4.2	4.1	4.0
总计	100.0	100.0	100.0	100.0	100.0	100.0

资料来源：Euromonitor。

据 JTB2005 年的研究报告显示，日本游客在出境旅游中对单一旅游目的地的旅游模式越来越青睐，其中尤以海滩度假型目的地为多。此外，中国和东南亚也是日本单一旅游目的地模式出行最受欢迎的目的地。比如，2004 年，48.4% 的旅华日本游客就是把中国作为唯一旅游目的地的，分别有 27.7% 和 20.7% 的日本游客的行程中除中国外还包括了其他一两个旅游目的地。

从长期发展来看，Eruomonitor 预计到 2015 年，不包括一日游游客、过境旅客以及邮轮乘客，也不包括军事人员和外交人员、交通员工及货车司机，日本旅华人次将达 673.7 万人次，远超日本旅韩游客数量，中国仍为第一大出境目的地。

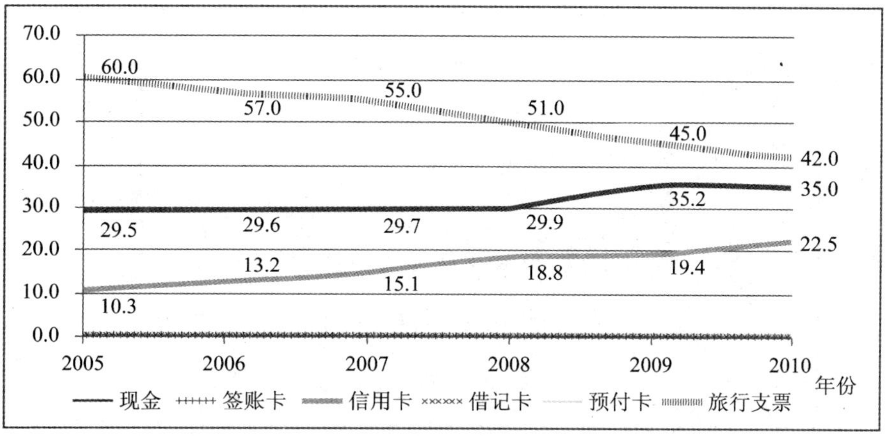

图 3－11　日本海外花费支付方式（2005—2010 年）

资料来源：Euromonitor。

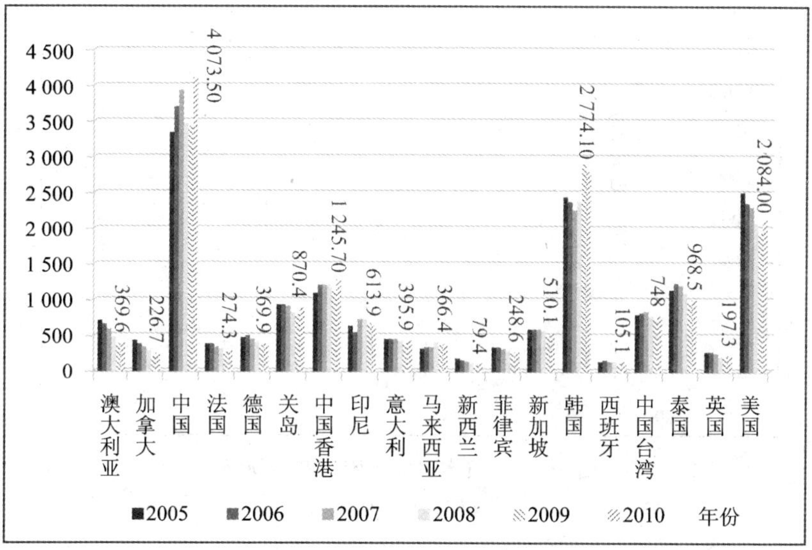

图 3－12　日本出境旅游目的地分布（2005—2010 年）

资料来源：Euromonitor。

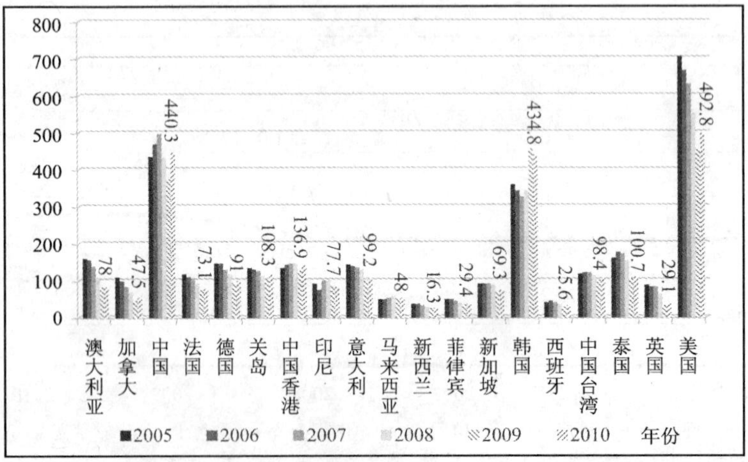

图 3－13　日本出境旅游花费情况(2005—2010 年)

资料来源:Euromonitor。

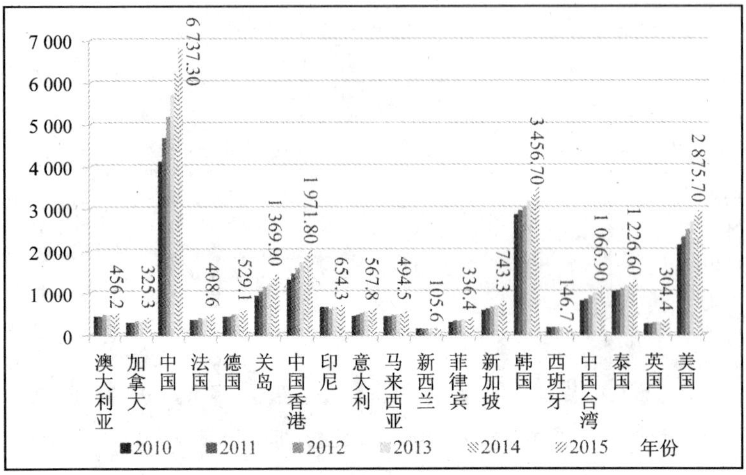

图 3－14　日本出境旅游目的地预测

资料来源:Euromonitor。

(三)印度出境旅游市场

1. 中国是印度第六大出境目的地国家

从世界旅游组织发布的数据(2005—2009 年)来看,中国(45 万人次),未能入列印度 2009 年前五大出境目的地国家之内,列居科威特(73 万人次)、新加坡(73 万人次)、泰国(60 万人次)、马来西亚(59 万人次)、美国(55 万人次)等目的地国之后,与前五位旅游目的地国家之间还有较大的差距①。2010 年,中国接待印度游客数量达

① 澳大利亚旅游委员会的研究显示,2010 年,印度排序前五大出境目的地国家分别为新加坡、法国、巴林、科威特、泰国,而到东南亚和中东之外区域旅行的印度游客从 2000 年的 167 万人次增长到 2010 年的 422 万人次,前五位目的地国家和地区分别是法国、美国(65.1 万)、中国(54.9 万)、英国、中国香港。

55 万人次，超过了历史最好水平 46 万人次（2007 年）。

印度是全球出境旅游快速增长的新兴客源市场，2000—2006 年①，其年均增长率达 11% 左右②，2006 年较 2005 年增长了 17%，达 834 万人次，2007 年大致为 978 万人次，而花费则达 82 亿美元（较 2006 年增长了 20%），人均每次海外旅行花费约为 838 美元③。世界旅游组织预测，到 2020 年，印度出境旅游人次将达 5 000 万人次，但中国在这个市场上面临着新加坡、马来西亚、泰国、阿联酋等洲内对手的竞争，同时面临着美国等远程目的地的竞争。中国如何在类似印度这样的新兴出境旅游客源市场上谋得长期发展，需要给予战略性的关注。

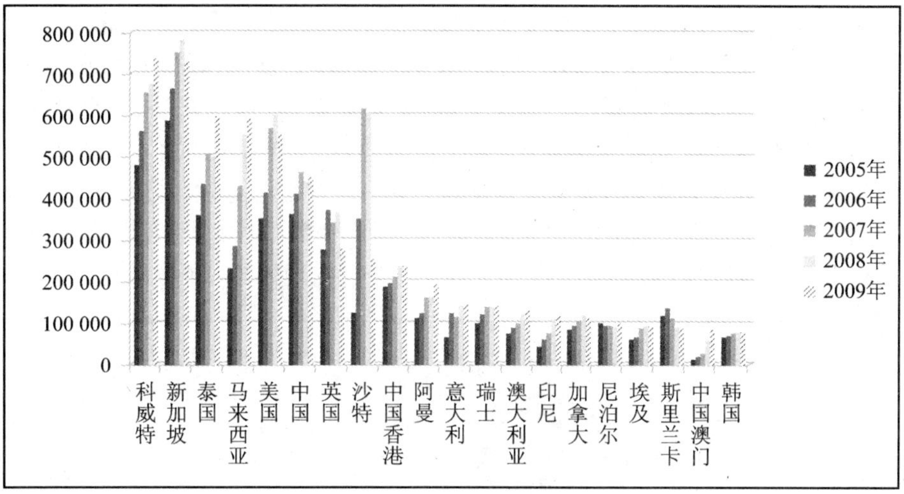

图 3－15　印度出境旅游主要目的地

资料来源：UNWTO。

2. 印度出境游市场特征④

在 2010 年印度出境旅游者中，67.6% 是基于休闲目的的旅游者，而 32.4% 左右

---

① 印度旅游部的数据显示，2004—2005 年，到中国旅游的印度游客超过前往泰国、美国的游客数量，此后相对增长乏力，被美国等国超越。

② 同期，中国和俄罗斯的出境旅游增长率分别为 21.4% 和 13.6%。

③ 2008—2010 年的出境旅游消费分别为 96 亿美元、93 亿美元和 106 亿美元。印度入境事务局（Bureau of immigration）的数据显示，2008—2010 年的出境旅游人次分别为 1 087 万、1 107 万和 1 207 万。

④ AC 尼尔森公司关于印度出境旅游市场的监测显示（2008 年），观光是印度出境旅游者最重要的目的地（占 64%），其次是探索新的目的地国家（47%），大约 72% 的休闲旅游者和 63% 的商务旅游者偏好的目的地是亚洲，其次是欧洲，分别为 18% 和 14%；自然和环境（62%）、文化和艺术（53%）、安全（50%）、卫生（48%）是印度出境旅游者未来旅行安排最关注的因素；新加坡（24%）、迪拜（17%）、澳大利亚（17%）和马来西亚（17%）是印度人最想造访的目的地；印度游客的主要信息来源分别是旅行社（56%）、互联网（48%）、报纸杂志（38%）以及朋友推荐（23%），虽然约有 12% 的游客通过在线服务进行预订，但绝大多数还是通过旅行社购买相应出境游产品，另约有 20% 通过在目的地的亲友进行预订。美国 2010 年的调查显示，旅行社是印度出境游客的主要信息来源（43%），其他信息来源主要是互联网（23%）和公司旅游部门（23%）。

的出境商务旅游者中①,只有3.8%左右与MICE有关。从其全部出境者的出行方式看,航空交通约占98.3%,陆路出境占1.2%,火车出境占0.5%。从休闲性出境旅游的方式看,其主流是单独出游、夫妇及家庭方式出游,其中家庭出游方式比例约占1/3强,而有组织的团队旅游所占比重非常低,大致保持在4%。从其海外花费比例结构来看,总体比较稳定,住宿消费和购物消费在其整个出境花费中比例较高,在23%左右。从英国、美国、澳大利亚的研究来看,印度游客在境外旅行时,经常将购物作为其境外旅行时第一大活动。全球免税集团2006年的研究显示,印度游客每次境外旅行在购物上的花费大约为900美元,平均有590美元是在Shopping Mall发生的,有400美元是在免税店发生的(而且多数在整个旅游行程的末站发生);其购物信息主要来自网络和旅游服务商。AC尼尔森公司(2008年)的研究显示,在购物方面,印度游客除了购买国际大品牌外,时尚饰品、电子产品、当地纪念品、精致礼品、香水和时装等也是他们的重要购买对象。从海外旅行支付的方式看,信用卡是最普遍的支付方式,目前比例基本都在50%以上,其次为旅行支票支付,这一点与上述很多旅游客源国相比都算较高,大致占20%,但近些年的使用比例有所下降。此外,印度出境旅游者多数喜欢进行多目的地旅游,其比重大致在70%,单一目的地的出境旅游约占30%。

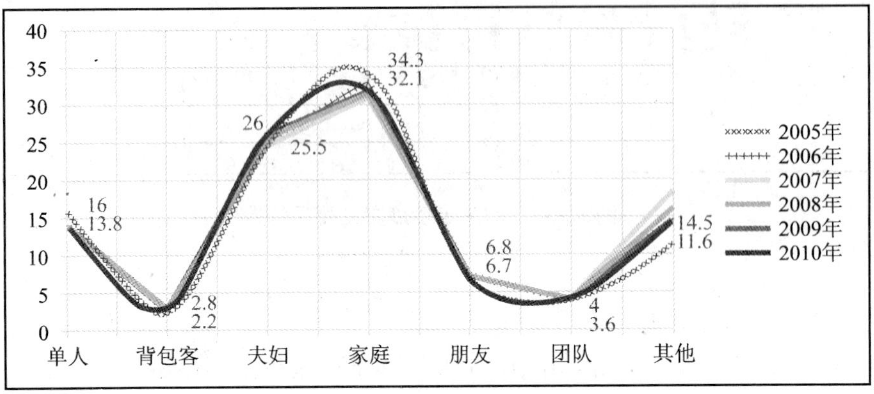

图3-16 印度基于休闲目的的出境旅行方式

资料来源:Euromonitor。

目前没有关于印度游客旅华信息来源方面的调查,因此,关于印度游客出境旅游信息来源的偏好可以参照其他国家的相关研究数据。比如,从美国2007年的数据来看,印度游客一般通过旅行服务商(50%)、公司旅行部门(24%)、个人电脑(17%)和亲朋好友(13%)来获取与美国有关的旅游信息;从澳大利亚2007年的数据显示来看,印度游客一般通过互联网(38%)、在澳大利亚的亲友(35%)、旅行服务商(29%),以及曾经到访过澳大利亚的亲友(14%)等渠道来获取与澳大利亚有

① 帕塔(PATA)的一项研究发现,印度40%的出境旅游者是基于商务需求,20%与休闲度假有关,20%与探亲访友有关,另外出于其他动机的占20%。一般而言,基于休闲度假的出境旅游者在境外停留的时间要比基于商务需求的出境旅游者在境外停留的时间更长一些。

关的旅游信息。

表 3－3　印度海外花费项目比例（2005—2010 年）

消费（%）＼年份	2005	2006	2007	2008	2009	2010
住宿花费	21.3	21.5	22.3	22.2	22.2	23.0
娱乐花费	7.5	7.9	7.9	8.0	8.2	8.3
短途旅行	5.1	5.1	4.9	4.9	5.0	5.0
餐饮花费	16.6	16.5	16.5	16.5	16.6	16.5
购物花费	21.8	21.9	22.4	22.4	22.5	22.7
目的地国内和地区内旅行	16.2	16.0	15.8	15.8	15.9	15.9
其他花费	11.5	11.1	10.3	10.3	9.6	8.5
总计	100.0	100.0	100.0	100.0	100.0	100.0

资料来源：Euromonitor。

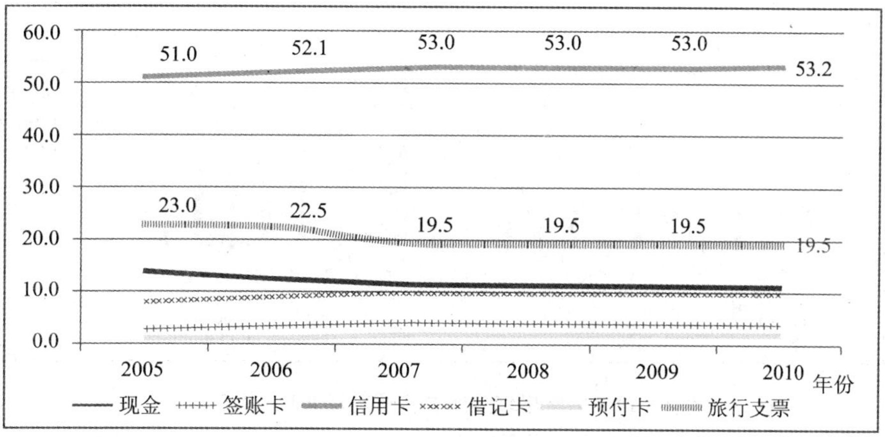

图 3－17　印度海外花费支付方式（2005—2010 年）

资料来源：Euromonitor。

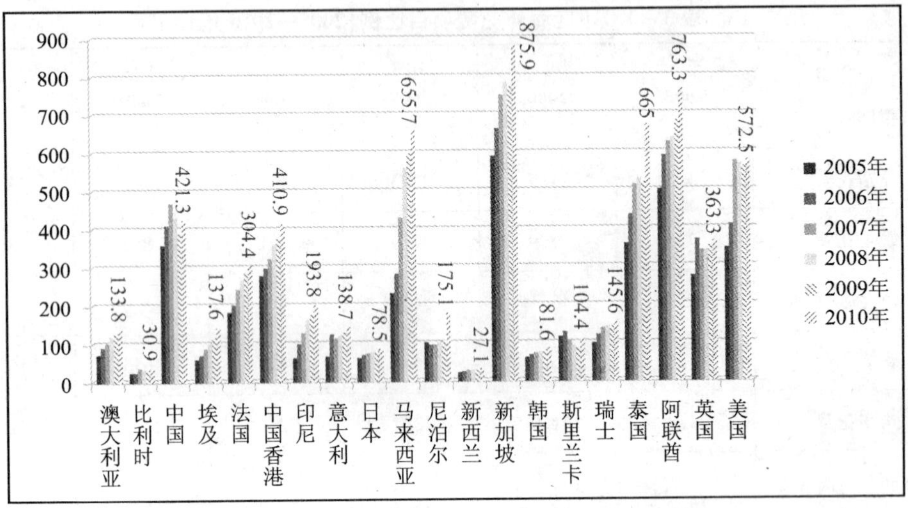

图 3－18 印度出境旅游目的地分布（2005—2010 年）

资料来源：Euromonitor。

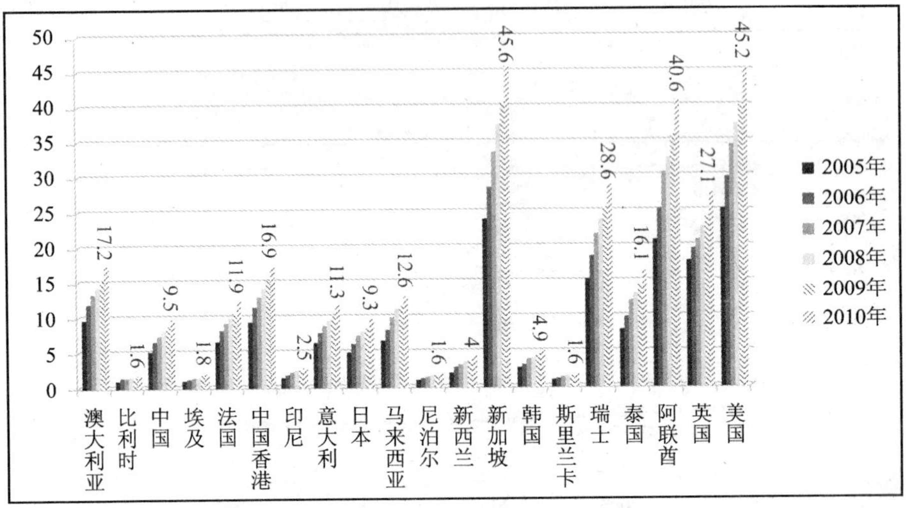

图 3－19 印度出境旅游花费情况（2005—2010 年）

资料来源：Euromonitor。

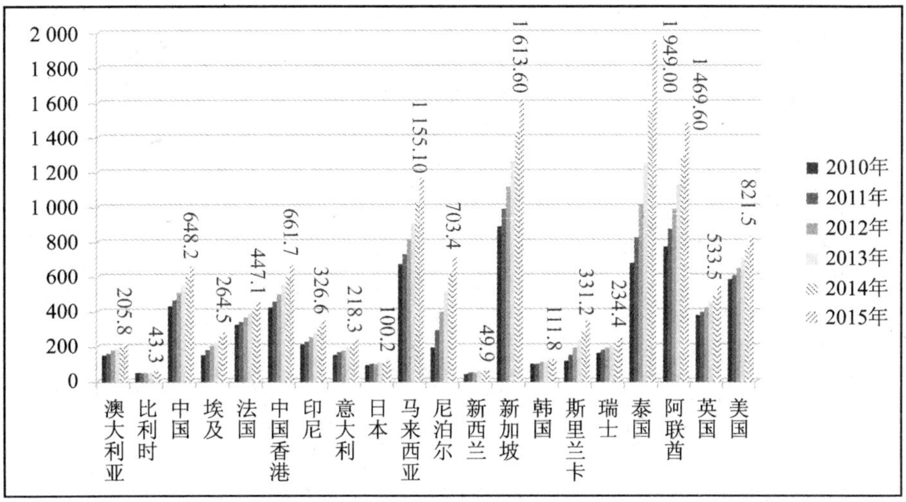

图 3-20 印度出境旅游目的地预测

资料来源:Euromonitor。

(四)马来西亚出境旅游市场

1. 中国是马来西亚第三大出境目的地国

从世界旅游组织发布的数据(2005—2009 年)来看,中国是马来西亚 2009 年第三位出境目的地国(106 万人次),列泰国(175 万人次)、印尼(118 万人次)之后,排在中国之后的分别是新加坡(76 万人次)和中国香港(33 万人次)。但从近五年的数据来看,印尼和新加坡的增长势头强劲:在 2008 年之前,中国是马来西亚排序第二位的出境目的地,但 2008 年、2009 年持续被印尼超越;新加坡吸引的马来西亚游客则从 2005 年的 58 万人次增长到 2009 年的 76 万人次,其人次增长的绝对值要高于中国。世界旅游组织资料显示,马来西亚 2010 年的出境旅游花费约为 79 亿美元,同比增长 10.8%。另据有关资料显示,马来西亚出境旅游人次已经从 2000 年的 3 053 万人次增至 2010 年的 4 102 万人次左右,马来西亚前五大出境目的地国家是泰国、中国、印尼、文莱、新加坡。但就吸引马来西亚游客方面,中国与泰国相比尚有非常大的差距。马来西亚游客到南亚、东南亚和中东之外目的地旅行的数量已经从 2000 年的 133 万人次增至 2010 年的 288 万人次,前五大目的地国家和地区分别是中国、中国香港、中国台湾、澳大利亚、韩国。

2. 马来西亚出境游市场特征

在 2010 年马来西亚出境旅游者中,71.6% 是基于休闲目的的旅游者,而约28.4% 的出境商务旅游者中,只有 11.2% 左右与 MICE 有关。从马来西亚全部出境者的出行方式看,航空交通约占 37.6%,陆路交通占 57.0%,另有 5.1% 从海路出境旅行。从休闲性出境旅游的方式看,家庭出游方式增长较快,而有组织的团队旅游所占比重则稳中有降,约占 1/3 强。从马来西亚旅游者海外花费比例结构来看,总体比较稳定,住宿部分略有下降,而娱乐消费略有上升。从海外旅行支付的方式看,现金支付比例从

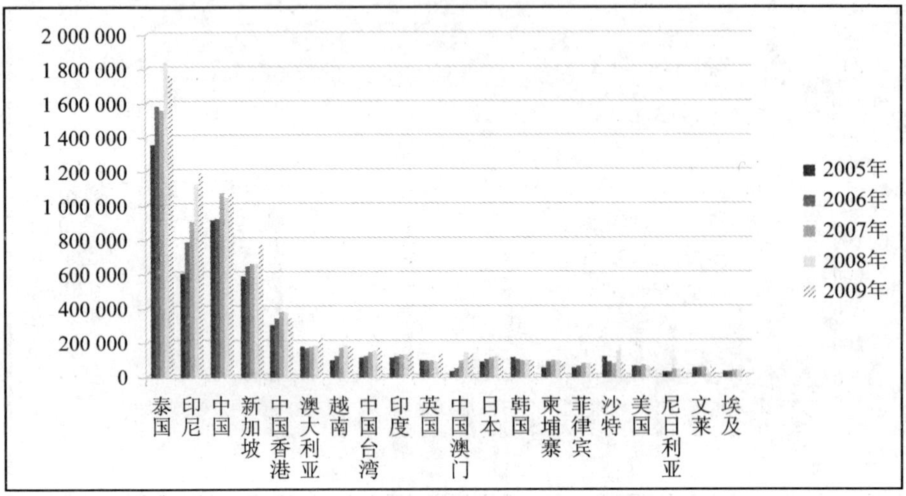

图 3-21　马来西亚主要出境目的地

资料来源：UNWTO。

2005 年的 54% 左右降到 48% 左右，而信用卡支付比例从 2005 年 41% 升至 47%，但是其他支付方式在整个支付方式中的地位始终没有建立起来。

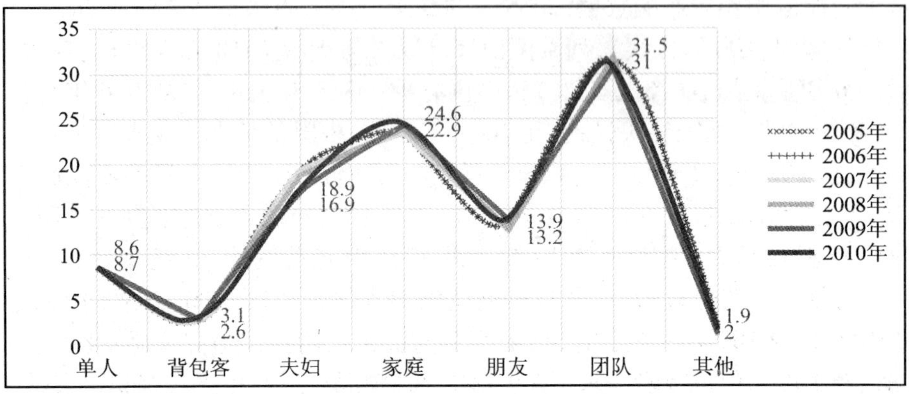

图 3-22　马来西亚基于休闲目的的出境旅行方式

资料来源：Euromonitor。

表 3-4　马来西亚海外花费项目比例(2005—2010 年)

年份 消费(%)	2005	2006	2007	2008	2009	2010
住宿花费	31.3	31.3	31.3	31.3	30.5	30.6
娱乐花费	9.2	8.7	8.2	8.2	8.0	8.0
短途旅行	4.4	4.4	4.4	4.4	4.4	4.4

续表

消费(%) \ 年份	2005	2006	2007	2008	2009	2010
餐饮花费	18.8	18.8	18.8	18.8	19.2	19.2
购物花费	21.0	21.0	21.0	20.9	21.0	21.0
目的地国内和地区内旅行	12.7	12.7	12.7	12.7	13.0	13.0
其他花费	2.6	3.1	3.6	3.7	3.9	3.9
总计	100.0	100.0	100.0	100.0	100.0	100.0

资料来源：Euromonitor。

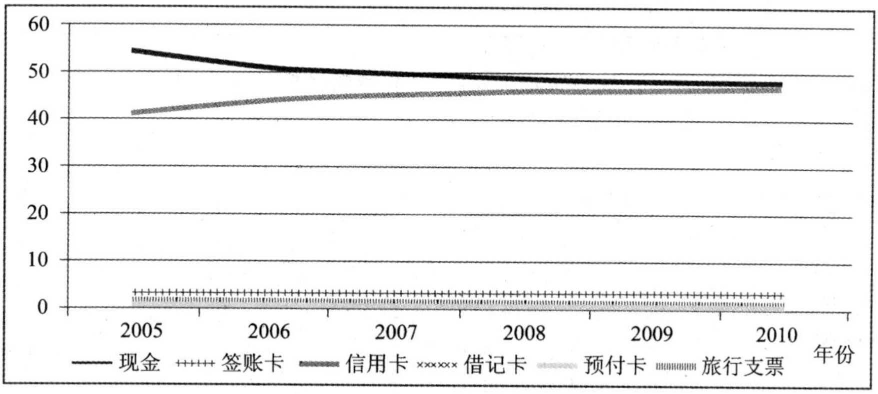

图 3－23　马来西亚海外花费支付方式（2005—2010 年）

资料来源：Euromonitor。

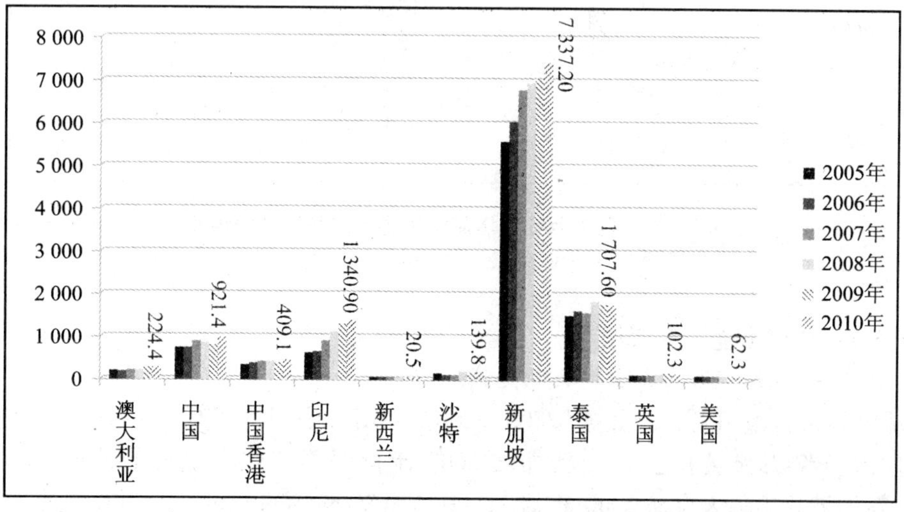

图 3－24　马来西出境旅游目的地国家和地区分布（2005—2010 年）

资料来源：Euromonitor。

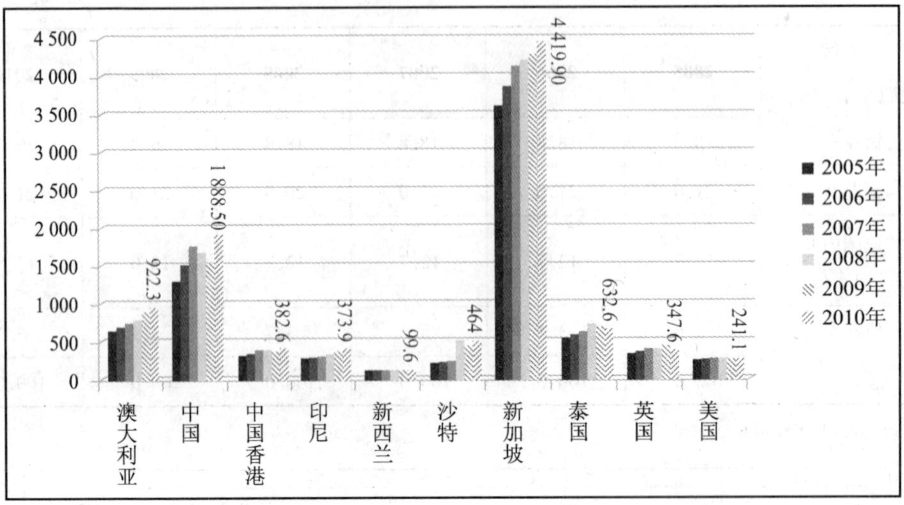

图 3－25　马来西亚出境旅游花费情况(2005—2010 年)

资料来源:Euromonitor。

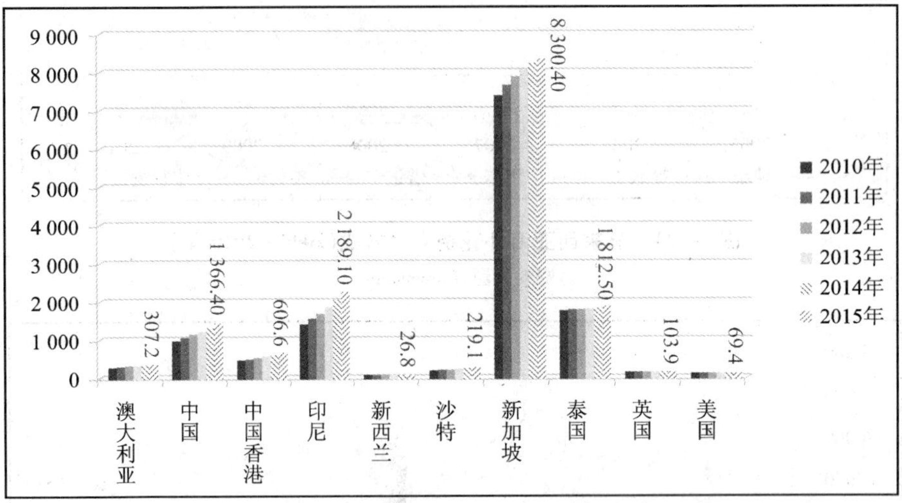

图 3－26　马来西亚出境旅游目的国家和地区地预测

资料来源:Euromonitor。

(五)新加坡出境旅游市场

1. 中国是新加坡第三大出境目的地国

从世界旅游组织发布的数据(2005—2009 年)看,中国列居马来西亚(1 273 万人次)、印尼(127 万人次)之后,是新加坡 2009 年排序第三位出境目的地国(89 万人次)。新加坡总出境人次从 2000 年的 921 万增至 2009 年的 1 697 万,其中到东南亚以外区域的人次则从 180 万增至 283 万,中国、中国香港、中国台湾、日本和中国澳门是新加坡排序前五位东南亚外目的地国家和地区。新加坡 2009 年出境旅游花费为 150 亿美元，2010 年较 2009 年增长了 4.8%，达 167 亿美元，是全球第 17 大出境旅游客源地国。

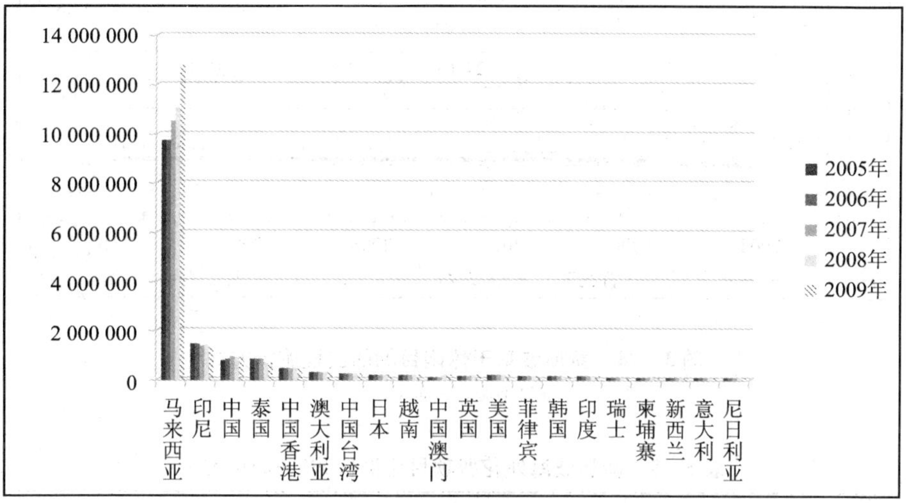

图 3－27　新加坡主要出境目的地国家和地区

资料来源：UNWTO。

2. 新加坡出境旅游市场特征

在 2010 年新加坡出境旅游者中，80.8% 是基于休闲目的的旅游者，而约 19.2% 的出境商务旅游者中，只有约 157% 与 MICE 有关。从新加坡全部出境者的出行方式看，航空交通约占 24.6%，陆路交通占 57.2%，另有 15.7% 是从海路出境旅行①。从休闲性出境旅游的方式看，其主流仍然是有组织的团队出游，但是其比重下降趋势比较明显，在未来开拓新加坡市场方面，是要高度重视夫妇两人世界式出游、家庭方式出游，以及与朋友同行和单独出游等出游方式。从新加坡海外花费比例结构看，总体比较稳定，餐饮部分略有下降而购物、住宿等消费略有上升。从海外旅行支付的方式看，信用卡支付依然是新加坡旅游者使用比例最高的支付方式，2010 年该方式占 53.5%，其后为现金支付方式，占 34.2%。

① 从新加坡官方资料来看，76.5% 的出境旅游者选择航空方式，23.5% 的出境旅游者选择海路方式。2000—2009 年，新加坡通过航空出境旅游比例持续增加，从 57.7% 增至 71.3%，海路出境比例则从 42.3% 减至 28.7%。另外，新加坡综合住户调查（GHS，2005）的数据显示，60.2% 的出境者是为了休闲度假，19.5% 是为了探亲访友，15.9% 则是商务目的；在休闲度假方面，中国的吸引力排在马来西亚和泰国之后，居第三位；在探亲访友方面，中国在马来西亚之后，列第二位；在商务方面，中国则列居首位，在美国、马来西亚、欧洲和印尼之前；55 岁以上出境旅游者中有 23% 曾到中国度假，而其他年龄层次的旅游者到中国的比例则较低（马来西亚与泰国则吸引了更多 15～39 岁年龄段的新加坡游客）。（Mastercard）2008 年旅行指数调查显示，新加坡游客 21% 选择独自出行，41.71% 选择与亲友同行，37.21% 选择与家人同行；其主要旅游信息来源分别为互联网（18%）、旅行社（17%）、旅游促销（16%）、航空公司及旅游局的旅游广告（11%）、口碑（11%），以及旅游指南（10%）。

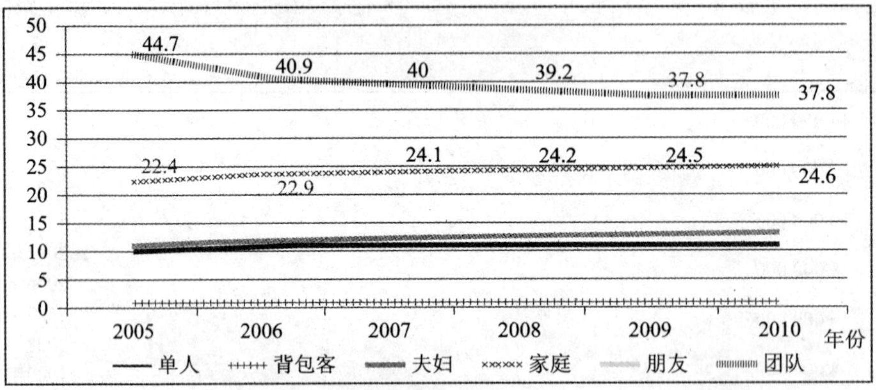

图 3－28　新加坡基于休闲目的的出境旅行方式

资料来源：Euromonitor。

表 3－5　新加坡海外花费项目比例（2005—2010 年）

年份 消费百分比（%）	2005	2006	2007	2008	2009	2010
住宿花费	20.0	20.0	20.3	20.4	20.2	20.3
娱乐花费	5.0	5.0	5.0	5.1	5.0	5.0
短途旅行	10.0	10.0	9.7	9.7	9.5	9.4
餐饮花费	15.0	15.0	14.7	14.7	14.5	14.6
购物花费	25.0	25.0	25.1	25.2	25.1	25.2
目的地国内和地区内旅行	20.0	20.0	20.0	20.0	19.8	19.7
其他花费	5.0	5.0	5.1	4.9	5.9	5.8
总计	100.0	100.0	100.0	100.0	100.0	100.0

资料来源：Euromonitor。

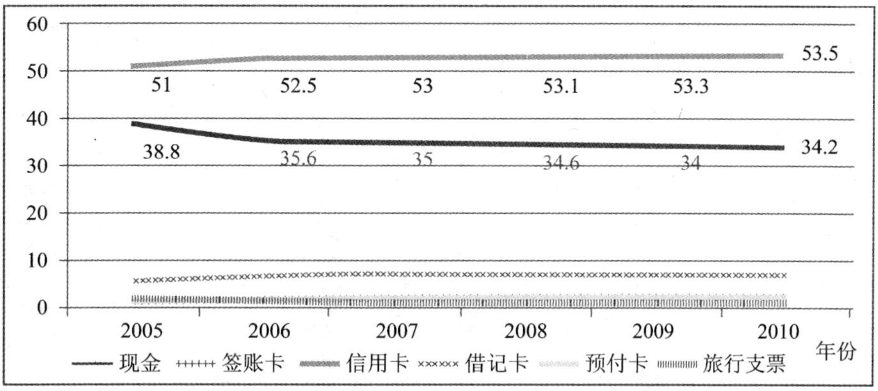

图 3－29　新加坡海外花费支付方式(2005—2010 年)

资料来源：Euromonitor。

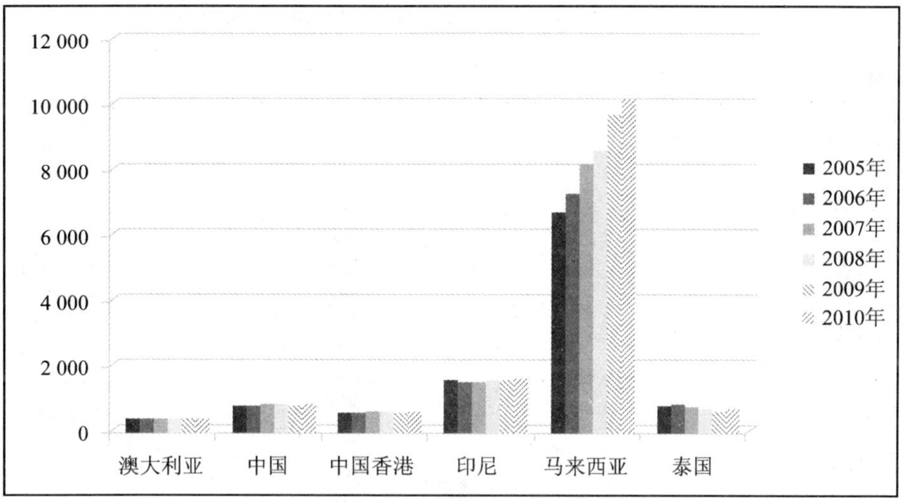

图 3－30　新加坡出境旅游目的地国家和地区分布(2005—2010 年)

资料来源：Euromonitor。

(六)其他亚洲客源市场

1. 中国台湾地区

据中国台湾地区观光部门资料显示，2010 年，台湾出境旅游 941.51 万人次，较 2009 年增长了 15.6%（其中首站到祖国内地的游客数量为 242.4 万人次，较 2009 年增长 59.9%）；旅游花费为 138.36 亿美元①，较 2009 年增长了 23.9%；出境旅游人口占台湾人口的比例为 20.1%，较 2009 年增长了 2.6 个百分点；人均每次出境旅游花费为 1470 美元，较 2009 年增长了 7.2%；平均停留夜数为 9.29 夜，较 2009 年减少了

① 世界旅游组织的资料显示，中国台湾地区 2010 年出境旅游花费 94 亿美元，同比增长了 20.0%。

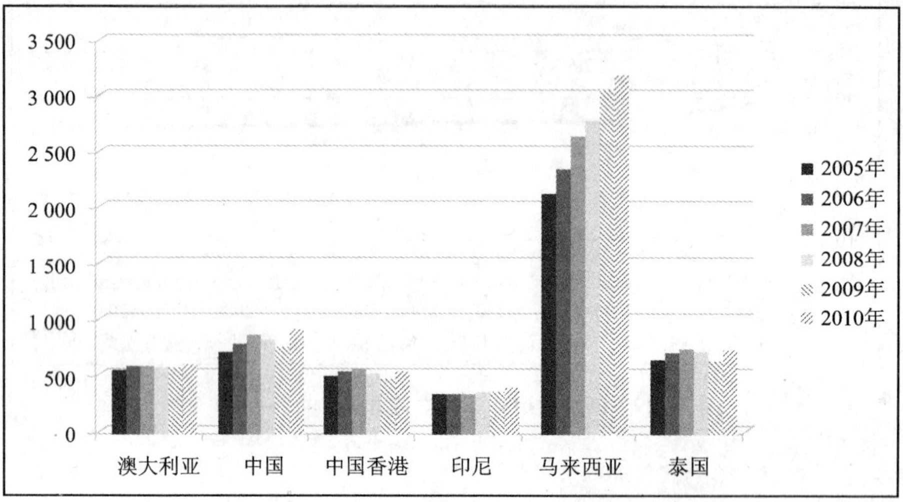

图 3－31　新加坡出境旅游花费情况(2005—2010 年)

资料来源:Euromonitor。

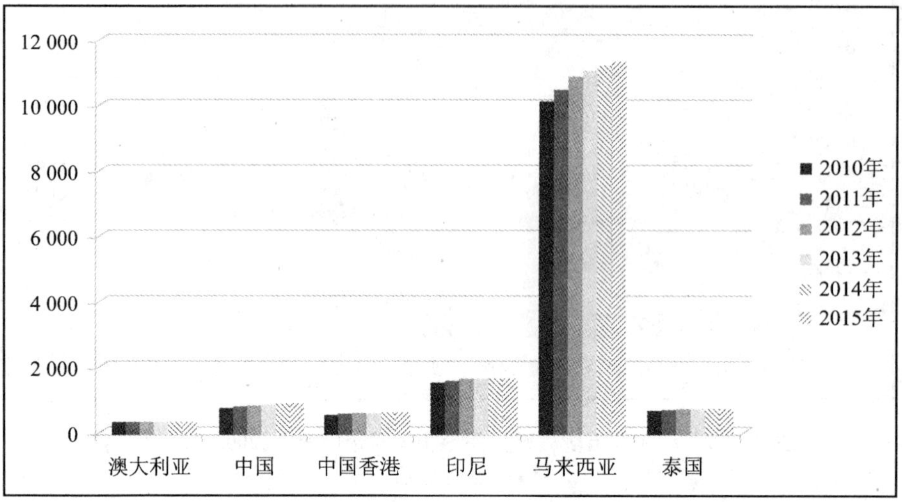

图 3－32　新加坡出境旅游目的地国家和地区预测

资料来源:Euromonitor。

0.42夜;影响台湾居民出境旅游的主要因素中,以"预算充足"最高,占 35.9%;其次为"假期长短",占 30.2%;以下依次是"套装行程或机票具有吸引力"占 8.2%,"自身健康"占 4.7%,"家庭因素"占 3.7%,"汇率变动"占 1.9%,"找不到同行者"占 0.8%,"其他因素"占 0.4%,"无影响"占 14.0%。台湾居民出境旅游主要在每年的 7 月(占 10.5%)和 8 月(占 9.4%);男性占 55.5%,平均年龄(中位数)为 42 岁,平均每月所得(中位数)为 3 7172 新台币,按职业划分,技术员及助理专业人员(12.4%)、主管经理人员(12.1%)、事务支援人员(12.0%)、服务及销售工作人员(11.8%)等为主。在出境旅游的目的中,观光旅游占 61.1%,其余依次是商务(24.0%)、探亲访友(13.5%)、短期游学(1.2%)和其他(0.2%)。

2011 年 1~7 月,台湾地区首站到祖国内地的游客数量为 162.8 万人次[①],较 2010 年增长了 20.1%,在高基数的基础上能够获得如此高的增长率,显示出了祖国内地对台湾地区游客的吸引力。同时我们也要看到,在亚洲内部有些国家和地区在吸引中国台湾游客方面的竞争压力,比如,2011 年头七个月,泰国接待中国台湾游客总数较 2010 年同期增长了 51.9%、菲律宾增长了 30.2%、新加坡增长了 24.4%。

此外,2011 年上半年中国内地接待台湾同胞 255.8 万人次,而台湾方面统计的同期首站到访内地游客为 134.6 万人次,从两者之间的差距可以发现,为了开拓入境市场,加大联合促销的力度之重要性,尤其是与台湾地区出境旅游的主要目的地日本和中国香港之间的联合促销尤为重要。

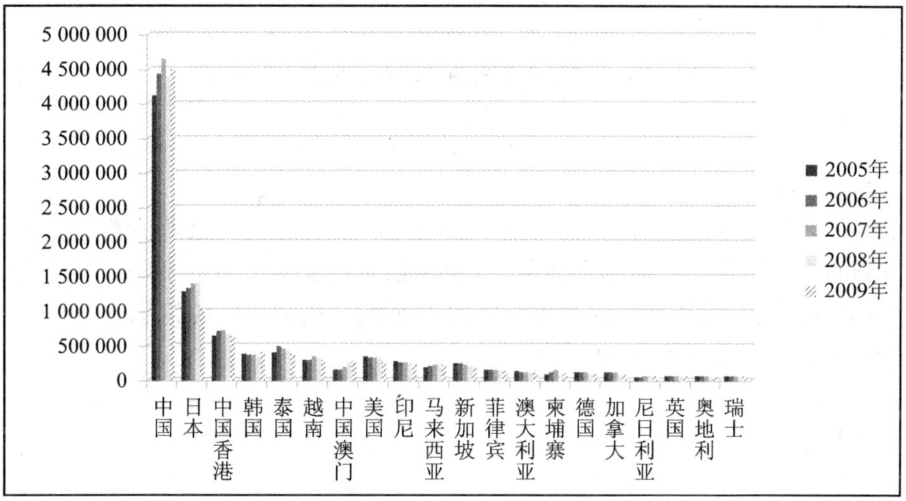

图 3-33　中国台湾主要出境旅游目的地国家和地区

资料来源:UNWTO。

2. 香港地区

2010 年,中国香港出境旅游花费为 175 亿美元,同比增长了 12.2%,是居全球排序第 15 位的出境旅游客源地。香港旅游发展局的数据显示,2010 年离港旅客为 8 444.2万人次(同比增长 3.0%),其中 682.4 万人次通过航空离港,826.0 万人次通过海路离港,6 935.8 万人次通过陆路离港;中国内地到港游客 2 268.4 万人次,同比增长 26.3%,占香港入境游客的 63.0%。中国国家旅游局的统计数据显示,2010 年香港地区进入内地的游客为 7 932.2 万人次(其中 51.5% 为过夜游客,同比增长 20.8%;不过夜游客则占 48.5%,同比增长 32.7%)。

① 万事达卡国际组织 2011 年 3 月的一项旅游倾向调查显示,在未来 12 个月内,有 84% 的中国台湾受访者表示,将选择亚太境内的国家和地区为旅游目的地;在可以复选的情况下,中国台湾民众最想去旅游的地区排名首位的是中国香港(40%),中国内地(33%)居第二位。由此可见,祖国内地对中国台湾市场的强大吸引力。

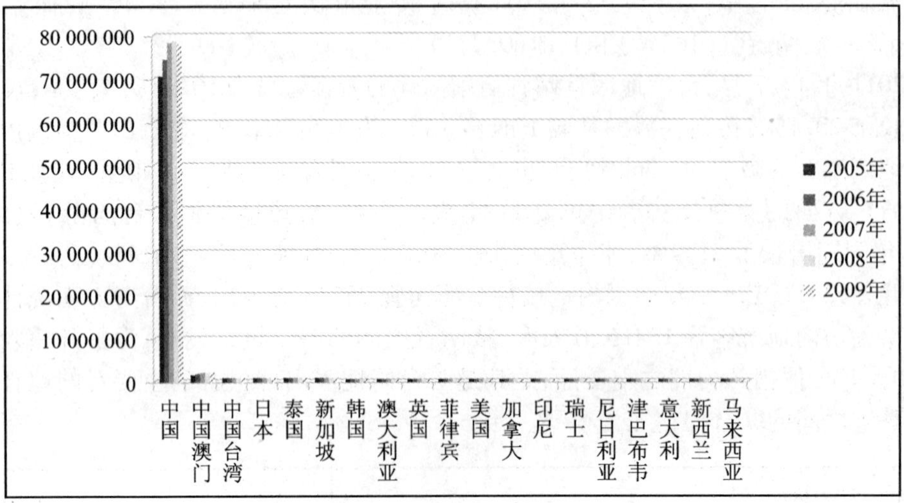

图 3－34　香港主要出境旅游目的地国家和地区

资料来源：UNWTO。

3. 其他地区

中国虽然是蒙古最大的出境目的地国，但是从蒙古的出境旅游消费情况看，这个旅游市场的内涵式发展还面临着比较大的挑战，如何提升该旅游市场自身的消费能力、稳定蒙古持续的输送客源能力还需要深入研究。从世界旅游组织的统计数据看，蒙古的出境旅游花费列居前 50 名之外。

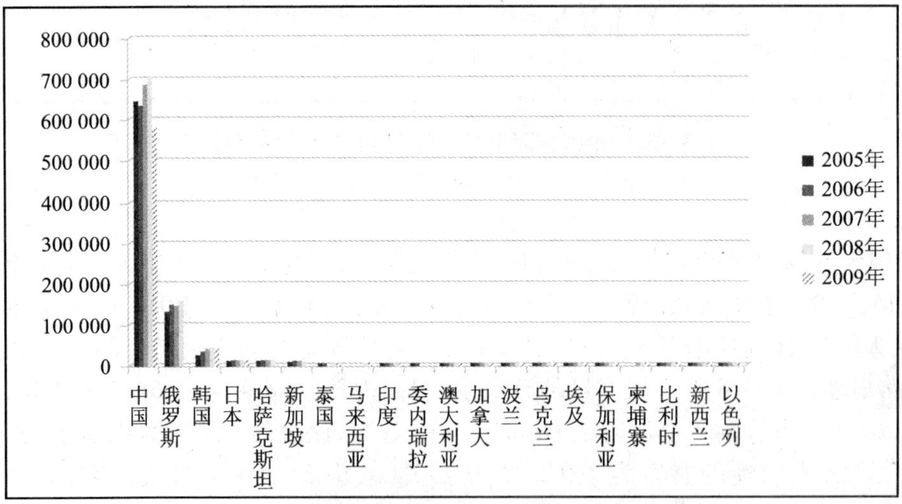

图 3－35　蒙古主要出境旅游目的地国家

资料来源：UNWTO。

菲律宾是中国重要的旅游客源地之一。2010 年，菲律宾出境旅游花费达 34 亿美元,较 2009 年增长了 38.7%,这是在 2009 年同比增长 18.8% 的基础上取得的,显示出该国强劲的出境市场潜力①

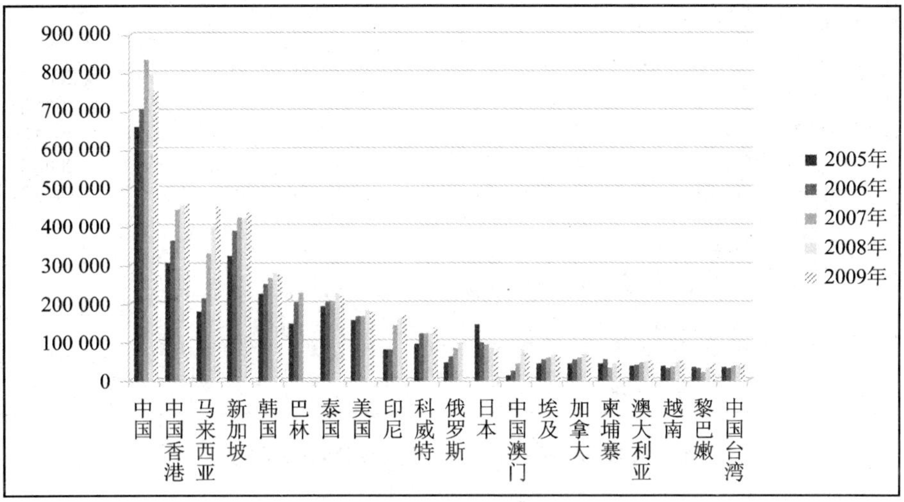

图 3-36　菲律宾主要出境旅游目的地国家和地区

资料来源:UNWTO。

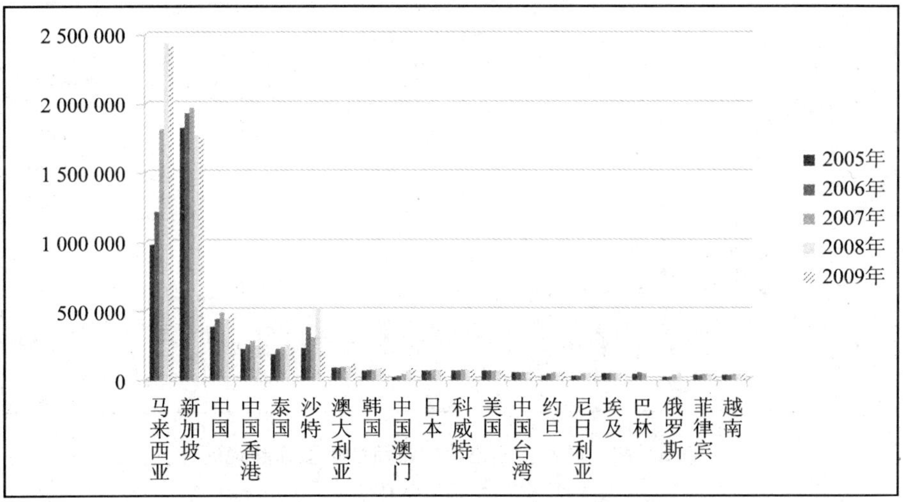

图 3-37　印度尼西亚主要出境旅游目的地国家和地区

资料来源:UNWTO。

① 2008 年较 2007 年出境旅游花费增长 23.7%。

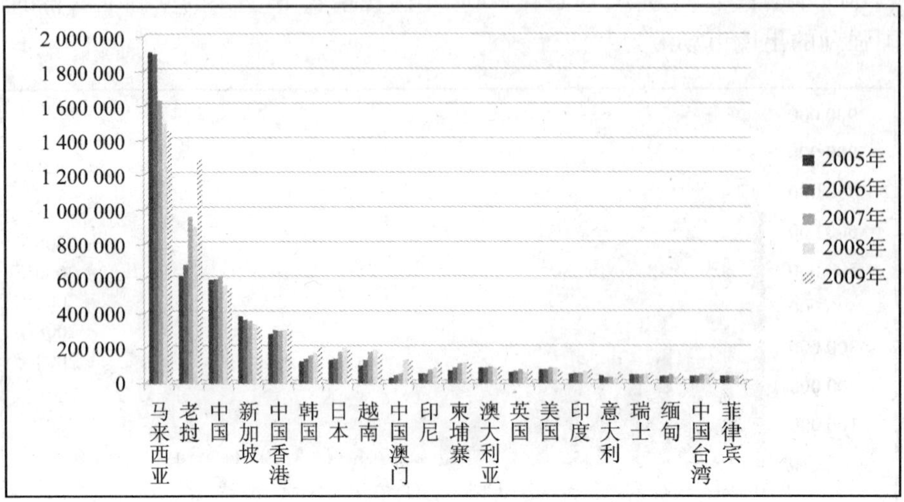

图 3－38　泰国主要出境旅游目的地国家和地区

资料来源：UNWTO。

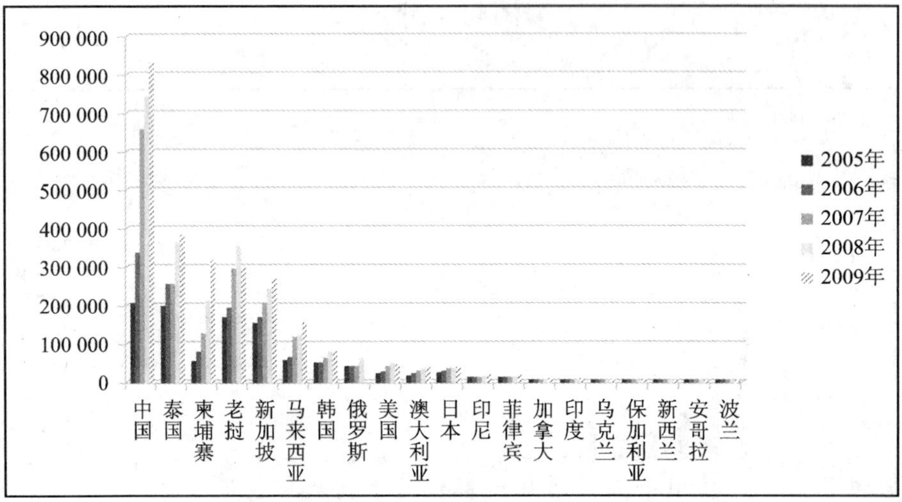

图 3－39　越南主要出境旅游目的地国家和地区

资料来源：UNWTO。

二、欧洲主要客源市场

（一）俄罗斯出境旅游市场

1. 中国是俄罗斯出境游第四大目的地国

从世界旅游组织发布的数据（2005—2009 年）来看，中国是俄罗斯 2009 年排序第四大出境目的地国（174 万人次），列居乌克兰（696 万人次）、土耳其（268 万人次）和

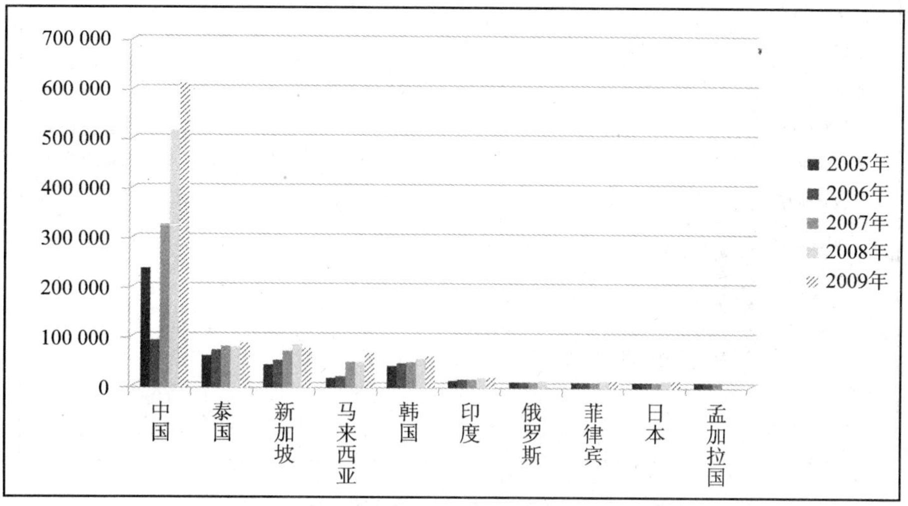

图 3－40　缅甸主要出境旅游目的地国家

资料来源：UNWTO。

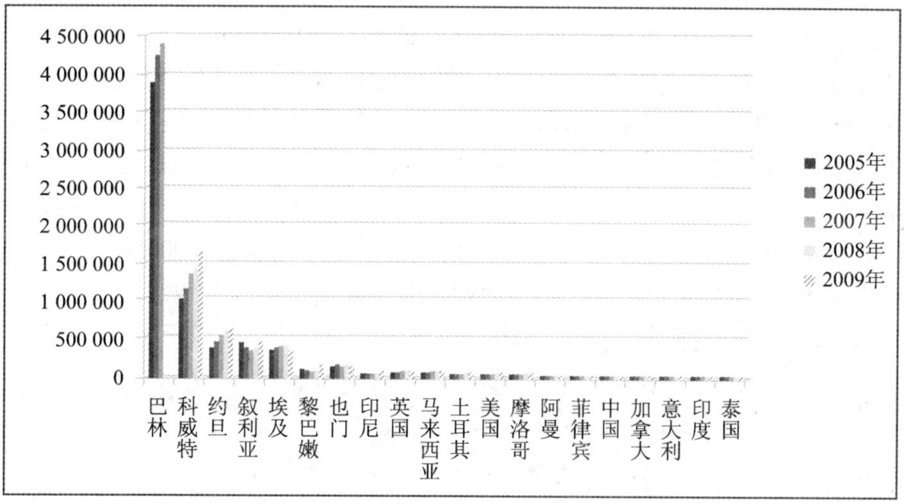

图 3－41　沙特阿拉伯主要出境旅游目的地国家

资料来源：UNWTO。

埃及（204 万人次）之后，而在 2009 年之前的四年间，中国一直是俄罗斯第二大出境目的地国。由此可见，在外部因素发生变化的情况下，中国在吸引俄罗斯游客的稳定性方面还有待强化，包括产品的开发类型及档次等方面。有研究表明，俄罗斯出境游客比较喜欢那些有 SPA、运动设施和美食的目的地，喜欢那些拥有温暖的气候、出色的海滩、且有着 SPA 与餐馆、历史与文化的目的地；他们喜欢全包价行程，但是购买行程的时间提前量不多，约 80% 的度假行程在出发前 4 周内被售出。

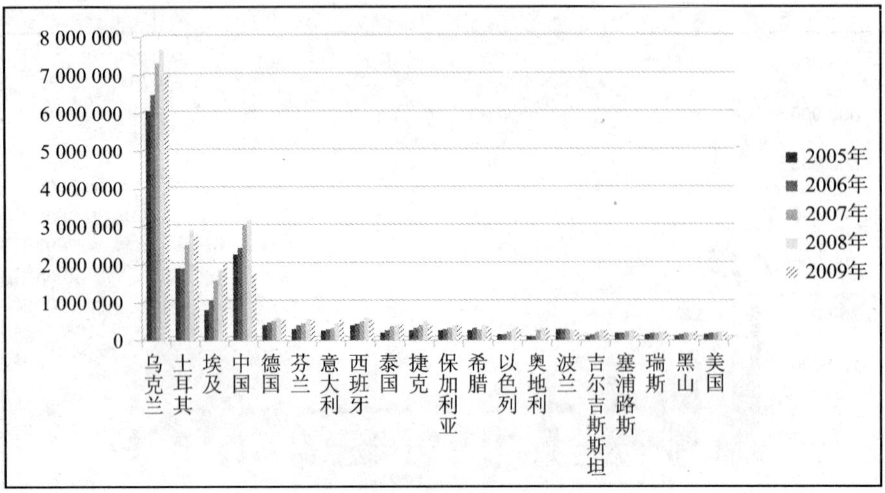

图 3-42 俄罗斯主要出境旅游目的地①国家

资料来源:UNWTO。

2. 俄罗斯出境游市场特征

2010 年俄罗斯出境旅游者中,约 90.8% 是基于休闲目的的旅游者,而约 9.2% 的出境商务旅游者中,只有 14.0% 左右与 MICE 有关。从俄罗斯全部出境者的出行方式看,航空交通约占 46.7%,陆路交通占 23.0%,铁路交通占 26.5%,另有 3.8% 是从海路出境旅行。从休闲性出境旅游的方式看,有组织的团队旅游所占比重有逐年下降的趋势,而其他方式的比例则显著上升。从俄罗斯海外花费比例结构看,总体比较稳定,住宿部分略有下降,而娱乐消费略有上升。从海外旅行支付的方式看,现金支付比例从 2005 年的 73% 左右降到 60% 左右,而借记卡支付比例从 2005 年的 24% 升至 35.6%,但是信用卡支付方式在整个支付方式中的地位始终没有建立起来。

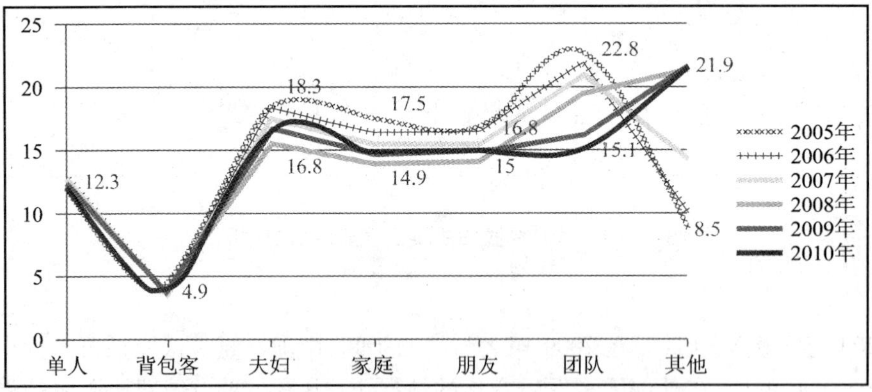

图 3-43 俄罗斯基于休闲目的的出境旅行方式

资料来源:Euromonitor。

① 世界旅游组织的数据显示,俄罗斯 2004—2008 年的出境旅游人次分别为 2 451 万、2 842 万、2 911 万、3 429万、3 654 万;旅游花费分别为 160.8 亿美元、183.1 亿美元、194.8 亿美元、241.6 亿美元、281.2 亿美元。

表 3-6　俄罗斯海外花费项目比例（2005—2010 年）

消费百分比（%）＼年份	2005	2006	2007	2008	2009	2010
住宿花费	37.6	37.5	37.2	36.7	36.5	36.8
娱乐花费	8.1	8.2	8.9	8.6	8.7	8.7
短途旅行	5.0	5.0	5.0	5.0	6.0	5.6
餐饮花费	31.8	31.9	31.6	31.8	30.6	31.2
购物花费	12.5	12.6	12.2	12.7	12.8	13.0
目的地国内旅行	3.9	3.6	4.0	4.2	4.4	4.2
其他花费	1.2	1.2	1.2	1.0	1.0	0.5
总计	100.0	100.0	100.0	100.0	100.0	100.0

资料来源：Euromonitor。

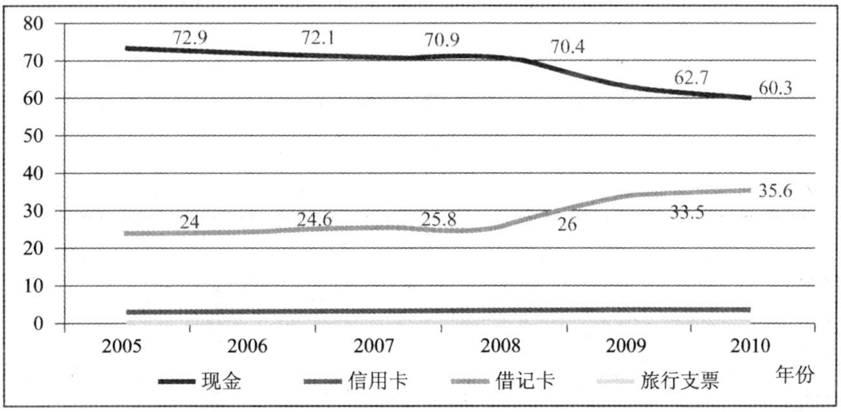

图 3-44　俄罗斯海外花费支付方式（2005—2010 年）

资料来源：Euromonitor。

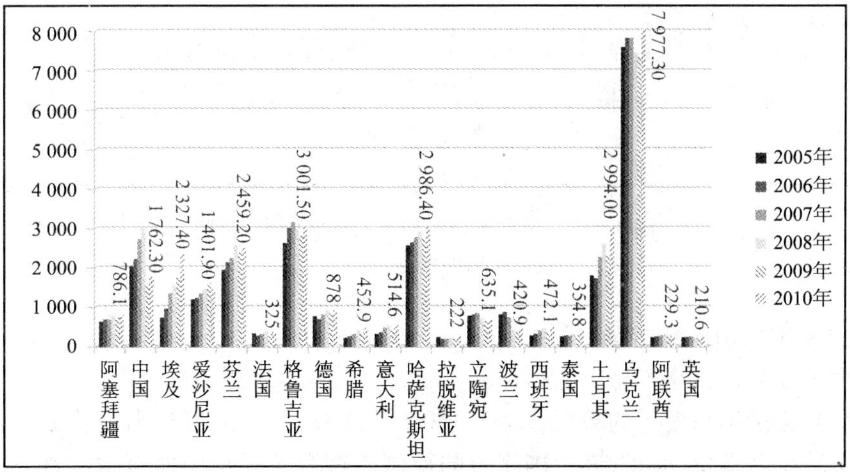

图 3-45　俄罗斯出境旅游目的地国家分布（2005—2010 年）

资料来源：Euromonitor。

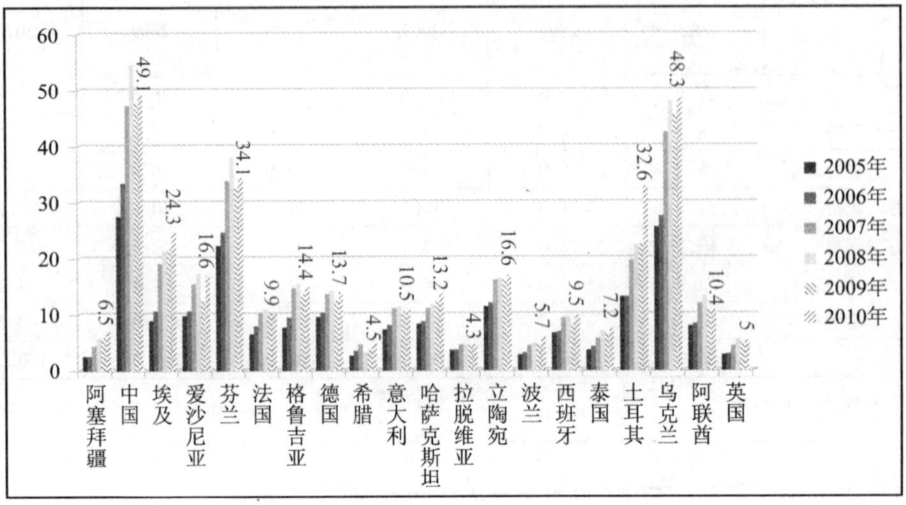

图 3－46　俄罗斯出境旅游花费情况（2005—2010 年）

资料来源：Euromonitor。

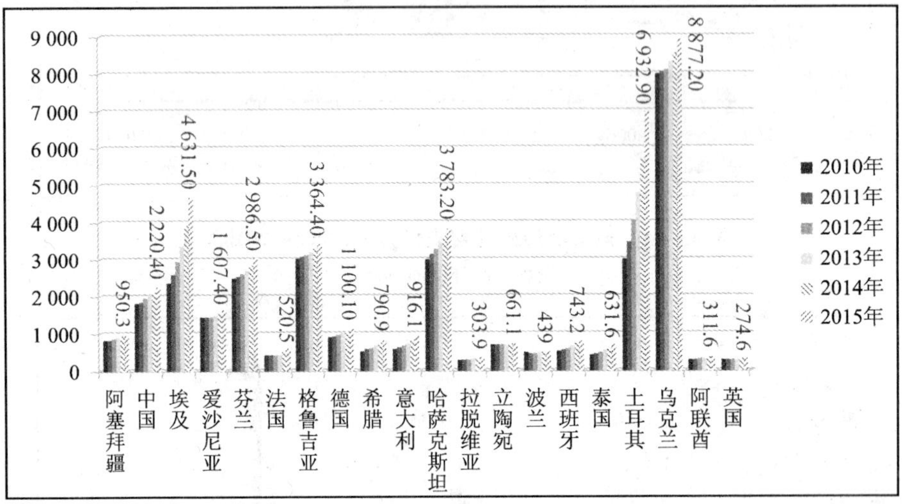

图 3－47　俄罗斯出境旅游目的地国家预测

资料来源：Euromonitor。

（二）德国出境旅游市场

1. 中国在德国出境市场中总体份额很低

从世界旅游组织发布的数据（2005—2009 年）来看，德国虽然出境旅游人次和花费均居全球排名首位，但是，来中国旅游的德国游客数量在德国所有目的地国家中排位要在第 20 位以外（2009 年 51.9 万）。2005 年是近十年德国出境旅游人次的高点年份，达 7 740 万人次；2010 年因受经济因素的影响，出境人次为 7 376 万，前五大目的地国分别为法国、意大利、西班牙、奥地利和土耳其。到欧洲及北非以外的境外目的地旅游的德国游客数量已经从 2000 年的 683 万人次增至 2010 年的 832 万人次，居前五大目的地国家分别是美国、泰国、中国、肯尼亚和加拿大。可见中国对德国游客还是有很强吸引力的，但中国与美国（168.72 万，2009 年）和泰国（55.7 万，2009 年）吸引的德国游客相比，差距还比较大。

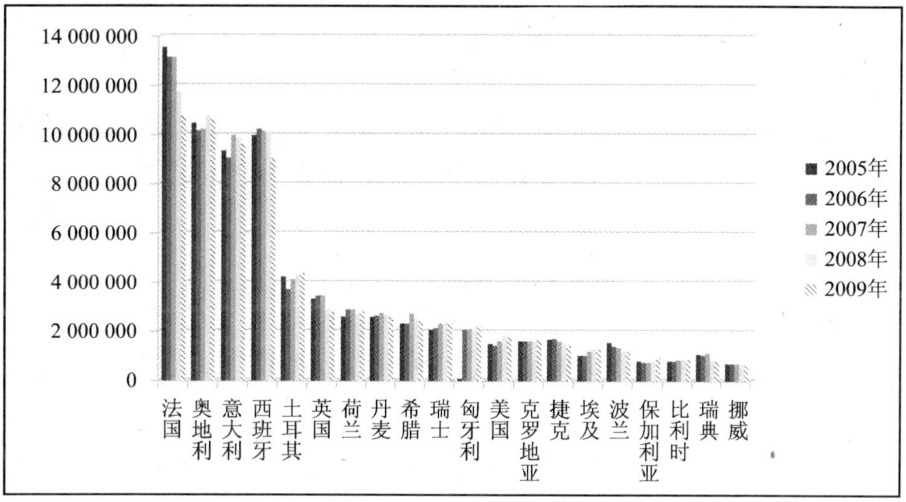

图 3－48 德国主要出境旅游目的地国家

资料来源：UNWTO。

2. 德国出境旅游市场特征①

2010 年，在德国出境旅游者中，约 85.4% 是基于休闲目的的旅游者，而约 14.6% 的出境商务旅游者中，有 26.0% 左右与 MICE 有关。从德国全部出境者的出行方式看，航空交通约占 51.6%，陆路交通占 44.7%，铁路交通占 3.6%。从休闲性出境旅游的方式看，其主流是夫妇两人世界式出游及家庭方式出游，而有组织的团队旅游所占比重并不大，仅为 16%～17% 左右。从德国海外花费比例结构看，总体比较稳定，住宿部分比例一直占重要位置，其次为餐饮和购物方面的消费。从海外旅行支付的方式看，现金支付方式是使用比例最大的方式，一直维持在 75% 以上，其次为信用卡支付方式，基本保持在 19% 左右，而旅行支票支付比例并不大。

① 从前往澳大利亚旅行的德国游客情况来看（2009 年），提前 1～3 个月进行旅行计划的度假游客和探亲访友游客分别占 24% 和 28%，提前 3～6 个月进行旅行计划的度假游客和探亲访友游客分别占 26% 和 35%；首次访问澳大利亚的游客的主要信息来源分别是互联网、旅游指南、旅行社和曾到澳大利亚旅行过的亲友。

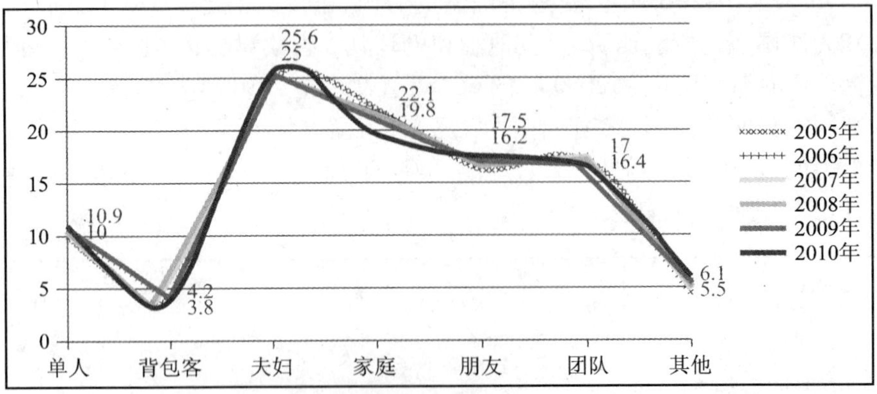

图 3-49　德国基于休闲目的的出境旅行方式

资料来源：Euromonitor。

表 3-7　德国海外花费项目比例（2005—2010 年）

年份 / 消费（%）	2005	2006	2007	2008	2009	2010
住宿花费	39.2	39.4	39.5	39.7	39.5	40.1
娱乐花费	7.1	7.3	7.5	7.7	7.8	7.7
短途旅行	9.9	9.8	9.7	9.8	9.9	9.8
餐饮花费	19.3	19.2	18.9	18.8	18.6	19.0
购物花费	14.0	14.1	14.2	14.3	14.4	13.7
目的地国内旅行	8.2	8.1	8.1	8.1	8.1	8.1
其他花费	2.2	2.1	2.1	1.6	1.7	1.7
总计	100.0	100.0	100.0	100.0	100.0	100.0

资料来源：Euromonitor。

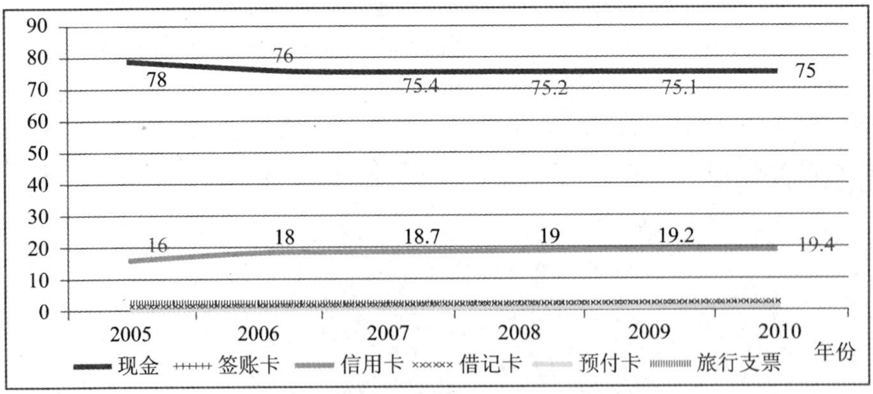

图 3-50　德国海外花费支付方式（2005—2010 年）

资料来源：Euromonitor。

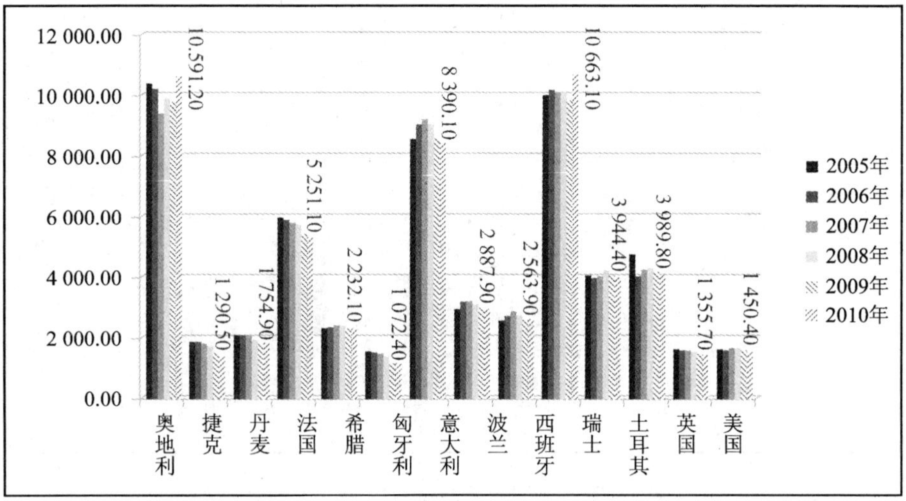

图 3-51　德国出境旅游目的地国家分布(2005—2010 年)

资料来源：Euromonitor。

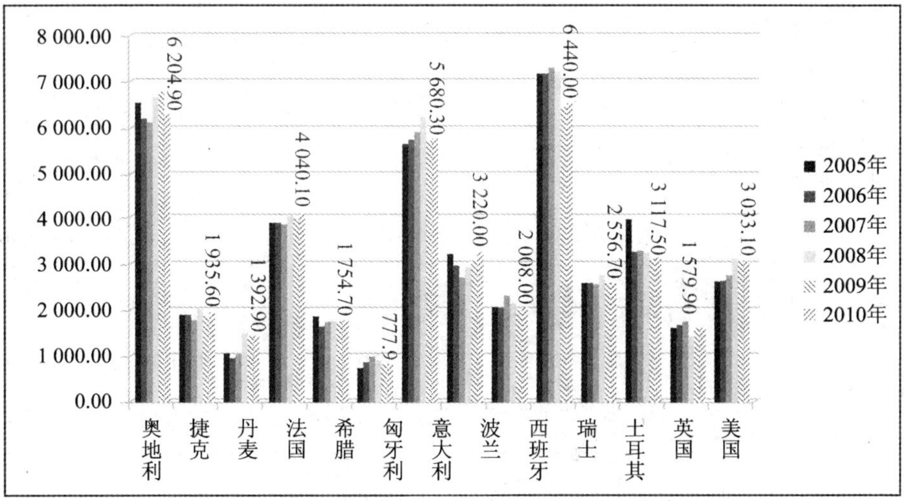

图 3-52　德国出境旅游花费情况(2005—2010 年)

资料来源：Euromonitor。

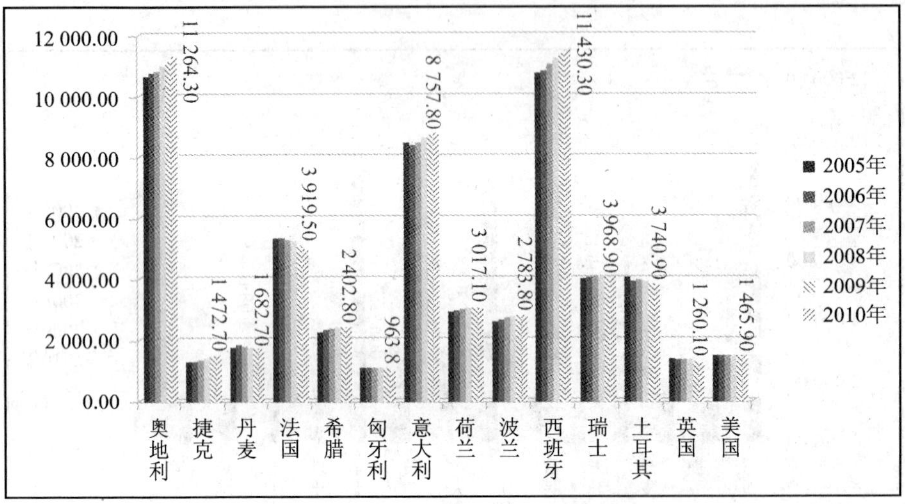

图 3－53　德国出境旅游目的地国家预测

资料来源：Euromonitor。

（三）其他主要客源市场

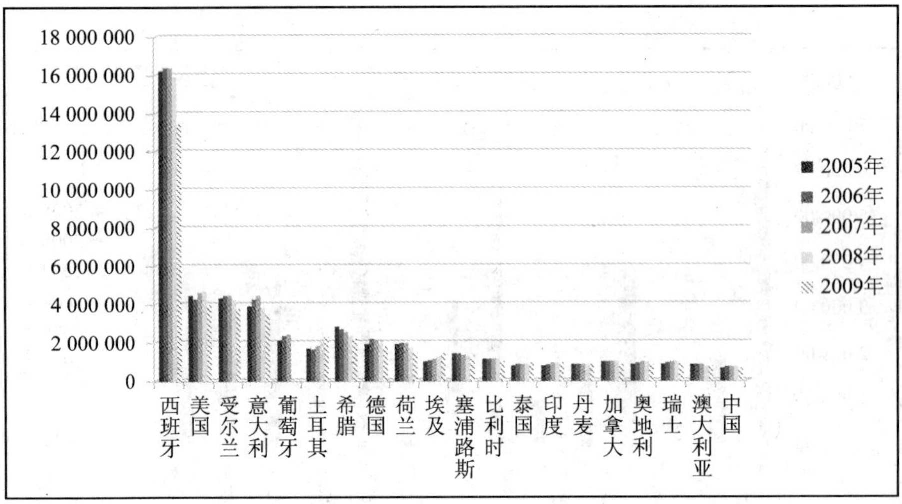

图 3－54　英国主要出境旅游目的地①国家

资料来源：UNWTO。

---

① 英国出境人次已经从 2000 年的 5 684 万增至 2010 年的 5 713 万（2006 年达 6 954 万），列居前五大出境目的地国家是西班牙、法国、美国、意大利、爱尔兰。到除欧洲、北非、迪拜以外目的地旅行的英国游客数量则从 2000 年的 1 328 万人次增至 2010 年的 1 523 万人次（2008 年达 1 708 万），列居前五大目的地国家分别是美国、泰国、加拿大、印度和澳大利亚。

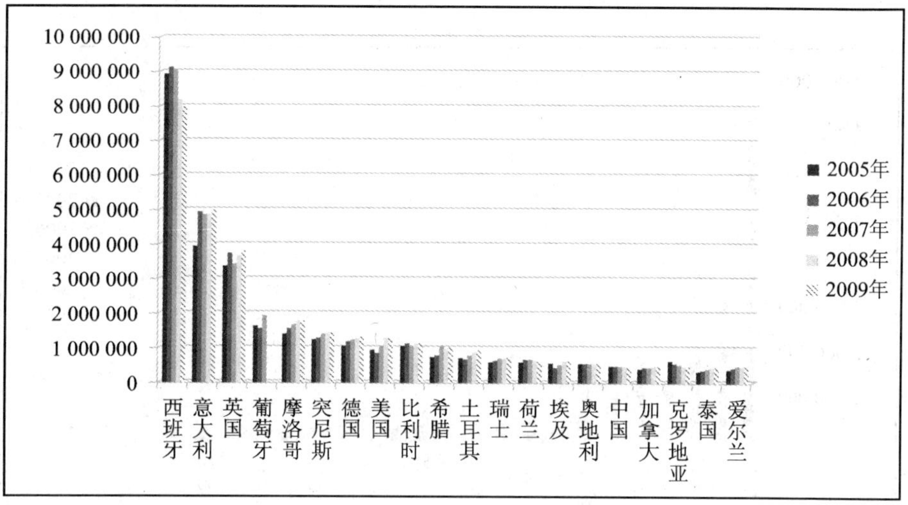

图 3－55　法国主要出境旅游目的地①国家

资料来源：UNWTO。

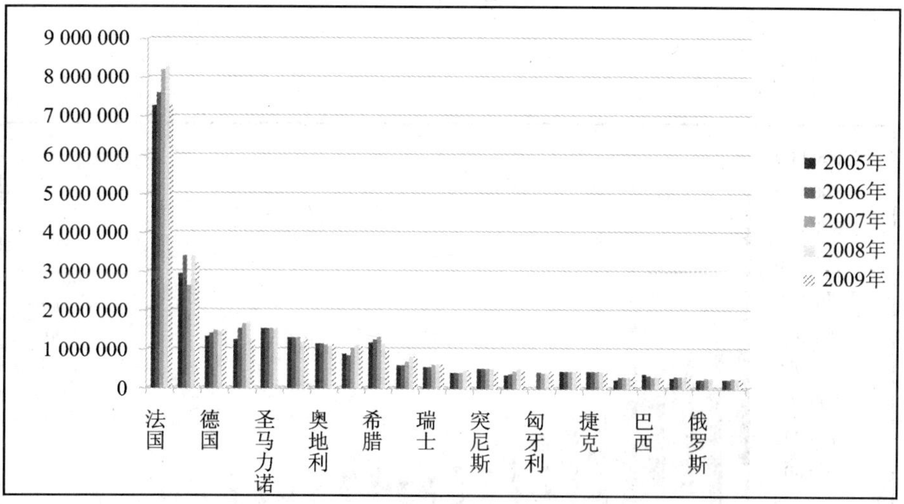

图 3－56　意大利主要出境旅游目的地②国家

资料来源：UNWTO。

---

① 法国出境人次已经从 2000 年的 1 989 万增至 2010 年的 2 418 万，前五大出境目的地国家是西班牙、意大利、英国、摩洛哥和突尼斯。到除欧洲、北非、法属领地和以色列外目的地旅行的法国游客数量则从 2000 年的 456 万人次增至 2010 年的 748 万人次，前五大目的地国家分别是美国、泰国、中国、加拿大和墨西哥。

② 意大利出境人次已经从 2000 年的 2 199 万增至 2010 年的 3 012 万，前五大出境目的地国家分别是法国、西班牙、德国、英国、克罗地亚。到除欧洲、北非以外目的地旅行的意大利游客数量则从 2000 年的 294 万人次增至 2010 年的 425 万人次，前五大目的地国家分别是美国、巴西、中国、泰国和墨西哥。

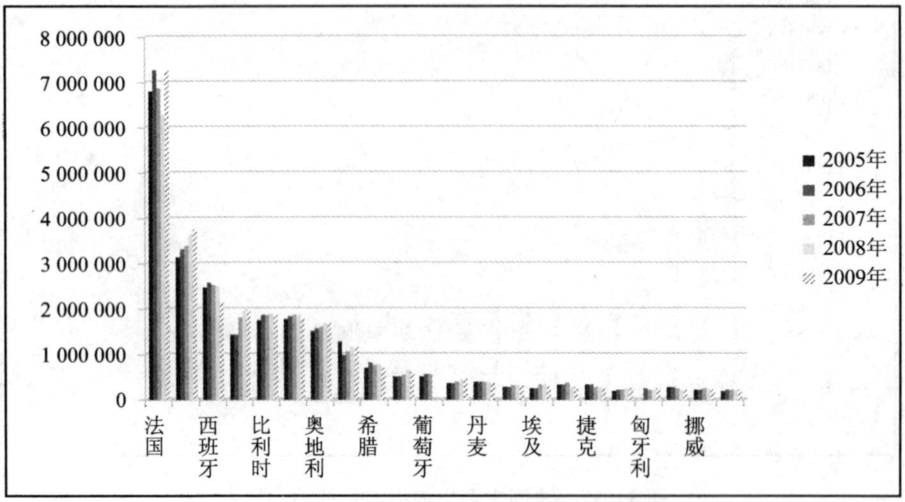

图 3-57　荷兰主要出境旅游目的地国家

资料来源：UNWTO。

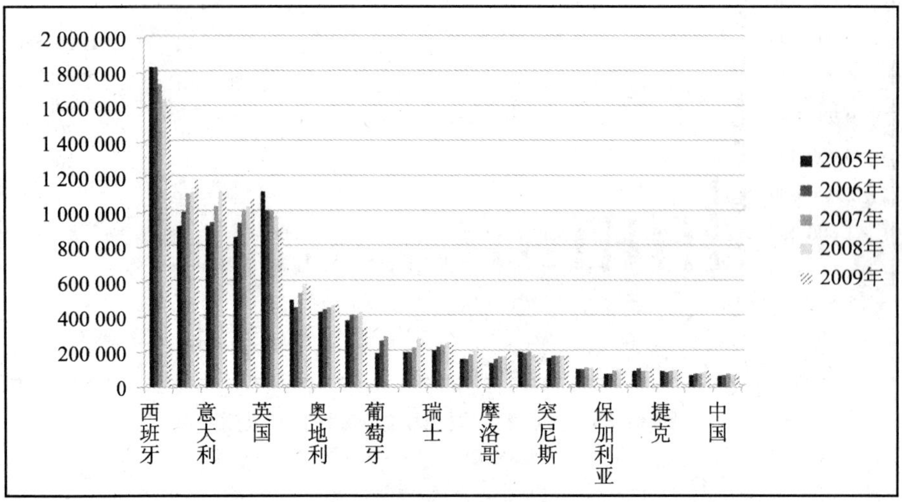

图 3-58　比利时主要出境旅游目的地国家

资料来源：UNWTO。

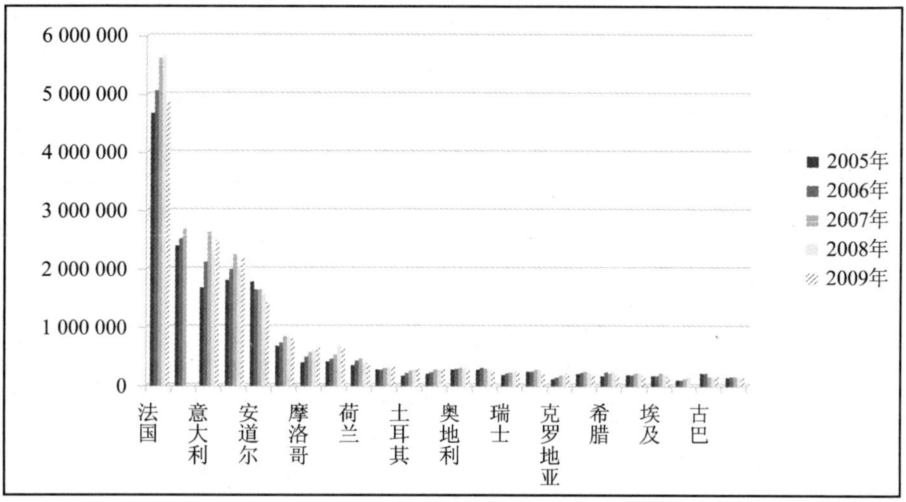

图 3－59　西班牙主要出境旅游目的地国家

资料来源:UNWTO。

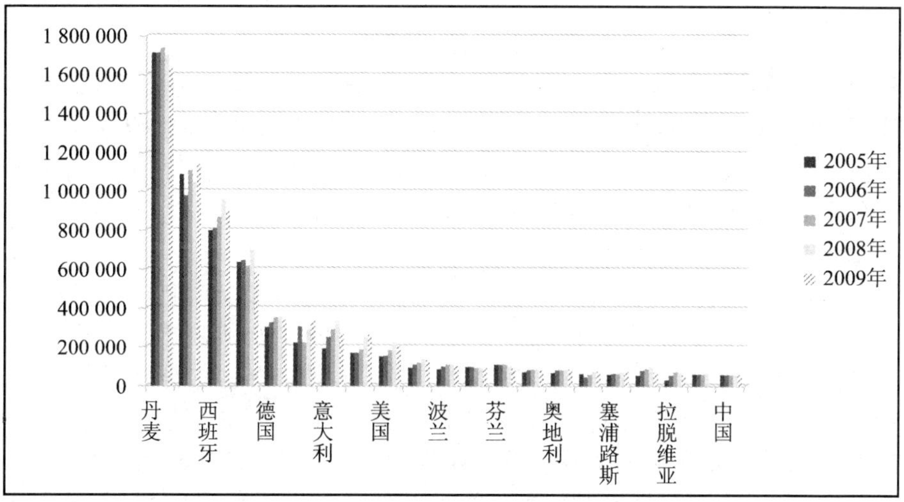

图 3－60　挪威主要出境旅游目的地国家

资料来源:UNWTO。

三、美洲主要客源市场

(一)美国出境旅游市场

1. 中国是美国第八大出境目的地国

从世界旅游组织发布的数据(2005—2009 年)来看,美国出境总人数分别为 6 350.3万人次、6 366.2 万人次、6 402.8 万人次、6 356.4 万人次、6 141.9 万人次。中

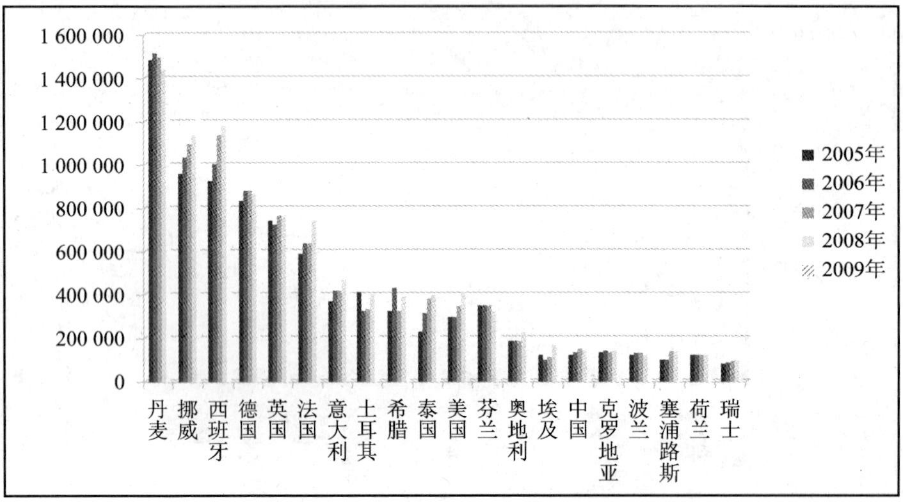

图 3－61　瑞典主要出境旅游目的地国家

资料来源：UNWTO。

国约为美国2009年第八位出境目的地(171万人次),列居墨西哥(1 945万人次)、加拿大(1 167万人次)、法国(306万人次)、波多黎各(300万人次)、英国(288万人次)、意大利(226万人次)、德国(194万人次)之后。另据澳大利亚旅游委员会研究数据显示,美国总出境人次约为6 407万,排在前五大目的地的国家分别是墨西哥、加拿大、波多黎各、法国和英国。到北美和加勒比地区之外目的地旅行的美国游客数量从2000年的3 080万人次增至2010年的3 566万人次,排在前五大目的地的国家分别是法国、英国、意大利、德国和中国。

较日本和韩国吸引的美国游客人次,中国显然要高得多,这两个国家吸引的美国游客分别为70万和61万;但如何在美国这个全球出境旅游消费能力居第二位的客源市场获取更多的市场份额(不仅是游客人数,更应该是其旅游花费)依然是一个需要持续给予关注的课题,尤其是在这些年中国赴美国旅游人次和花费都快速增长的环境中。在2010年中国赴美国游客数量虽然仅列美国主要客源市场的第11位(80.2万人次,同比增长53%),但是中国游客在美国消费位列所有美国入境客源市场中的第七位,约为50亿美元。从2005年以来(含),中国游客在美国旅游花费的增长率分别为38%、35%、30%、34%、0%和39%,显示出强大的消费能力。同期,美国在华旅游消费支出分别仅为25.9亿美元、27.6亿美元、31.5亿美元、30.0亿美元、27.2亿美元、31.0亿美元,中国对美国的旅游贸易已经从2008年开始出现6.2亿美元、8.8亿美元和19.0亿美元的逆差。2011年第一季度中国赴美国的游客为21.7万人次,同比增长32.7%;4月和5月赴美国游客则分别为6.2万人次和8.7万人次。

2. 美国出境市场特征

在Euromonitor的统计中可以发现,在2010年美国出境旅游者中,约80.8%是基于休闲目的的旅游者,而19.2%左右的出境商务旅游者中,只有11.3%左右与MICE

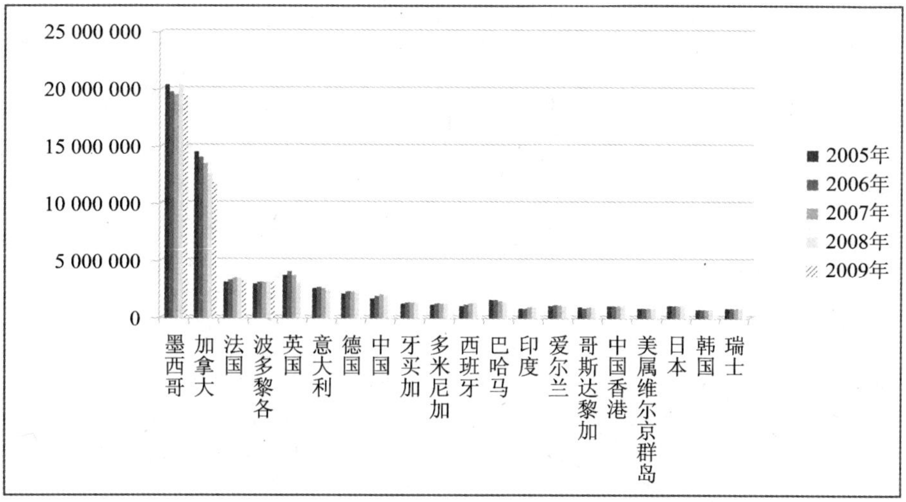

图 3－62　美国主要出境旅游目的地国家和地区

资料来源：UNWTO。

有关。从美国全部出境者的出行方式看，航空交通约占 65.3%，陆路交通占 33.5%，铁路交通占 0.1%，另有 1.1% 从海路出境旅行。从休闲性出境旅游的方式看，其主流是单独出游、夫妇及家庭方式出游，而有组织的团队旅游所占比重极低，仅为 2%～3%，这一点是中国在开发美国入境旅游市场时需要高度关注的。从美国海外花费比例结构看，总体比较稳定，住宿部分略有下降，而娱乐消费略有上升。从海外旅行支付的方式看，信用卡支付比例从 2005 年的 54% 左右降到 47% 左右，而现金支付比例则从 2005 年的 32% 升至 38%，但是旅行支票等在整个支付方式中的地位并不高。

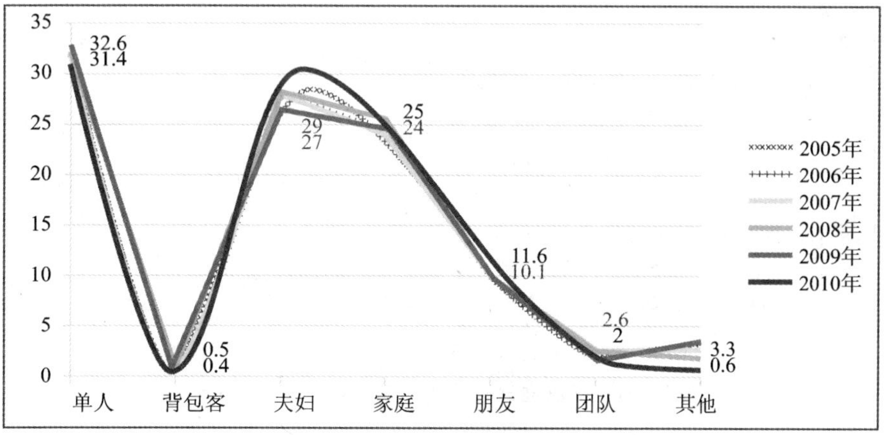

图 3－63　美国基于休闲目的的出境旅行方式

资料来源：Euromonitor。

表 3-8 美国海外花费项目比例(2005—2010 年)

消费百分比(%) \ 年份	2005	2006	2007	2008	2009	2010
住宿花费	23.4	23.6	23.7	23.4	21.8	21.6
娱乐花费	14.2	13.8	14.1	14.2	14.6	14.7
短途旅行	—	—	—	—	—	—
餐饮花费	20.7	20.9	20.6	20.6	21.6	21.6
购物花费	19.8	19.9	19.3	19.5	19.2	19.3
目的地国内和地区旅行	13.1	13.1	13.4	14.2	14.4	14.5
其他花费	8.8	8.7	8.9	8.1	8.4	8.3
总计	100.0	100.0	100.0	100.0	100.0	100.0

资料来源:Euromonitor。

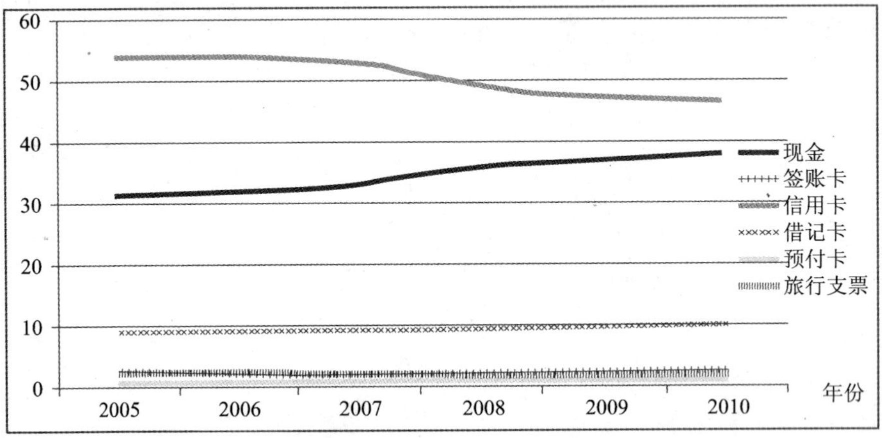

图 3-64 美国海外花费支付方式(2005—2010 年)

资料来源:Euromonitor。

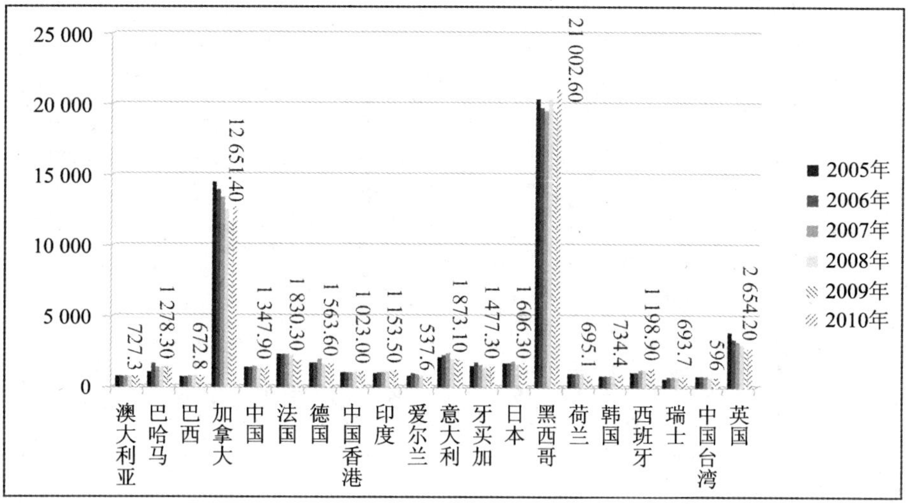

图 3-65　美国出境旅游目的地国家和地区分布（2005—2010 年）

资料来源：Euromonitor。

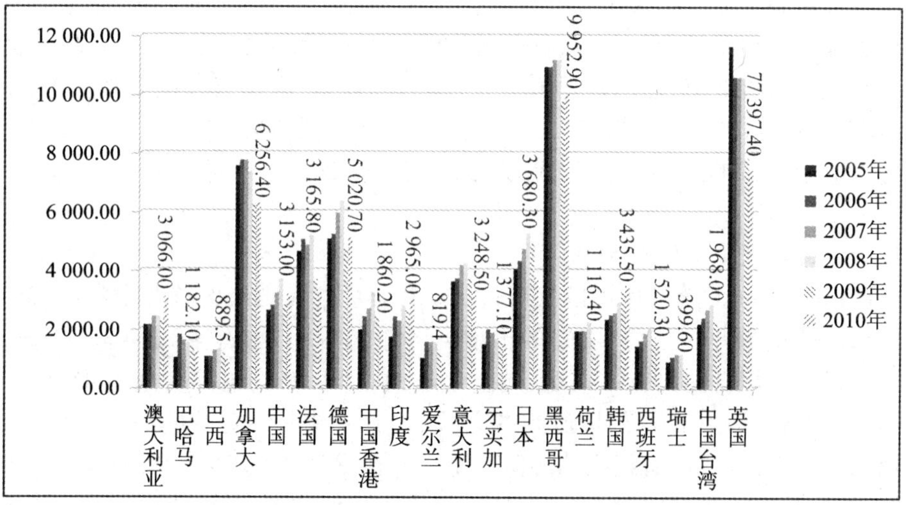

图 3-66　美国出境旅游花费情况（2005—2010 年）

资料来源：Euromonitor。

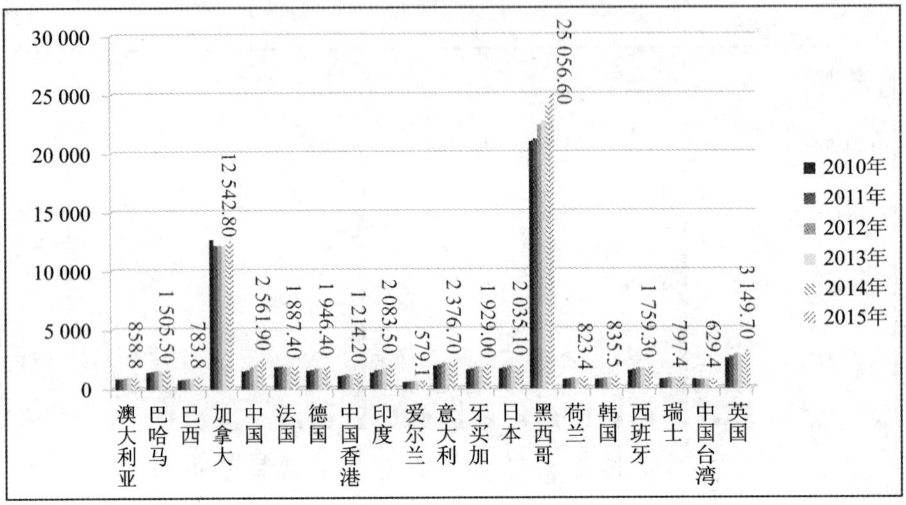

图 3－67　美国出境旅游目的地国家和地区预测

资料来源：Euromonitor。

（二）加拿大出境旅游市场

1. 中国是加拿大第七大出境目的地国

从世界旅游组织发布的数据（2005—2009 年）来看，美国在加拿大出境旅游目的地中具有绝对领先地位，摇摇领先于其他旅游目的地。排在第二位的是古巴，接待了 91 万加拿大游客；法国列居第三位，接待了 87 万加拿大游客；中国是加拿大第七大出境旅游目的地国，2009 年接待了 55 万加拿大游客（2010 年增长 24.53%，达 69 万人次）。

2. 加拿大出境旅游市场特征

在 Euromonitor 的统计中可以发现，在 2010 年加拿大出境旅游者中①，87.3% 是基于休闲目的的旅游者，而约 13.7% 的出境商务旅游者中，约有 49.2% 与 MICE 有关。从加拿大全部出境者的出行方式看，航空交通约占 51.2%，陆路交通占 45.8%，海上交通约占 0.6%。从休闲性出境旅游的方式看，其主流是单独出行、夫妇两人世界式出游及家庭方式出游，而有组织的团队旅游所占比重还不到 2%。从加拿大海外花费比例结构看，总体比较稳定，住宿部分比例一直占重要位置，其次为餐饮和购物方面的消费。从海外旅行支付的方式看，信用卡支付是使用比例最高的方式，保持在 40% ~ 50%，其次为现金支付方式和借记卡支付方式，基本保持在 20%。

① 有关数据显示，加拿大出境旅游人次从 2000 年的 1 918 万增至 2010 年的 2 848 万，列居前五大目的地国家分别是美国、墨西哥、古巴、法国和英国。到北美和加勒比之外目的地旅行的加拿大游客则从 2000 年的 484 万人次增至 2010 年的 808 万人次，列居前五大目的地国家和地区分别为法国、英国、中国、意大利和中国香港。

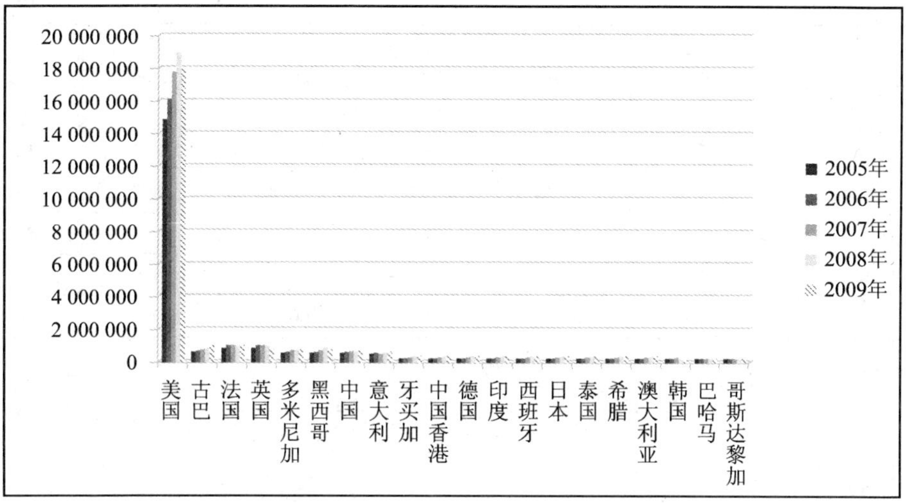

图 3-68　加拿大主要出境旅游目的地国家和地区

资料来源:UNWTO。

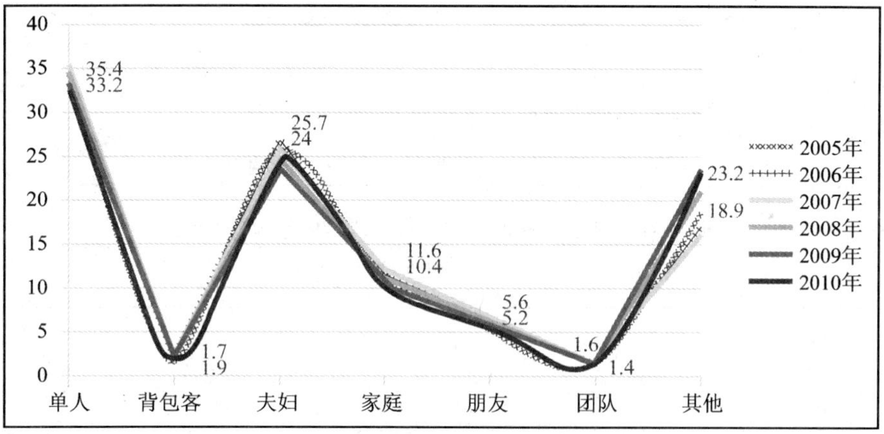

图 3-69　加拿大基于休闲目的的出境旅行方式

资料来源:Euromonitor。

表 3-9　加拿大海外花费项目比例(2005—2010 年)

年份 消费百分比(%)	2005	2006	2007	2008	2009	2010
住宿花费	17.1	17.9	18.6	17.6	19.5	19.1
娱乐花费	9.5	9.0	9.0	8.9	8.1	8.4
短途旅行	2.9	2.9	2.8	2.8	2.8	2.8

续表

年份 / 消费百分比(%)	2005	2006	2007	2008	2009	2010
餐饮花费	18.0	18.5	18.7	18.7	18.2	18.2
购物花费	9.5	9.0	8.8	8.8	8.2	8.8
目的地国内旅行	39.3	39.1	38.4	39.5	40.2	39.5
其他花费	3.7	3.6	3.7	3.7	3.0	3.2
总计	100.0	100.0	100.0	100.0	100.0	100.0

资料来源:Euromonitor。

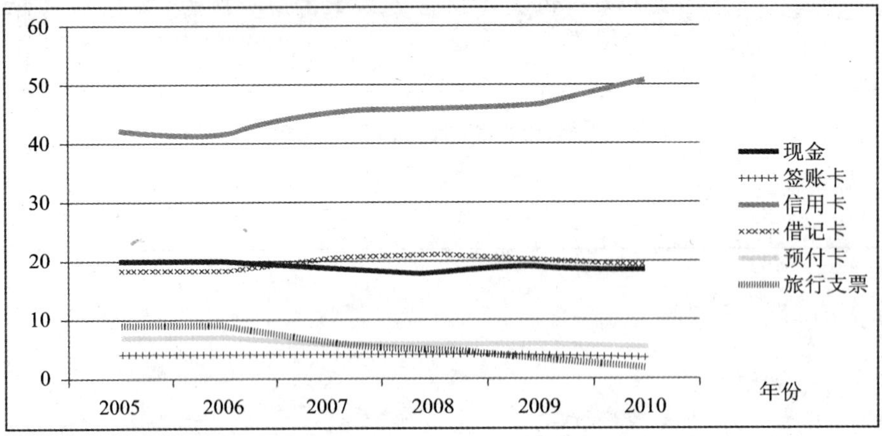

图 3-70　加拿大海外花费支付方式(2005—2010 年)

资料来源:Euromonitor。

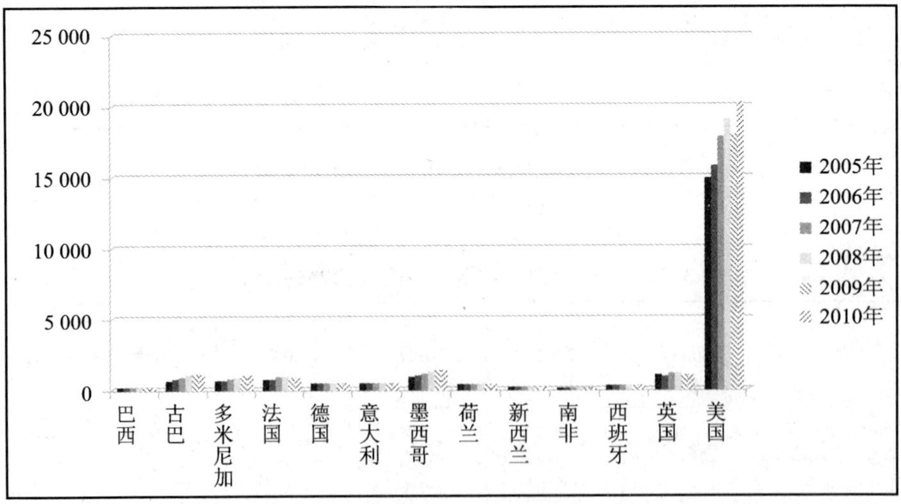

图 3-71　加拿大出境旅游目的地国家分布(2005—2010 年)

资料来源:Euromonitor。

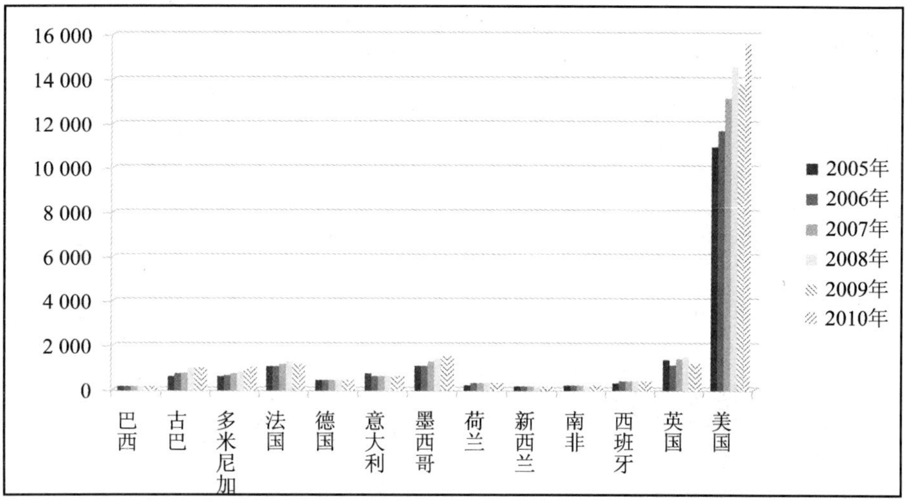

图 3－72　加拿大出境旅游花费情况(2005—2010 年)

资料来源:Euromonitor。

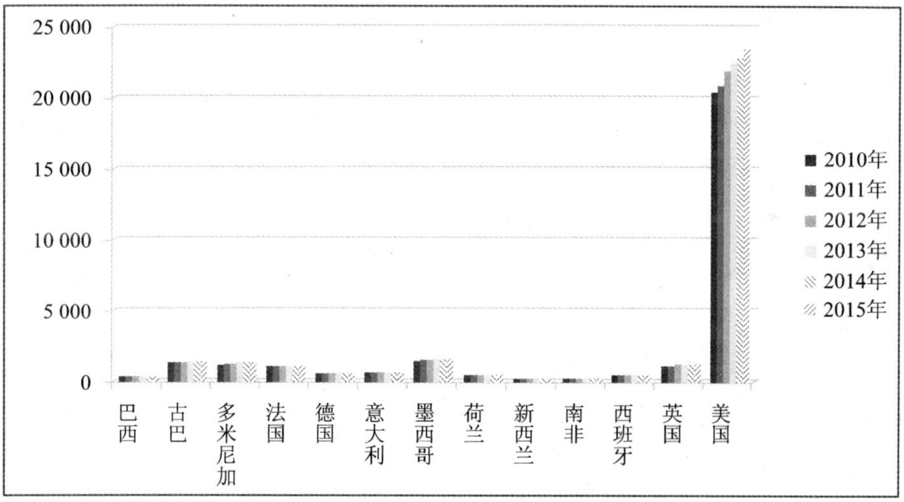

图 3－73　加拿大出境旅游目的地国家预测

资料来源:Euromonitor。

四、澳大利亚出境旅游市场

1. 中国是澳大利亚第七大出境目的地国

从世界旅游组织发布的数据(2005—2009 年)来看,中国是澳大利亚 2009 年第七位出境目的地国(56 万人次),列居新西兰(108 万人次)、英国(91 万人次)、新加坡(83 万人次)、美国(72 万人次)、泰国(65 万人次)、印度尼西亚(58 万人次)之后。近些年来,在澳大利亚出境旅游市场上,出现了与中国进行竞争的两个主要对手,即印尼和泰国。

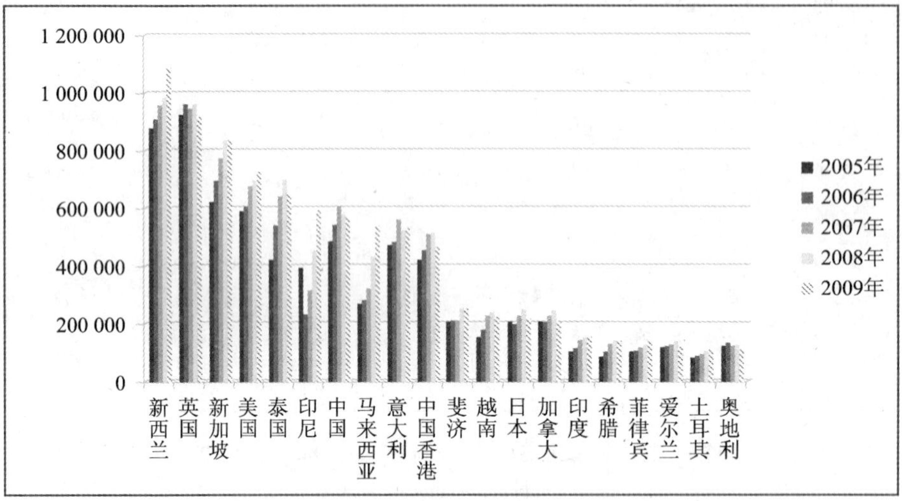

图 3-74　澳大利亚主要出境旅游目的地国家和地区

资料来源:UNWTO。

泰国与中国每年接待的澳大利亚游客数量不相上下,互有优劣,2002 年泰国接待澳大利亚游客 36 万人次,同年中国接待 29 万人次,到 2005 年中国接待了 48 万人次,超过泰国接待的 42 万人次,但 2006 年泰国以 53.84 万人次超过中国(53.80 万人次)。此后的三年,泰国接待的澳大利亚游客数量都超过中国,且优势似有越来越明显之势,2007 年、2008 年和 2009 年,分别高出中国 3.1 万人次、12.3 万人次和 8.4 万人次。

印尼的增长势头也不可小觑。尽管 2005 年中国接待了澳大利亚游客 47 万人次,超过了印尼接待的 39 万人次,2006 年继续扩大这一优势,两国的差距增至 31.2 万人次,但这种优势持续到 2008 年结束。2009 年印尼接待的澳大利亚游客重新超越中国,两国分别接待了 58.4 万人次和 56.2 万人次。

相比澳大利亚接待的中国、泰国和马来西亚的游客数量,中国向澳大利亚输送客源的能力明显要优于泰国和印尼。2008 年,中国、印尼、泰国向澳大利亚输送的客源分别为 35.6 万人次、9.4 万人次和 8.0 万人次;2009 年则分别为 36.6 万人次、10.9 万人次和 8.2 万人次;2010 年是 45.4 万人次、12.4 万人次和 8.4 万人次。澳大利亚旅游预测委员会预计,2011 年中国到澳大利亚旅游的人次将达到 57.1 万人次,到 2016 年将达到 81.2 万人次,2020 年将达 90.8 万人次。

当然,在开发澳大利亚旅华市场方面,如何进行区域性联合营销将是一个极具挑战性的课题。因为从中澳双方的数据来看,旅华的澳大利亚游客有很多并不是首站到达中国的,这在一定程度上也就意味有中国与其他澳大利亚游客入境中国前的目的地国家和地区之间存在联合促销的空间。2011 年澳大利亚一站到达中国的人次将从

2010 年的 33.7 万人次增至 38.7 万人次,2016 年将达 51.3 万人次,2020 年约为 57.9 万人次。如果能够同时做好联合促销的文章,中国在吸引澳大利亚游客方面还是有很大发展空间的。

表 3－10　澳大利亚国民赴中国旅游情况

年份 (万人次) 国别统计	2002	2003	2004	2005	2006	2007	2008	2009	2010
中方统计	29.1	24.5	37.6	48.3	53.8	60.7	57.2	56.2	66.1
澳方统计	13.7	11.4	18.2	23.5	25.1	28.4	27.7	27.9	33.7

2. 澳大利亚出境旅游市场特点

在 Euromonitor 的统计中可以发现,在 2010 年澳大利亚出境旅游者中,约有 82.7% 是基于休闲目的的旅游者,而 17.3% 左右的出境商务旅游者中,只有 16.3% 左右与 MICE 有关。从澳大利亚全部出境者的出行方式来看,航空交通约占 97.8%,海路出境旅行占 2.2%。从休闲性出境旅游的方式来看,其主流是单独出游、夫妇及家庭方式出游,而有组织的团队旅游所占比重逐年下降,现在其所占比例不足 15%。从澳大利亚海外花费比例结构看,总体比较稳定,餐饮消费在澳大利亚整个出境花费中比例较高,同时娱乐消费比例并不高,购物消费比例稳定在 17% 左右。从海外旅行支付的方式来看,信用卡是最普遍的支付方式,目前比例大致稳定在 35%,其次为现金支付方式,目前该支付方式的比例大致稳定在 30%,但是旅行支票在整个支付方式中的地位有了明显下降,已从 2005 年的 20% 降到 2010 年的 5.2%。

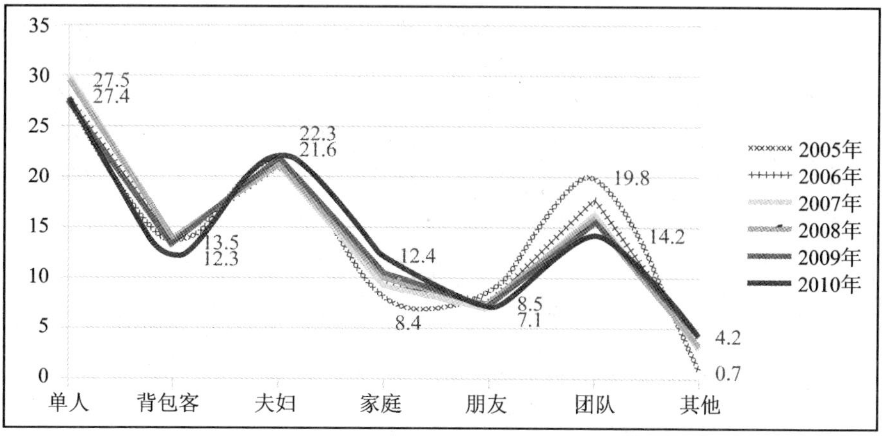

图 3－75　澳大利亚基于休闲目的的出境旅行方式

资料来源:Euromonitor。

表 3-11　澳大利亚海外花费项目比例(2005—2010 年)

年份 / 消费(%)	2005	2006	2007	2008	2009	2010
住宿花费	14.9	15.1	15.1	14.7	14.2	14.3
娱乐花费	3.8	4.1	4.2	4.0	4.4	4.6
短途旅行	11.1	10.8	10.9	11.7	12.0	12.2
餐饮花费	25.3	25.3	24.9	25.1	25.5	25.6
购物花费	17.4	17.6	17.7	17.3	17.5	17.4
目的地国内旅行	15.0	14.7	14.4	14.2	13.4	13.0
其他花费	12.5	12.3	12.8	12.9	13.0	12.9
总计	100.0	100.0	100.0	100.0	100.0	100.0

资料来源:Euromonitor。

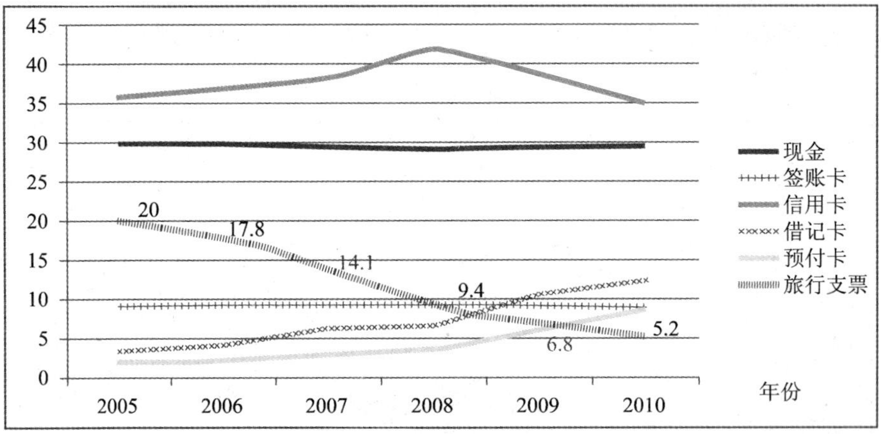

图 3-76　澳大利亚海外花费支付方式(2005—2010 年)

资料来源:Euromonitor。

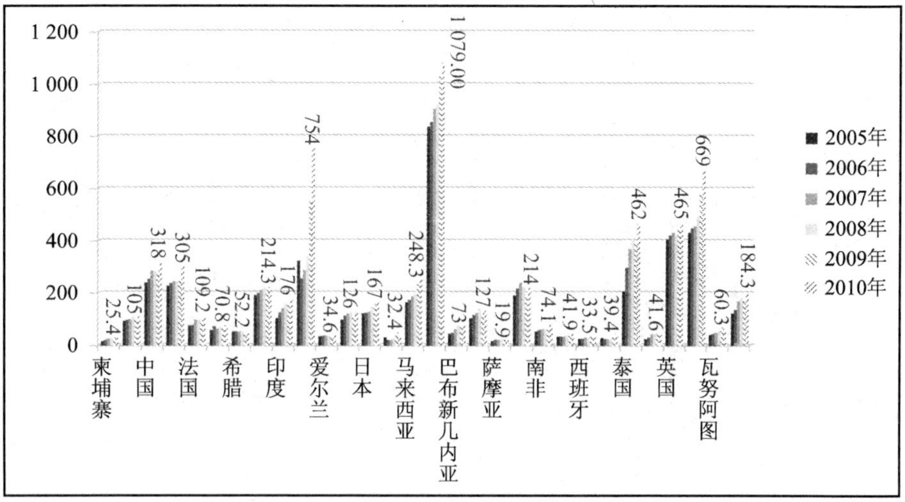

图 3－77　澳大利亚出境旅游目的地国家分布(2005—2010 年)

资料来源:Euromonitor。

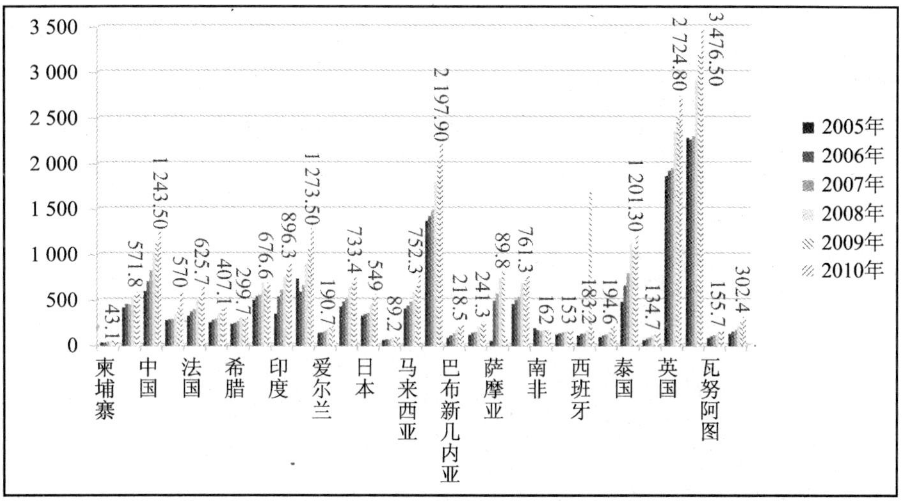

图 3－78　澳大利亚出境旅游花费情况(2005—2010 年)

资料来源:Euromonitor。

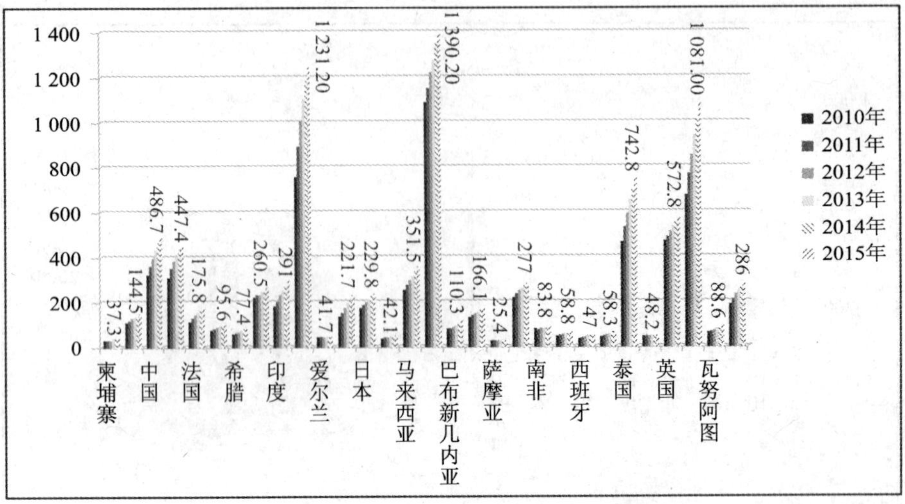

图 3-79 澳大利亚出境旅游目的地国家预测

资料来源：Euromonitor。

第四章 中国入境旅游市场特征分析

一、调研目的和问卷发放回收

本次调研工作始于 2011 年 7 月，调研的主要对象是来华旅游的外国游客，以书面问卷形式获取入境游客旅游的相关信息。本研究通过对入境游客的基本信息、旅游时间、旅游信息获取方式、旅游偏好，以及入境游客对国内旅游环境和服务的满意水平等方面的调查，分析入境旅游市场的市场特征、优势和劣势资源、发展潜力，以及入境旅游的不足之处，以期为我国入境旅游市场更好更快地发展提供新的思路和方向。

调查问卷以快递方式发放到国内经营出境业务的各大旅行社，委托其帮助发放和回收，其中大部分旅行社为中国旅行社协会的会长所在单位或者会员社，基本可以保证收回问卷。所选的旅行社主要分布在北京、上海、广州、厦门、三亚、南京、西安、重庆、成都、桂林、大连、杭州等入境旅游比较发达的城市，同时为了保证调研的全面性，又选择了昆明、青岛、呼和浩特、沈阳等城市发放了少量问卷。

本次调研共回收问卷 360 份，通过精心地筛选，剔除存在问题或不完整的问卷，最后得到有效问卷 217 份，问卷有效率为 60.2%。

二、入境游客的构成

1. 按游客基本信息划分

游客年龄主要分布在 25～64 岁之间，其中 44～54 岁之间的游客最多，占 21.8%，其次分别是 25～34 岁占 21.3%、55～64 岁占 20.7%、35～44 岁占 17.0%；年龄在 18～24 岁和 65 岁以上的游客比较少，分别占 12.8% 和 6.4%。入境游客已婚较多，已婚与未婚比例为 1.597:1，但是大部分游客家里没有 0～17 岁的小孩子，这类游客占 57.2%，有 1～2 个小孩子的游客占 31.8%。入境游客以专业技术人员、管理者和学生为主，分别占 23.2%、17.9% 和 14.7%（详见表 4－1）。

从入境游客的基本信息可知，入境游客中大部分是中年人，且家中没有小孩子牵绊，出行比较自由，这类游客一般有稳定的经济收入以及相对充裕和自由的时间。

表 4－1 游客基本信息分布表

项目	项目分类	百分比（%）
性别	女	45.5
	男	54.5
	合计	100

续表

项目	项目分类	百分比(%)
年龄	18~24 岁	12.8
	25~34 岁	21.3
	35~44 岁	17.0
	45~54 岁	21.8
	55~64 岁	20.7
	≥65 岁	6.4
	合计	100
婚姻	已婚	61.5
	未婚	38.5
	合计	100.0
职业	行政服务	5.3
	手工艺者	2.1
	军人	3.7
	家庭主妇	4.7
	高层管理者	17.9
	专业技术人员	23.2
	退休	8.9
	学生	14.7
	其他	19.5
	合计	100
有几个 0~17 岁的孩子	0	57.1
	1	14.5
	2	17.3
	3	3.5
	4	4.6
	6	1.2
	7	1.2
	8	0.6
	合计	100

2. 按过夜与否划分

对于将中国作为唯一旅游目的地的入境游客，仅有 0.6% 的人不过夜，中国非唯一目的地的游客也仅有6.7%不过夜，由此可见，绝大部分入境游客都会在境内过夜。这意味着几乎所有入境游客都会在中国停留12个小时以上，如何使他们在华期间的旅游内容丰富，创造更多的外汇收入，是旅行社、酒店、餐饮娱乐等旅游从业机构值得深入研究的问题。

3. 按游客旅游目的划分

游客来华旅游的主要目的是度假，占81.0%；其次是参加团队旅游和探亲访友，分别占5.4%和4.9%；最后是商务和会议，分别占2.9%和1.5%（详见图4－1）。可见度假旅游仍然是入境旅游的主要市场，这主要归功于我国丰富的自然、人文和旅游资源的强大吸引力。因此，进一步优化和完善旅游资源，同时提高休闲娱乐方面的配套设施，是扩大入境旅游市场的重要手段。另外，随着经济全球化的加快和我国经济实力的不断增强，商务和会议也将成为入境旅游的一个重要组成部分。因此，我们要未雨绸缪，提前做好商务和会议旅游的相关设施与服务。

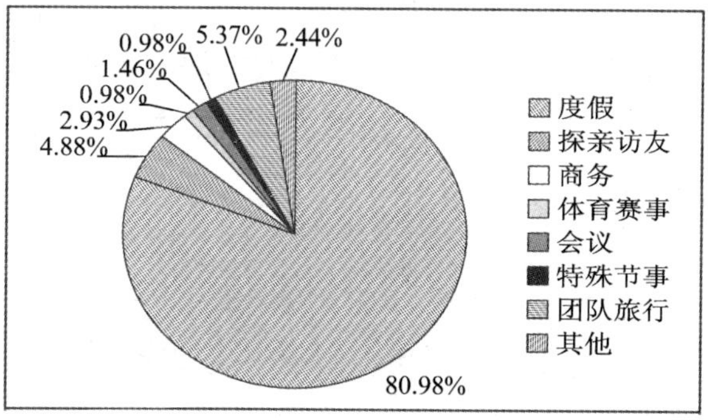

图4－1　入境旅游目的

4. 按游客结伴方式划分

入境游客来华旅游的同行者类型中，以亲朋、配偶、孩子为最多，分别占39.6%、24.9%和14.3%，其次是个人或者与配偶和孩子共同旅行，分别占7.4%和4.6%（图4－2）。鉴于入境游客的主体为亲朋和家人，如果能在亲情方面设计一些主题活动和参与性项目，必将有助于提升入境游客的体验。

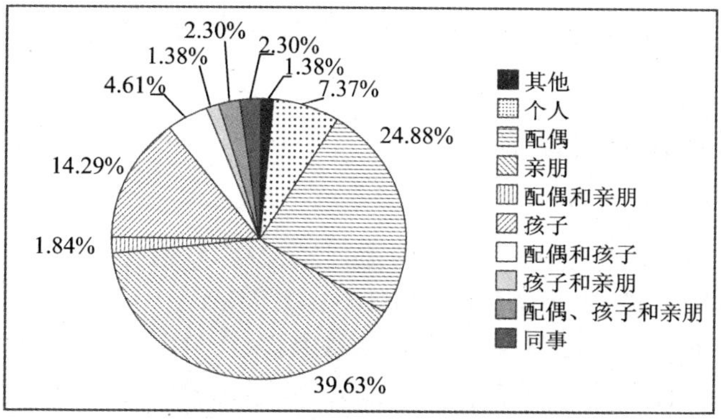

图4－2　入境游客的同行旅伴

5. 按是否有过来华经历划分

入境游客中 38.7% 在过去的 5 年中没有来过中国，其余 60.7% 在该时间段内都来过中国，其中曾来华 1 次和 2 次的人较多，分别占 43.9% 和 11.2%，多次来华的人数很少。可见大部分入境游客对中国还不十分熟悉，甚至是陌生的，因此，入境游客最可能对中国与其居住国有显著差异的地方感兴趣。各旅游从业机构可以加大与国外有区分度的旅游产品开发，尤其是提高与周边竞争性目的地产品的差异化，以此吸引入境游客。

6. 按制订旅游计划的时间划分

几乎所有入境旅游者都会提前制订旅行计划，提前 1～3 个月之间的最多，占 24.8%，其次分别为：提前 3 个月到半年之间的占 21.9%、提前半个月以内的占 19.0%、提前半年到一年之间的占 18.1%、提前半个月到一个月之间的占 13.3%；提前一年以上和临时决定旅游的游客很少，分别占 1% 和 1.9%（详见图 4－3）。可见入境游客在开始旅行前都做了充分的准备。这也在一定程度上提醒中国旅游从业者应该加大电子商务运作，更大限度地与入境游客信息获取零距离对接。

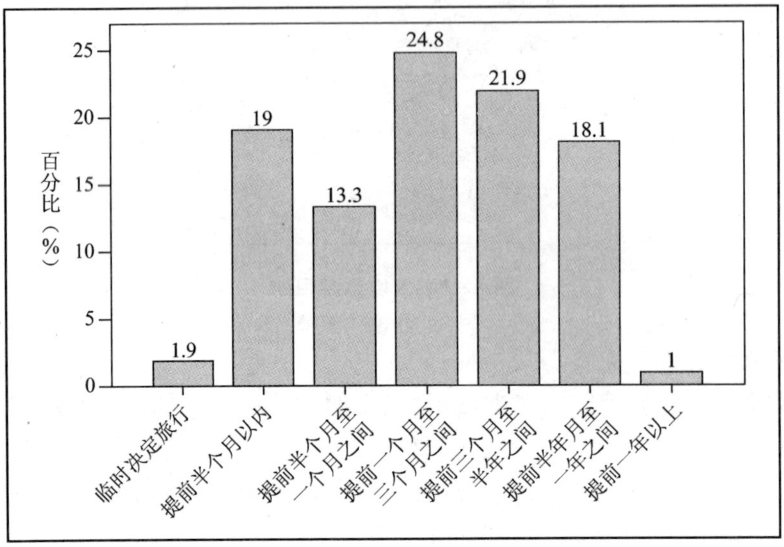

图 4－3 入境游客提前订制旅行计划的天数分布

三、入境游客在境内停留时间

1. 在华停留天数的基本情况

入境旅游中，如果中国是唯一的目的地国家，游客停留天数所占比例从高到低分别为：停留 15 天以上的占 36.9%、停留 10～15 天的占 29.2%、停留 1～5 天的占 17.9%、停留 6～9 天的占 15.5%，不过夜的游客很少，只占 0.6%（详见图 4－4）。如果中国不是唯一目的地国家，游客在华停留天数所占比例从高到低分别为：停留 1～5 天的占 42.7%、停留 6～9 天的占 29.3%、停留 10～15 天和停留 15 天以上的比例均为 10.7%，不过夜游客占 6.7%（详见图 4－5）；游客在其他国家停留天数，停留 15 天以上和停留 1～5 天的最多，分别占 37.5% 和 33.3%，停留 6～9 天和 10～15 天的比例分别为 15.3% 和 5.6%，不过夜比例相对中国来说较高，为 8.3%（图 4－6）。

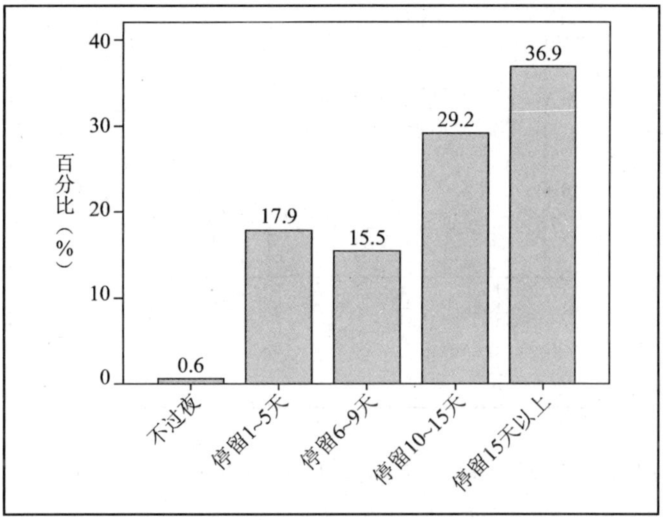

图 4－4　中国是唯一目的地国时，在华停留天数分布

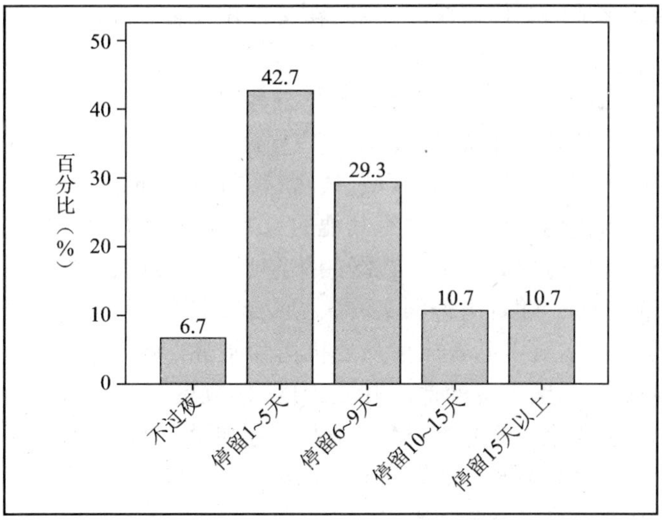

图 4－5　中国不是唯一目的地国时，在华停留天数分布

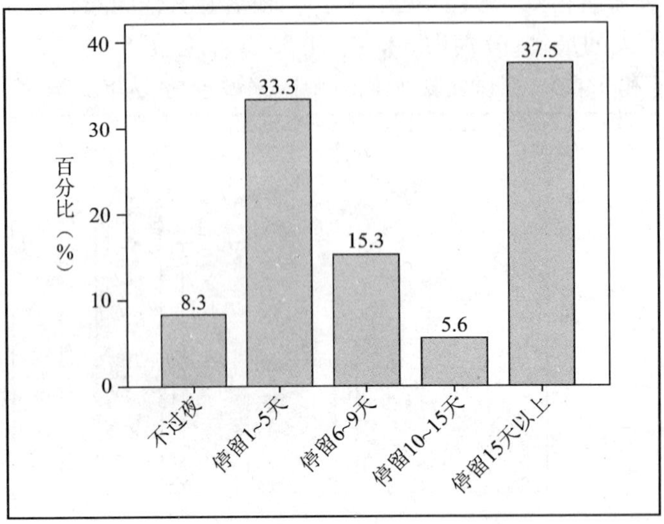

图4-6　中国不是唯一目的地国时，在其他国家停留天数分布

中国作为非唯一的目的地国家与中国唯一目的地国家的停留时间相比较，入境游客在华停留天数明显减少，停留15天以上的游客降低26.2%，停留10~5天的游客比例降低18.5%，但停留6~9天和1~5天的比例明显提高。中国作为非唯一目的地在华停留时间和在其他国家停留时间比较，在其他国家停留15天以上的游客比例明显高于中国。

中国作为唯一目的地国时，能够吸引入境游客停留较长的时间，说明中国有足够的旅游资源吸引入境游客在华旅游，但是这些旅游资源中对入境游客吸引力强的不多，比如入境游客最熟悉的景点只有长城、故宫、兵马俑等，最熟悉的城市只有北京、上海、桂林、西安等。入境游客行程同时有其他的目的地国家时，就会只游览中国对他们最有吸引力的景点和城市而放弃那些二级的旅游吸引物，这就使中国在不是唯一目的地时游客停留时间减少。随着周边国家的旅游发展，中国入境旅游市场面对的竞争会越来越激烈，这种情况需要引起各旅游从业机构和旅游行政部门的足够重视。中国需要加大二级旅游景点、景区和目的地的开发力度，建成更多的具有国际知名度的旅游吸引物。增加休闲度假旅游产品的开发，提高服务和设施的水平，吸引入境游客在中国进行深度旅游，也是增加我国入境旅游竞争力的重要途径。

2.性别、年龄、职业与在华停留天数

男女游客在华停留时间分布有所不同，男游客在华停留时间趋向于中短期，女游客停留时间趋向于短期和长期的两端分布。停留6~9天和10~15天的，男游客多于女游客，不过夜或者停留1~5天和15天以上的，女游客多于男游客（详见图4-7）。

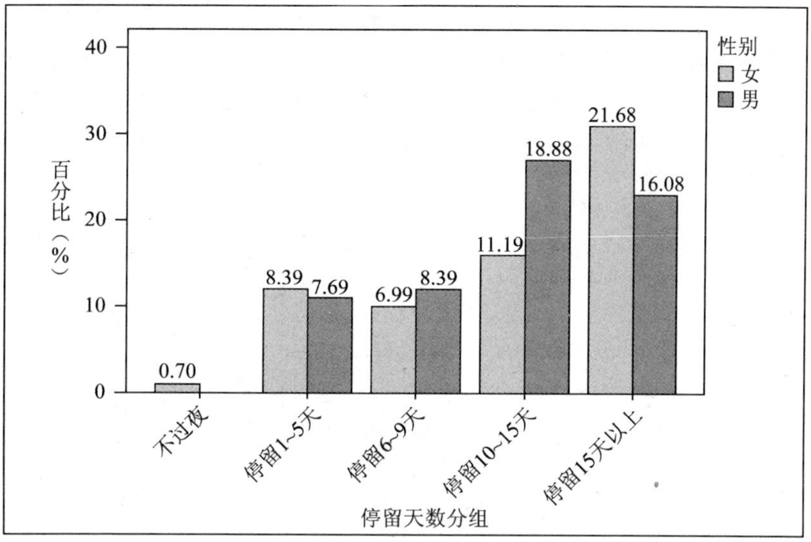

图 4－7　男女游客在华停留时间对比

不同年龄的入境游客在华停留时间也有明显差异，55～64 岁的游客停留时间最长，大部分集中在停留 10～15 天和 15 天以上；停留时间次长的是 45～54 岁的游客，主要分布在 6～9 天、10～15 天和 15 天以上；35～44 岁的游客停留时间主要为 10～15 天；25～34 岁和 18～24 岁的游客停留时间趋向于 5 天以下和 15 天以上的两端分布（详见图 4－8）。

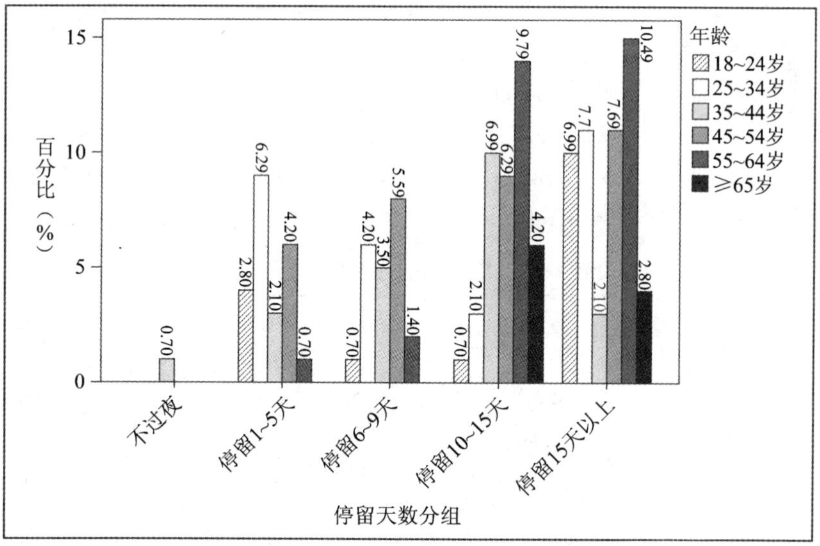

图 4－8　不同年龄游客在华停留时间对比

不同职业的入境游客在华停留时间也有所不同。停留时间在 1～5 天之间的以高层管理者、专业技术人员和学生最多，其次是行政服务人员和其他职业者；停留时间在

6～9 天之间的以专业技术人员和其他职业者最多，其次是高层管理者；停留时间在 10～15 天之间的以高层管理者和专业技术人员最多，其次是其他职业者，再次是退休人员；停留时间在 15 天以上的以学生为最多，其次是其他职业者，再依次为专业技术人员、高层管理者和退休人员（详见图 4－9）。

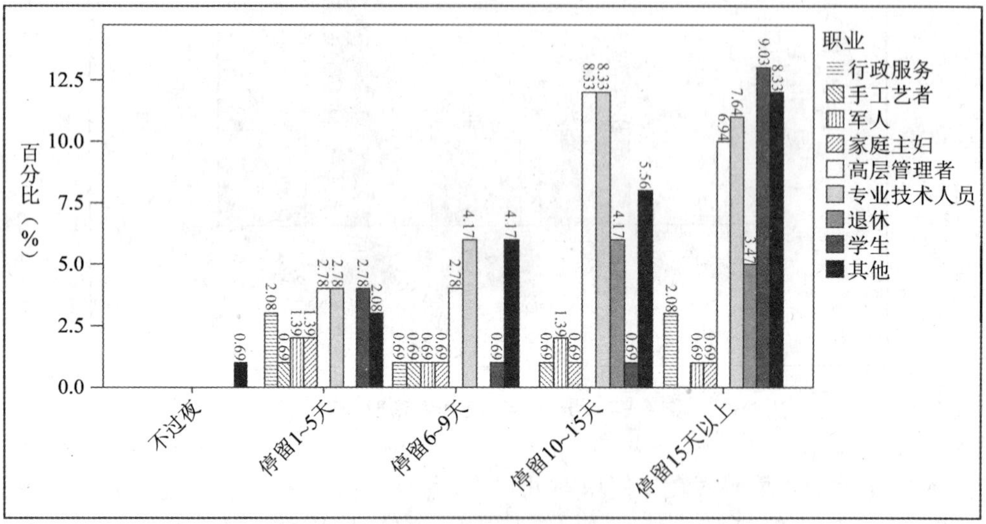

图 4－9　不同职业游客在华停留时间对比

3. 旅游目的与停留天数的关系

入境游客的旅游目的不同，在华停留的时间分布也存在明显的差异。以度假为目的的游客，在华停留时间偏向于 10～15 天和 15 天以上，分别占度假游客的 29.6% 和 35.2%。探亲访友的游客停留时间在 1～5 天的为 37.5%、10～15 天的为 25.0%、15 天以上的为 37.5%，可见以探亲访友为目的的游客，大部分在华期间会参与旅游，因此延长在华停留时间。以商务和会议为目的的游客，在华停留时间主要分布在 6～9 天和 10～15 天之间（详见表 4－2）。

表 4－2　旅游目的与在华停留时间

停留天数分组	数字统计	旅行的目的								合计
		度假	探亲访友	商务	体育赛事	会议	特殊节事	团队旅行	其他	
不过夜	占旅行目的中的比重（%）	0.8	0.0	0.0	0.0	0.0	0.0	0.0	0.0	0.6
	占总数的比重（%）	0.6	0.0	0.0	0.0	0.0	0.0	0.0	0.0	0.6

续表

停留天数分组	数字统计	旅行的目的								合计
		度假	探亲访友	商务	体育赛事	会议	特殊节事	团队旅行	其他	
停留1~5天	占旅行目的中的比重(%)	19.2	37.5	20.0	50.0	0.0	0.0	0.0	0.0	18.4
	占总数的比重(%)	15.2	1.9	0.6	0.6	0.0	0.0	0.0	0.0	18.4
停留6~9天	占旅行目的中的比重(%)	15.2	0.0	60.0	0.0	0.0	0.0	9.1	0.0	14.6
	占总数的比重(%)	12.0	0.0	1.9	0.0	0.0	0.0	0.6	0.0	14.6
停留10~15天	占旅行目的中的比重(%)	29.6	25.0	.0	.0	100.0	50.0	27.3	50.0	29.1
	占总数的比重(%)	23.4	1.3	0.0	0.0	0.6	0.6	1.9	1.3	29.1
停留15天以上	占旅行目的中的比重(%)	35.2	37.5	20.0	50.0	0.0	50.0	63.6	50.0	37.3
	占总数的比重(%)	27.8	1.9	0.6	0.6	0.0	0.6	4.4	1.3	37.3

4. 同行者与停留天数

入境游客同行者为个人、配偶、亲朋、配偶和亲朋、配偶和孩子、同事的，停留时间较长，停留时间为 15 天以上的分别占 47.1%、29.2%、46.9%、50.0%、50.0%、50.0%，停留 10~15 天的分别占 25.0%、33.3%、29.7%、25.0%、25.0%、25.0%。同行者为孩子和亲朋、配偶、孩子和亲朋的，停留时间主要在 6~15 天之间。与孩子单独出行的游客停留时间比较短，31.8% 停留 1~5 天，停留 6~9 天、10~15 天和 15 天以上的均占 22.7%（详见表 4-3）。

表 4-3　同行者与停留天数

停留天数分组	数字统计	与谁同行									合计
		个人	配偶	亲朋	配偶和亲朋	孩子	配偶和孩子	孩子和亲朋	配偶、孩子和亲朋	同事	
不过夜	占与谁同行中的比重(%)	0.0	0.0	1.6	0.0	0.0	0.0	0.0	0.0	0.0	0.6
	占总数的比重(%)	0.0	0.0	0.6	0.0	0.0	0.0	0.0	0.0	0.0	0.6

续表

停留天数分组	数字统计	与谁同行									合计
		个人	配偶	亲朋	配偶和亲朋	孩子	配偶和孩子	孩子和亲朋	配偶、孩子和亲朋	同事	
停留1~5天	占与谁同行中的比重(%)	8.3	25.0	12.5	0.0	31.8	12.5	0.0	0.0	0.0	17.9
	占总数的比重(%)	0.6	7.1	4.8	0.0	4.2	0.6	0.0	0.0	0.0	17.9
停留6~9天	占与谁同行中的比重(%)	25.0	12.5	9.4	25.0	22.7	12.5	50.0	100.0	25.0	15.5
	占总数的比重(%)	1.8	3.6	3.6	0.6	3.0	0.6	0.6	1.2	0.6	15.5
停留10~15天	占与谁同行中的比重(%)	25.0	33.3	29.7	25.0	22.7	25.0	50.0	0.0	25.0	29.2
	占总数的比重(%)	1.8	9.5	11.3	0.6	3.0	1.2	0.6	0.0	0.6	29.2
停留15天以上	占与谁同行中的比重(%)	41.7	29.2	46.9	50.0	22.7	50.0	0.0	0.0	50.0	36.9
	占总数的比重(%)	3.0	8.3	17.9	1.2	3.0	2.4	0.0	0.0	1.2	36.9

5. 是否有过来华经历与停留天数

入境游客在过去5年之间的来华次数，对于在华停留天数有显著的影响。分析发现，来华次数越少的游客更趋向于停留较长时间，停留15天以上的入境游客中，来华次数为0的占18.6%、来华次数为1的占15.6%、来华次数为2的占1.8%，其他均为0；停留10~15天的游客中，来华次数为0、1、2的分别占10.8%、11.4%、4.8%，其他均不足1%。来华次数较多的游客主要停留6~15天之间（详见图4-10）。

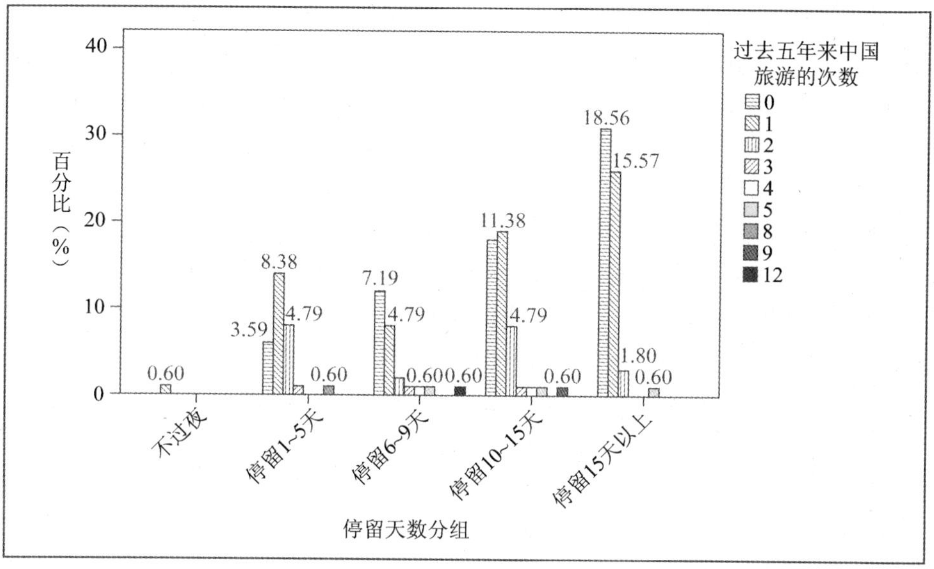

图 4-10 过去五年之间的来华次数与在华停留时间分布

四、入境游客获取旅行信息的方式

1. 信息来源基本情况

入境游客来华旅游的信息来源主要是航空公司、亲朋推荐、旅游经营商，分别占47.0%、46.0%、42.7%；其次是旅游代理商和在线旅游服务商，分别占35.9%和32.1%；再次分别是旅行指南、公共旅游服务机构和公司旅行部门，分别占26.5%、21.8%和17.5%（详见图4-11）。

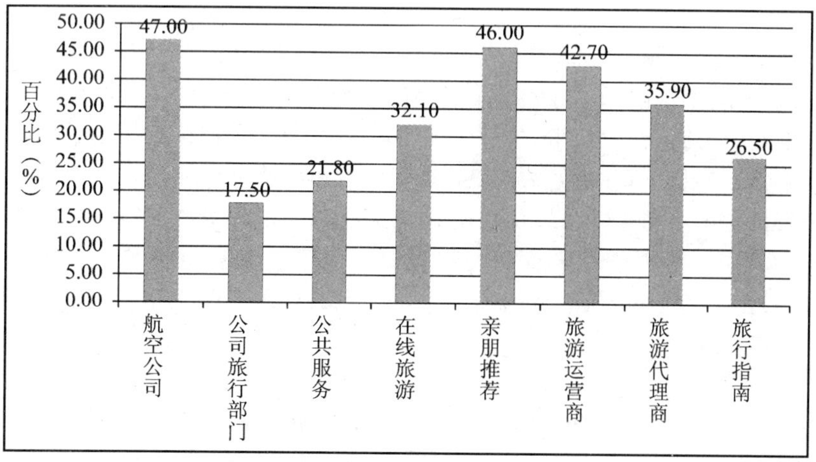

图 4-11 入境游客信息来源

旅行社和在线旅游服务商都是旅游业的重要组成部分，应该是旅游者获得旅游信息的主要来源。但从调查数据来看，我国的旅行代理商和在线旅游服务商，在入境旅游信息的供给方面明显没有相应的影响力。同时可以看到，公共旅游服务机构和公司旅行部门在入境旅游信息供给方面也没有很好地发挥作用。虽然入境信息来源与游客自身偏好有一定关系，但是以上数据也在一定程度上说明了我国入境信息供给结构还存在欠缺。

入境游客获取信息的媒介以网络、社交网站等新媒介为主；其次是电话、口碑等语音媒介；再次是电视、广播、印刷品等传统媒介。各种信息来源的渠道，所使用的媒介也有所不同。在各种信息来源只有亲朋推荐和旅行代理商这两种渠道所使用的媒介，语音媒介的使用率大于新媒体的使用率（详见表4－4）。

表4－4　不同信息渠道所使用的媒介分布

信息来源 / 信息媒介	航空公司	公司旅行部门	公共服务	在线旅游服务商	亲朋推荐	旅游运营商	旅行代理商	旅游指南
网络、社交网站等新媒介所占比重（%）	36.7	10.0	13.3	29.7	20.2	25.1	11.0	15.2
电话、口碑等语音媒介所占比重（%）	9.3	7.6	8.1	2.4	24.9	15.6	22.5	9.5
电视、广播、印刷品等传统媒介所占比重（%）	0.9	0.0	0.5	0.0	0.9	1.9	2.4	1.9
合计	100.0	100.0	100.0	100.0	100.0	100.0	100.0	100.0

2. 年龄、职业与信息来源

入境旅游信息来源和信息媒介的选择必然会受到旅游者年龄与职业的影响。调查结果显示，不同年龄段入境游客的信息来源分布不同，图4－12是每种信息来源中不同年龄段入境游客所占比例的频率分布图。信息来源为航空公司或者亲朋这两个渠道其年龄分布趋势大概一致，25～34岁和55～64岁的游客所占比例最高，其次是18～24岁、35～44岁和45～55岁的游客，65岁以上的游客选择航空公司的比例最小。选择公司旅行部门或者旅游公共服务机构为信息来源的游客，年龄分布基本一致，25～34岁的游客最多，其次分别是55～64岁、35～44岁45～54岁、18～24岁、65岁以上。选择在线旅游服务为信息来源的游客，年龄分布与其他来源有所差异，35～44岁的游客最多，其次依次为25～34岁、45～54岁、55～64岁、18～24岁、65岁以上。选择俱乐部为信息来源的游客，以35～44岁最多，25～34岁、45～54岁、55～64岁比例相同，18～24岁、65岁以上的游客最少。选择旅行代理商为信息渠道的游客中，25～34岁和55－64岁的游客最多，其次分别是45～54岁、35～44岁、65岁以上、18～24岁的游客。选择旅游指南为信息来源的游客，各年龄段分布比较均匀，但是55～64岁的游客稍多（详见表4－5）。

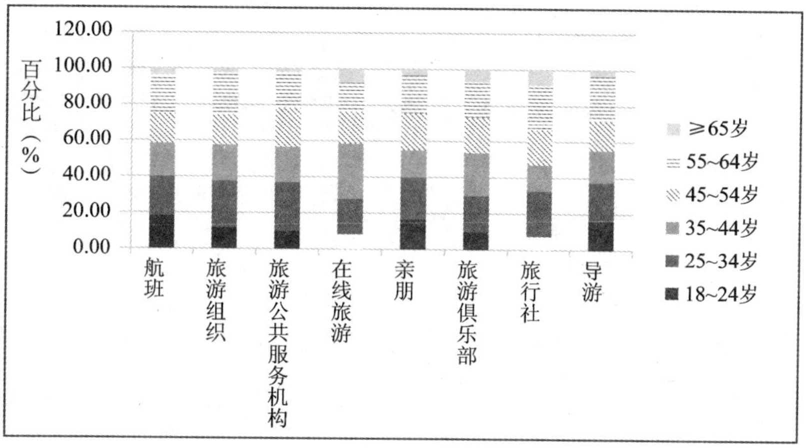

图 4－12　信息来源与年龄分布关系

表 4－5　选择不同信息渠道的年龄分布表

年龄阶段	数字统计	航空公司	公司旅行部门	公共服务	在线旅游服务商	亲朋推荐	旅游运营商	旅行代理商	旅游指南
18～24岁	占某种信息来源中的比重(%)	17.8	11.4	9.8	8.1	16.3	9.9	7.4	16.1
	占总数的比重(%)	8.6	2.2	2.2	2.7	7.5	4.3	2.7	4.9
25～34岁	占某种信息来源中的比重(%)	22.2	25.7	26.8	19.4	23.3	19.8	25.0	21.4
	占总数的比重(%)	10.8	4.9	6.0	6.6	10.8	8.7	9.3	6.5
35～44岁	占某种信息来源中的比重(%)	17.8	20.0	19.5	30.6	15.1	23.5	14.7	17.9
	占总数的比重(%)	8.6	3.8	4.3	10.4	7.0	10.3	5.5	5.4
45～54岁	占某种信息来源中的比重(%)	16.7	17.1	22.0	17.7	20.9	19.8	19.1	16.1
	占总数的比重(%)	8.1	3.3	4.9	6.0	9.7	8.7	7.1	4.9

续表

年龄阶段	数字统计	航空公司	公司旅行部门	公共服务	在线旅游服务商	亲朋推荐	旅游运营商	旅行代理商	旅游指南
55~64岁	占某种信息来源中的比重(%)	21.1	22.9	19.5	16.1	20.9	19.8	25.0	25.0
	占总数的比重(%)	10.2	4.3	4.3	5.5	9.7	8.7	9.3	7.6
≥65岁	占某种信息来源中的比重(%)	4.4	2.9	2.4	8.1	3.5	7.4	8.8	3.6
	占总数的比重(%)	2.2	0.5	0.5	2.7	1.6	3.3	3.3	1.1
合计	占某种信息来源中的比重(%)	100.0	100.0	100.0	100.0	100.0	100.0	100.0	100.0
	占总数的比重(%)	48.4	19.0	22.3	33.9	46.2	44.0	37.4	30.4

不同职业的旅游者在信息来源方面也多有不同,行政服务人员的主要信息来源是亲朋和旅行代理商;手工艺者的主要信息来源为航空公司、公共服务机构和旅行代理商;军人的主要信息来源是旅游运营商、旅行代理商和在线服务商;家庭主妇的主要信息来源是航空公司、旅游运营商和亲朋;高层管理者和专业技术人员的信息来源偏好相似,主要来源于航空公司、亲朋和旅游运营商;退休人员的主要信息来源是在线旅游服务和公共服务机构;学生的主要信息来源是航空公司和亲朋(见表4-6)。

表4-6 选择不同信息渠道的职业分布表

职业	数字统计	航空公司	旅游组织	公共旅游服务机构	在线旅游服务商	亲朋	旅游俱乐部	旅行代理商	旅游指南
行政服务	占信息来源中的比重(%)	3.3	8.8	5.0	4.7	5.8	3.7	5.9	3.6
	占总数的比重(%)	1.6	1.6	1.1	1.6	2.7	1.6	2.2	1.1

续表

职业	数字统计	航空公司	旅游组织	公共旅游服务机构	在线旅游服务商	亲朋	旅游俱乐部	旅行代理商	旅游指南
手工艺者	占航班中的比重(%)	3.3	5.9	7.5	1.6	2.3	2.5	4.4	3.6
	占总数的比重(%)	1.6	1.1	1.6	0.5	1.1	1.1	1.6	1.1
军人	占航班中的比重(%)	4.3	8.8	7.5	6.3	4.7	6.2	5.9	5.5
	占总数的比重(%)	2.1	1.6	1.6	2.2	2.1	2.7	2.2	1.6
家庭主妇	占航班中的比重(%)	6.5	5.9	7.5	6.3	5.8	7.4	5.9	5.5
	占总数的比重(%)	3.2	1.1	1.6	2.2	2.7	3.2	2.2	1.6
高层管理者	占航班中的比重(%)	18.5	20.6	15.0	17.2	17.4	16.0	14.7	16.4
	占总数的比重(%)	9.0	3.8	3.2	5.9	8.0	7.0	5.5	4.9
专业技术人员	占航班中的比重(%)	21.7	17.6	25.0	20.3	24.4	32.1	22.1	25.5
	占总数的比重(%)	10.6	3.2	5.4	7.0	11.2	14.1	8.2	7.6
退休	占航班中的比重(%)	8.7	8.8	10.0	17.2	4.7	7.4	13.2	7.3
	占总数的比重(%)	4.3	1.6	2.2	5.9	2.1	3.2	4.9	2.2

续表

职业	数字统计	航空公司	旅游组织	公共旅游服务机构	在线旅游服务商	亲朋	旅游俱乐部	旅行代理商	旅游指南
学生	占航班中的比重(%)	19.6	8.8	7.5	12.5	17.4	8.6	7.4	16.4
	占总数的比重(%)	9.6	1.6	1.6	4.3	8.0	3.8	2.7	4.9
其他	占航班中的比重(%)	14.1	14.7	15.0	14.1	17.4	16.0	20.6	16.4
	占总数的比重(%)	6.9	2.7	3.2	4.9	8.0	7.0	7.7	4.9
合计	占航班中的比重(%)	100.0	100.0	100.0	100.0	100.0	100.0	100.0	100.0
	占总数的比重(%)	48.9	18.4	21.6	34.6	46.0	43.8	37.2	29.7

五、入境游客的兴趣所在

1. 来华前后的兴趣点分析

来华前后游客兴趣的基本情况。调查表明，入境游客对于中国的自然风光、文化遗产、地方美食和来华购物在旅行前和旅行中都十分感兴趣，其次对中国的社会风俗、手工艺术在旅行前和旅行中也比较感兴趣。出现这种现象的原因可能在于：一方面，由于中国历史悠久、地大物博，在自然资源、文化遗产、地方美食等旅游资源方面十分丰富，对入境游客有足够的吸引力；另一方面，在社会风俗、手工艺术、自然风光等领域，不同国家之间最容易产生差异性，旅游的主要动机之一就是猎奇求新，因此，这些方面对于入境游客也十分具有吸引力。

入境游客在“旅行前感兴趣但旅行中不感兴趣”和“旅行前不感兴趣但旅行中感兴趣”的比例较低，不超过15%。这种现象一方面说明入境游客兴趣点较高的旅游资源能够很好地满足游客的期望，持续地吸引游客的注意力；另一方面说明中国对于入境游客兴趣点比较低的旅游资源开发的还不到位，还没有能很好地吸引入境游客的注意力。

在“旅行前感兴趣但旅行中不感兴趣”的旅游资源中，自然资源、文化遗产、社会风俗、手工艺术、地方美食和购物所占比例相对较高，说明我国在这些方面旅游资源的开发还需要增加关注度，让这些优势资源发挥出应有的影响力。

在“旅行前不感兴趣但旅行中感兴趣”的旅游资源中，海滩、文化遗产、主题公园和运动所占比例相对较低。这提醒我们，在入境市场开拓中可以适当加大海滩、主题公园和运动项目的推广力度，同时由于我国在这些方面的开发上与国外差异还不是太明显，尚未能形成差异化优势，因此要在设施和服务上加大投入，以增加这些旅游资源的对入境游客的吸引力。

表 4－7　游客来华前后感兴趣的资源频率分布表

项目／是否感兴趣	自然风光	海滩	文化遗产	社会风俗	手工艺术	主题公园	保健按摩	地方美食	高铁	购物	运动
旅行前和旅行中都不感兴趣所占比重(%)	11.2	82.7	7.9	31.8	37.9	79.9	73.8	30.0	76.2	39.4	89.7
旅行前和旅行中都感兴趣所占比重(%)	70.6	9.3	78.5	49.1	39.7	10.7	13.1	47.4	9.3	38.0	3.3
旅行前感兴趣，但旅行中不感兴趣所占比重(%)	10.7	5.6	10.3	12.6	10.3	7.0	6.5	10.8	8.4	12.2	4.2
旅行前不感兴趣，但旅行中感兴趣所占比重(%)	7.5	2.3	3.3	6.5	12.1	2.3	6.5	11.7	6.1	10.3	2.8
合计	100.0	100.0	100.0	100.0	100.0	100.0	100.0	100.0	100.0	100.0	100.0

对于自然风光“旅行前和旅行中都感兴趣”的男性多于女性，男女比例为 2.663∶1，“旅行前不感兴趣但旅行中感兴趣”的女性多于男性，男女比例为 0.428∶1（见图4－13）；对于文化遗产“旅行前感兴趣但旅行中不感兴趣”的男性多于女性，男女比例为 1.57∶1，“旅行前不感兴趣但旅行中感兴趣”的男性多于女性，女性为 0（详见图 4－14）；对于社会风俗“旅行前和旅行中都不感兴趣”的游客男性多于女性，男女比例为 1.59∶1（见图 4－15）；对于手工艺术“旅行前不感兴趣但旅行中感兴趣”的女性多于男性，男女比例为 0.461∶1（见图 4－16）；对于当地美食“旅行前和旅行中都不感兴趣”的游客男性多于女性，男女比例为 1.57∶1，“旅行前不感兴趣但旅行中感兴趣”的女性多于男性，男女比例为 0.692∶1（见图 4－17）；对于购物“旅行前和旅行中都感兴趣”和“旅行前不感兴趣但旅行中感兴趣”男性均多于女性（见图 4－18）。

分析表明，男性游客对于自然风光、地方美食和购物比较感兴趣，女性游客对于文化遗产、社会风俗、手工艺术比较感兴趣。

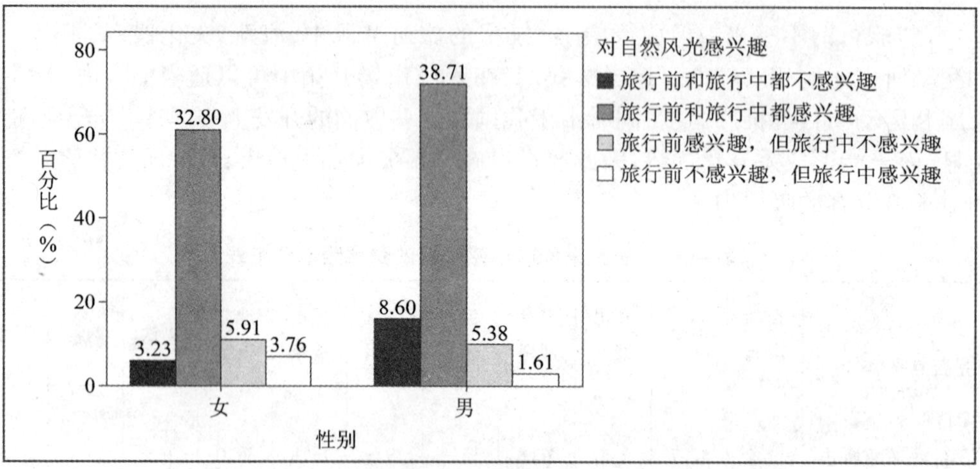

图 4-13　对自然风光感兴趣的男女频数对比

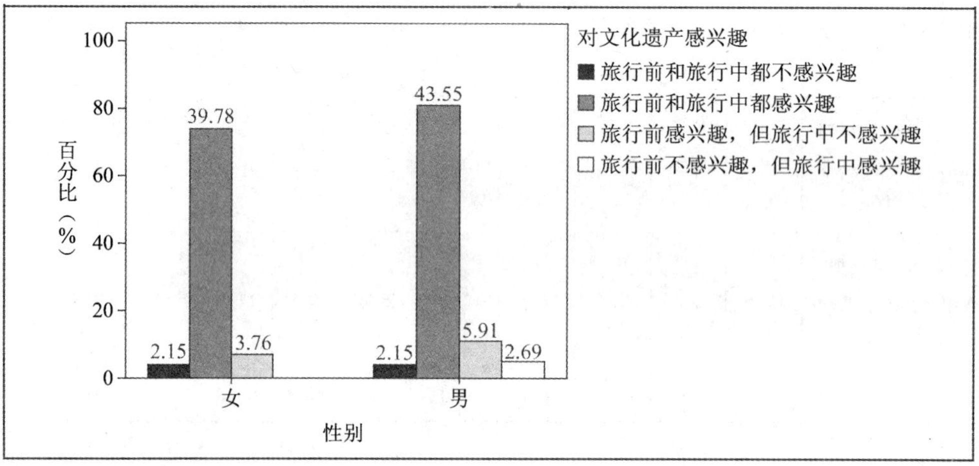

图 4-14　对文化遗产感兴趣的男女频数对比

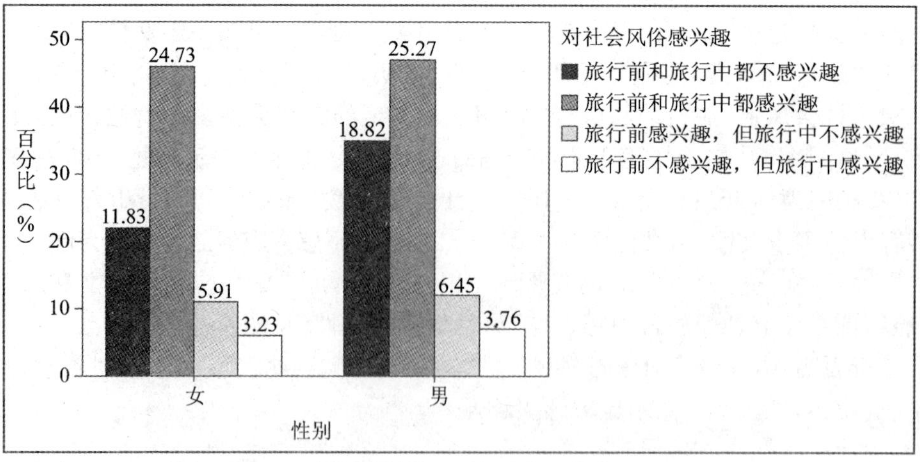

图 4-15　对社会风俗感兴趣的男女频数对比

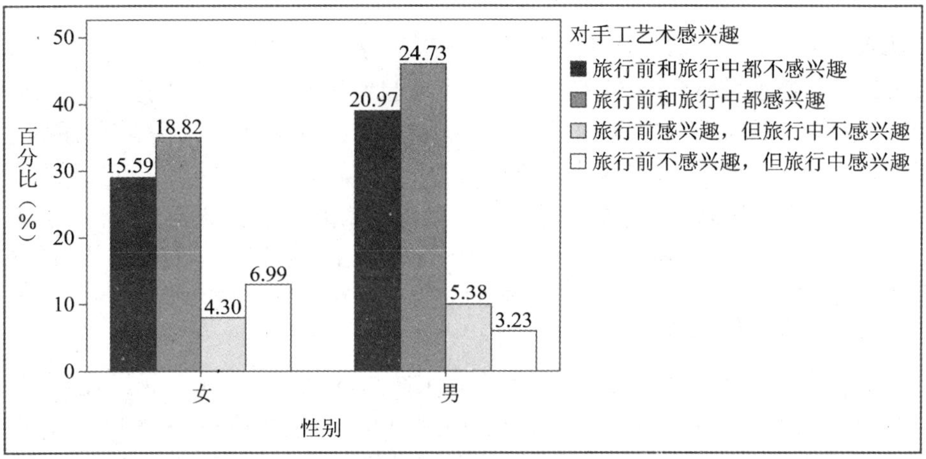

图 4－16　对手工艺术感兴趣的男女频数对比

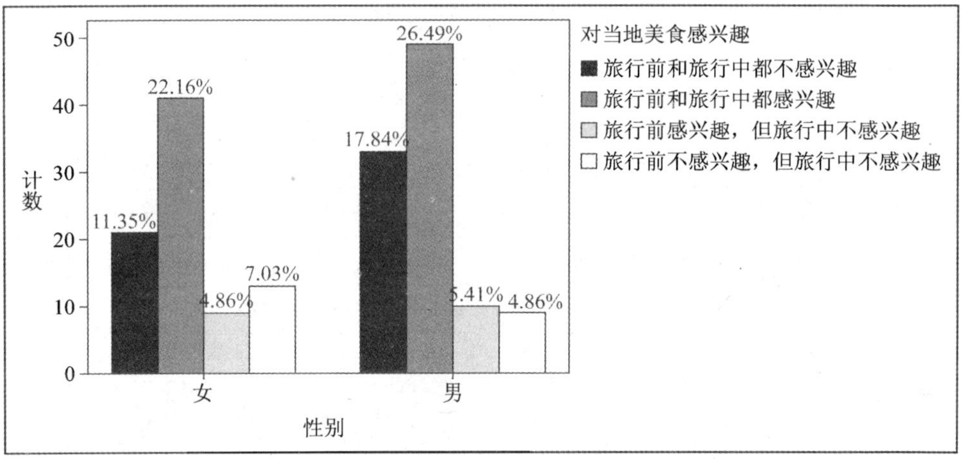

图 4－17　对当地美食感兴趣的男女频数对比

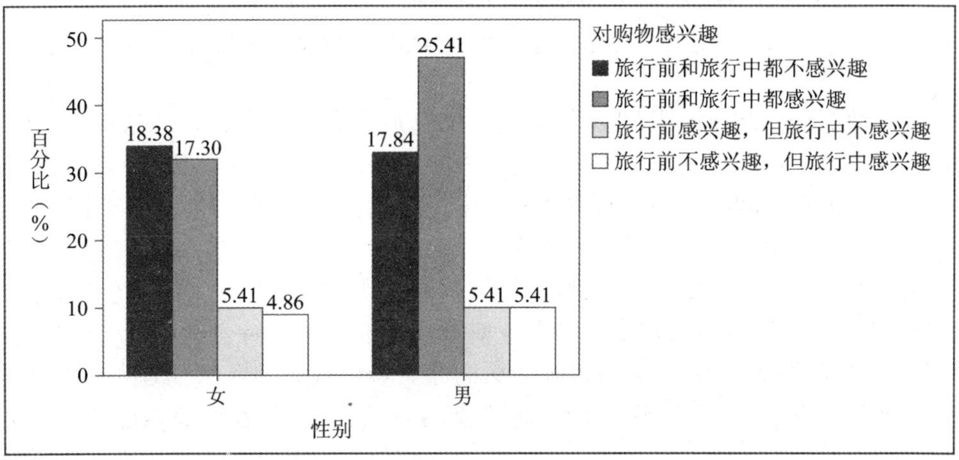

图 4－18　对购物感兴趣的男女频数对比

从入境游客的年龄结构看,18~24岁的游客主要对自然风光、文化遗产、社会风俗、地方美食和购物感兴趣;25~34岁的游客主要对自然风光和文化遗产感兴趣;35~44岁的游客主要对自然风光、文化遗产、社会风俗、地方美食感兴趣;45~54岁的游客主要对自然风光、文化遗产和手工艺术感兴趣;55~64岁的游客旅游兴趣比较广泛,他们对大部分旅游资源都很感兴趣;65岁以上的游客对于购物兴趣比较缺乏,对自然风光、文化遗产、社会风俗和手工艺术等兴趣比较浓厚。由于入境游客以中年人居多,因此,提高自然资源、文化遗产和手工艺术等旅游资源的质量和水平可以更好地吸引入境旅游市场。

2. 来华后参与或者预计参与的项目

入境游客在华旅游期间参与过或者预计参与的项目,以城市观光比例最大,为94.5%,其次是购物,为72%,参观历史遗迹和山地或国家公园的游客也比较多,分别为63%和53%,郊区或乡间旅游是近几年开始兴起的旅游项目,参与和预计参与的比例也较大,为47.5%;参与和预计参与较少的项目包括,垂钓、高尔夫球或网球、登山或露营、水上运动、生态旅行和体育赛事,分别占1%、1%、3%、5%、6.5%、2.5%(详见图4-19)。

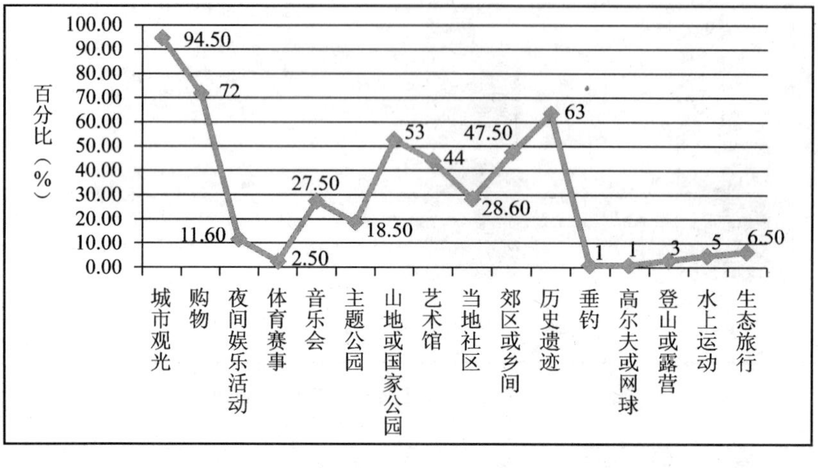

图4-19 入境游客来华后参与过或者预计参与的旅游项目

以上数据分析结果说明,我国入境旅游仍以观光为主,休闲度假型旅游产品仍然有待于深度地设计和开发。旅游购物是入境旅游外汇收入的重要组成部分,因此,旅游部门需要加强对购物旅游资源的开发力度,努力提高购物资源质量,重视旅游商品的开发设计和研制。开发出具有中国特色、地方特色和传统文化特色的旅游商品,既能激发旅游者的美好回忆,显示旅游者的旅游经历,又能满足旅游者的精神和消费需求,同时促进旅游购物的发展。在各大入境城市中建立精品特色购物街,开设免税商店,完善入境游客购物系统,方便游客购买商品。城市观光和购物都是入境游客参与较多的项目,将城市观光和购物有机地结合,必然能够使两者相辅相成得到更好的发展。

我国历史悠久，文化底蕴深厚，历史以及资源极其丰富，是吸引入境游客的重要元素之一。但是从数据看，入境游客参与或者预计参与历史遗迹旅游的比例明显没有达到它所应达到的效果，其主要原因可能是历史遗迹涉及文化内容较多，有些入境游客还没能很好地理解历史遗迹的文化内涵，因此不愿参与游览。所以历史文化型景区或者文化内涵深厚的景区，需要设置完善的解说系统，以方便游客理解，增加自身吸引力。

乡村旅游是近几年开始兴起的旅游方式，对于入境市场吸引力较大，但是我国的乡村旅游还在转型发展过程中，很多方面尚未完善。如果能够开发具有中国本土的特色乡村旅游，同时提高乡村旅游的服务和设施，它将会成为未来入境旅游的又一重要引力元素。

入境游客参与夜间娱乐活动的比例较低，说明对于入境市场的夜间旅游产品还有待于深入开发。入境游客一般在中国境内都会过夜，可见夜间娱乐活动是一个很有潜力的市场。旅行社可以考虑增加夜间旅游项目，比如逛酒吧街、或者设计其他具有中国特色的夜间活动。

入境游客对于垂钓、高尔夫球或网球、登山或露营、水上运动、生态旅行和体育赛事等休闲型旅游项目的参与度很低，说明我国休闲度假型旅游产品还需要加大开发的力度。在休闲度假型产品的开发方面，可以考虑在产品中增加中国的传统文化元素，设立具有中国风格的休闲度假项目。

3. 印象最深的地方以及被它吸引的原因

给入境游客印象最深刻的、排名居前列的城市包括：北京、上海、桂林和西安，可以发现这几个城市都具有丰富的自然和人文资源。排名居前列的景点包括：长城、兵马俑、故宫和颐和园，这些景点都属于历史文化遗迹，具有深厚的文化内涵。

排在前五位的依次是：长城、北京、兵马俑、上海、故宫（详见图 4 - 20），现对这些资源进行分析。其中长城给游客印象最深刻的是优美的自然风光、文化景观；北京给游客印象最深的是文化景观、自然风光、热情友好的风俗和传统手工艺；兵马俑因其文化景观和整洁的城市环境给游客留下深刻印象；上海给游客印象最深的是文化景观、自然风光、文化艺术、热情友好的风俗、便捷的交通设施、整洁的城市环境和丰富的会展设施；故宫给游客印象最深的是文化景观、自然风光、文化艺术、便捷的交通设施（详见图 4 - 21）。

长城、兵马俑和故宫都是纯粹的旅游景点，属于文化型景观，这类景点需要深入地挖掘其自身的文化内涵，以文化和历史来吸引游客的眼球，数据分析表明，这三个景点在文化和历史内涵展示方面做得尚佳。便捷的交通是游客达到景点的关键，从分析数据中发现，目前国内的景点在交通设施方面还需要提高和完善。

北京、上海都是旅游目的地，属于综合性的旅游资源，这两个城市都具有深厚的文化底蕴和丰富的旅游资源。对比入境游客对北京和上海印象最深刻的因素可以发现，在自然资源、文化景观和城市风俗特色方面两者不相上下，但是在交通设施、城市环境和会展设施等方面北京与上海还是有明显的差距，因此，北京在这些方面需要加大建

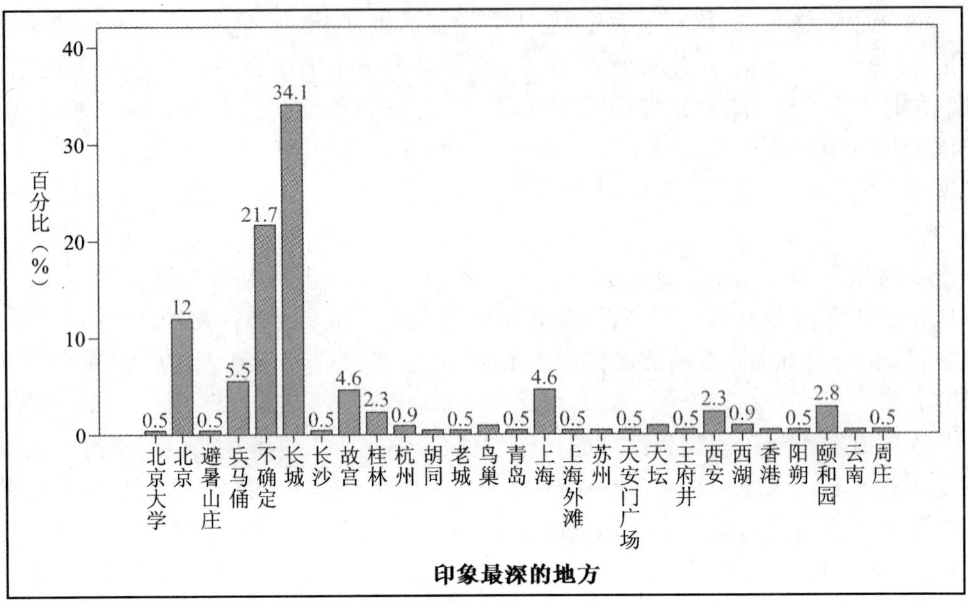

图 4－20　入境游客印象最深刻的地方

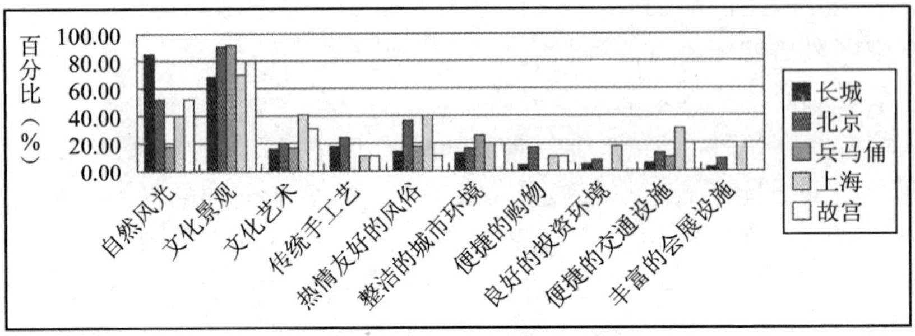

图 4－21　给游客印象最深的因素

设力度。随着经济全球化，国家间的商务往来越来越频繁，以商务和会议为目的的入境游客也会越来越多，北京和上海等大城市应该深入发掘这个潜在的市场，增加商务和会议旅游的各种设施，提高服务水平，改善城市投资环境，达到以旅游促发展的效果。

六、入境游客对旅游的满意度

入境游客中 71.9% 的人表示还会再来拜访中国，36.9% 的游客表示本次旅行超出预期、46.1% 的游客表示达到预期，但是仍有 2.3% 的游客表示本次旅游未达到预期。由此可见，中国入境旅游在服务、设施和资源方面已经可以满足入境游客的需求，然而还需要作出进一步的努力才能获得满分。

入境游客中在华旅游期间使用过旅行社服务的，对旅行社各方面的服务评价如图

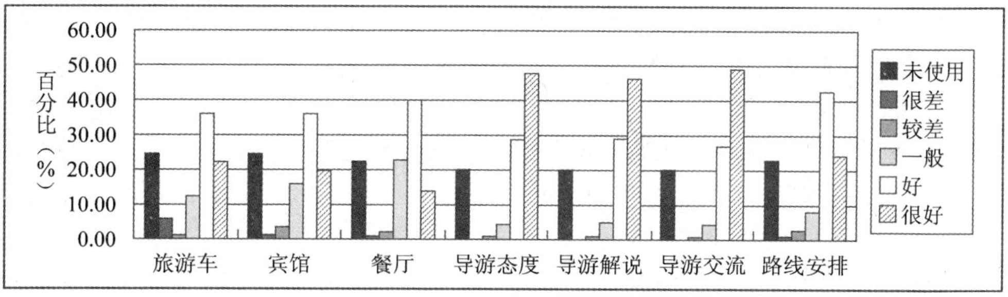

图 4－22　旅行社业务评价

4－22 所示。游客对于旅行社服务和设施的评价多数在好和很好的水平，说明我国入境接待水平较高。对旅游车、宾馆和餐厅的评价相对不高，说明入境旅游接待的硬件设施尚待提高；对旅游线路安排的评价也较低，说明入境接待旅行社在线路设计上还需要多下功夫；对导游态度、导游解说和导游交流的评价相对较高，说明入境接待软件方面做得较好，导游业务和素质较高，需要继续保持。

七、入境游市场特征小结

1. 入境游客结构

从上述分析结果可知，我国入境游客以中年、已婚游客为主，游客职业以专业技术人员、管理者和学生为主。这类游客一般在经济上有稳定的和较高的收入，在时间上有充裕的可自由支配时间，这也使得入境游客在华停留时间普遍较长。从职业层面看，入境游客的文化素质较高，因此，在旅游资源的选择和偏好上比较偏向于具有文化内涵的资源。旅游从业机构可以针对入境游客设计和开发具有中国传统文化和特色的旅游产品，吸引更多的入境游客；同时提高现有旅游资源和产品与入境游客的相容度，便于外国游客的游览和使用。

入境游客在近五年间大部分没有来华经历，小部分有过一次来华经历，极少人有两次以上的来华经历，对近期的中国很不熟悉，因此，中国与入境游客居住国家的差异性是吸引这些游客的重要因素之一。旅行社在入境接待设施方面可以尽量安排具有中国特色的酒店、餐厅，使用带有中国元素装饰的旅游车等。

入境游客结伴方式多为亲朋和家人，因此，在旅游接待设施和服务方面应尽量体现亲情和友情的元素，使旅游的整个氛围融洽愉快，这样可以加快外国游客对中国的适应，且增加旅行的印象。

2. 出游时间的制定和信息获取方式

由于入境游客大部分对中国不熟悉，使得游客制定旅行计划的时间比较长，一般都在三个月到半年之间，可见在来华旅游前游客做了充分的准备。旅游的各种信息是制定旅行的主要内容，入境游客的主要信息来源是航空公司、亲朋推荐和旅游运营商，其次是旅行代理商和在线旅游服务商，其他的信息来源使用率较低，国内的入境旅游信息发布渠道可以依此选择。合理运用各种渠道发布旅游信息，可以让游客更加准确、有效地获得需要的信息，且可以通过信息的发布将自己的旅游资源推销给游客。

使用网络、社交网站等新媒体获取旅游信息的入境游客比例很大，可见网络的影响力在不断地增强。随着互联网的快速发展，在线旅游也越来越成为主流的旅游服务。目前国内通过在线旅游服务预订酒店、机票已经发展得十分成熟，如果能够增加旅游景点和其他旅游产品的预定，相信在线旅游也将成为入境游客信息的主要来源。

3. 来华目的与停留时间

从旅游目的和参与项目来看，绝大部分入境游客来华旅游的目的是度假，但是游客在华期间参与的主要项目是城市观光、历史遗迹和山地国家公园等景点的参观游览，以及购物，而对于垂钓、高尔夫球或网球、登山或露营、水上运动等休闲项目的参与却极少。从入境游客在华停留时间看，中国为唯一目的地时游客停留 15 天以上的比例较大，中国不是作为唯一目的地时游客在华停留时间明显减少，在其他目的地国家停留时间多于中国。可见我国有充足的旅游资源，但是优质的形成品牌的旅游资源不足，同时休闲度假资源还不能满足入境游客的度假需求，需要加大这方面资源开发和建设的力度。

4. 来华前后的兴趣点

入境游客对于中国的自然风光、文化遗产、地方美食和来华购物表示十分感兴趣，其次感兴趣的是社会风俗和手工艺术。男女游客所感兴趣的资源不同，男性游客对于自然风光、地方美食和购物比较感兴趣；女性游客对于文化遗产、社会风俗、手工艺术比较感兴趣。从入境游客的年龄结构看，中年游客对自然资源、文化遗产和手工艺术非常感兴趣。旅游从业机构可以针对不同性别和年龄的游客设计相应的旅游产品。

游客兴趣所在决定了他们对中国印象最深的城市和景点，其中声誉最高的城市为北京、上海、桂林和西安，景点为长城、兵马俑、故宫和颐和园，不论是景点还是城市，要么具有优美的自然风光，要么具有深厚的历史文化底蕴。可见具有这两种特点的城市和景点都有潜力开发入境旅游。

入境游客参与过或者预计参与的项目与游客感兴趣的旅游资源是相配的，游客偏向于参与自然观光、文化遗产和艺术馆的参观游览类项目，购物也是游客参与的主要项目之一。旅游购物可以说是一个旅游行程中必不可少的部分，优质旅游商品不仅可以满足游客的购物需求，还可以使游客对本次旅行留下美好的回忆。设计具有中国特色、能够体现中国文化的旅游商品，不仅可以增加入境游客在华购物的数量，还能够通过旅游商品这个媒介宣传中国。

5. 满意度

在入境游客对在华旅行的评价中，36.9% 的游客表示超出预期、46.1% 的游客表示达到预期，可见游客基本满意在华期间的旅游行程，但是旅游从业机构还需要提高和完善旅游服务与设施，使入境游客满意度达到更高的水平。

接受过旅行社服务的入境游客，对旅行社服务的评价显示，目前国内入境接待旅行社在旅游车、宾馆、餐厅等硬件设施的配置上还需要提高；旅游线路的设计和安排也需要针对入境游客的兴趣点和游客自身状况作适当调整；对导游人员的素质和服务水平的满意度比较高，这说明近几年我国导游整体素质有所提高，需要继续保持。

本次入境旅游的调查表明，我国作为入境旅游的主要目的地国家之一，在旅游资源方面有极大的优势，同时由于最近几年中国在经济和政治上都取得了长足进展，打响了中国在国际上的知名度，这又进一步增加了对入境旅游的吸引力。随着我国综合国力的不断增强和旅游业发展的不断成熟，入境旅游市场将会越来越大，因此，国内的旅游从业部门、旅游行政部门需要针对入境旅游市场提高和改进原有旅游产品，同时开发和设计新的旅游产品，以满足越来越多入境游客的需求。

虽然我国入境市场前途光明，但是旅游从业部门和旅游行政部门仍需注意我国入境旅游市场的缺陷和面临的挑战。我国入境旅游仍以观光游览为主，这种旅游方式比起休闲度假型旅游明显缺乏吸引入境游客停留的力度，因此，我国还需要加大休闲度假型旅游产品开发和建设的力度，以吸引入境游客在华进行深度旅游。

第五章 发展入境旅游的建议

一、要深化对发展入境旅游的认识

尽管《国务院关于加快发展旅游业的意见》提出“大力发展国内旅游、积极发展入境旅游、有序发展出境旅游”的基本方针，将发展国内旅游放到一个更加突出的位置；尽管入境旅游对国家外汇的贡献度在不断下降，但是这并不意味着入境旅游不重要。

一方面，入境市场事关中国对外开放，事关我国旅游业全面协调可持续发展，事关我国旅游业的国际地位；如果从国家战略角度看，抓好入境旅游其实是增进外部世界对中国的了解，为中国和平发展谋求良好的外部环境至关重要的一环，尤其是面向国外年轻人入境旅游市场，①更是中国谋求未来长久的良性外部发展环境所必不可少的。从这一点来看，我们在入境旅游发展上关注数量是必要的，将入境旅游发展上升到国家战略的高度来认识，而不是简单地看入境旅游为国家创造了多少外汇，这恐怕也是未来入境旅游发展时应该调整的认识，就如同我们对待发展旅游在整个国民经济中的作用一样。以前更多地关注是通过旅游来获取更多的外汇（收入），更注重经济功能，而现在在关注经济功能的同时，更加关注旅游的社会功能，关注发展旅游对于带动社会就业，带动产业融合，带动产业结构调整方面的作用。认识的变化将会带动入境旅游发展的转型和提升。

另一方面，从国家旅游部门的角度看，抓入境旅游是该部门基本的职责，而抓国内旅游更多是通过各省、自治区、直辖市的工作来实现。因此，我们任何时候都不能放松入境旅游工作，不能放松对入境旅旅游市场的战略性研究和策略性关注。

二、要研究出台促进入境旅游的政策

目前，各地结合自身实际抓入境旅游工作时出台了一些有利于入境旅游发展的政策。比如，有的地方对境外包机进行专门奖励；有的地方对旅行社外联入境游客予以一定的奖励支持，这些都需要各地在今后的市场工作中继续予以坚持。但从总体来看，国家层面对入境旅游的政策支持显得不是很充足。② 一方面，相对于中国入境旅游在国际上的地位，我们的国际宣传促销经费与世界上许多旅游发达国家相比还有较大差距。从世界旅游组织综合各国的宣传促销经费来看，中国的位次是较为靠后的。2009 年，中国国家旅游局的国际旅游促销经费大约为 870 万美元，而同年西班牙的同项经费为 9 710 万美元、澳大利亚为 5 380 万美元、英国为 3 970 万美元、法国为 1 710

① 比如专门针对入境背包客的市场开发和完善相关政策配套，就是其中至关重要的一环。

② 在目前全球经济不景气的情况下，各国强化了对入境旅游的宽松政策（如宽松的签证政策）和严格的出境旅游政策（如征收出境旅游税等），加之我国通货膨胀状况不容乐观，机票价格走高等因素抬高了中国入境旅游产品价格，这些因素对中国入境旅游的叠加效应不容忽视。

万美元、意大利 2 200 万美元、日本 1 800 万美元、韩国 4 340 万美元、马来西亚 8 540 万美元、墨西哥 15 170 万美元、巴西为 3 960 万美元。这些经费中主要用在广告（24%）、展会（16%）和宣传手册及邮件（11%）者三个方面，花在网络营销等方面的仅占 6%；主要营销推广的是文化与城市（28%）、阳光与海滩（15%）、山岳和乡村（12%）以及活动与体育（11%）、康体保健（8%）、会议与节事（8%）。①

另一方面，都是出口创汇，发展入境旅游的旅行社却不能享受工业企业的出口退税。未来需要通过加大各方面的政策支持力度，来促进入境旅游健康快速发展。比如，出台具有实质意义的鼓励旅行社“走出去”设立分支机构的措施，鼓励旅行社强化境外直接收客和网络散客收客能力的政策；推动有条件的地区实行落地签证、多次往返签证等政策，增加入境旅游签证的相应渠道等；加大入境旅游市场营销及专项市场研究的资金支持，完善入境旅游产品创新的奖励制度，制定有效的入境旅游发展战略。

三、要积极开拓新兴客源市场

中国目前的国外客源市场主要集中在韩国、日本、俄罗斯和美国，同时入境市场中港、澳、台地区所占的比重还太高。如前所述，香港地区人口约 700 万，澳门人口约 54 万，而香港和澳门赴内地旅游的市场规模为 7 800 万和 2 300 万左右，折合成人均入境的次数已经非常高；同时还要看到，每天深圳、拱北口岸往返职业水客约 8 000 人，每天进出境少则 3 ~5 次，多则 10 余次，最多的一天可达 50 次以上，这些从旅检通道进来的人对内地旅游消费的推动是微不足道的。因此，如何发挥内地广阔的纵深和丰富的资源，从而吸引港、澳游客从广东向更远的目的地进行旅游行程的延伸，将是未来需要关注的重点。

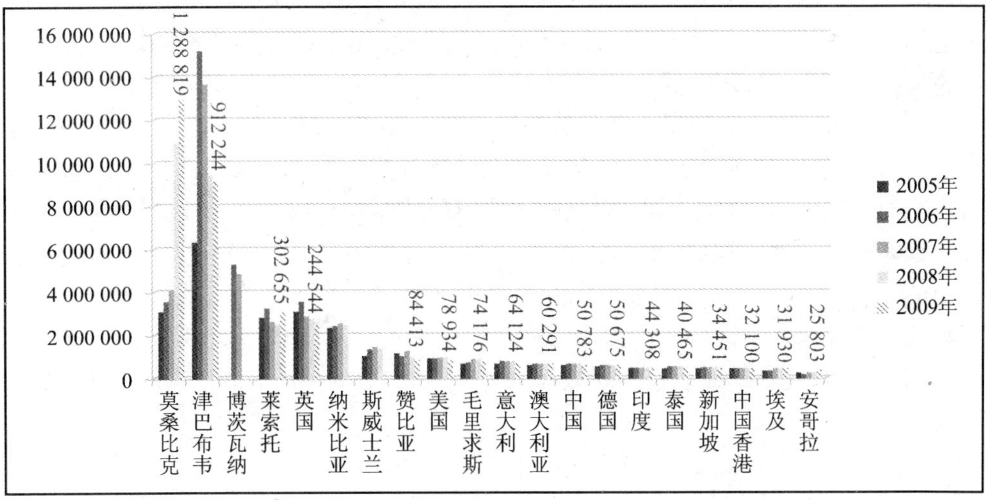

图 5－1　南非主要出境目的地国家和地区

① 世界旅游组织《Tourism Highlights（2011 edition）》数据显示，2010 年全球国际入境旅游的目的中，51% 是基于休闲度假的需求，27% 是基于探亲访友、健康、宗教及其他方面的需求，15% 是基于商务和专业性方面的需求。

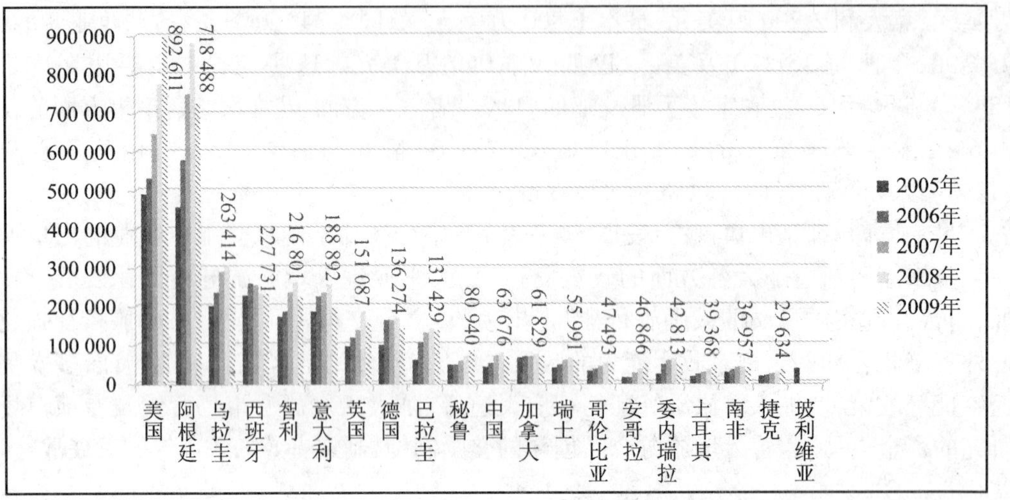

图5－2 巴西主要出境目的地[1]国家

另一方面,目前我们在吸引新兴经济体国家来投入的力量尚显不够。比如以巴西为代表的南美市场,以南非为代表的非洲市场都需要我们给予更多的关注;中国在传统出境旅游消费强国市场的份额增长方面还需要继续优化营销推广渠道与措施、增加相关国际航线的开拓与营销。[2] 2010 年,主要客源国人均出境旅游花费分别为:德国 952 美元、美国 244 美元、中国 41 美元、英国 780 美元、法国 625 美元、加拿大 866 美元、日本 219 美元、意大利 449 美元、俄罗斯 189 美元、澳大利亚 1 014 美元。但澳大利亚、德国、加拿大、法国、意大利等国在我国入境旅游市场中的地位还不是太高。

实际上,从国际入境旅游发展的情况看,尽管洲内市场仍是各旅游目的地国家(地区)的主要市场,但是来自洲外市场的增长不容忽视。数据显示,1990 年来自同一大洲的国际旅游者占 80.3%,来自其他大洲的国际旅游者占 17.9%;1995 年该项数字分别为 80.2% 和 18.1%;2000 年分别为 79.0% 和 19.3%;2005 年分别为 79.2% 和 18.9%;2008 年分别为 78.1% 和 20.0%;2009 年分别为 78.1% 和 19.8%;2010 年分别为 76.7% 和 20.2%(来自同一大洲和其他大洲的国际旅游者绝对数较 2009 年分别增长了 4.7% 和 9.1%)。在 2010 年的国际旅游者中,52.8% 来自欧洲(同比增长 3.4%),21.0% 来自亚太地区(同比增长 10.4%),16.4% 来自美洲(同比增长

① 巴西出境人次已经从 2000 年的 323 万增至 2010 年的 586 万,列居前五大旅游出境目的地国家是美国、阿根廷、法国、乌拉圭、西班牙。到除美洲、西班牙、葡萄牙以外目的地旅行的巴西游客则从 2000 年的 133 万人次增至 2010 年的 282 万人次,列居前五大旅游出境目的地国家分别是法国、意大利、德国、英国、加拿大。

② 数据显示,全球 51% 的国际旅游者是乘坐飞机出行,此外,陆路占 41%,铁路占 2%,水路占 6%,可见,航空依然是国际入境旅游的重要因素。对比中国航空运力发展与入境市场增长,我们可以发现两者之间存在着非常紧密的关系,如何提升现有北京、上海等航空枢纽港的设施与服务,并进一步根据市场开拓战略和国家整体发展战略,建设更多的中心枢纽机场,将是推动中国入境旅游发展的重要因素。此外,如何完善诸如自驾入境等方面的政策便利,也是重要的影响因素之一。

5.5%），3.8%来自中东地区（同比增长10.2%），2.9%来自非洲（同比增长6.5%）。

因此，未来需要坚持"巩固传统市场，开拓新兴市场，培育潜在市场"的战略，一方面加强对日本、韩国、东南亚、美国、欧洲等传统重点外国人入境市场的深度开发，另一方面加强对俄罗斯、印度、澳大利亚、中东、非洲等市场开发的力度，充分发挥各驻外办事处的作用，加强对这些市场基础性的调查研究工作，为中国入境旅游的发展注入更多新的力量。

四、要创新入境旅游的营销方式

这里需要强调指出的是，要注意将国家层次的宣传推广与地方层次的宣传推广紧密结合起来，将旅游局的宣传促销与其他部门的对外工作紧密结合起来，将国家对旅游目的地的形象宣传同企业的市场营销紧密结合起来，将阵发性营销活动与持续性营销活动紧密结合起来，将旅游营销频率与旅游营销效果紧密结合起来，将针对专业旅行商的营销宣传与普通公众的营销宣传紧密结合，将广度意义上的市场开发（如新兴入境客源国）与深度意义上的市场开发（如传统入境客源国的细分市场）紧密结合，不断提高入境旅游营销的实效。同时，顺应互联网时代的快速发展，要将营销的力量从传统方式更多地转移到网络营销上来，将多语种官方旅游网站建设与在具有平台性质的网站建立网店紧密结合，将单项旅游信息推送与双向信息沟通紧密结合。像澳大利亚大堡礁招聘"世界上最好工作"的事件营销就是创新营销方式的成功典范。要解放思想，调动各方面的智慧，在继续使用传统的旅游说明会、推介会、旅游资料发放等营销方式的同时，通过更有针对性、更有创新性、更加专业化的营销方式，不断开拓中国市场营销的新局面。

比如加大网络视频营销的力度。据谷歌（Google）网站的研究发现，人们在旅行的整个过程中都会使用到视频媒体：在拟进行旅游时，63%的个人旅行者和66%的商务旅行社会使用视频媒体；在考虑应该进行何种类型的旅行时，两者比例分别为47%和56%；在考虑具体旅游目的地的选择时，60%的个人旅行者和64%的商务旅行者会使用视频媒体；当考虑参加目的地何种活动时，这一比例分别为64%和66%；当考虑具体的饭店、交通设施等的选择时，57%的个人旅行者和64%的商务旅行者会使用视频媒体。在国外，YouTube是最常被使用的旅游视频网站，81%的人会通过他们查询商务旅行，79%查询私人旅行。其次是雅虎，44%的人查询商务旅行，32%的人借此查询个人旅行，再次是Facebook，41%的查询商务旅行，30%的人借此查询个人旅行、Myspace上这两者的比例分别是29%和21%，MSN上这两者的比例则为31%和18%。研究发现，消费者们已开始上传自己拍摄的旅行视频，6%的个人旅行者、16%的商务旅行者表示会上传他们的视频。

另外，可以在利用移动终端完善旅游目的地服务的便利性①，拓展旅游目的地营销手段和方法方面加大力度。英格兰旅游局已经在这方面作出了很多成功的尝试。2009 年 3 月，英国旅游局（VisitBritain）推出了一款名为"mobiEXPLORE UK"的移动应用软件，使用户可以通过手机查看英国地图（包括街道地图、伦敦地铁地图）、获取当地的节目活动指南、当地最佳餐馆和酒店列表、实时天气报告及接收折扣凭券；2009 年 12 月，英国旅游局又为那些在英国游玩的电影爱好者开发了一款免费的 iPhone 应用程序。相关报道显示，用户（旅游者）可以通过这款应用程序轻松地找到一些知名电影在英国的拍摄地点，并可以了解到旅游者所处位置与每个拍摄地点的距离，可以为旅游者提供这些电影的背景资料以及相关的交通信息。

五、要高度重视旅行社在入境旅游发展中的作用

在开拓入境旅游市场中，需要考虑到散客化的现实，但同时也需要看到，旅行社在当前入境旅游发展中依然起到非常重要的作用。从 2010 年的统计分析，除了中国香港、澳门地区和蒙古外，其他主要客源市场来华旅游主要还是通过旅行社组织接待的；2011 年上半年的数据也基本反映了这一状况。因此，需要进一步强化旅行社研发创新产品的能力，加强对旅行社市场竞争的引导（尤其是价格竞争方面），鼓励旅行社在加强组织学习、提高企业学习力、改善旅行社人力资源状况（尤其是研发人才、市场营销人才和适应新型业态发展的人才），需要在保持与境外旅行商良好关系的同时强化国内旅行社自身在境外的收客能力，用两条腿走路，减少过度依赖国外旅行商给自身经营所带来的负面影响。② 旅行社可以加大联合营销推广的力度，加强如东南亚穆斯林市场以及自驾游、奖励旅游、邮轮旅游（具体见附件一的相关分析）等专项细分市场的开发，加大在线旅游方面的经费投入和加强能力建设等。

另一方面，也必须清醒地看到，由于种种原因，旅行社经营入境旅游的积极性在减弱，这一点从旅行社外联人次和实际接待人次之间的差距也可以略见一斑。而且现在很多入境旅游的传统大社都在调整自身的资源配置，加大对出境市场的力度。各级旅游部门对此问题应该予以高度关注，在检讨原有的"以出境旅游换入境旅游"的"客源互换"思路可行性的同时，帮助旅行社克服在开拓境外旅游市场中面临的困难，通过有效措施，激发旅行社发展入境旅游的积极性。比如，对于旅行社在入境旅游市场开发、入境旅游专门人才培训等方面的投入在成本列支方面给予优惠性政策。

---

① 如何提高目的地面向入境旅游者的资讯方面的公共服务（尤其是面向入境外国人市场时），是我国有关部门必须高度重视的问题。

② 实际上，由于过度依赖境外旅游批发商等，已使我国境内旅行社在入境旅游市场上沦为境外旅行社在中国的地接社，且这种状况会直接影响境内旅行社开发新产品与境外旅行社规模化经营之间的矛盾，从而限制境内旅行社开发新产品的积极性。当然这也直接影响境内旅行社在境外终端市场的品牌影响力，缺乏与终端消费市场的直接见面机会，从而丧失市场推广的主动性。

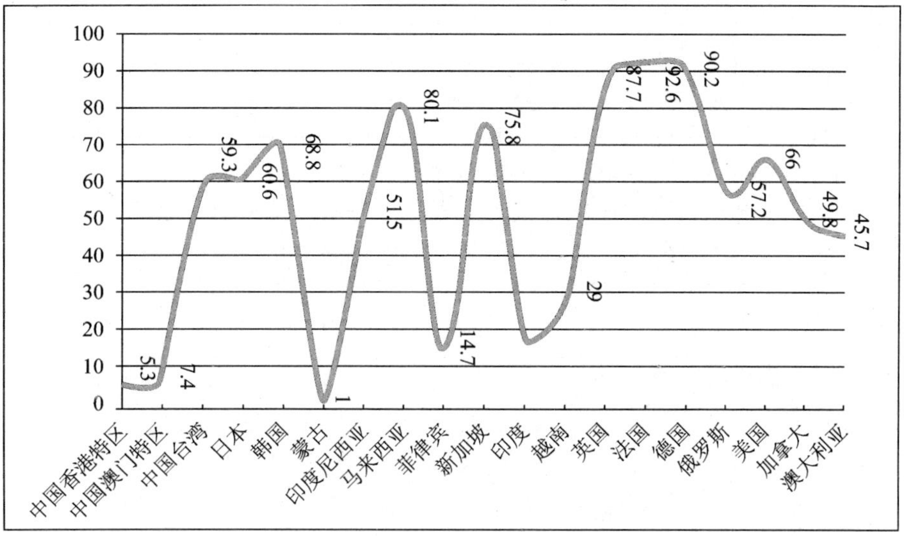

图 5-3　旅行社接待人次占入境人次的比例(2010 年)

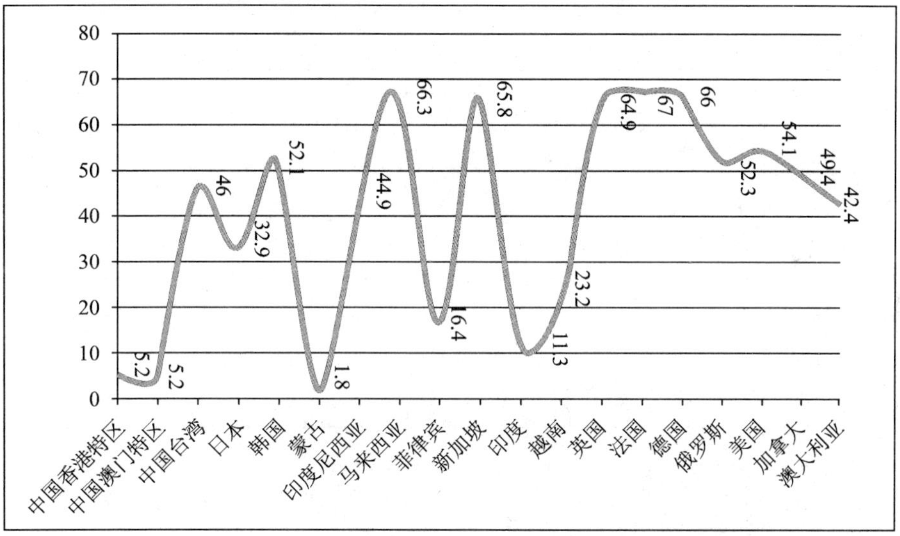

图 5-4　旅行社接待人次占入境人次的比例(2011 年 1-6 月)

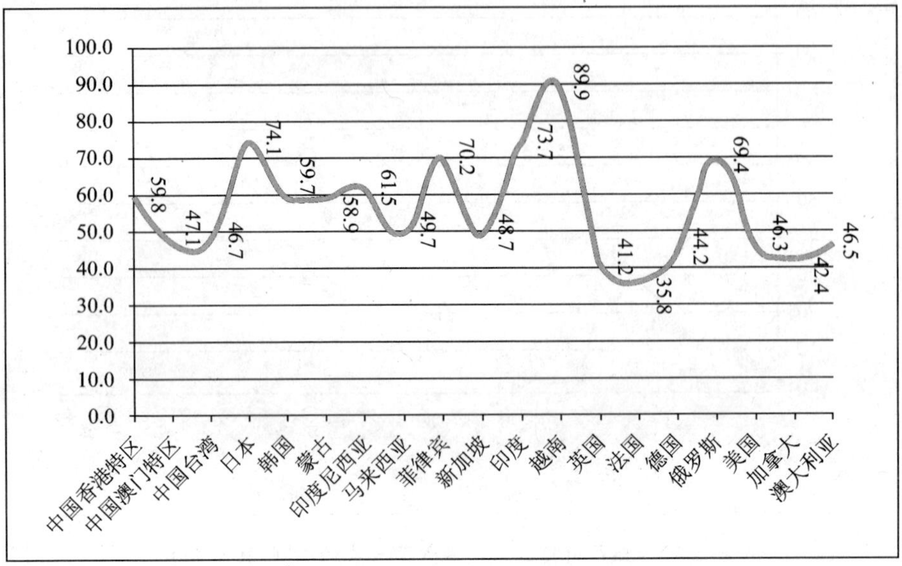

图 5-5 旅行社外联人次与接待人次的比值(2010 年)

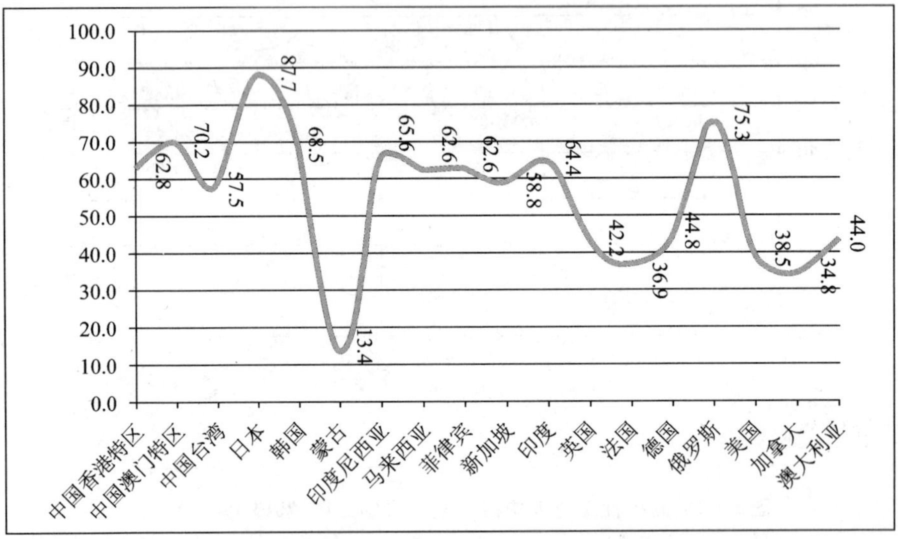

图 5-6 旅行社外联人次与接待人次的比值(2011 年 1-6 月)

附件一　中外邮轮旅游市场对比分析

据相关数据显示,2010 年中国沿海接待国际邮轮的港口共计 16 个(其中包括天津、厦门、上海、三亚等邮轮母港),运营的国际邮轮约 20 多艘。参加出境邮轮旅游的中国内地游客约 40 万人次,较 2009 年增长 20.1%,乘坐邮轮来华的国际游客约 23 万人次,较 2009 年增长 15.5%。有专家预测,未来 3~5 年内,中国邮轮旅游将迎来爆发式发展。

为了更好地了解中国出境邮轮市场和入境邮轮市场的需求特征,我们进行了相应的调研,并根据有关调研数据分析如下。

一、中外旅游者对邮轮旅游认知的对比分析

(一)中外旅游者对邮轮旅游认知的描述性分析

李克特量表要求被调查者对每个陈述语句进行评价,根据自己的同意程度给出一个评价,即完全同意、比较同意、不知道、不太同意和完全不同意五种态度,分别对应 1~5 五个分值①。该量表是由李克特于 1932 年提出的,用于测量人们对某一对象的态度。本文通过百度和谷歌找出邮轮搜索频率较高的相关词汇,根据李克特量表设计出邮轮旅游的五个相关问题,如表附 1-1 所示。

表附 1-1　中外旅游者对邮轮旅游的认知

项目	调查对象	样本量	均值	标准差	均值的标准误
邮轮旅游比其他旅游形式花费昂贵	外国旅游者	277	2.99	1.004	0.060
	中国旅游者	293	2.65	1.093	0.064
邮轮旅游比其他旅游花费时间长	外国旅游者	277	2.58	1.128	0.068
	中国旅游者	293	2.49	1.204	0.070
邮轮旅游不安全,如恐怖袭击等	外国旅游者	277	4.03	0.805	0.048
	中国旅游者	293	3.99	0.886	0.052
邮轮旅游涉及多国签证,问题很复杂	外国旅游者	277	3.39	0.892	0.054
	中国旅游者	293	3.70	0.954	0.056
邮轮重游率很高,乘客多是回头客	外国旅游者	277	2.32	0.786	0.047
	中国旅游者	293	2.85	1.031	0.060

① 1="完全同意",2="比较同意",3="不知道",4="不太同意",5="完全不同意"。

根据李克特量表中认知项目的分值设置,均值越高的项目认知度越低(5 = 完全不同意),均值越低的项目认知度越高(1 = 完全同意)。根据认知度由低至高,对五个项目进行如下排序。

1. 邮轮旅游不安全

"邮轮旅游不安全"认知度最低,中外旅游者对此的认知度分别为 3.99 和 4.03(4 = 不太同意)。这种认知属于消极认知,中外旅游者对此认知度很低,说明对此持积极态度,即中外旅游者均认为邮轮旅游比较安全,其中国外旅游者比国内旅游者稍显乐观。

2. 签证问题很复杂

"复杂的签证问题"认知度列居第二位,中外旅游者对此的认知度分别为 3.70 和 3.39(3 = 不知道)。这种认知也属于消极认知,中外旅游者对此认知度低,说明对此持相对积极的态度,即中外旅游者认为签证问题不是很复杂。在这个问题上,中国旅游者比国外旅游者更乐观,这是因为中国旅游者大部分都会通过旅行社参与邮轮旅游,不需要亲自处理签证问题;而国外旅游者一般会选择自行订购邮轮产品,一些非欧盟成员国家的旅游者对签证问题存在顾虑。另外,我们通过深入访谈了解到,很多国外旅游者认为前往亚太地区等新兴的邮轮航线涉及复杂的签证问题、或者对此不甚了解。

3. 邮轮旅游花费昂贵

中外旅游者对于该项目的认知度分别为 2.65 和 2.99(2 = 比较同意),都相对同意"邮轮旅游花费昂贵",中国旅游者比国外旅游者更加同意"花费昂贵",即中国旅游者对邮轮花费的价格敏感度更高,而国外旅游者对此不甚敏感(3 = 不知道)。

4. 邮轮旅游重游率高

这个项目在于考察旅游者对邮轮旅游品质的认知,中外旅游者在此项目上的认知度分别为 2.85 和 2.32(2 = 比较同意),都比较同意"重游率高",国外旅游者比中国旅游者更加同意此项目,即国外旅游者比较认可邮轮旅游的高品质消费,而中国旅游者对此持保留态度(3 = 不知道)。

5. 邮轮旅游花费时间长

中外旅游者对于该项目的认知度分别为 2.49 和 2.58(2 = 比较同意),中外旅游者都比较同意"邮轮旅游花费时间长",中国旅游者比国外旅游者更加同意"花费时间长"。这也在一定程度上反映出中短航程的邮轮产品可能更符合中国旅游者的心理预期,对于具体航线时间的问题,在问卷的第二部分有详细调查,本文在随后的分析中作了更深入的研究。

(二)中外旅游者对邮轮旅游认知的对比分析:曼 - 惠特尼 U 检验

中外旅游者对邮轮旅游认知的对比分析,通过均值的比较并不能科学地反映两者的差异性,而且表附 1 - 1 中,十个标准差介于 0.786 和 1.204 之间,远远高于 a(0.05),说明这五组数据离散型非常大。为了更加准确地对比分析中外旅游者对邮轮旅游认知的差异性,引入非参数检验,本研究采用的方法是两独立样本的曼 - 惠特尼 U 检验。

曼－惠特尼 U 检验是两独立样本的非参数检验方法之一，其零假设是，两组独立样本来自的两总体分布无显著差异。通过对两组样本平均秩的研究进行零假设成立与否的推断，秩，简单地说，就是变量值排序的名次[①]。Z 统计量的概率值 p 决定假设是否成立。如果 p 值小于给定的显著性水平 a(0.05)，则拒绝零假设，认为两独立样本有显著差异；如果 p 值大于给定的显著性水平 a(0.05)，则接受零假设，认为两独立样本无显著差异。Z 统计量的概率值 p 小于零，说明实际观测的秩和比期望的秩和要小。

由表附 1－2a 和附 1－2b 可知，通过中外旅游者的 293 个和 277 个样本，对邮轮旅游五个项目的感知度进行了曼－惠特尼 U 检验，分别得到了各个项目的秩均值、秩和、U、W、Z 统计量和双侧渐进显著性。邮轮旅游比别的旅游形式花费昂贵、邮轮旅游涉及多国签证，问题很复杂和邮轮的重游率很高这三个问题概率 $p=0.000$[②]，小于显著性水平 $\alpha(0.05)$，因此拒绝零假设，可以认为中外旅游者在邮轮旅游认知的分布上有显著差异。结合表附 1－1 的分析进而得出，相对于国外旅游者，中国旅游者认为邮轮旅游花费高，签证问题复杂，但是仍然很看好邮轮旅游这种高品质的旅游形式，选择了高重游率这一项目。

表附 1－2a　中外旅游者对邮轮旅游认知的曼－惠特尼 U 检验结果(一)

项目	调查对象	样本量	秩均值	秩和
邮轮旅游比其他旅游形式花费昂贵	外国旅游者	277	311.19	86 198.50
	中国旅游者	293	261.22	76 536.50
邮轮旅游比其他旅游花费时间长	外国旅游者	277	293.27	81 234.50
	中国旅游者	293	278.16	81 500.50
邮轮旅游不安全，如恐怖袭击等	外国旅游者	277	285.95	79 207.00
	中国旅游者	293	285.08	83 528.00
邮轮旅游涉及多国，签证问题很复杂	外国旅游者	277	256.06	70 929.00
	中国旅游者	293	313.33	91 806.00
邮轮重游率很高，乘客多是回头客	外国旅游者	277	243.50	67 450.00
	中国旅游者	293	325.20	95 285.00

① 比如数据按升序或降序排列，每个变量值都会有一个在整个变量值序列中的名次，即变量值的秩。
② 统计量保留到小数点后三位，按照四舍五入，如果概率值小于 0.0005，则取值 0.000。

表附 1-2b　中外旅游者对邮轮旅游认知的曼-惠特尼 U 检验结果(二)

项目	邮轮旅游花费昂贵	邮轮旅游花费时间长	邮轮旅游不安全	邮轮旅游涉及多国签证	邮轮重游率很高
曼—惠特尼 U	33 465.500	38 429.500	40 457.000	32 426.000	28 947.000
威尔科克森 W	76 536.500	81 500.500	83 528.000	70 929.000	67 450.000
Z	-3.796	-1.157	-0.070	-4.361	-6.288
渐近显著性(双侧)	0.000	0.247	0.944	0.000	0.000

二、中外旅游者对邮轮旅游产品的重要性-表现法分析法(IPA)对比分析

(一)重要性-表现法分析法

对目的地满意度的评估主要有四种方法:期望值-表现、重要性-表现、表现和驳斥矛盾法。这几种方法都各有优点和缺点,“期望值-表现”,是指顾客在消费产品和服务之前已经有一定的期望值,如果实际消费的结果超过了期望值,则感到满意,这种顾客满意度衡量方法,明确了满意和不满意之间的界限。“重要性-表现”法是从“期望值-表现”法演变而来的并将衡量标准的重要程度及每个标准的表现结合起来,这种方法的重要意义在于它能为决策者提供制定市场开发战略的基础。

重要性-表现法,又称重要性满意度评价法(Importance - Performance Analysis),亦称 IPA 分析法。该分析法的要点是将重要性和满意度的测量与绩效分析与一个二维方格图结合在一起,即重要性-表现法分析方格图,每个影响因子所处的“重要性-满意度”的不同位置,可以指导公司的战略决策。

重要性-表现法是用横坐标和纵坐标分别表示重要性和满意度,分值区间为 1~5,根据各个因子的情况确定其对应的坐标,就会得到四个象限。如图附 1-1 和图附 1-2 所示,第 1 象限,即主要优势区域的因子重要性和满意度都很高,即这些项目都达到了很好的效果,优势很大,只要加以保持或做得更好即可;第 2 象限,即次要优势区域的因子重要性不高,但是满意度很高,即这些项目已经做得很好了,可能之前已经投入了过多物力和财力,可以适当减少投入;第 3 象限,即次要劣势区域的因子重要性和满意度都不高,这一区域的项目投入较少,重要性不够,可以考虑后续发展;第 4 象限的主要劣势区域重要性很高,满意度却很低,应该投入大量精力重点发展这些项目。

重要性 限制 平均 最小		
	低级优先（Possible overkill）	继续保持（Keep up the good work）
	低级优先（Lower Priority）	集中加强（Concentrate Here）
	最小　　平均　　限制 满意度	

图附 1-1　重要性-表现法分析方格图

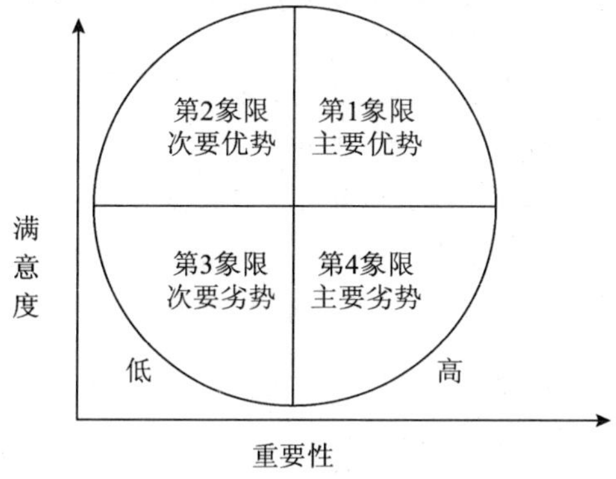

图附 1-2　重要性-表现法分析象限

(二)国外邮轮旅游者对邮轮旅游产品的重要性-表现法分析法

对邮轮旅游产品"重要性满意度"的研究不仅直接关系到邮轮旅游者是否重复消费邮轮旅游产品,而且会影响邮轮旅游的目的地形象,进而影响到潜在的邮轮旅游者。因此,对邮轮旅游者的"重要性-满意度"调查意义重大。

如表附 1-3、表附 1-4 和图附 1-3 所示,运用重要性-表现法分析法模型对国外邮轮旅游者的重要性和满意度情况进行了分析。

表附 1-3　国外游客对邮轮产品项目的重要性认知①

项目	样本量	极小值	极大值	均值	标准差
豪华外观	109	1	5	3.43	0.786
住宿条件	109	1	5	3.21	0.914
餐饮选择的多样性	109	2	5	3.76	0.827
购物环境的舒适便捷	109	1	5	3.32	0.990
娱乐设施的现代化	109	1	5	3.29	1.048
旅游咨询服务	109	1	5	3.59	0.874
登船快捷简便	109	1	5	3.91	0.788
工作人员的业务水平素质	109	2	5	4.07	0.766
销售渠道的多样化	109	2	5	3.30	0.938
航线设计	109	1	5	3.84	0.863

① 1="很不重要",2="不重要",3="一般",4="重要",5="很重要"。

表附 1-4　国外游客对邮轮产品项目的满意度评价[①]

项目	样本量	极小值	极大值	均值	标准差
豪华外观	109	2	5	3.36	0.887
住宿条件	109	1	5	2.70	1.014
餐饮选择的多样性	109	1	5	3.43	0.937
购物环境的舒适便捷	109	1	5	3.07	0.847
娱乐设施的现代化	109	1	5	3.13	1.028
旅游咨询服务	109	1	5	3.20	0.847
登船快捷简便	109	2	5	3.44	0.907
工作人员的业务水平素质	109	1	5	3.65	0.821
销售渠道的多样化	109	2	5	3.11	0.774
航线设计	109	1	5	3.50	0.878

首先,对国外游客对邮轮产品的“重要性-满意度”评价进行简要分析,从图附1-3可以看出,第1象限内有4个因子,包括销售渠道多样化,工作人员业务水平素质,餐饮选择的多样性和航线设计,这四个方面的重要性和满意度评价都很好,邮轮公司继续保持这种高品质的服务产品就很好。

第2象限内有1个因子,即豪华的外观,这是次要优势区,即满意度很高,重要性一般,不需要太过努力,这一点是与邮轮产业的规模化和大型化趋势相契合的,以嘉年华、皇家加勒比和云顶香港为首的全球邮轮公司都在积极地拓展市场,打造航母级的超大型邮轮,而其外观和内饰无一例外的都是奢华路线。这也为邮轮经营者提出了一个挑战,豪华外观对邮轮旅游者的吸引力权重在减弱。

第3象限内有5个因子,分别是住宿条件、购物环境、娱乐设施、旅游咨询和登船的简便快捷,这一区域是重要性和满意度都不高的区域,可以暂缓发展,不需要投入太大的精力和物力。

第4象限为空,落在这个区域里的因子很重要,但满意度较低,需要大力投入发展,而目前这个象限为空,也在一定程度上肯定了邮轮旅游较高的品质。

(三)中国邮轮旅游者对邮轮旅游产品的重要性-表现法分析法分析

中外旅游者由于文化差异、消费理念不同等因素,邮轮旅游体验也有一些差异,两者的“重要性-满意度”也应有所不同。如表附1-5、表附1-6和图附1-4所示,是中国邮轮旅游的重要性满意度分析。

与国外旅游者相同,第2象限内只有1个因子,即豪华的外观,这是次要优势区,

① 1=“非常不满意”,2=“不满意”,3=“一般”,4=“满意”,5=“非常满意”。

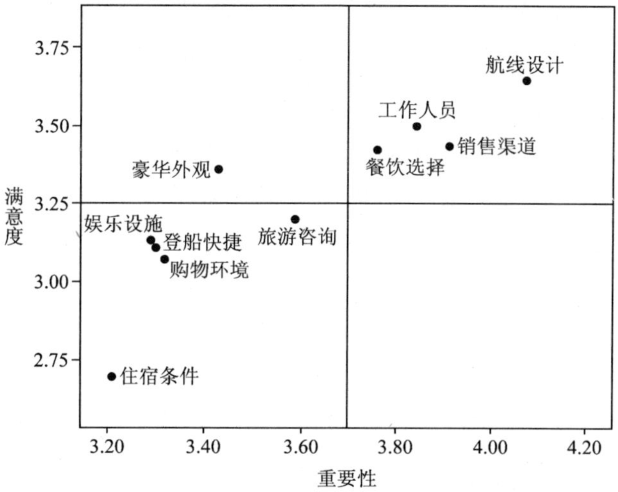

图附 1－3　国外邮轮旅游者体验因子的重要性和满意度

即满意度很高，但重要性一般，不需要太过努力。其中旅游咨询这一因子落在了纵轴上，其“重要性—满意度”分别为 4.30 和 3.73，两者都在一个相对较高的评价水平上，只要保持一如既往的优质服务即可。

第 3 象限内有 4 个因子，分别是住宿条件、购物环境、娱乐设施和销售渠道多样化，这一区域是重要性和满意度都不高的区域，可以暂缓发展，不需要投入太多的精力和物力。

第 4 象限为空，与国外旅游者相同，中国旅游者认为，邮轮旅游品质较高，没有什么很重要的项目，满意度很低。

表附 1－5　中国游客对邮轮产品项目的重要性认知

项目	样本量	极小值	极大值	均值	标准差
豪华外观	121	2	5	3.98	0.821
住宿条件	121	2	5	4.17	0.799
餐饮选择的多样性	121	2	5	4.32	0.698
购物环境的舒适便捷	121	1	5	3.93	0.905
娱乐设施的现代化	121	1	5	4.08	0.881
旅游咨询服务	121	2	5	4.30	0.691
登船快捷简便	121	3	5	4.49	0.579
工作人员的业务水平素质	121	3	5	4.64	0.546
销售渠道的多样化	121	2	5	4.02	0.826
航线设计	121	3	5	4.50	0.607

表附1-6　中国游客对邮轮产品项目的满意度评价

项目	样本量	极小值	极大值	均值	标准差
豪华外观	121	1	5	3.86	0.687
住宿条件	121	1	5	3.40	0.841
餐饮选择的多样性	121	1	5	3.79	0.915
购物环境的舒适便捷	121	2	5	3.57	0.740
娱乐设施的现代化	121	2	5	3.47	0.720
旅游咨询服务	121	1	5	3.73	0.719
登船快捷简便	121	2	5	3.95	0.751
工作人员的业务水平素质	121	2	5	4.07	0.660
销售渠道的多样化	121	2	5	3.50	0.621
航线设计	121	1	5	3.74	0.791

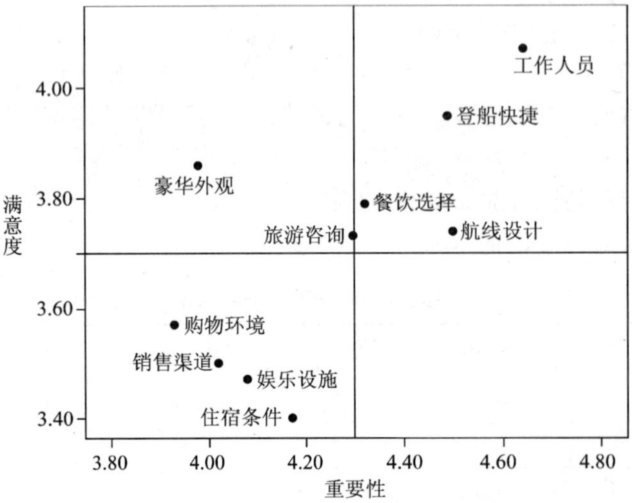

图附1-4　中国邮轮旅游者体验因子的重要性和满意度

(四)中外邮轮旅游者对邮轮旅游产品的重要性-表现法分析法分析的差异性对比分析

1.关于重要性、满意度横纵坐标轴

重要性、满意度横纵坐标轴,即X轴和Y轴的选取标准的问题,我们采用了三个不同标准:国外邮轮旅游者的重要性满意度X轴、Y轴的标准取值为(3.25,3.70),中国邮轮旅游者的重要性、满意度X轴、Y轴的标准取值为(3.70,4.30),中外邮轮旅游者的重要性满意度X轴Y轴的标准取值为(3.50,4.00)。这是根据样本均值的分布综合考虑设定的,由样本均值决定的坐标轴本身也反映了样本的特征。

表附 1－7　国外旅游者对邮轮旅游的需求特征

项目	样本量	极小值	极大值	均值	标准差
参加过几次邮轮旅游	277	0	3	0.75	1.071
A1 邮轮是一种交通工具	277	1	2	1.57	0.495
A2 邮轮是一个旅游目的地	277	1	2	1.47	0.500
A3 邮轮是移动的度假村	277	1	2	1.83	0.379
A4 邮轮是移动的酒店	277	1	2	1.81	0.394
B1 旅行社获取邮轮产品信息	277	1	2	1.75	0.431
B2 通过亲朋获取邮轮产品信息	277	1	2	1.57	0.496
B3 通过电视广播获取邮轮信息	277	1	2	1.89	0.311
B4 通过报纸杂志获取邮轮信息	277	1	2	1.79	0.405
B5 通过网络获取邮轮信息	277	1	2	1.49	0.501
C1 国际经济形势限制邮轮旅游	277	1	2	1.88	0.320
C2 国际政治因素限制邮轮旅游	277	1	2	1.96	0.204
C3 地区文化差异限制邮轮旅游	277	1	2	1.92	0.276
C4 个人经济条件限制邮轮旅游	277	1	2	1.57	0.496
C5 闲暇时间限制邮轮旅游	277	1	2	1.64	0.481
C6 相关宣传太少限制邮轮旅游	277	1	2	1.90	0.302
D1 在邮轮上购买香水化妆品	277	1	2	1.72	0.449
D2 在邮轮上购买皮具服装	277	1	2	1.53	0.500
D3 在邮轮上购买珠宝首饰	277	1	2	1.87	0.337
D4 在邮轮上购买体育休闲用品	277	1	2	1.81	0.397
D5 在邮轮上购买特色工艺品	277	1	2	1.79	0.408
E1 喜欢单独参加邮轮旅游	277	1	2	1.94	0.234
E2 喜欢和旅游团队参加邮轮旅游	277	1	2	1.86	0.348
E3 喜欢和家人参加邮轮旅游	277	1	2	1.26	0.437
E4 喜欢和朋友参加邮轮旅游	277	1	2	1.50	0.501

续表

项目	样本量	极小值	极大值	均值	标准差
E5 喜欢和配偶参加邮轮旅游	277	1	2	1.89	0.311
F1 在公共长假选择邮轮旅游	277	1	2	1.82	0.388
F2 在小短假选择邮轮旅游	277	1	2	1.66	0.476
F3 在带薪假期选择邮轮旅游	277	1	2	1.65	0.479
F4 在其他时间选择邮轮旅游，避开公共假期	277	1	2	1.78	0.413
F5 在离退休后有充裕时间时选择邮轮旅游	277	1	2	1.82	0.385
会选择几日游的航线	277	1	5	1.70	0.881
能接受多少价位邮轮旅游	277	1	5	2.12	1.108
G1 如果参加邮轮旅游，会选择主要在中国的航线	277	1	2	1.89	0.323
G2 如果参加邮轮旅游，会选择亚洲航线	277	1	2	1.90	0.309
G3 如果参加邮轮旅游，会选择地中海航线	277	1	2	1.55	0.505
G4 如果参加邮轮旅游，会选择加勒比海航线	277	1	2	1.64	0.489
G5 如果参加邮轮旅游，会选择北欧俄罗斯航线	277	1	2	1.52	0.500

表附 1－8　中国旅游者对邮轮旅游的需求特征

项目	样本量	极小值	极大值	均值	标准差
参加过几次邮轮旅游	293	0	3	0.70	1.002
A1 邮轮是一种交通工具	293	1	2	1.63	0.484
A2 邮轮是一个旅游目的地	293	1	2	1.40	0.491
A3 邮轮是移动的度假村	293	1	2	1.65	0.479
A4 邮轮是移动的酒店	293	1	2	1.70	0.461
B1 通过旅行社获取邮轮产品信息	293	1	2	1.53	0.500
B2 通过亲朋获取邮轮产品信息	293	1	2	1.71	0.453
B3 通过电视广播获取邮轮信息	293	1	2	1.78	0.416
B4 通过报纸杂志获取邮轮信息	293	1	2	1.69	0.462
B5 通过网络获取邮轮信息	293	1	2	1.45	0.498
C1 国际经济形势限制邮轮旅游	293	1	2	1.92	0.264
C2 国际政治因素限制邮轮旅游	293	1	2	1.92	0.269

续表

项目	样本量	极小值	极大值	均值	标准差
C3 地区文化差异限制邮轮旅游	293	1	2	1.86	0.348
C4 个人经济条件限制邮轮旅游	293	1	2	1.44	0.497
C5 闲暇时间限制邮轮旅游	293	1	2	1.56	0.497
C6 相关宣传太少限制邮轮旅游	293	1	2	1.71	0.453
D1 在邮轮上购买香水化妆品	293	1	2	1.55	0.498
D2 在邮轮上购买皮具服装	293	1	2	1.85	0.358
D3 在邮轮上购买珠宝首饰	293	1	2	1.90	0.299
D4 在邮轮上购买体育休闲用品	293	1	2	1.90	0.294
D5 在邮轮上购买特色工艺品	293	1	2	1.51	0.501
E1 喜欢单独参加邮轮旅游	293	1	2	1.97	0.153
E2 喜欢和旅游团队参加邮轮旅游	293	1	2	1.89	0.308
E3 喜欢和家人参加邮轮旅游	293	1	2	1.29	0.456
E4 喜欢和朋友参加邮轮旅游	293	1	2	1.55	0.499
E5 喜欢和配偶参加邮轮旅游	293	1	2	1.66	0.469
F1 在公共长假选择邮轮旅游	293	1	2	1.81	0.394
F2 在小短假选择邮轮旅游	293	1	2	1.88	0.325
F3 在带薪假期选择邮轮旅游	293	1	2	1.71	0.456
F4 在其他时间选择邮轮旅游，避开公共假期	293	1	2	1.74	0.437
F5 在离退休后有充裕时间时选择邮轮旅游	293	1	2	1.64	0.481
会选择几日游的航线	293	1	5	1.80	0.867
能接受多少价位邮轮旅游	293	1	5	2.08	1.184
G1 如果参加邮轮旅游，会选择主要在中国的航线	293	1	2	1.88	0.329
G2 如果参加邮轮旅游，会选择亚洲航线	293	1	2	1.77	0.418
G3 如果参加邮轮旅游，会选择地中海航线	293	1	2	1.40	0.491
G4 如果参加邮轮旅游，会选择加勒比海航线	293	1	2	1.76	0.429
G5 如果参加邮轮旅游，会选择北欧俄罗斯航线	293	1	2	1.72	0.450

中国邮轮旅游者坐标轴的取值(重要性、满意度均值)高于国外邮轮旅游者,一方面,可以从中国邮轮旅游者的出游次数角度解释,从表附 1 -7 和表附 1 -8 可知,中国旅游者参加邮轮旅游的次数 0.70 次,低于国外旅游者,很多中国旅游者是第一次参加邮轮旅游,因此,在作重要性、满意度评价时,主要是根据与出游前对邮轮的期望值作出的,因此,重要性和满意度均值偏高。而国外旅游对邮轮旅游的参与程度更高,其评价相对客观;另一方面,通过我们对中外邮轮旅游者的深度访谈得出一些体会,即中西文化的差异,可能也有一定的影响,中国的"宽厚"和"面子"等观念,使大部分中国邮轮旅游者在"评价"时,给出比较积极的选项(对应较高的分值)。

2. 关于四个象限内因子的整体走势问题

这个问题可以从邮轮旅游发展阶段的角度来解释(图附 1 -5)。中国邮轮旅游者的重要性、满意度因子坐标,从走势上看,大体是国外邮轮旅游者重要性、满意度因子向上向右(横纵坐标均变大)移动所得。反过来讲,中国旅游者的邮轮旅游消费可能将是这样一种发展趋势,重要性、满意度评价的下降,因为随着中国邮轮旅游市场的发展和中国旅游者对邮轮旅游消费的成熟,中国邮轮旅游者必然会对邮轮旅游产品提出更高的要求(图附 1 -5)。通过与相对成熟的国外邮轮旅游者群体的比较,在一定程度上对中国邮轮旅游者的消费心理进行了预测。

3. 关于因子坐标的具体位置的异同

(1)住宿条件。中外邮轮旅游者均给出了最低的满意度,国外旅游者认为住宿的重要性一般(3.21),而中国旅游者认为住宿重要(4.17)。

(2)航线设计。国外旅游者对航线重要性和满意度的评价都是最高的,而中国旅游者对航线的评价属于中等水平,其重要性和满意度分别为(4.50,3.74),可以说,作为新兴的邮轮客源市场,中国邮轮旅游者对邮轮航线状况并不敏感。

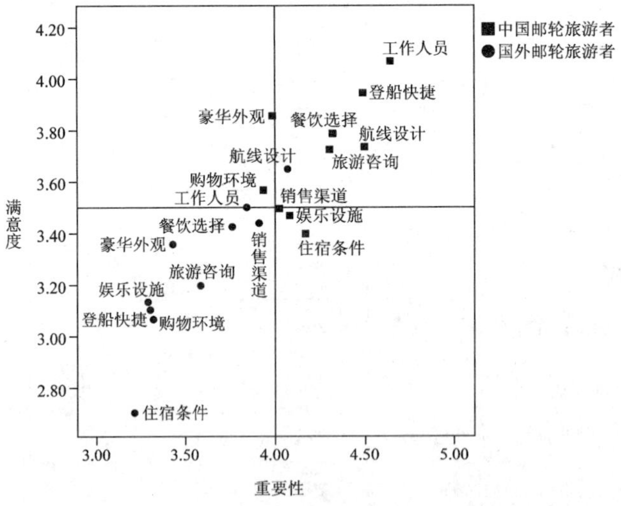

图附 1 -5　中外邮轮旅游者体验因子的重要性和满意度

(3)工作人员。中国邮轮旅游者对工作人员业务水平素质的评价是最高的，而国外邮轮旅游者对此评价相对稍低一些，其重要性和满意度分别为(4.07,3.65)，国外旅游者对邮轮工作人员的期望值更高一些。

(4)娱乐设施。中外旅游者对娱乐设施的评价满意度和重要性都相对较低，国外旅游者的评价是(3.29,3.13)，中国旅游者的评价是(4.08,3.47)。我们根据调研期间对中外邮轮旅游者船上生活的观察和深度访谈，总结如下：中国邮轮旅游者倾向于“群体活动”，无论是唱歌、跳舞、看电影、洗桑拿等，都是一个个小团体，而且并非是真的对某一项娱乐活动感兴趣，更多的是一种从众心理，而且由于语言障碍、文化差异等因素，中国旅游者对邮轮上的娱乐活动并不积极；国外旅游者则倾向于“独乐乐”，品咖啡、读书、看海、静坐，他们在邮轮上非常真实和自我，并不是很多宣传中描述的“夜夜旌歌”。舞厅、酒吧、俱乐部等，的确是一个制造快乐的地方，但是并非适用于所有人，只是受到一部分人的青睐。

三、中外邮轮旅游者对邮轮旅游需求特征的对比分析

(一)国外旅游者对邮轮旅游的需求特征分析

根据表附1-7中277个样本的分析，三个问题为单项选择，七个题目为多项选择，多项选择部分根据选项均值的高低进行统计，国外旅游者对邮轮旅游的需求特征如下：

1. 国外旅游者对邮轮本身概念的认知

根据认知度的高低排序，答案项目依次是A2、A1、A4、A3，即国外旅游者认为，邮轮是一个旅游目的地和一种交通工具，而对于邮轮是移动的度假村或酒店的认知度较低。

2. 国外旅游者获取邮轮产品信息的渠道

根据渠道选择的多少，答案项目依次是B5、B2、B1、B4、B3，国外旅游者倾向于通过网络、亲朋介绍和旅行社获取邮轮信息，而广播电视和报纸杂志这两种信息渠道很少参考。

3. 国外旅游者参与邮轮旅游的限制因素

根据限制因素的影响程度的大小，答案项目依次是C4、C5、C1、C3、C2，个人经济条件、闲暇时间和国际经济情况限制了国外旅游者参与邮轮旅游，而地区文化差异和国际政治因素对国外旅游者参与邮轮旅游影响不大。

4. 国外旅游者在邮轮上的购物选择

根据购物选择喜好程度的大小，答案项目依次是D2、D1、D5、D4、D3，即国外旅游者倾向于在邮轮上购买皮具服装、香水化妆品和特色工艺品，对体育休闲用品和珠宝首饰兴趣不大。

5. 国外旅游者邮轮旅伴的选择

根据旅伴选择的程度，答案项目依次是E3、E4、E2、E5、E1，也就是说，国外旅游者喜欢与家人和朋友一起出游，不喜欢旅游团队、配偶或者单独参与邮轮旅游。

6. 国外旅游者参与邮轮旅游的时间选择

根据出游时间选择的倾向，答案项目依次是 F3、F2、F4、F1、F5，国外旅游者倾向于带薪假期、小短假和避开公共假期的其他时间参与邮轮旅游，很少在公共长假和离退休后参与邮轮旅游。

7. 国外旅游者参与邮轮旅游的次数、天数价位和航线选择

国外旅游者平均参与过 0.75 次邮轮旅游，最受国外旅游者欢迎的是 7 天左右的邮轮航线，比如 3～5 天和 6～8 天，价位较低，在 1 120 美元左右，北欧、地中海和加勒比海依次是国外旅游者最青睐的航线。

（二）中国旅游者对邮轮旅游的需求特征分析

通过表附 1－8 中 293 个样本的分析，三个问题为单项选择，七个题目为多项选择，多项选择部分根据选项均值的高低进行统计，中国旅游者对邮轮旅游的需求特征如下：

中国旅游者对邮轮旅游的需求特征如下①：

1. 中国旅游者对邮轮本身概念的认知

根据认知度的高低排序，答案项目依次是 A2、A1、A3、A4，即中国旅游者认为，邮轮是旅游目的地和交通工具，对于移动的度假村或移动的酒店的认知度不是很高。

2. 中国旅游者获取邮轮产品信息的渠道

根据获取信息渠道选择的多少，答案项目依次是 B5、B1、B4、B2、B3，中国旅游者倾向于通过网络和旅行社获取邮轮信息，较少选择亲朋介绍、报纸杂志和广播电视的信息渠道。

3. 中国旅游者参与邮轮旅游的限制因素

根据限制因素程度的大小，答案项目依次是 C4、C5、C6、C3、C2、C1，个人经济条件、闲暇时间和邮轮的相关宣传太少限制了中国旅游者参与邮轮旅游，而国际经济形势和政治因素影响不大。

4. 中国旅游者在邮轮上的购物选择

根据购物倾向程度的大小，答案项目依次是 D5、D1、D2、D3、D4，即中国旅游者倾向于在邮轮上购买特色工艺品、香水化妆品，对皮具服装、体育休闲用品和珠宝首饰兴趣不大。

5. 中国旅游者邮轮旅伴的选择

根据旅伴选择喜好的程度，答案项目依次是 E3、E4、E5、E2、E1，中国旅游者喜欢和家人、朋友和配偶一起参与邮轮旅游，不喜欢单独或与旅游团队出游。

6. 中国旅游者参与邮轮旅游的时间选择

根据时间选择倾向，答案项目依次是 F5、F3、F4、F1、F2，中国旅游者倾向于在离退休后、带薪假期和避开公共假期的其他时间参与邮轮旅游，不打算在公共长假和小短假出游。

① 按照选择比例的大小顺序排列。

7. 中国旅游者参与邮轮旅游的次数、航线天数价位和航线选择

中国旅游者平均参与过 0.70 次邮轮旅游，最受中国旅游者欢迎的是 7 天左右的邮轮航线，比如 3 ~5 天和 6 ~8 天，价位均值非常低，在 3 160 元左右，地中海、北欧和加勒比海依次是中国旅游者最青睐的航线。

（三）中外旅游者对邮轮旅游需求特征的对比分析：曼 – 惠特尼 U 检验

从中外旅游者对邮轮旅游需求特征的分析中可以看出，中外旅游者对邮轮旅游需求特征有一些差异，但是通过均值和标准差反映出来的这些差异是不科学的，也是远远不够的。因此，在中外旅游者对邮轮旅游需求特征的对比分析中，继续采用非参数检验方法，即曼 – 惠特尼 U 检验。

从表附 1 –9a、附 1 –9b 到表附 1 –15a、附 1 –15b 共 7 组表格，对比分析出中外旅游者对邮轮旅游的差异性状况，通过曼 – 惠特尼 U 检验，分别得到了各个需求类型的秩均值、秩和、U、W、Z 统计量和双侧渐进显著性。除了第一组表格，中外旅游者在邮轮旅游次数和航线天数上无显著差异外，另外的 6 组表格中，中外旅游者均有项目存在显著差异。

1. 中外旅游者在邮轮旅游次数和航线天数方面的差异

表附 1 –9a 和表附 1 –9b 涉及的参与中外旅游者参与邮轮旅游的次数 $p = 0.948$ 和选择航线的天数 $p = 0.101$，均大于 a（0.05），接受零假设，可以认定为中外旅游者在这两方面无明显差异。

结合表附 1 –7 和表附 1 –8 的分析，中外旅游者参加邮轮旅游的次数分别为 1.70 和 1.75，差异不大，中外旅游者都倾向于参与 7 天左右的邮轮航线，比如 3 ~5 天和 6 ~8 天。

表附 1 –9a　中外旅游者参与邮轮次数和天数的曼 – 惠特尼 U 检验结果（一）

项目	调查对象	样本量	秩均值	秩和
您参加过几次邮轮旅游	外国旅游者	277	285.90	79 195.50
	中国旅游者	293	285.12	83 539.50
您会选择几日游的航线	外国旅游者	277	274.80	76 118.50
	中国旅游者	293	295.62	86 616.50

表附 1 –9b　中外旅游者参与邮轮次数和天数的曼 – 惠特尼 U 检验结果（二）

	您参加过几次邮轮旅游	您会选择几日游的航线
曼 – 惠特尼 U	40 468.500	37 615.500
威尔科克森 W	83 539.500	76 118.500
Z	–0.065	–1.639
渐近显著性（双侧）	0.948	0.101

2. 中外旅游者在获取邮轮产品信息渠道方面的差异

表附 1-10a 和表附 1-10b 中，关于邮轮信息获取渠道的问题，中外旅游者在网络的选择上 p=0.379，远远大于 a(0.05)，接受零假设，可以认定为中外旅游者在网络选择上没有差异；但是在旅行社 p=0.000、朋友介绍 p=0.000、电视广播 p=0.000 和报纸杂志 p=0.006 的信息渠道方面，均小于 a(0.05)，拒绝零假设，可以认定中外旅游者在通过这四种渠道获取信息方面有差异。

结合表附 1-7 和表附 1-8 的分析，国外旅游者在获取邮轮产品信息时更倾向于听取亲朋介绍，中国旅游者更乐于通过电视广播、报纸杂志和旅行社来获取邮轮产品信息。

表附 1-10a　中外旅游者获取邮轮信息渠道的曼-惠特尼 U 检验结果(一)

获取邮轮产品信息的渠道	调查对象	样本量	秩均值	秩和
旅行社	外国旅游者	277	318.04	88 096.00
	中国旅游者	293	254.74	74 639.00
亲朋介绍	外国旅游者	277	264.56	73 284.00
	中国旅游者	293	305.29	89 451.00
电视广播	外国旅游者	277	302.13	83 691.00
	中国旅游者	293	269.77	79 044.00
报纸杂志	外国旅游者	277	300.35	83 198.00
	中国旅游者	293	271.46	79 537.00
网络	外国旅游者	277	290.90	80 579.00
	中国旅游者	293	280.40	82 156.00

表附 1-10b　中外旅游者获取邮轮信息渠道的曼-惠特尼 U 检验结果(二)

	旅行社	亲朋介绍	电视广播	报纸杂志	网络
曼-惠特尼 U	31 568.000	34 781.000	35 973.000	36 466.000	39 085.000
威尔特克森 W	74 639.000	73 284.000	79 044.000	79 537.000	82 156.000
Z	-5.517	-3.558	-3.632	-2.763	-0.880
渐近显著性(双侧)	0.000	0.000	0.000	0.006	0.379

3. 中外旅游者在参与邮轮旅游的影响因素方面的差异

表附 1-11a 和表附 1-11b 中，关于参与邮轮旅游的影响因素的问题，国际经济形势 p=0.100，国际政治因素 p=0.081 和闲暇时间 p=0.65，均大于 a(0.05)，接受零假设,可以认定为中外旅游者在这三个因素上没有差异;但是在相关宣传太少 p = 0.000、个人经济条件 p = 0.001、和地区文化差异 p = 0.032,均小于 a(0.05),拒绝零假设,可以认定中外旅游者在这三个方面有差异。

表附 1 - 11a　中外旅游者邮轮旅游限制因素的曼 - 惠特尼 U 检验结果(一)

邮轮旅游限制因素	调查对象	样本量	秩均值	秩和
国际经济形势	外国旅游者	277	279.58	77 442.50
	中国旅游者	293	291.10	85 292.50
国际政治因素	外国旅游者	277	290.65	80 511.00
	中国旅游者	293	280.63	82 224.00
地区文化差异	外国旅游者	277	293.84	81 392.50
	中国旅游者	293	277.62	81 342.50
个人经济条件	外国旅游者	277	305.06	84 502.50
	中国旅游者	293	267.01	78 232.50
闲暇时间	外国旅游者	277	296.61	82 161.50
	中国旅游者	293	274.99	80 573.50
相关宣传太少	外国旅游者	277	312.69	86 615.50
	中国旅游者	293	259.79	76 119.50

表附 1 - 11b　中外旅游者邮轮旅游限制因素的曼 - 惠特尼 U 检验结果(二)

	国际经济形势	国际政治因素	地区文化差异	个人经济条件	闲暇时间	相关宣传太少
曼 - 惠特尼 U	38 939.500	39 153.000	38 271.500	35 161.500	37 502.500	33 048.500
威尔科克森 W	77 442.500	82 224.000	81 342.500	78 232.500	80 573.500	76 119.500
Z	-1.646	-1.747	-2.149	-3.184	-1.846	-5.569
渐近显著性(双侧)	0.100	0.081	0.032	0.001	0.065	0.000

结合表附 1 - 7 和表附 1 - 8 的分析,中外旅游者都认为,国际经济形势和国际政治因素对邮轮旅游的参与影响不大,而个人闲暇时间影响很大;中国旅游者认为,个人经济条件、邮轮旅游的相关宣传太少和地区文化差异都会限制其参与邮轮旅游,而国外旅游者则在这些方面更乐观。

4. 中外旅游者在邮轮购买商品选择方面的差异

表附 1 - 12a 和表附 1 - 12b 中,关于在邮轮上购买商品的问题,珠宝首饰 p =

0.245，大于 a(0.05)，接受零假设，可以认定为中外旅游者在购买珠宝首饰上没有差异；但是在香水化妆品 p=0.000、皮具服装 p=0.000、特色工艺品 p=0.000 和体育休闲用品p=0.001，均小于 a(0.05)，拒绝零假设，可以认定中外旅游者在这四个方面有差异。

结合表附1-7 和表附1-8 的分析，中外旅游者都不打算在邮轮上购买珠宝首饰；国外旅游者更喜欢皮具服装和体育休闲用品，而中国旅游者则倾向于购买香水化妆品和特色工艺品。

表附1-12a　中外旅游者邮轮购买商品的曼-惠特尼U检验结果(一)

在邮轮上购买商品	调查对象	样本量	秩均值	秩和
香水化妆品	外国旅游者	277	310.28	85 946.50
	中国旅游者	293	262.08	76 788.50
皮具服装	外国旅游者	277	238.22	65 986.00
	中国旅游者	293	330.20	96 749.00
珠宝首饰	外国旅游者	277	280.96	77 826.00
	中国旅游者	293	289.79	84909.00
体育休闲用品	外国旅游者	277	270.94	75 050.50
	中国旅游者	293	299.26	87 684.50
特色工艺品	外国旅游者	277	326.82	90 530.50
	中国旅游者	293	246.43	72 204.50

表附1-12b　中外旅游者邮轮购买商品的曼-惠特尼U检验结果(二)

	香水化妆品	皮具服装	珠宝首饰	体育休闲用品	特色工艺品
曼-惠特尼 U	33 717.500	27 483.000	39 323.000	36 547.500	29 133.500
威尔科克森 W	76 788.500	65 986.000	77 826.000	75 050.500	72 204.500
Z	-4.188	-8.342	-1.162	-3.376	-7.031
渐近显著性(双侧)	0.000	0.000	0.245	0.001	0.000

5. 中外旅游者在邮轮旅伴选择方面的差异

表附1-13a 和表附1-13b 中，关于在邮轮旅伴选择的问题，和家人一起 p=0.321，和朋友 p=0.291，和旅游团队 p=0.204，均大于 a(0.05)，接受零假设，可以认定中外旅游者在这三种旅伴选择中没有差异；和配偶 p=0.000 和一个人 p=0.041，均小于 a(0.05)，拒绝零假设，可以认定中外旅游者在这两个方面有差异。

结合表附1-7 和表附1-8 的分析，中外旅游者都喜欢与家人和朋友一起参加邮轮旅游,都不喜欢通过旅游团队的方式参与;国外旅游者更喜欢一个人出游,而国内旅游者则希望和配偶一起出游。

表附 1-13a　中外旅游者选择邮轮旅伴的曼-惠特尼 U 检验结果(一)

您喜欢和谁一起参加邮轮旅游	调查对象	样本量	秩均值	秩和
单独	外国旅游者	277	280.07	77 578.50
	中国旅游者	292	289.68	84 586.50
和旅游团队	外国旅游者	277	280.37	77 663.50
	中国旅游者	293	290.35	85 071.50
和家人	外国旅游者	277	280.05	77 574.00
	中国旅游者	293	290.65	85 161.00
和朋友	外国旅游者	277	279.01	77 287.00
	中国旅游者	293	291.63	85 448.00
和配偶	外国旅游者	277	316.69	87 722.50
	中国旅游者	292	254.94	74 442.50

表附 1-13b　中外旅游者选择邮轮旅伴的曼-惠特尼 U 检验结果(二)

	一个人	和旅游团队	和家人	和朋友	和配偶
曼-惠特尼 U	39 075.500	39 160.500	39 071.000	38 784.000	31 664.500
威尔科克森 W	77 578.500	77 663.500	77 574.000	77 287.000	74 442.500
Z	-2.044	-1.271	-0.993	-1.057	-6.244
渐近显著性(双侧)	0.041	0.204	0.321	0.291	0.000

6. 中外旅游者在邮轮出游时间方面的差异

表附 1-14a 和表附 1-14b 中,关于邮轮出游时间选择的问题,公共长假 $p=0.831$,避开公共假期的其他时间 $p=0.270$,带薪假期 $p=0.124$,均大于 a(0.05),接受零假设,可以认定中外旅游者在这三个时间的选择中没有差异;小短假 $p=0.000$ 和离退休后 $p=0.000$,均小于 a(0.05),拒绝零假设,可以认定中外旅游者在这两个时间的选择中有差异。

结合表附 1-7 和表附 1-8 的分析,中外旅游者都喜欢带薪假期和避开公共长假的其他时间出游,都不喜欢公共长假参与邮轮旅游;国外旅游者更喜欢小短假出游,而国内旅游者则希望离退休后参与邮轮旅游。

表附 1－14a　中外旅游者邮轮旅游时间选择的曼－惠特尼 U 检验结果(一)

选择邮轮旅游的时间	调查对象	样本量	秩均值	秩和
公共长假	外国旅游者	277	286.53	79 368.00
	中国旅游者	293	284.53	83 367.00
小短假	外国旅游者	277	252.76	70 013.50
	中国旅游者	293	316.46	92 721.50
带薪假期	外国旅游者	277	276.67	76 637.50
	中国旅游者	293	293.85	86 097.50
其他时间避开公共假期	外国旅游者	277	291.27	80 681.00
	中国旅游者	293	280.05	82 054.00
离退休后	外国旅游者	277	312.06	86 439.50
	中国旅游者	293	260.39	76 295.50

表附 1－14b　中外旅游者邮轮旅游时间选择的曼－惠特尼 U 检验结果(二)

	公共长假	小短假	带薪假期	其他时间选择避开公共假期	离退休后
曼－惠特尼 U	40 296.000	31 510.500	38 134.500	38 983.000	33 224.500
威尔科克森 W	83 367.000	70 013.500	76 637.500	82 054.000	76 295.500
Z	－0.214	－6.351	－1.537	－1.104	－4.847
渐近显著性(双侧)	0.831	0.000	0.124	0.270	0.000

7. 中外旅游者在邮轮航线选择方面的差异

表附 1－15a 和表附 1－15b 中，关于邮轮航线选择的问题，中国航线 p＝0.604，大于 a(0.05)，接受零假设，可以认定中外旅游者在中国航线的选择上没有差异；亚洲航线p＝0.000，地中海航线 p＝0.000，北欧航线 p＝0.000，加勒比海航线 p＝0.002，均小于 a(0.05)，拒绝零假设，可以认定中外旅游者在这四个航线的选择方面有差异。

表附 1－15a　中外旅游者航线选择的曼－惠特尼 U 检验结果(一)

邮轮航线选择	调查对象	样本量	秩均值	秩和
主要在中国的航线	外国旅游者	277	287.57	79 656.50
	中国旅游者	293	283.54	83 078.50

续表

邮轮航线选择	调查对象	样本量	秩均值	秩和
亚洲航线	外国旅游者	277	304.10	84 236.00
	中国旅游者	293	267.91	78 499.00
地中海航线	外国旅游者	277	307.10	85 067.50
	中国旅游者	293	265.08	77 667.50
加勒比海航线	外国旅游者	277	267.98	74 231.50
	中国旅游者	293	302.06	88 503.50
北欧俄罗斯航线	外国旅游者	277	256.69	71 102.50
	中国旅游者	293	312.74	91 632.50

表附 1-15b　中外旅游者航线选择的曼-惠特尼 U 检验结果(二)

	中国航线	亚洲航线	地中海航线	加勒比海航线	北欧航线
曼-惠特尼 U	40 007.500	35 428.000	34 596.500	35 728.500	32 599.500
威尔科克森 W	83 078.500	78 499.000	77 667.500	74 231.500	71 102.500
Z	-0.519	-4.061	-3.518	-3.099	-4.842
渐近显著性(双侧)	0.604	0.000	0.000	0.002	0.000

结合表附 1-7 和表附 1-8 的分析，中外旅游者都没有打算参与中国航线的邮轮旅游；对于亚洲邮轮航线，中国旅游者比国外旅游者兴趣更大；国外旅游者更希望参与加勒比海和北欧邮轮旅游。

附件二　中国入境旅游的交通方式

现代旅游交通业主要由公路、铁路、航空、水运、特种旅游运输五种交通方式构成。每种旅游交通方式，又由客运工具、客运站场和客运线路三个基本生产要素构成。各种交通方式根据其自身优势分工协作，分别主导不同运距、不同运速、不同运价旅游交通细分市场，同时又优势互补，互相衔接，彼此竞争，共同构成现代旅游交通产业综合体系（见图附 2 -1）。在入境市场上，交通消费在国际游客花费中占有重要比重，拉动交通消费，有利于提高入境消费总量。

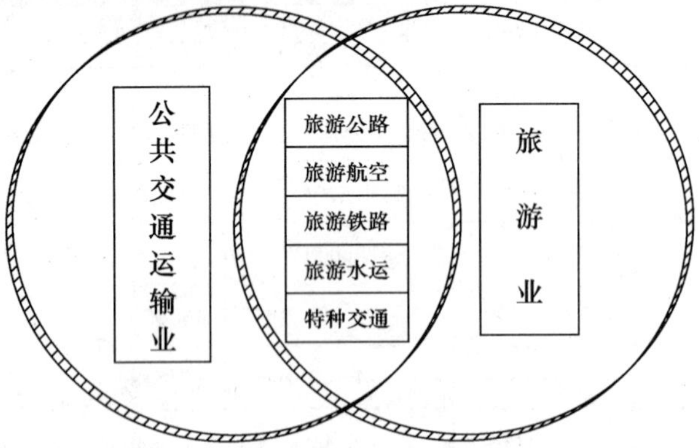

图附 2 -1　旅游交通产业内部结构示意图

前往中国的国际游客入境交通方式有水运（船舶）、航空、铁路、公路（汽车）、步行，这里采用 2011 年 1 ~6 月入境数据、2010 年的数据对入境交通方式进行分析。

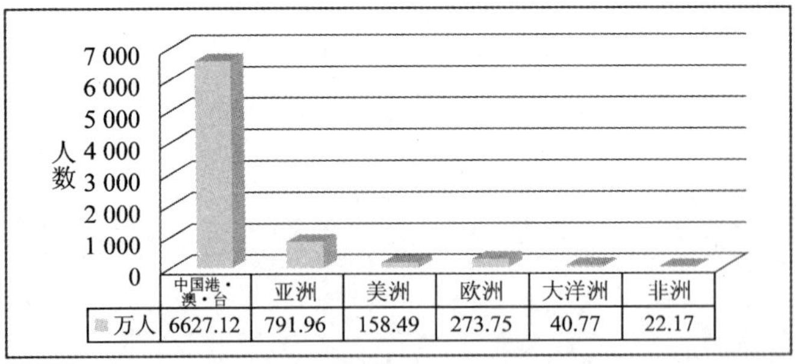

图附 2 -2　2011 年 1 ~6 月入境人数统计

2011 年上半年，由中国香港、澳门、台湾地区入境的游客最多，其次是亚洲国家和欧洲国家，非洲入境人数最少。在交通方式的选择上，飞机依然是国际游客采用最多的交通工具，但在港澳台地区采用船舶方式入境的游客居多，这是目的距离造成的交通方式选择的差异。

一、亚洲入境交通分析

在亚洲入境市场方面，我们可以看到，韩国、日本是亚洲主要的入境国家，入境游客人数保持稳定增长。在交通方式的选择上，以飞机和船舶为主，选择火车的游客最少。选择汽车方式入境的游客有所增加，这得益于我国开放邻近国家口岸，简化通关手续。例如，云南河口口岸是我国一类对外开放口岸，滇越铁路、昆河公路、红河航道在此形成枢纽与越南对接，是我国西南地区面向东南亚、南太平洋最便捷的通道。越南自驾车入境游客增加，为确保越南籍旅客入境自驾游项目的顺利实施，河口县口岸边检部门也推出了“绿色通道”、“零等待服务”等多项便利化举措，以缩短自驾游团队的通关时间。

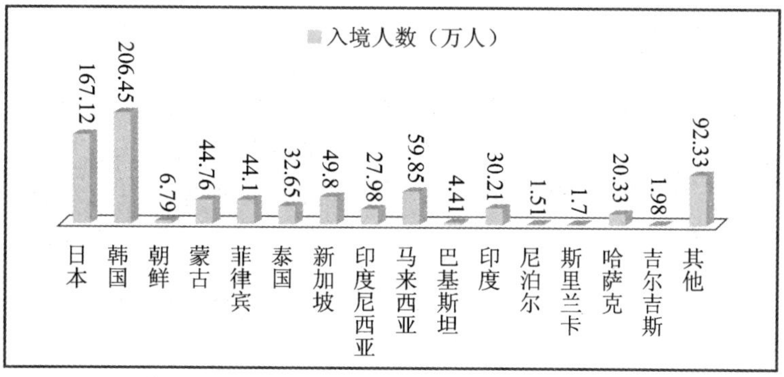

图附 2-3　2011 年 1~6 月亚洲国家入境人数统计

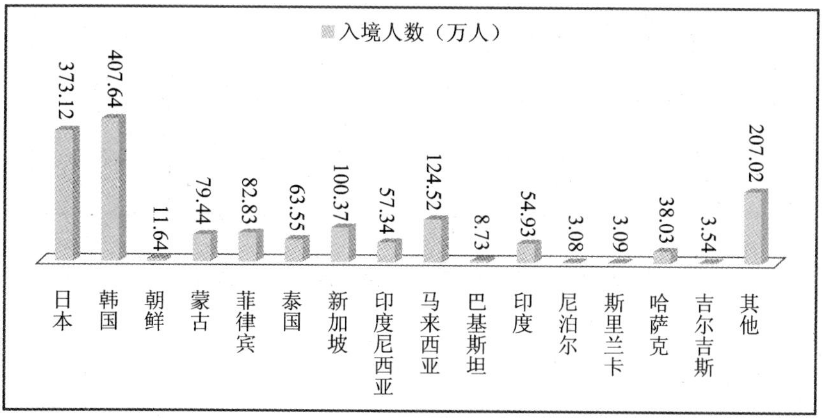

图附 2-4　2010 年亚洲国家入境人数统计

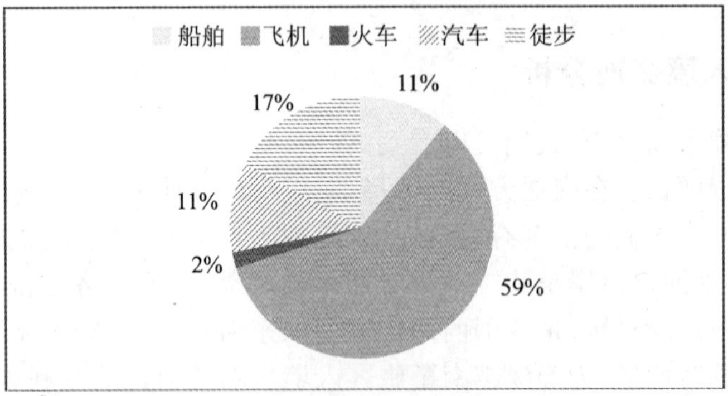

图附 2－5　2011 年 1～6 月亚洲国际入境交通方式

二、欧洲入境交通分析

在欧洲入境市场方面，根据 2011 年、2010 年的数据分析，俄罗斯入境游客最多，其次是德、英、法三国。在交通工具的选择上，欧洲游客的选择比较多样化，飞机占 50%、汽车占 25%、船舶占 15%，采用汽车方式入境的游客所占比重比其他大洲游客要高出很多。

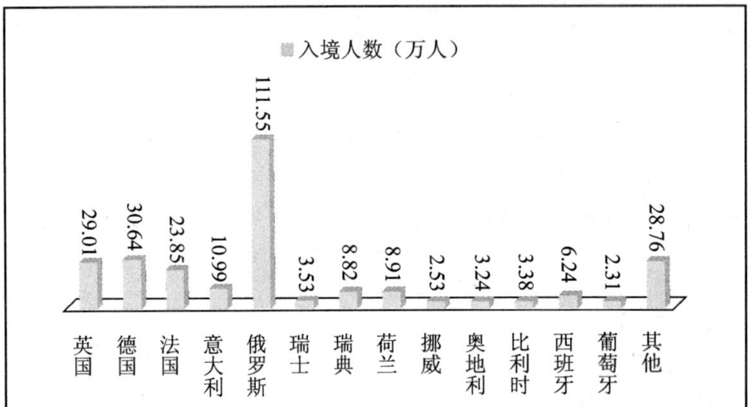

图附 2－6　2011 年 1～6 月欧洲入境人数统计

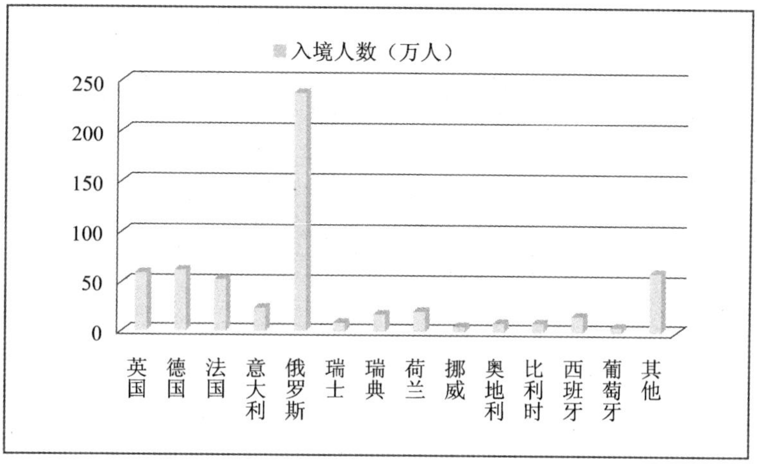

图附 2-7　2010 年欧洲入境人数统计

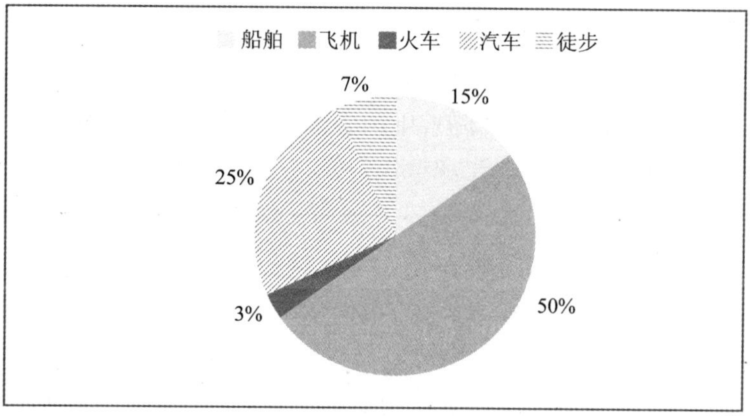

图附 2-8　2011 年 1~6 月欧洲国家入境交通方式

三、中国香港、澳门、台湾入境交通分析

中国香港、澳门、台湾地区在入境交通方式上，与其他地区有明显差异，从图 9 我们可以看出，船舶是港、澳、台入境的主要交通工具，其次是选择汽车、步行方式入境。港、澳、台地区交通方式的选择源于其特殊的地理位置，从香港、澳门乘船入境更近，且方便快捷。

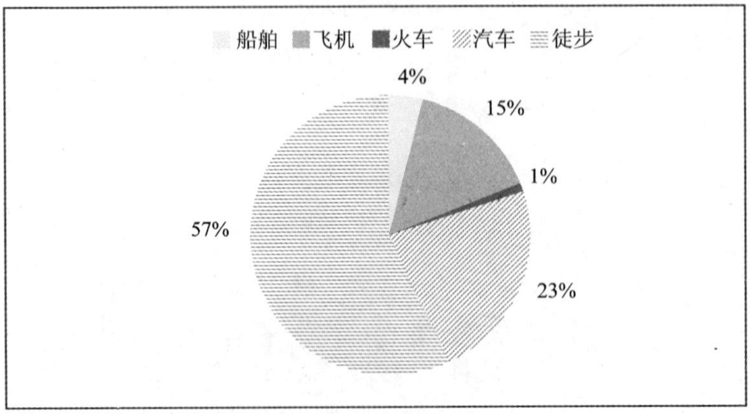

图附 2－9　2011 年 1～6 月中国港、澳、台地区入境交通方式

四、美洲国家入境交通分析

在美洲地区，美国是最大的入境国，其次是加拿大，由于美洲距离我国较远，69%的入境游客选择飞机从口岸入境。随着中国香港国际空港地位的崛起，从香港中转，以徒步、自驾车入境的美洲游客也呈现增长趋势。

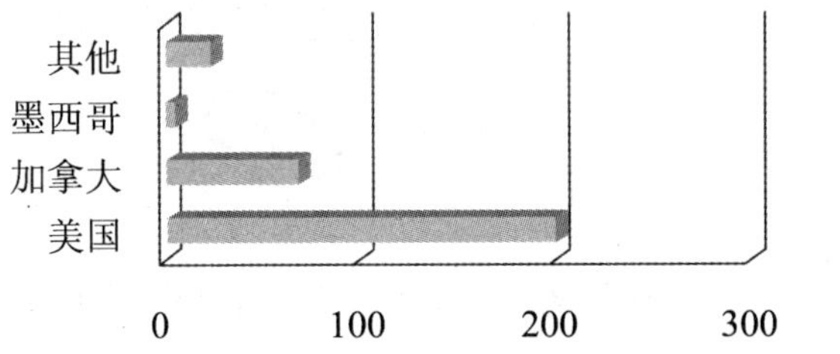

	美国	加拿大	墨西哥	其他
入境人数（万人）	200.96	68.53	4.94	25.11

图附 2－10　2010 年美洲国家入境人数统计

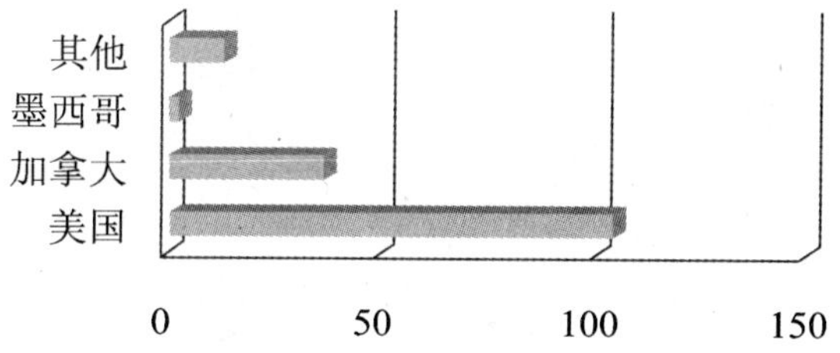

	美国	加拿大	墨西哥	其他
入境人数(万人)	105.22	36.79	2.57	13.9

图附 2-11　2011 年 1~6 月美洲国家入境人数统计

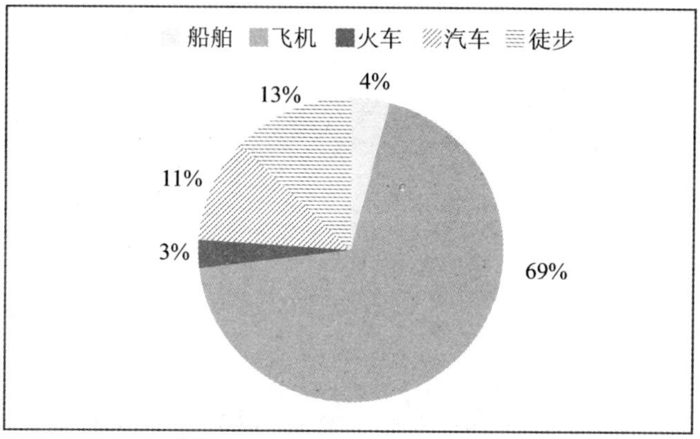

图附 2-12　2011 年 1~6 月美洲国家入境交通方式

五、大洋洲国家入境交通分析

由于中澳合作的深化,以及澳大利亚经济的回暖,澳大利亚是大洋洲入境游客最多的国家,其次是新西兰。在交通工具的选择上,大洋洲游客更多地选择飞机出行。

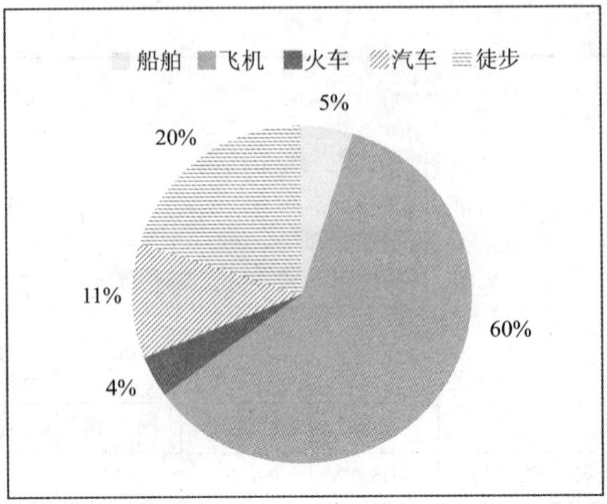

图附 2-13　2011 年 1~6 月大洋洲国家入境交通方式

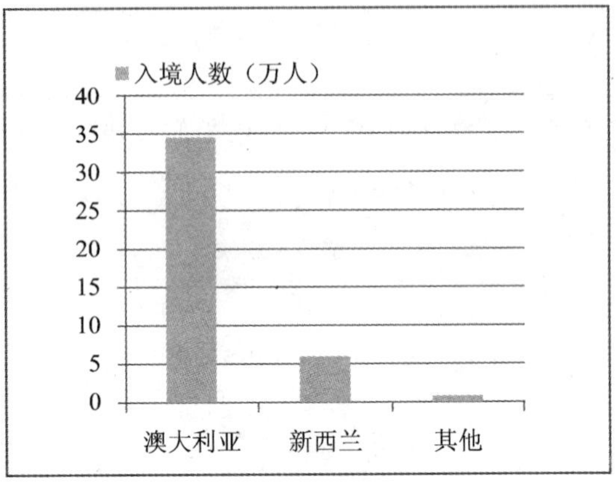

图附 2-14　2011 年 1~6 月大洋洲国家入境人数

六、非洲国家入境交通分析

非洲入境人数是五大洲最少的，在交通工具的选择上，74% 的非洲人选择飞机、11% 人选择徒步。随着中非合作的加深，非洲入境游客也逐渐增长。

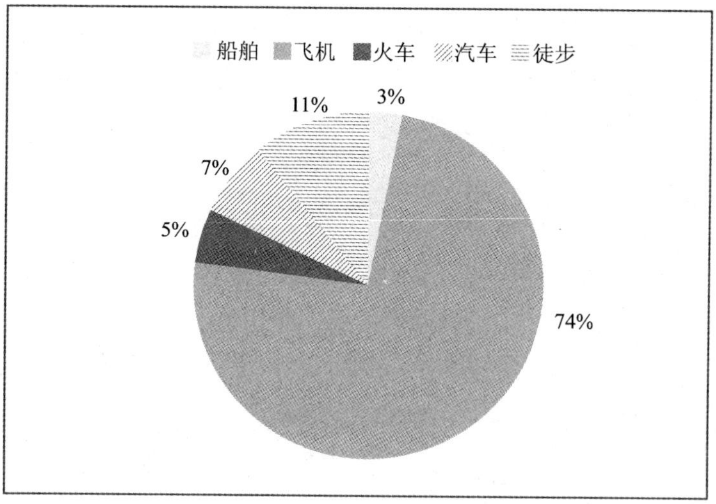

图附 2-15　2011 年 1~6 月非洲国家入境交通方式

分报告二：中国出境旅游年度报告 2011

第一章　中国出境旅游市场概况

一、中国出境旅游市场概况[①]

2010 年，中国出境旅游业摆脱了金融危机的不利影响，也经历了目的地国家的自然灾害、政局动荡等多种因素的影响，出境旅游情势虽然也有一些起伏，但总体市场格局保持增长。

2010 年，中国出境人数继续增长，全年出境总人数突破 5 739 万人次，同比增长 20%，其中因公出境人数为 588 万人次，同比增长 8%，因私出境人数为 5 151 万人次，同比增长 22%。

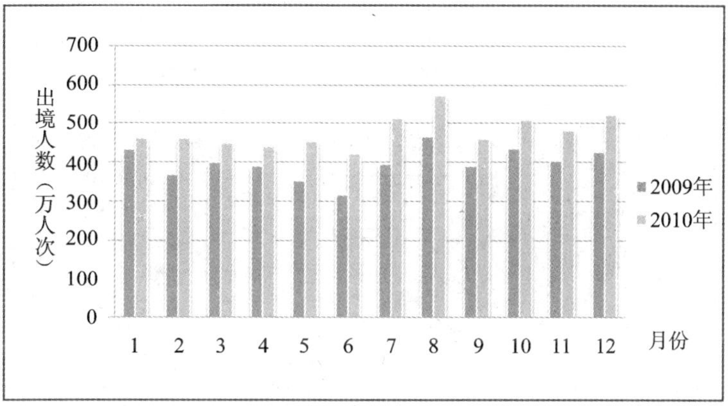

图 1－1　中国公民出境人数月度分布（2009—2010 年）

2010 年各月中国公民出境人数较上年同期均保持增长，其中 6 月份增长幅度最大。

二、旅行社经营情况

总体来看，2010 年旅行社出境旅游经营业绩全面恢复。针对经营出境旅游业务旅行社的抽样调查显示：90% 的旅行社 2010 年出境游业绩较 2009 年取得增长，13% 的旅行社出境游业绩增长超过 50%，增幅最大的超过 100%；超过 50% 的旅行社出境游业绩增幅在 11% ～50% 之间。

① 如无特别说明，本报告出境数据源自中国国家旅游局，出境游客特征数据源自 2010 年 9 月至 2011 年 3 月中国旅行社协会与艾威联合旅游顾问有限公司针对中国出境组团社及游客的问卷调研。

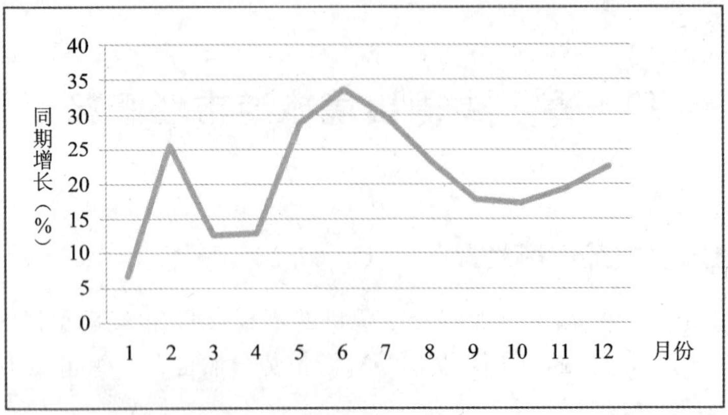

图 1－2　中国公民出境人数月度同期增长率（2010 年）

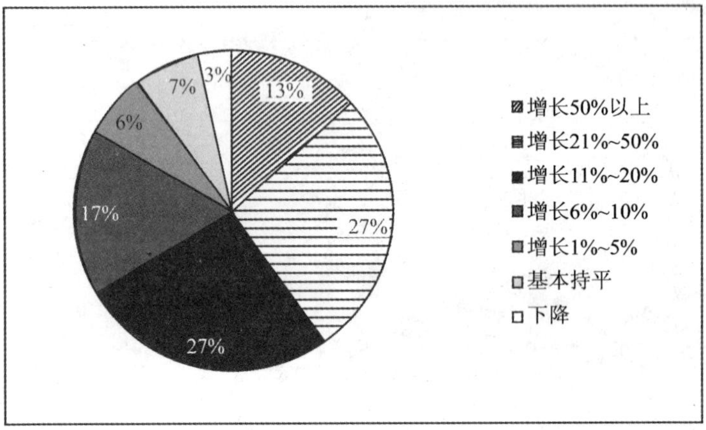

图 1－3　2010 年旅行社出境游业绩情况

三、市场特点及影响因素

1. 2010 年中国出境旅游市场特点

（1）出境旅游市场规模大幅增长

随着中国经济的持续增长与居民可支配收入的持续增加，境外旅游目的地针对中国市场的推广力度不断加大。中国公民出境旅游人数及消费规模迅速增长，2010 年中国出境人数增长率达 20%。

（2）出境旅游范围扩大

2010 年，中国公民出境旅游目的地国家和地区达 141 个，其中正式开放实施的达 110 个。

2010 年，朝鲜、密克罗尼西亚、乌兹别克斯坦、黎巴嫩、加拿大、塞尔维亚 6 个国家作为中国公民出境旅游目的地的旅游业务全面启动。

从 2010 年 4 月 12 日起，朝鲜民主主义人民共和国和密克罗尼西亚联邦正式成为中国公民组团出境旅游目的地；从 2010 年 5 月 1 日起，又新增黎巴嫩共和国和乌兹别克斯坦共和国。加拿大、塞尔维亚已成为中国公民组团出境旅游目的地，2010 年 8 月 15 日起，可以操作前往这两个国家的旅游业务。8 月，加拿大首发团的推出，使加拿大成为热点。

此外，中国内地居民赴台湾旅游第三批开放区域，增加内蒙古自治区、西藏自治区、甘肃省、青海省、宁夏回族自治区、新疆维吾尔自治区等六省、区，并于 2010 年 7 月 18 日起执行。

（3）出境旅游产品朝多元化与品质化方向发展

不断成熟与细分的旅游市场推动了出境旅游产品朝多元化与品质化方向发展。

①出境旅游的品质备受关注。2010 年，旅游者的消费需求更趋理性。在旅游产品的选择上，更加注重内涵和品质。天数相对较长的走马观花似的多国游线路逐渐失去吸引力，一国一地的深度游和度假型旅游产品受到青睐。

②乘邮轮及海岛包机旅游显著增加。据中国邮轮游艇协会（CCYIA）统计，2010 年，乘坐邮轮赴海外旅游的出入境中国内地游客 79 万人次（不含中国香港、澳门、台湾），较 2009 年 65.8 万人次同比增长 20.1%。三大邮轮公司嘉年华邮轮集团（歌诗达邮轮）、皇家加勒比国际邮轮、丽星邮轮已全面进入中国市场。此外，公主邮轮、地中海邮轮等国际主要邮轮公司均针对中国市场不断增加的邮轮旅游需求，加大了对中国市场的推广力度。

2010 年，各地海岛包机旅游显著增多，价格下降。上海、南京两地增开了不少直飞印尼巴厘岛、泰国普吉岛、菲律宾长滩岛、宿雾等地的包机航班，数量比往年增加一倍左右。北京市场上海岛游产品较 2009 年同期明显增多。主要热点地区包括塞班、巴厘岛、日本、沙巴、普吉等地。广东地区旅行社在开通马尔代夫、普吉岛、苏梅岛、巴厘岛包机直航的基础上，新开通赴台湾澎湖、菲律宾宿雾的包机。开通包机后，宿雾、普吉、巴厘岛等包机海岛线的价格较常规线路普降 3～5 成。

③定制化出境旅游产品开始推出。随着越来越多的高端游客追求更个性化的旅游体验，部分旅行社已经推出各种定制旅游产品，打造私人定制化旅游顾问服务。消费人群主要集中在高端人士，包括企业客户、商务团队、明星以及团队旅游的回头客等。

例如，2010 年英国旅游局合作伙伴新西区公司根据中国游客的需要定制了全新的定制旅游项目——奢华伦敦。此外，环境国际旅行社推出的“蜜爱嫁期”产品，结合婚纱摄影、蜜月旅行以及休闲度假等内容，以一对一的贵宾（VIP）服务为最大卖点。

2. 影响中国出境旅游市场的因素

（1）经济因素

根据中国国家统计局的测算，2010 年，中国国内生产总值 397 983 亿元，按可比价格计算，比 2009 年增长 10.3%，增速比 2009 年加快 1.1 个百分点。2010 年，全年城镇居民家庭人均总收入 21 033 元，比 2009 年增长 11.5%。其中，城镇居民人均可支配收入 19 109 元,增长 11.3%,扣除价格因素,实际增长 7.8%。尽管受到通货膨胀等不利因素的影响,但由于中国经济发展的基本面和长期向好的基础条件没有改变,中国出境旅游消费仍保持较快的增速。整体经济形势向好与居民收入水平的提高,也为中国公民出境旅游市场的长期增长提供了良好的经济基础。

此外,汇率因素在一定程度上推动了中国公民出境旅游及购物消费。2010 年,人民币有效汇率上涨,游客出境旅游及购物成本有所下降。2010 年 3 ~4 月英镑及欧元汇率一路下挫,激起赴英国及欧洲旅游的消费热情,赴欧洲旅游者人均购物支出明显增长,购物消费在旅游预算中的比重呈现上升趋势。

(2)主要政策

①外资旅行社试点经营出境游业务的预期。2009 年发布的《国务院关于加快发展旅游业的意见》中提出,在试点的基础上,将逐步对外商投资旅行社开放经营中国公民出境旅游业务。2010 年 9 月 6 日,国家旅游局、商务部联合发布《中外合资经营旅行社试点经营出境旅游业务监管暂行办法》,进一步明确了“在试点基础上,逐步对外商投资旅行社开放经营中国内地居民出境旅游业务”,披露了“试点旅行社的准入细则”。国家旅游局随即开始受理相关申请。

可以看出,出境游“对外”放开并非一步到位,试点旅行社的准入门槛至少包括:一是合资社;二是合资社取得经营许可满两年,且未因侵害旅游者合法权益受到行政机关罚款以上处罚的。从目前的情况看,外资旅行社特批经营出境旅游业务大规模开放的可能性不大。即便是少数几家外资旅行社获得经营出境旅游业务的资格,对中国出境旅游市场的总体影响也是非常有限的。

从另一方面评估,一旦外资旅行社获准经营出境旅游业务,对丰富出境旅游的产品结构,特别是高端、特色产品的开发,促进旅游服务质量的提升和产品分级将会有明显的推动作用。

②旅行社委托代理招徕旅游者业务试行。2010 年 5 月,国家旅游局发出《关于试行旅行社委托代理招徕旅游者业务有关事项的通知》。通知指出,依据《旅行社条例》和《旅行社条例实施细则》,在旅行社行业内部先试行旅行社委托代理招徕旅游者业务制度,以促进我国旅行社业形成批发、零售业务分工体系,解决旅行社比较普遍存在的超范围经营出境旅游(包括赴港、澳旅游和边境旅游招徕等)问题,更好地满足旅游业发展、国民旅游服务及旅行社经营的需要。

2010 年 8 月,大通旅游正式成为上海首家以国内游旅行社身份合法代理国际旅行社出境游分销的企业。尽管仍处于试点阶段,但这一政策的放宽实施,使不具备出境游资格的旅行社可通过获得代理权的审批来经营出境游业务。这有望改变旅行社传统的组团、接团主营业务,给出境游市场带来重大变革。

③关于促进旅行社业持续健康发展的意见。2010 年 11 月,国家旅游局下发《关于促进旅行社业持续健康发展的意见》,要求各级旅游行政管理部门认真贯彻落实《国务院关于加快发展旅游业的意见》,改进、优化旅行社企业经营和产业发展氛围;全面贯彻实施《旅行社条例》,为旅行社创造良好的经营环境;加快推进旅行社经营服

务标准化，进一步规范旅行社经营服务行为；坚定贯彻执行改革开放的方针，加快形成全国统一的旅行社投资、经营、服务市场。

《意见》对积极推进旅行社发展方式的转变，推动旅行社业为转型升级提供良好的政策环境。

（3）重要事件

2010 年，旅游目的地国家各种自然灾难、政治动荡及相关的各种事件对中国出境旅游市场造成了不同区域和不同程度的影响。

表 1－1　2010 年主要事件及其对中国出境旅游市场的影响

主要事件	时间	主要影响
欧洲航空业罢工	2 月	2 月 22 日，欧洲开始爆发航空业罢工潮，主要有德、法、英三国，致使多国欧洲团队滞留。
智利大地震	3 月	智利不是主要旅游目的地，但以阿根廷和巴西等国为主的美洲出境游市场受到影响。对整体美洲市场的影响不大。
泰国红衫军事件	3～6 月	3 月始，泰国红衫军在曼谷举行大游行，并酿成流血事件。4 月，中国国家旅游局发布《关于暂停组团赴泰旅游的紧急通知》。各旅行社取消泰国游线路。从 6 月中下旬开始恢复泰国游，各地赴泰旅游人数呈反弹状态。
冰岛火山灰事件	4～5 月	4～5 月，冰岛火山喷发，欧洲多个国家机场相继关闭，中国赴欧洲多个航班被迫取消。
菲律宾人质事件	8 月	8 月 23 日，发生香港游客在菲律宾被劫持事件。中国部分旅行社暂停赴菲律宾的旅游业务，短期内赴菲律宾旅游人数大幅下滑。
中日撞船事件	9 月	受 9 月 7 日钓鱼岛撞船事件的影响，某日用品公司取消万人赴日旅行团，自 10 月始，赴日本中国游客同比呈下降趋势。

（4）签证因素

2010 年，多个目的地国家针对中国游客降低了签证门槛，简化了签证手续，并采取其他措施，吸引中国游客。

表 1－2　2010 年主要目的地国家针对中国市场的签证情况

国家	主要措施
泰国	2010 年 5 月 11 日至 2011 年 3 月 31 日，中国游客赴泰国旅游可享受免签证费的优惠。
日本	从 2010 年 7 月 1 日起大幅放宽中国个人旅行签证标准，从申请者需达到年收入人民币 25 万元降至 3 万～5 万元。
韩国	申请赴韩个人旅游签证所需提供的经济能力证明材料从两种缩减为一种，赴韩游还首次推出 6 个月内可两次入境的双重签证，而多次往返签证的签发对象也扩大至月收入 5 000 元的中等收入群体，签发有效期从 1 年延长至 3 年。

续表

国家	主要措施
南非	自2010年6月始,南非大使馆正式开放了个人旅游签证,允许中国游客以个人名义赴南非旅游。游客可以不通过旅行社,而选择直接到南非大使馆申请个人旅游签证。
德国	2010年8月,德国驻华使馆签证处开通了网上预约系统。有计划前往德国进行自助游的个人游客可通过此系统,在线预约签证申请日期。
西班牙	自2010年10月始,西班牙驻广州总领事馆在广州直接办理西班牙旅游签证。

(5)其他因素

各航空公司加大开辟国际航线的力度,各目的地国家旅游局扩大针对中国市场的推广营销,从而有力促进了中国出境旅游市场的发展。

2010年,国内众多城市开通了新的国际航线,有力拓展了出境旅游。例如2010年5月海南航空开通了上海——布鲁塞尔直航航线。同期荷兰皇家航空公司则开辟杭州历史上第一条可直飞欧洲的航线,即从阿姆斯特丹——杭州的直航航线。

各旅游目的地国家对中国客源市场越来越重视。近年来,许多目的地国家在中国设立旅游办事机构,并参加各种展会,展开越来越多的宣传推广及促销活动。2010年,众多旅游局利用上海世博会进行了针对中国市场的旅游推广活动。

四、中国出境旅游客流结构

1.客流分布

2010年在中国公民出国目的地中,亚洲国家仍然是中国公民出国旅行的主要目的地,欧洲是第二大目的地市场。在所有出国人数比例结构中(不包括赴中国香港、澳门、台湾三个地区的出境游),同年赴亚洲目的地旅行的中国公民占出国总人数的66%;赴欧洲人数占14%;赴美洲人数占9%;赴大洋洲人数占7%;赴非洲人数占4%。

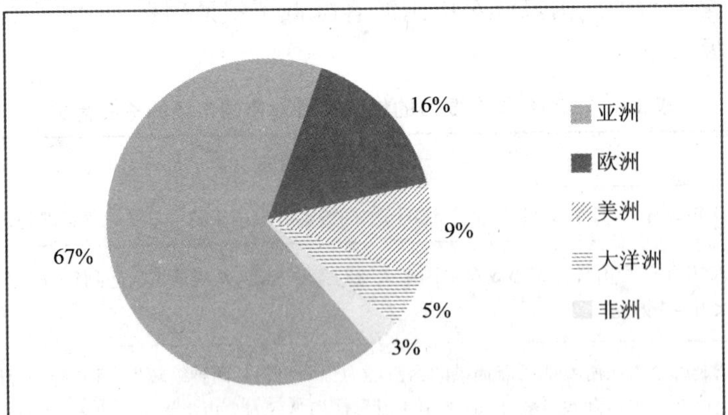

图1-4 中国公民首站出国目的地客流结构(2009年)

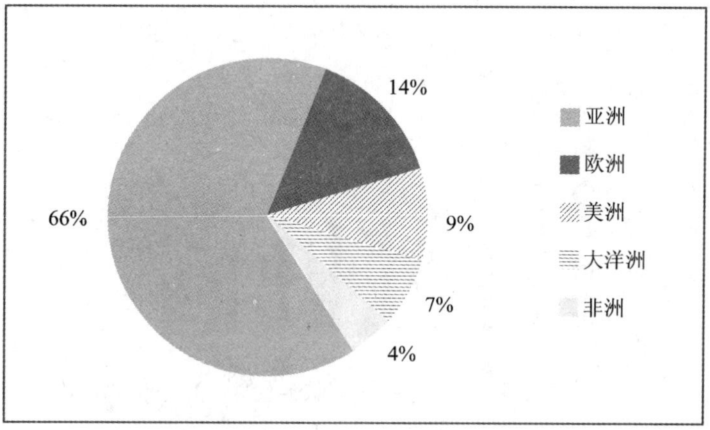

图 1－5　中国公民首站出国目的地客流结构（2010 年）

从赴各大洲的人数看，2010 年赴大洋洲和非洲的人数仍然维持高幅度增长。其中赴大洋洲的人数增长 66%，赴非洲的人数增长 91%。赴欧洲的人数年增长率最低，为 15%。

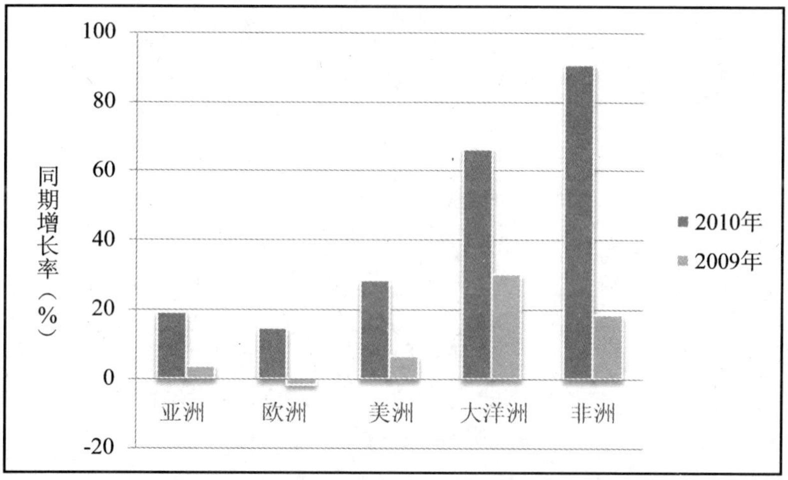

图 1－6　中国公民赴各大洲出境人数的年增长率（2009—2010 年）

2. 主要出境旅行目的地

除中国香港、澳门和台湾三个地区外，2010 年中国公民首站出境的前十个目的地国家分别为日本、韩国、越南、美国、马来西亚、泰国、新加坡、俄罗斯、澳大利亚、印度尼西亚。与 2009 年相比，日本仍居首位，在赴越南、俄罗斯旅行的人数中，绝大多数是边境旅游者或从事过境贸易的人员。

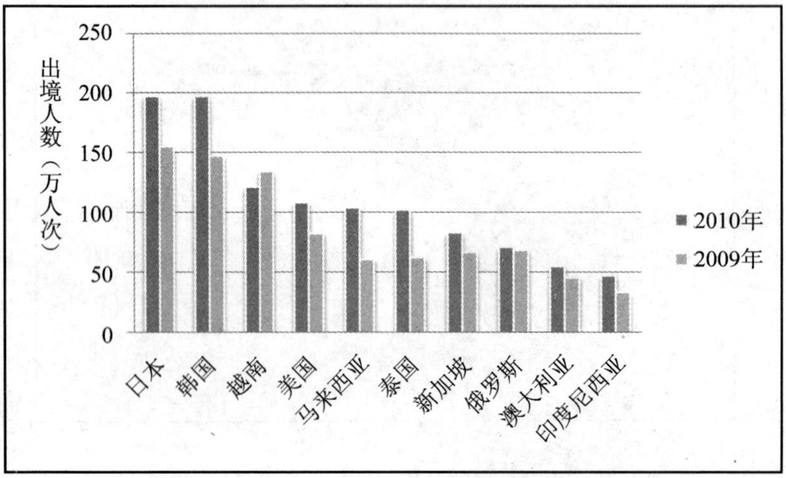

图 1-7　中国公民出境人数前十个目的地国家（2009—2010 年）

第二章　亚洲目的市场分析

一、总体情况

亚洲各目的地国家和地区是中国公民出境旅游的主要目的地。2009 年，中国公民首站赴亚洲旅行的总人数达 4 329 万人次，同比增长 4%，但 2 月及 5～7 月人数较 2008 年同期有所下降。2010 年中国公民首站赴亚洲旅行总人数为 5 163 万人次，同比增长 19%。2010 年各月出境赴亚洲人数均保持增长，其中 6 月增幅最大。

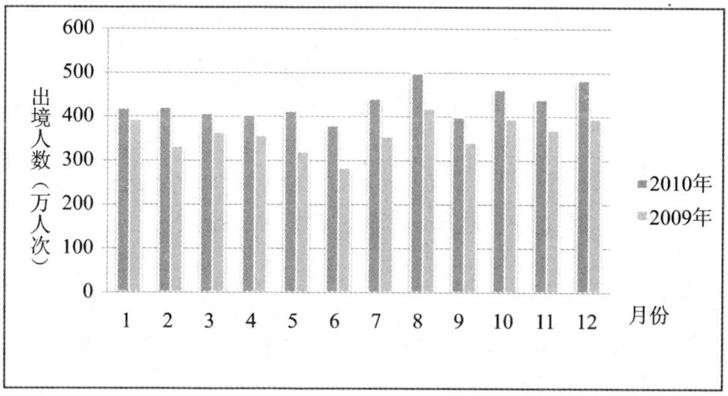

图 2－1　中国公民赴亚洲旅行人数月度分布（2009—2010 年）

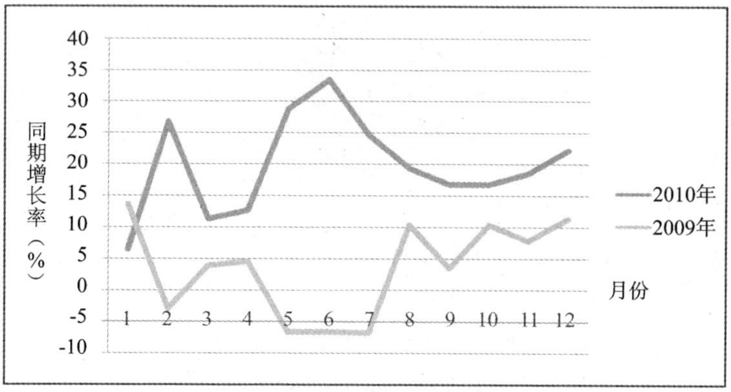

图 2－2　中国公民赴亚洲旅行人数月度同期增长率比较
（2009—2010 年）

二、赴亚洲地区旅行的游客特征

1. 基本特征

(1)性别结构

在此次抽样调查中,受访旅游者女性多于男性。

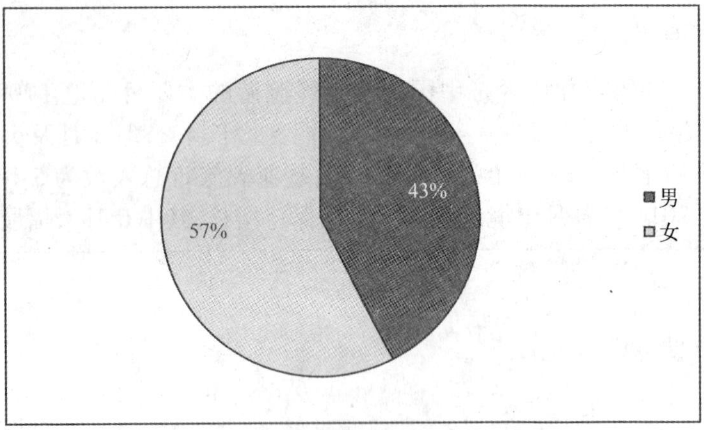

图 2-3　赴亚洲地区旅行游客的性别结构

(2)年龄结构

受访旅游者以中青年为主,26~35 岁的旅游者占 38%,其次是 18~25 岁的旅游者,为 19%;36~45 岁的旅游者占 17%。

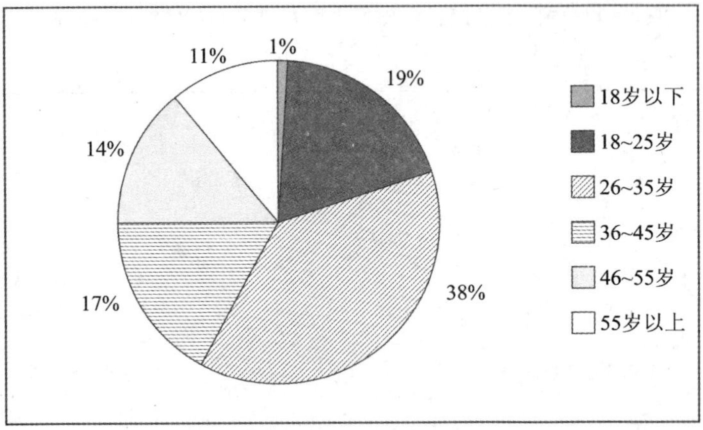

图 2-4　赴亚洲地区旅行游客的年龄结构

(3)婚姻状况

从旅游者的婚姻状况来看,已婚而孩子已成年的旅游者所占比例最高,为 27%;其次是单身旅游者,占 25%;已婚旅游者大多是与孩子一起的"亲子游"。

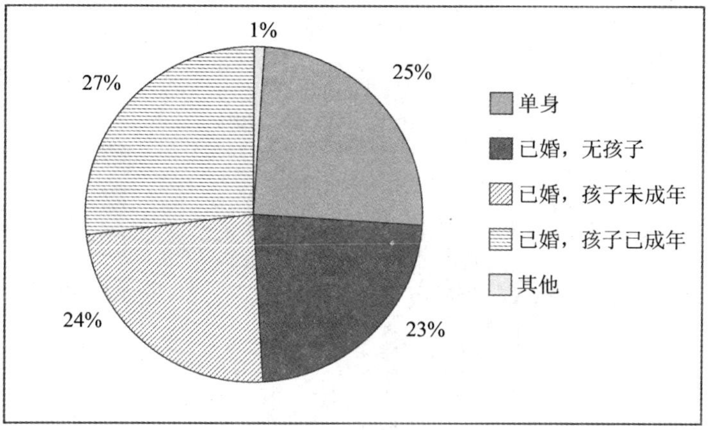

图2－5　赴亚洲地区旅行游客的婚姻状况

(4)收入结构

受访旅游者个人月收入在3 001～5 000元的最多，占35%；个人月收入在5 000元以上的旅游者不到半数。

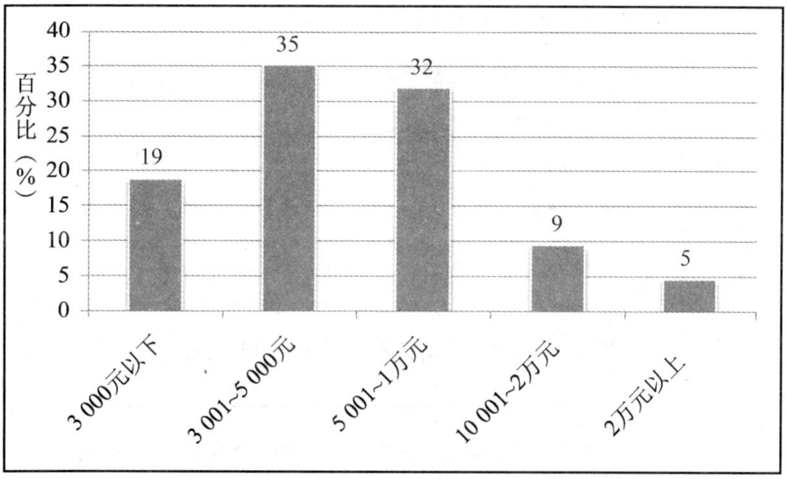

图2－6　赴亚洲地区旅行游客的收入结构

2. 消费特征

(1)此前出境旅游经历

在赴亚洲出境旅游的受访游客中，33%为首次出境旅游；有67%此前有过出境旅游的经历，在有过出境旅游经历者中，有过一次出境旅游经历者居多，占40%。(图2－7)

(2)信息渠道

赴亚洲旅行的游客搜寻旅游信息的渠道主要源于上网搜索、询问旅行社和亲朋好友的介绍。(图2－8，图2－9)

(3)旅游者境外消费

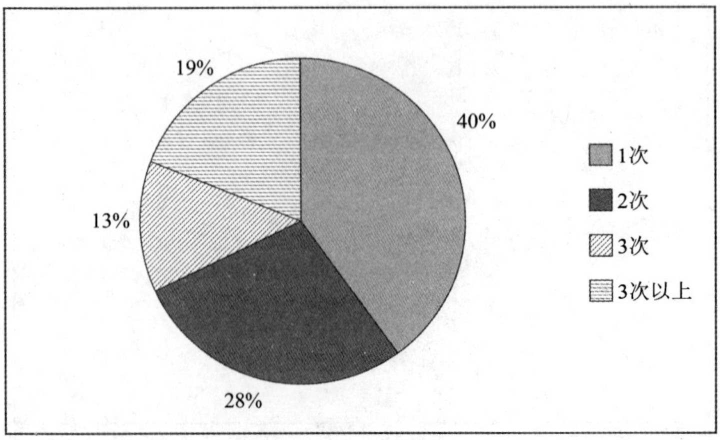

图 2-7　赴亚洲地区旅行游客此前的出境旅游次数

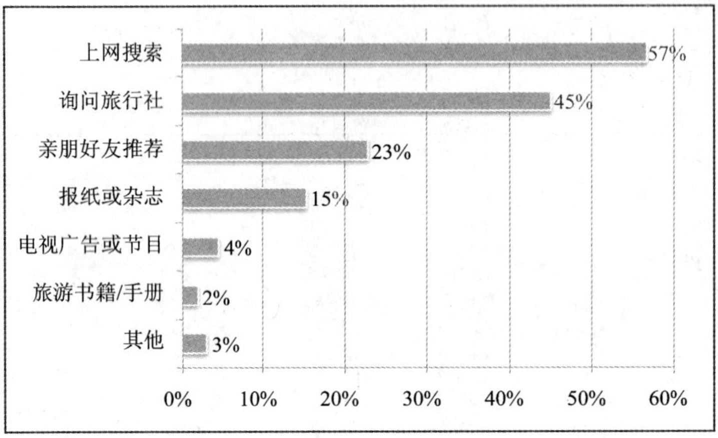

图 2-8　游客了解亚洲旅游信息渠道分布

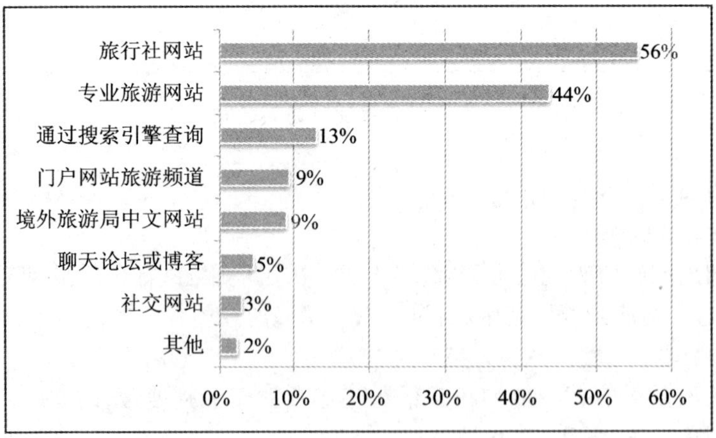

图 2-9　游客了解亚洲旅游信息网站分布

受访的赴亚洲游客除团费外的自费支出，主要用于购物、自费项目、餐饮和娱乐方面，其中购物消费支出是游客自费支出的最主要部分。根据对赴亚洲地区旅行游客的问卷调查，团队旅游者的各种自费消费人均约1万元人民币，其中购物花费约为7 500元人民币，主要用于购买化妆品、特色食品和纪念品等。（图2-10）

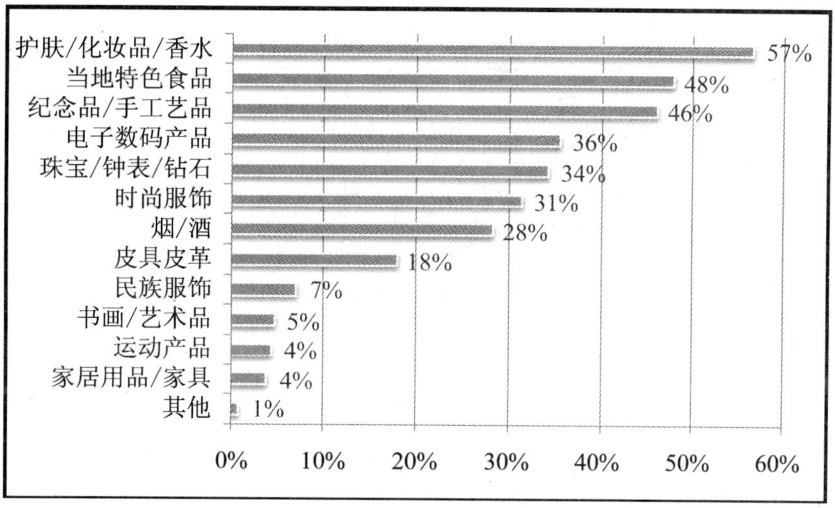

图2-10　赴亚洲地区旅行游客购买商品种类

3. 旅游评价与未来意愿

（1）旅游者满意度

在此次调查中，绝大部分旅游者对旅行社的各项服务表示满意，相反，对餐饮安排不满意程度最高。根据旅游者所提供的建议，旅行社服务需要改进之处主要体现在下列几个方面：

①东南亚地区当地服务和购物安排有待改进和提高；

②旅行时间安排不够合理；

③餐饮安排有待改善；

④在日本、韩国旅游购物和自由活动的时间不够。

表2-1　赴亚洲地区旅行游客对旅行社各项服务的满意程度

	非常满意（%）	满意（%）	一般，需要改进（%）	不满意（%）
旅游行程的安排	36	52	12	0
导游服务	36	55	8	1
航班及其他交通工具的安排	31	56	13	0
酒店住宿的安排	29	54	16	1
餐饮的安排	24	46	23	7

续表

	非常满意(%)	满意(%)	一般,需要改进(%)	不满意(%)
购物的安排	24	46	27	3
自由活动时间的安排	25	48	25	2
自费游览项目	24	51	23	2

(2)旅游者计划出境旅游的打算

此次去亚洲地区的旅游者中,72%的人有在未来两年再出境的打算。

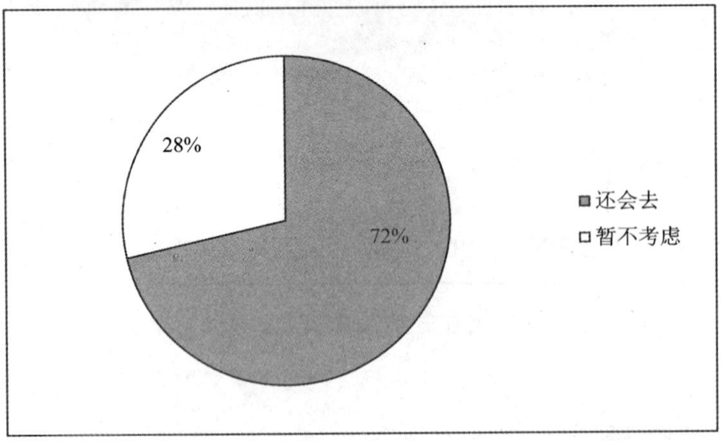

图 2-11 赴亚洲地区旅行游客未来两年的出境打算

(3)旅游者计划出境旅游的方式

在今后出境旅游的方式选择上,61%的旅游者仍选择跟团旅游,27%的旅游者选择了半自助游,5%的旅游者选择了完全自助游和单位统一组织旅游。

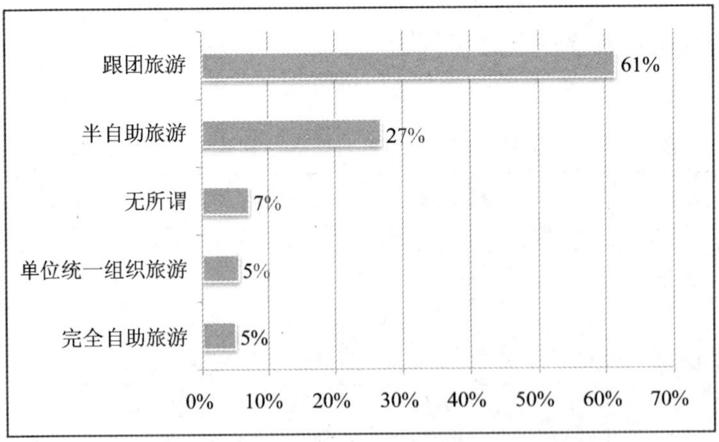

图 2-12 赴亚洲地区旅行游客下次出境旅行偏好的方式

(4)旅游者下次旅行喜欢的旅游活动类型

旅游者下次如果赴亚洲地区旅行,将把自然观光、海岛度假和参观人文古迹等作为偏好的旅游活动。

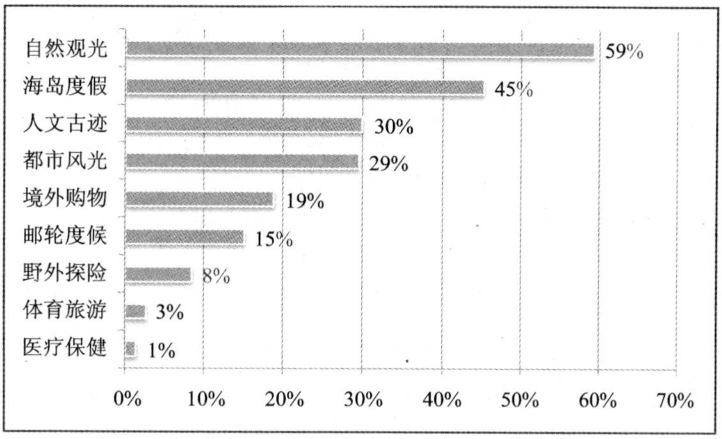

图 2-13　赴亚洲地区旅行游客下次旅行喜欢的旅游活动

(5)旅游者下次旅行偏好的亚洲国家和地区

旅游者下次如果赴亚洲地区旅行,日本、马尔代夫、泰国、韩国、马来西亚、新加坡、中国台湾及巴厘岛等是此类旅游者偏好的目的地。

三、东南亚市场

1. 总体情况

2010 年,赴东南亚旅游市场总体呈增长态势,但赴泰国人数在 4 月和 5 月出现同比下降。

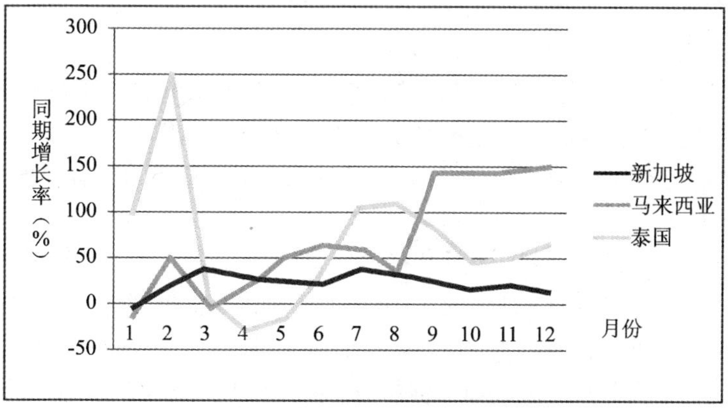

图 2-14　中国公民出境赴东南亚国家人数月度增长率(2010 年)

2. 市场特点

2010年,对于以东南亚国家为主要旅游市场的出境旅行社来说是充满挑战的一年,自2010年3月泰国政局动荡以来,随着红衫军反政府示威活动逐步升级,所有赴泰旅游产品及相关业务全部萎缩至停止状态,此次泰国政局数月持续动荡,不仅对泰国的旅游业构成重创,东南亚旅游市场也受到了冲击和影响。这种情况一直持续到7~8月份才有所缓解。从10月开始,随着东南亚传统旅游旺季的到来,以及中国消费者对泰国政局稳定的信心加强,客流量持续回升,直至2011年春节前的"井喷",2010年形成了与2009年相似的U形经济走势图。

以中国领先的出境旅游批发商——北京捷达假期国际旅行社的东南亚及中国港、澳旅游业务为例:

第一季度,承接2010年春节黄金周旺季,各旅游目的地线路销售情势大好,其主打产品东南亚常规线路、东南亚海岛游、中国港澳线路,等等,都是在良好性价比优势下呈现旺盛的销售业绩,其间,捷达假期成功运营广东某制药厂的大型会奖团。

第二季度初期,为东南亚传统节日——泼水节,但是,随着红衫军反政府示威活动逐步升级,所有赴泰国旅游产品及相关业务全部萎缩至停止状态,捷达假期泼水节包机4架次,只飞了1架次,其余全部取消,东南亚旅游经济急剧下滑。

第三季度初期,先在北京国际旅游博览会的刺激下,东南亚市场开始回暖,继而国内客源市场暑期消费的相对刚性需求拉动,海岛线、中国港澳线、澳新线呈现销售回升态势,尤其是以日、韩为连线的皇家加勒比邮轮迎来暑期的热销。

第四季度,随着泰国局势的进一步稳定,"十一"黄金周至春节黄金周期间及前后时间段出现预期的"消费井喷"现象,各线路产品都呈现喜人的销售业绩。至此,东南亚出境旅游业经历了具有特殊意义的全年旅游经济"冰火两重天"。

3. 游客需求特征变化

根据捷达假期国际旅行社出境客源市场数据分析显示,2010年,赴东南亚旅游观光为目的的团队游占63.5%,主题游及小团组(含蜜月旅行)占16.5%,同比上升5%左右,商务会奖占9.1%,自由行占10.9%。

泰国旅游产品中,连线游和深度游产品各占一半的比重。近80%的游客到泰国、马来西亚的目的是旅游观光;而去新加坡的商务旅行比例较高,占26%。去巴厘岛、马尔代夫等地的游客以休闲度假产品为主,去中国香港、澳门的游客目的呈多样化,其中以购物或探亲访友为目的的自由行比例达23%。

从预定渠道来看,通过旅行社报名参团的占62%,通过网上预约的占38%,网上预订量较2009年约提升6%,且出现了团购这种新的旅游报名方式,尤其是机票+酒店这种自由行产品网上预订较2009年有大幅度上涨,其中男性游客通过网上预订几率较高。大部分中老年人出游,愿意选择直接到旅行社报名,表明出境旅游比国内旅游复杂,人们对旅行社的依赖性依然较强。

2010 年，东南亚市场以购物、蜜月、婚纱摄影，海岛为主题的旅游活动呈明显上升态势，购物为首位，其中，公司白领青年女性消费群体购物比例高，中老年人参观自然景观和景点及历史文化古迹等观光活动占很高的比例，中年男性更多趋向于选择休闲度假产品。

中国游客在泰国、新加坡、马来西亚、越南、柬埔寨等地旅游感兴趣的是对异国的风情体验，包括各地有特色的美味佳肴；到巴厘岛、马尔代夫等各个海岛一地度假的多为重游客，重游率最高的是普吉岛，基本为二次进泰，到苏梅岛、巴厘岛等为多次出游东南亚地区的游客。

4. 产品运营变化

(1) 东南亚经典线路产品升级创新

面对东南亚出境旅游市场的回暖，各旅行社提早进行了 2011 年的东南亚旅游产品及市场布局，新产品重装上线，利用春节旺季试水。

以北京捷达假期国际旅行社为例，就常规线路产品而言，公司主打产品——“非凡泰国”系列产品进一步创新升级，全新推出非凡泰国——沙美风情，该产品新增了世外桃源沙美岛 + 金沙岛，素帕达果园。全新推出的非凡泰国——超级版，除保留了四艘品质豪华船之外，还增加了三攀象乐园、素帕达水果园和沙美岛。

2010 年，随着新加坡名胜世界娱乐城盛装开业，新加坡一地产品及新加坡民丹岛团队游产品一经上市，即成为引导市场的热销产品。东南亚新产品在新加坡和民丹岛都有相对的团队游行程和自由活动时间，尤其是新加坡云顶世界自由行产品，名胜世界中三家独具特色的酒店：节庆酒店、迈克尔酒店、硬石酒店为所有入住客人提供了新的享受。

(2) 开发深度游及主题游的休闲度假产品

在东南亚产品的开发上，开发新旅游景点和旅游目的地以增加产品种类的时代已经过去，产品种类的增加依靠旅游产品的不断细分，以泰国苏梅岛为例，仅此一个旅游点便可以衍生出 20 多种旅游产品，针对不同人群推出不同的海岛玩法，如满月派对、海景高尔夫球、半山 SPA、泰餐 DIY，蜜月行，等等。同时，以东南亚多个海岛为目的地，推出“悠然时光 2 + X 半自由行”系列新概念产品，产品以团队游与自由行优势互补的方式，满足一部分喜欢自由行，但又对境外语言环境、旅游环境不熟悉的游客需求，市场运营状况良好。

在海岛游产品方面，2010 年，由于菲律宾对中国香港游客人质事件处理不利，以及菲律宾境内的火山和海啸，对传统的海岛—巴厘岛的影响较大。

在海岛游产品方面，自由和半自由行产品增加并逐步成为主流。

(3) 以东南亚国家为目的地的商务会奖活动增多

各旅行社开始依托东南亚丰富的旅游资源，为境内外跨国公司、大中型企业、行业协会和政府部门提供个性化的服务。以客户需求为导向，量体裁衣、量身定制，为集团客户的会议、展览、培训、商务旅行和奖励旅游等大型活动提供专业的管理方案。

以捷达假期国际旅行社为例,2010 年,该公司继年初成功运营了广东某大型制药厂泰国 300 人会奖团后,又成功运营北京某营养品公司赴马来西亚 400 人的会奖团。

四、中国香港、澳门市场

1. 总体情况

2010 年,中国公民首站赴香港、澳门人数均有所增长,其中赴香港人数增长 24%,赴澳门人数增长 7%。2010 年 7 月,中国公民首站赴澳门人数略有下降。

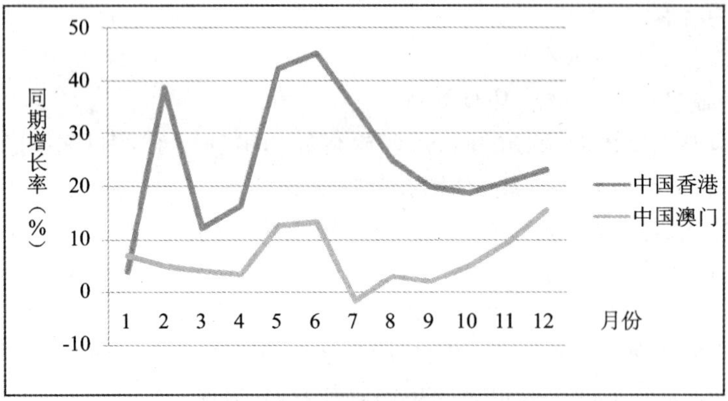

图 2－15　中国内地公民赴香港、澳门人数月度增长率(2010 年)

2. 游客需求特征变化

根据北京捷达假期国际旅行社的出境客源市场数据分析,2010 年,中国港、澳市场以旅游观光为目的的团队游占 50%,主题游及小团组(含购物游)占 18%,自由行占 23%,商务出行占 9%,中国港、澳自由行客人出现明显上升走势。

2010 年经历了香港强迫内地游客购物的事件后,对团队游的购物有了更严格的规范,在团队游方面,纯玩团的比例明显提升。在产品方面,中国香港、澳门与东南亚传统旅游目的地连线产品如泰、新、马、中国香港、澳门,泰国、中国香港等消费需求逐年减少;与此同时,与新旅游目的地相连线的团队游产品相应增加,如捷达假期独家推出的香港——巴厘岛 8 日游产品等。纯港、澳团队游常规团以中老年客户为主,以传统企业和社区组织出游者居多;港、澳自由行被越来越多的人所接受,简单、随意、有目的性地选择行程,并呈现出游时间短、出游次数多的发展趋势。

3. 产品运营变化

中国香港、澳门与东南亚旅游目的地连线的产品一直以来占有市场相当份额,如经典的泰、新、马、中国香港、澳门 14 日游、泰国——中国香港 10 日游等,另有与海岛连线的香港——巴厘岛 8 日游产品等。

就纯港、澳团队游而言,旅行社不断加强产品创新升级,以中高端为主推产品,团队游以品质及纯玩团为主,其中品质团为价格适中、物超所值的高性价比产品。以捷达假期国际旅行社为例,其推出的港、澳品质团住宿以五星级酒店为主,独家推出著名的鲤鱼门海鲜餐、港式早茶以及广东风味餐，等等，在澳门推出正宗的葡式西餐；行程中加上有代表意义的迪斯尼、乘坐缆车游太平山，以及参观澳门红酒博物馆和赛车，让游客感到真正的品质所在。

就港、澳自由行产品而言，旅行社开发的自由行产品突出专业细致的服务及高性价比。近年来，针对高端客户，增加了精致化服务细节，比如，在酒店设置欢迎卡、赠送水果篮等，满足不同客户的需求。

五、南亚市场

1. 市场特点

2010 年，南亚旅游市场呈强势回升趋势，市场需求明显增加。以印度、尼泊尔、斯里兰卡为代表：赴印度游客从形式上并无明显变化，还是以展览、商务、专项（佛教朝圣、瑜伽体验）等形式为主流，传统标准化行程产品还是弱势；赴尼泊尔游客的自由行市场巨大，一直为前往尼泊尔旅游市场的主要表现形式；团队方面，除了传统标准化行程产品外，奖励旅游团队开始明显增多；斯里兰卡除商务团增加以外，个人旅游及小团队旅游占据了大部分市场。

2. 游客需求特征变化

游客已经不满足传统意义的标准化行程及服务，越来越多的定制化需求出现，对自由行产品和特色旅行产品的需求猛增。由于南亚市场并非主流市场，所以对产品的差异化要求很高，尤其是小型团队对服务、行程基本上都会有不同的要求。赴南亚国家的游客，进入了定制化服务时代。

3. 产品运营变化

旅行社根据各国特点，结合市场需求，推出了不同产品来满足客人的需要。产品从原来的大团队设计转化为小团队的、自由行、定制化的设计，增加了多个国家的连线行程产品，建设特色服务的产品体系。呈现出从大到小、从单一到丰富、从标准化到特色的产品体系。

案例分析——环境国际旅行社

以中国领先的出境旅游运营商——环境国际旅行社为例，该旅行社推出了“情定兰卡”斯里兰卡主题婚纱摄影、蜜月体验的旅游产品，该产品自诞生以来受到了旅游者的一致好评。它的成功有以下几个因素：

适合时代——在个性化需求日增的今天，很多游客选择了适合自己的出行方式；

目标准确——虽以小众人群为主，其实这部分人群数量可观，并缺乏适合的特色产品；

坚持品质——与传统的蜜月产品不同，坚持一对新人就出发，24 小时摄影师、造型师贴身跟随服务，送蜜月房布置、蜜月蛋糕、欢迎饮品、烛光晚餐等。细节的把握，行程的选择也与标准化产品不同，推出佛教祈福、婚礼植入的多重概念等。

第三章　欧洲目的市场分析

一、总体情况

欧洲是中国公民远程出境旅游的主要目的地。2009 年，中国公民首站赴欧洲旅行者达 204 万人次，与 2008 年同比下降了 2%。2010 年，中国公民首站赴欧洲旅行者达 233 万人次，与 2009 年同比增长 15%。

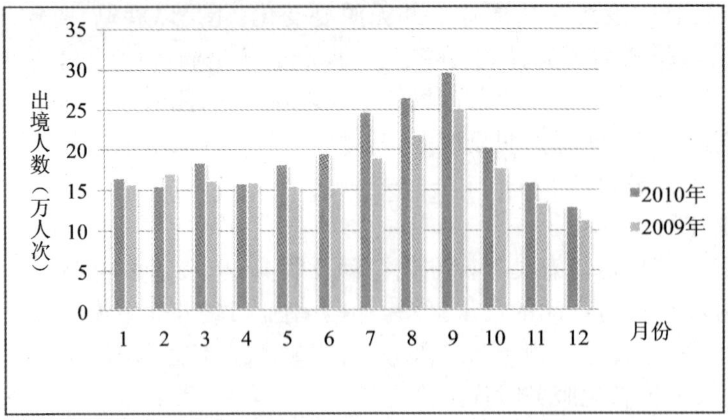

图 3－1　中国公民赴欧洲旅行人数月度分布（2009—2010 年）

2010 年，中国公民赴欧洲旅行人数总体增长，但受 2 月欧洲航空业罢工潮及 4 月冰岛火山喷发的影响，这两个月中，中国公民出境赴欧洲旅行人数与 2009 年同比有所下降。

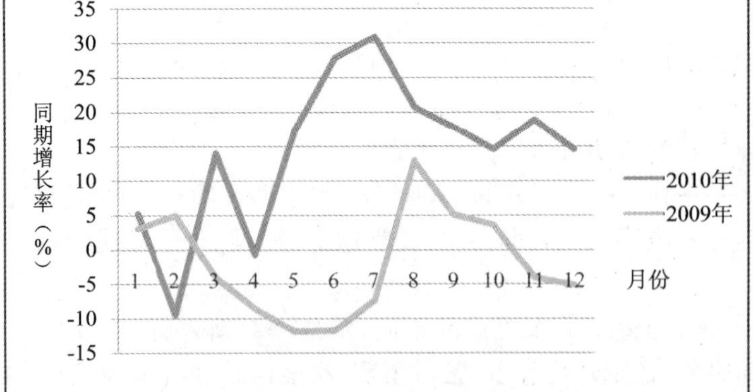

图 3－2　中国公民赴欧洲旅行人数月度同期增长率比较
（2009—2010 年）

2010 年，中国公民赴欧洲主要国家旅行人数均有所增长，其中赴俄罗斯人数增幅最小。从月度看，赴俄罗斯人数在 2 月和 5 月出现下降；赴法国人数在 1 月、3 月和 4 月出现下降。赴英国人数在 4 月出现下降。

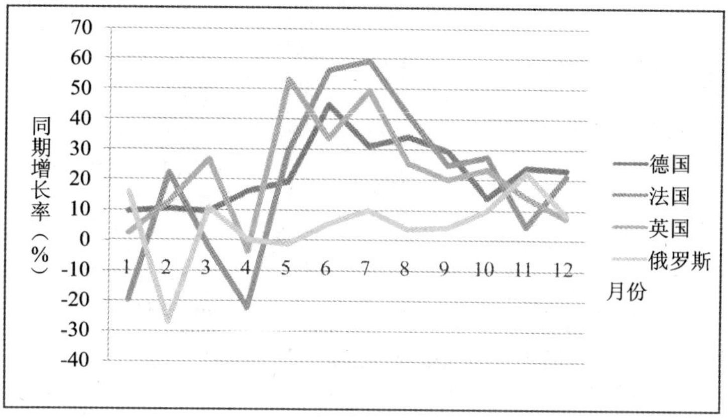

图 3-3　中国公民赴主要欧洲国家旅行人数增长率（2010 年）

二、赴欧洲地区旅行游客特征

1. 基本特征

（1）性别结构

在此次抽样调查中，受访旅游者女性多于男性。

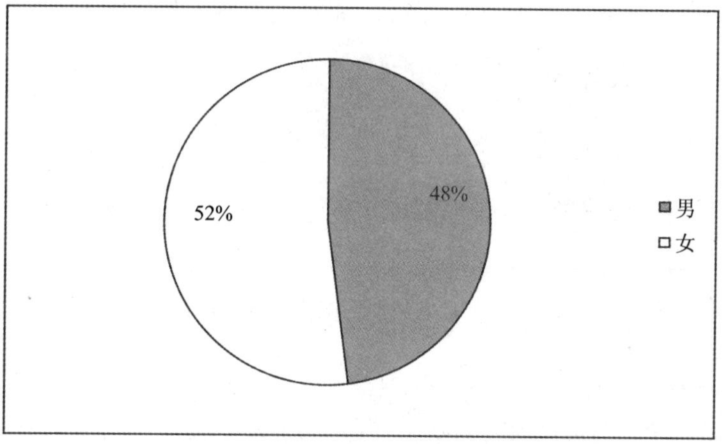

图 3-4　赴欧洲地区旅行游客性别结构

（2）年龄结构

此次受访旅游者以中青年为主，26～55 岁的旅游者占 72%。

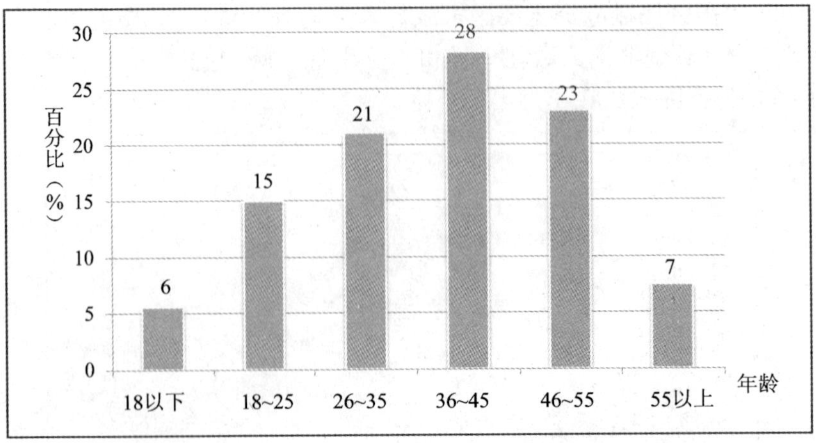

图 3－5　赴欧洲地区旅行游客年龄结构

（3）婚姻状况

此次调查中，旅游者的婚姻状况以单身和已婚有孩子者居多。单身旅游者除学生外，以企事业单位管理层人员为主，许多已婚旅游者则是与孩子一起家庭出游。

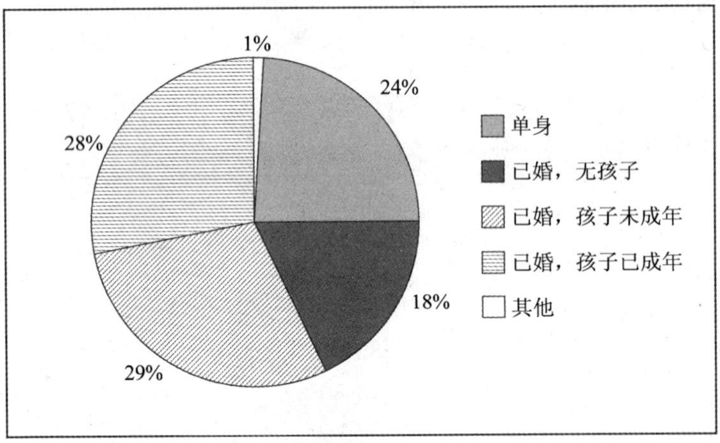

图 3－6　赴欧洲地区旅行游客婚姻状况

（4）收入结构

受访旅游者个人月收入在 5 000 ~ 1 万元的最多。而个人月收入在 5 000 元以下的旅游者则占 40%。3 000 元以下收入的旅游群体主要为跟随父母出游的学生。

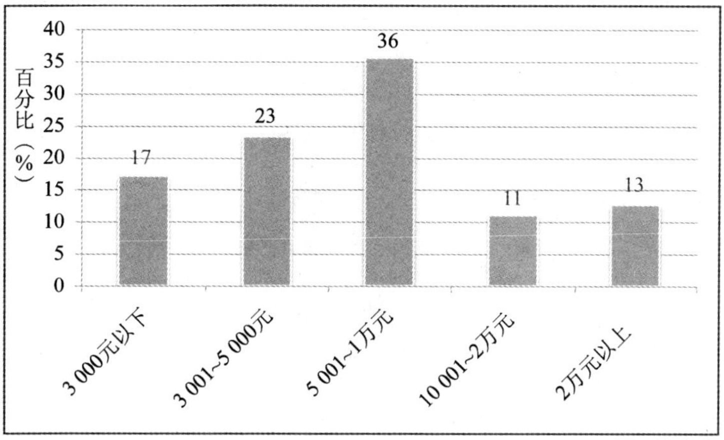

图 3－7　赴欧洲地区旅行游客收入结构

（5）旅游者职业

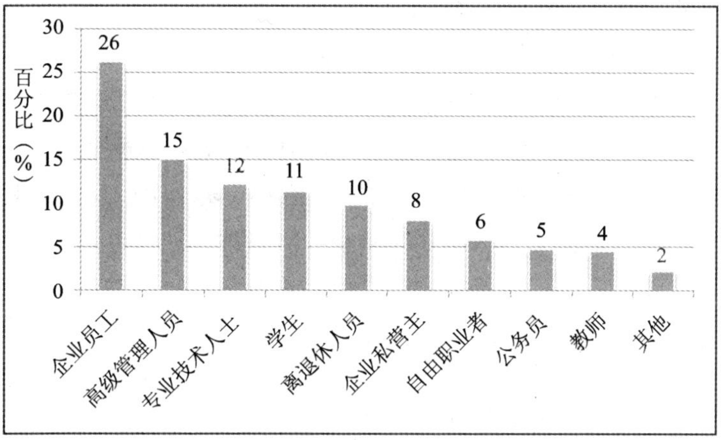

图 3－8　赴欧洲地区旅行游客职业分布

2. 消费特征

（1）此前出境旅游经历

在此次赴欧洲的旅游者中，有 73% 曾有过出境旅游经历，说明赴欧的旅游者具有较多的出境旅游经验。在曾有过出境旅游经历者中，出境旅游过 3 次及以上的所占比例最大。

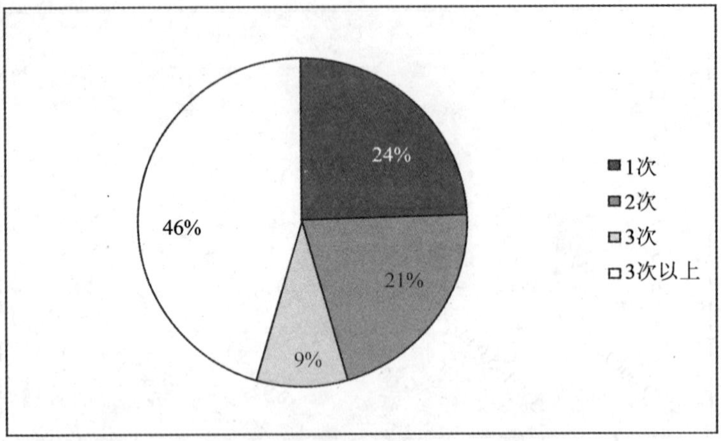

图 3-9 赴欧洲地区旅行游客此前出境旅游次数

（2）旅游者了解欧洲旅游信息的渠道

上网搜索是旅游者了解欧洲旅游信息的最主要渠道，其次是询问旅行社和亲朋好友。杂志、报纸、书籍也占一定的比例。

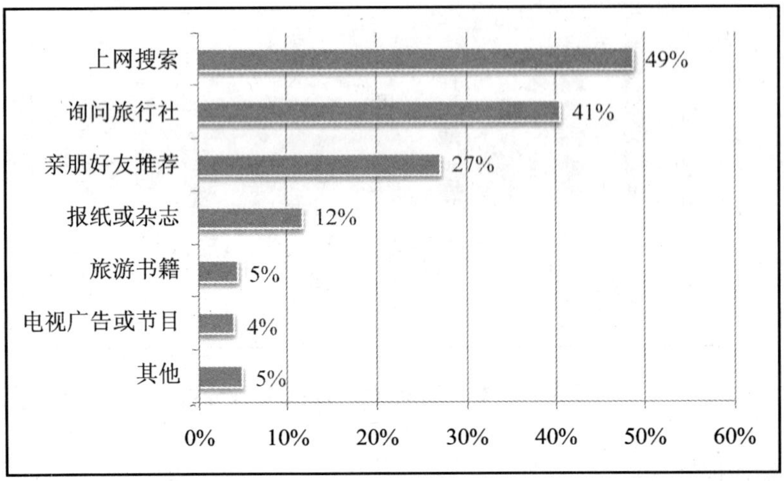

图 3-10 游客了解欧洲旅游信息的渠道分布

旅游者了解欧洲旅游信息的网站中，百度是大部分旅游者首选的网站。其次，如携程、途牛等专业旅游预订网站及众信旅游、凯撒国旅、中国国旅等旅行社网站也是旅游者了解信息的重要渠道。

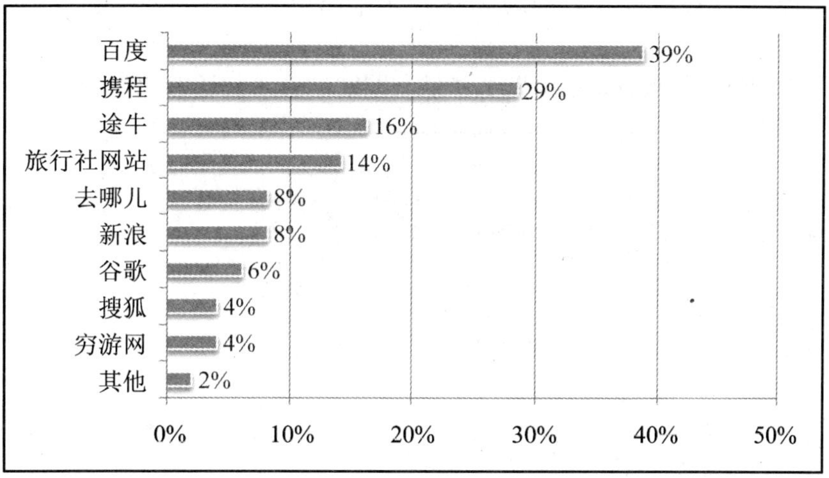

图 3-11 游客了解欧洲旅游信息网站分布

(3)旅游者最喜欢的地方

在去欧洲的旅游者旅游过的国家中,瑞士、法国、意大利是旅游者最喜欢的前三个国家。其次包括德国、西班牙、荷兰、捷克、奥地利、英国、安道尔和希腊。

(4)欧洲对旅游者最有吸引力的方面

欧洲优美的风景、宜居的环境及深厚的文化底蕴是对赴欧洲旅游者最有吸引力的地方。

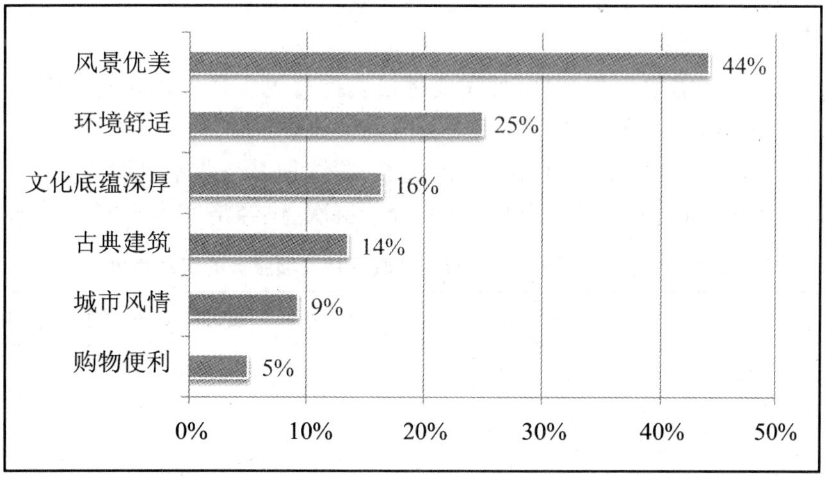

图 3-12 欧洲对旅游者最有吸引力的方面

(5)旅游者在欧洲旅游购物消费

受调查的赴欧洲旅游者除团费外的自费支出,主要用于购物、临时增加的景点门票、娱乐项目和自费餐饮项目。其中购物消费支出是游客自费支出的最重要部分。团队旅游者的各种自费消费人均约为 2.6 万元人民币，其中购物花费约为 2 万元人民币。

从商品种类看，赴欧洲旅游者购买护肤/化妆品/香水的游客比例最高。

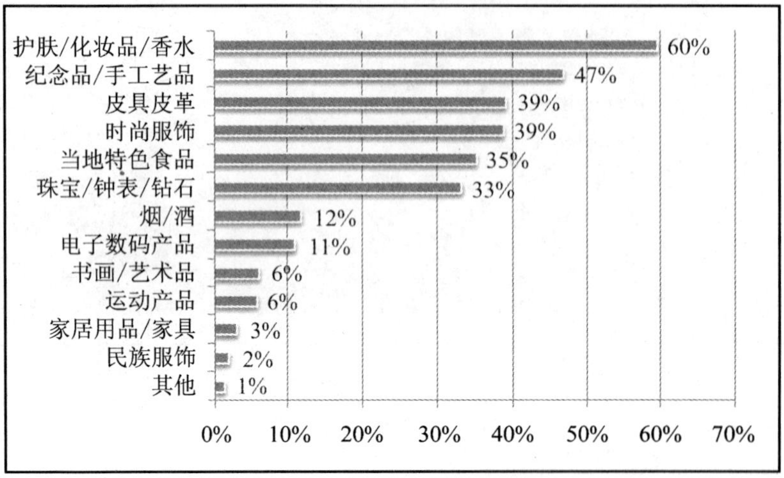

图 3-13 赴欧洲地区旅行游客购买的商品种类

3. 旅游评价与未来意愿

据调查，绝大部分旅游者对旅行社的各项服务表示满意。据旅游者所提出的建议，旅行社服务需要改进的地方主要体现在下列几个方面：

第一，行程安排需要更加合理，尤其在一些欧洲多国游线路中，旅游者游览景点时间和自由活动时间太少。

第二，交通安排需要更加合理，如需要尽量安排直飞。景点之间的车距不宜太远。酒店离市区不宜太远，以免导致用在路上的时间太多。

第三，餐饮需要改善，就餐时等待时间过长，餐饮种类与质量是游客关注的重点。

第四，团队游客希望能够将团队游产品分开层次，供经济实力不同的人选择。

表 3-1 赴欧洲地区旅行游客对旅行社各项服务的满意程度

	非常满意(%)	满意(%)	一般，需要改进(%)	不满意(%)
旅游行程安排	33	55	11	1
导游服务	60	37	2	1
航班及其他交通工具的安排	36	50	13	1
酒店住宿的安排	32	51	16	1
餐饮安排	26	50	20	4
购物安排	30	51	16	3

续表

	非常满意(%)	满意(%)	一般,需要改进(%)	不满意(%)
自由活动时间的安排	31	48	19	2
自费游览项目的安排	31	51	16	2

(1)旅游者计划去欧洲的打算

此次去欧洲的旅游者中,66% 的人有在未来两年再去欧洲旅游的打算。

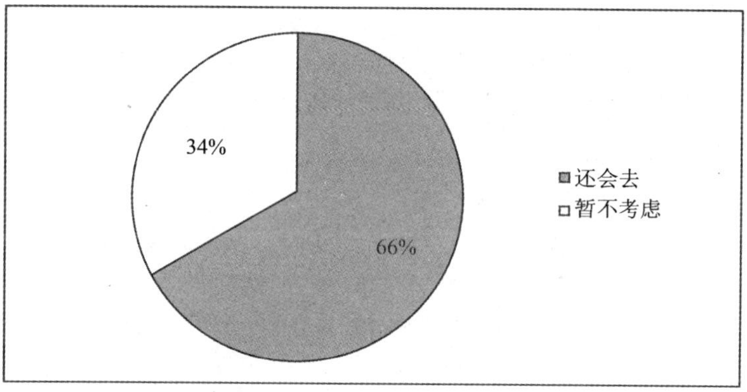

图 3-14　赴欧洲地区旅行游客计划再次赴欧洲旅游计划

(2)旅游者计划出境旅游的方式

在今后出境旅游方式的选择上,53% 的旅游者仍选择跟团旅游,33% 的旅游者选择了半自助游,9% 的旅游者选择了完全自助游。

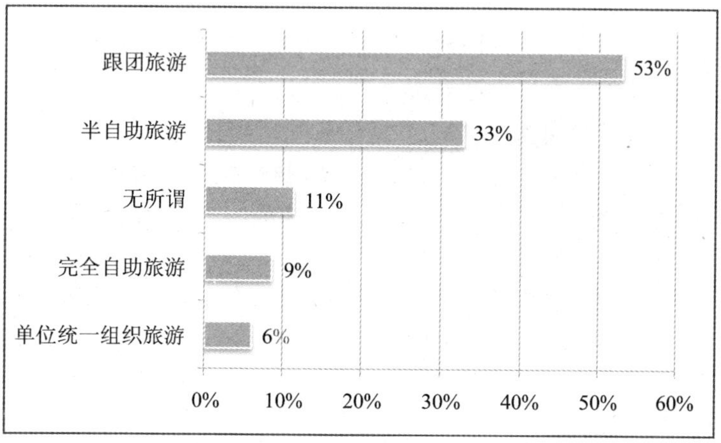

图 3-15　赴欧洲地区旅行游客计划未来出境旅游的方式

(3)旅游者下次旅行喜欢的欧洲旅游活动

欧洲的文化历史仍是吸引旅游者的最主要因素。在问及如果下次去欧洲旅行最喜欢的旅游活动时,53%的旅游者选择了名胜古迹观光,这一项所占比例最大。

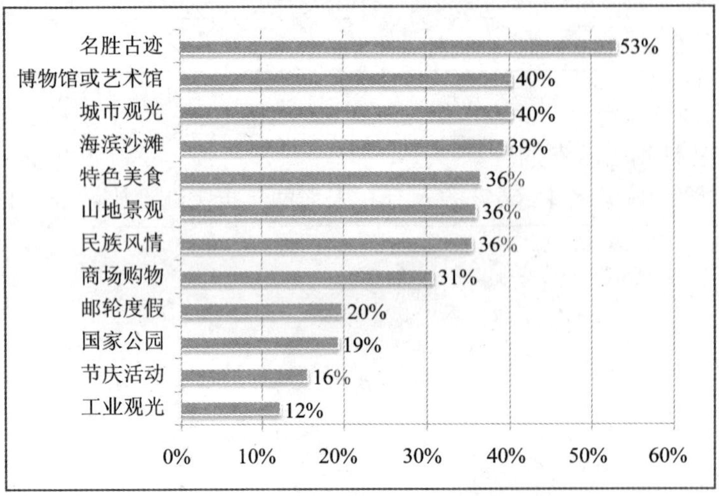

图 3-16　赴欧洲地区旅行游客下次旅行喜欢的旅游活动

(4)旅游者下次偏好的欧洲国家和地区

据调查,旅游者如果下次去欧洲旅行,偏好的欧洲国家或地区列居前十位的序次分别是:英国、德国、西班牙、北欧、瑞士、法国、奥地利、希腊、意大利、荷兰。

三、旅行社欧洲游产品现状分析

1. 旅行社主推产品类型分析

目前除定制化旅游外,旅行社针对普通游客的欧洲游产品大致可以分为大众观光游、主题深度游、自助游或半自助游产品。

2. 团队旅游产品结构调查

为了解目前旅行社主推的普通欧洲游产品现状,我们对分布于全国 23 家旅行社推出的 518 条欧洲团队游线路进行了分析,总体来看,1~2 国深度游产品已经占全国各旅行社主推欧洲游产品的首位。

意大利 9 日艺术密码之旅、英国、爱尔兰 10 日文化遗产之旅等主题性的一地或两地深度游产品备受市场欢迎。以法国——意大利——瑞士 3 国 10 日精品线路和奥——德——法——意——瑞——梵 6 国 12 日全景游为代表的中长线欧洲游产品在许多地区是市场的主流。

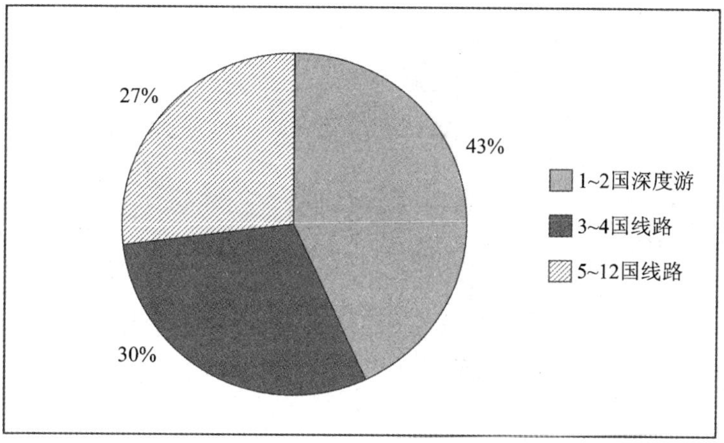

图 3－17　旅行社推出的欧洲游产品类型分布

不同区域旅行社推出的产品类型结构有较大差异。在华东、华北、华南等区域，旅行社主推欧洲游产品中 1～2 国深度游占首位，而在其他经济相对欠发达的区域，5～12 国全景游线路仍然是市场的主流。

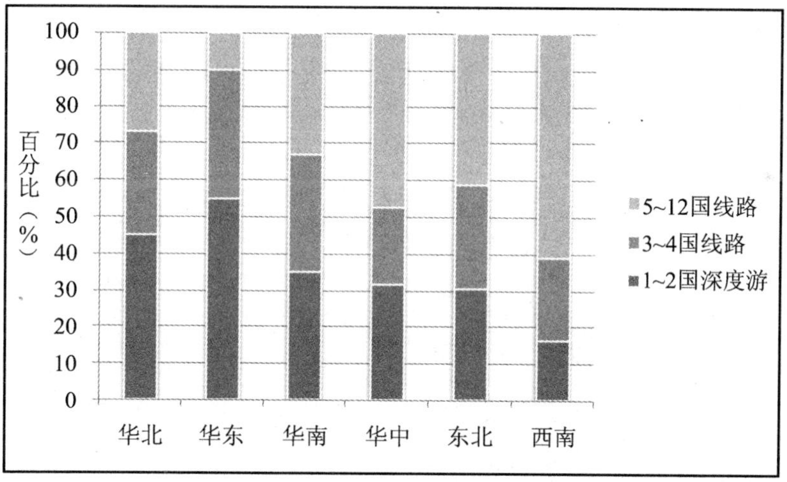

图 3－18　各地区旅行社欧洲游产品比较

从旅行社推出的欧洲游产品线路长度看，9～10 天的线路以及 10～11 天的线路占据绝大部分市场。

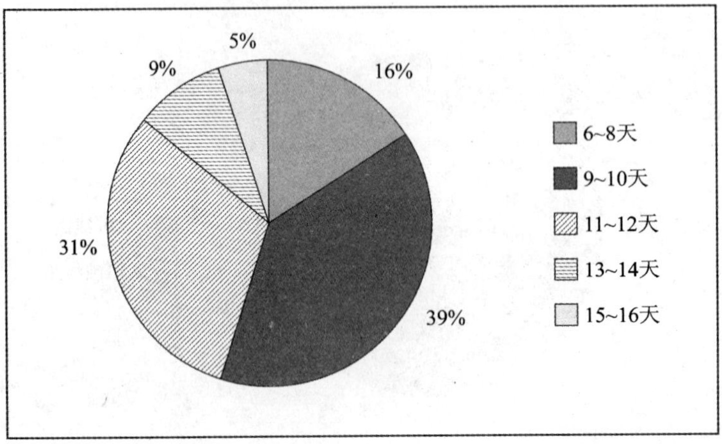

图 3－19　旅行社推出的欧洲游线路长度分布

第四章　美洲目的市场分析

一、总体情况

2009 年,中国公民首站赴美洲旅行者达 116 万人次,与 2008 年同比增长 6.8%。2010 年中国公民首站赴美洲旅行者达 149 万人次,与 2009 年同比增长 28%。

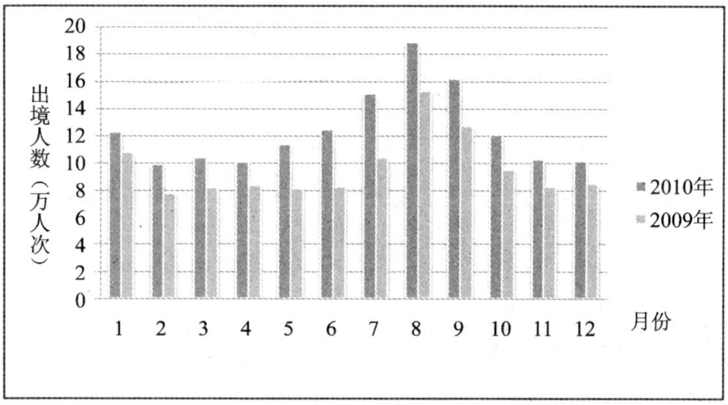

图 4－1　中国公民赴美洲旅行人数月度分布(2009—2010 年)

2010 年,中国公民赴美洲旅行的人数每个月都有所增长,其中 6 月增幅最大,8 月赴美洲旅行的人数最多。

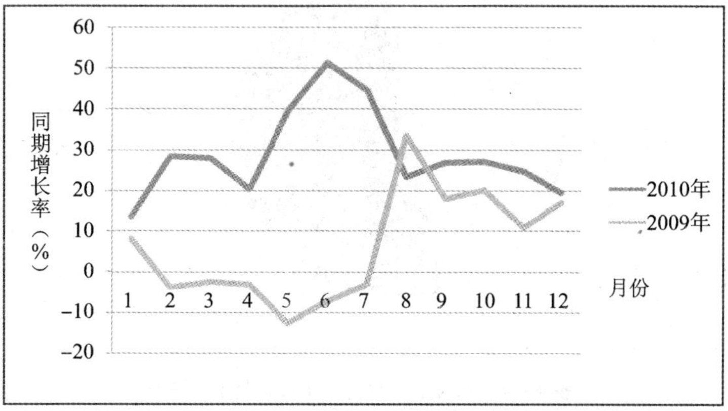

图 4－2　中国公民赴美洲旅行人数月度同期增长率比较
(2009—2010 年)

2010 年,中国公民赴美洲旅行主要目的地国家美国和加拿大的人数均呈现增长,分别增长了 31% 和 15%,从月度看,赴美国旅行的人数 6 月增幅最高。赴加拿大旅行的人数 7 月增幅最高。

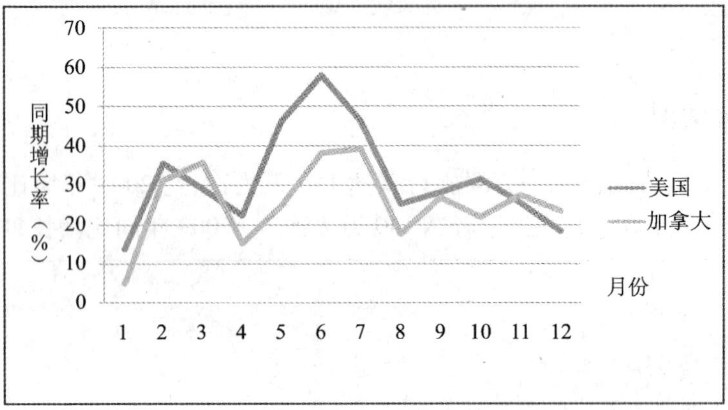

图 4-3　中国公民赴主要美洲国家人数月度同期增长率比较（2009—2010 年）

二、赴美洲地区旅行游客特征

1. 基本特征

(1)性别结构

在此次抽样调查中,受访旅游者男性多于女性。

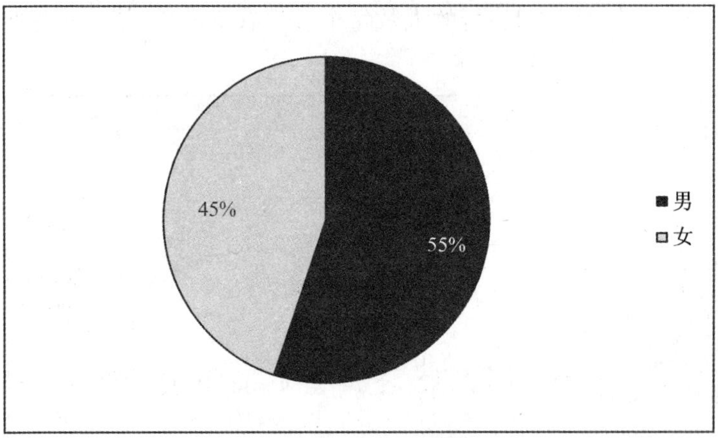

图 4-4　赴美洲地区旅行游客性别结构

(2)年龄结构

此次受访旅游者以中青年为主,26～55 岁的旅游者占 85%。

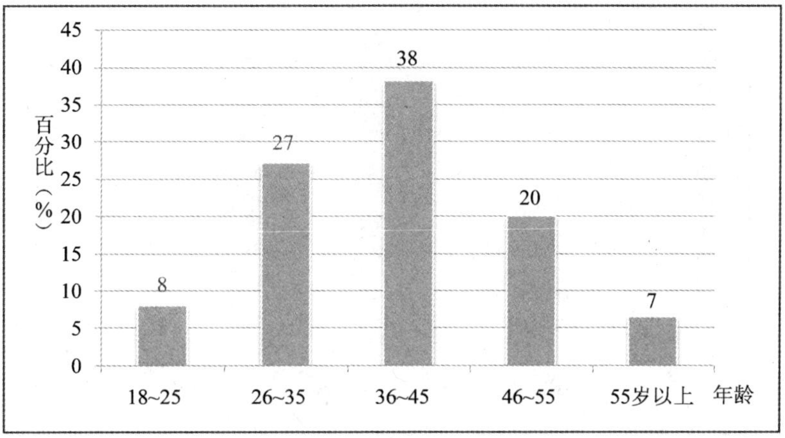

图 4-5　赴美洲地区旅行游客年龄结构

(3)婚姻状况

此次调查中,旅游者的婚姻状况已婚有孩子者居多。单身旅游者除学生外,以企事业单位的管理层人员为主,已婚旅游者中,许多则是与孩子一起的家庭出游。

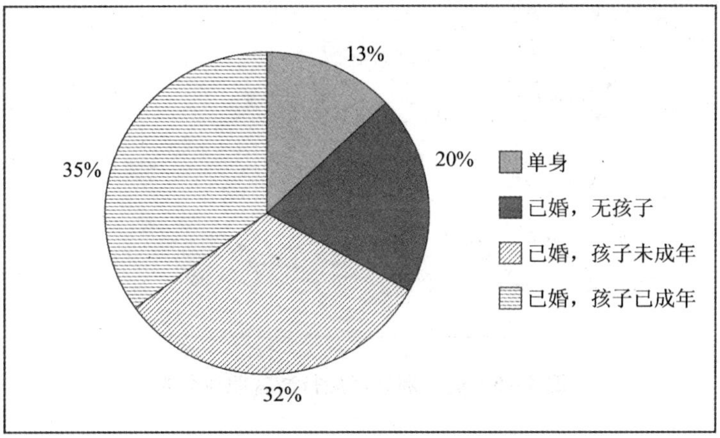

图 4-6　赴美洲地区旅行游客婚姻状况

(4)收入结构

受访旅游者个人月收入在 5 000 ~1 万元的最多。月收入 3 000 元以下的群体主要为跟随父母出游的学生。

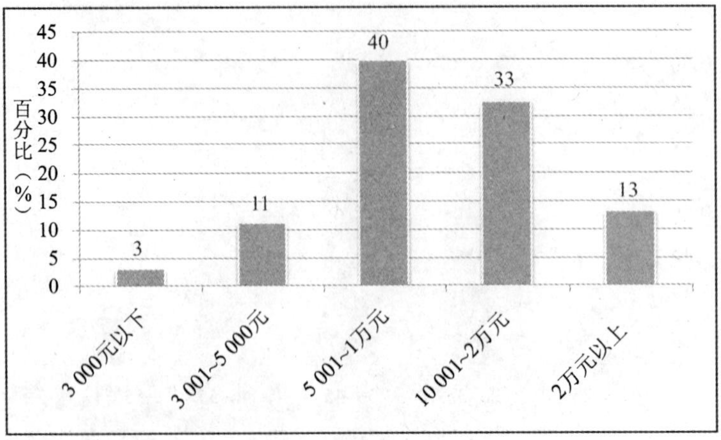

图 4－7　赴美洲地区旅行游客收入结构

（5）旅游者职业

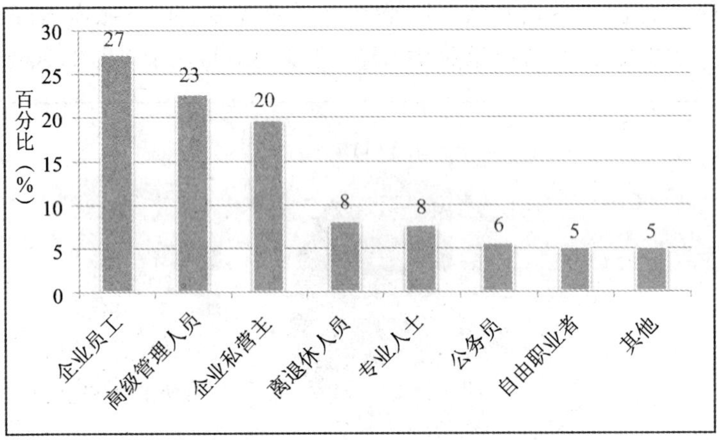

图 4－8　赴美洲地区旅行游客职业分布

2. 消费特征

（1）此前出境旅游经历

在此次赴美洲的旅游者中，90% 曾有过出境旅游经历，说明赴美洲旅游者具有较多的出境旅游经验。在曾有过出境旅游经历的游客中，出境旅游超过 3 次及以上的旅游者所占比例最大。

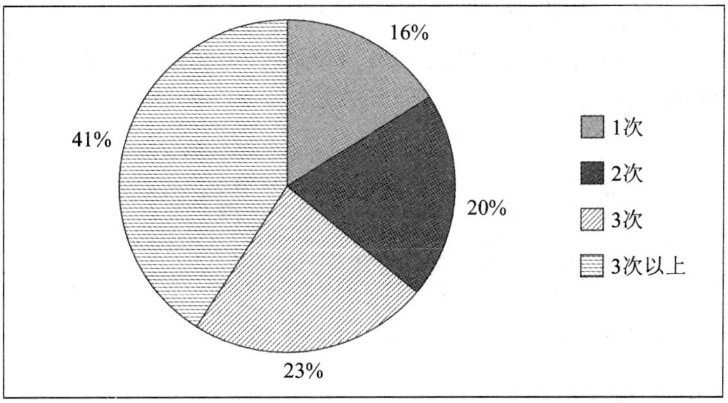

图 4-9 赴美洲地区旅行游客此前出境旅游次数

(2)旅游者了解美洲旅游信息的渠道

上网搜索已成为旅游者了解美洲旅游信息的最主要渠道,其次是询问旅行社和亲朋好友。杂志、报纸、书籍也占一定的比例。

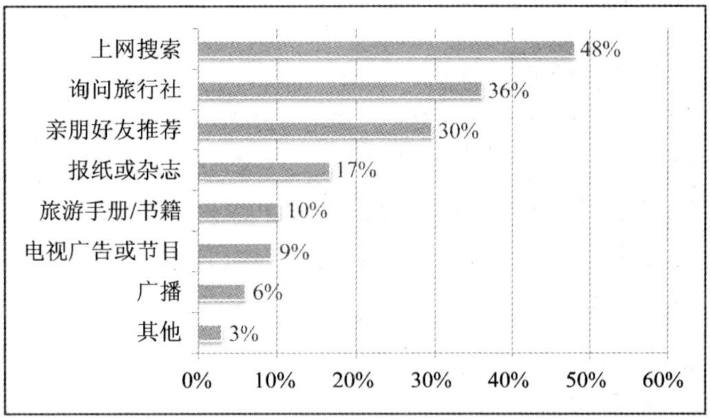

图 4-10 游客了解美洲旅游信息的渠道分布

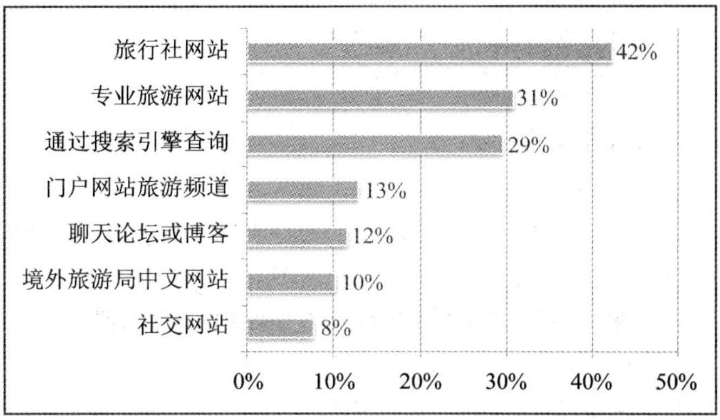

图 4-11 游客了解美洲旅游信息网站分布

（3）旅游者最喜欢的地方

在赴美洲地区旅游者旅行的目的地中，夏威夷、洛杉矶和旧金山是旅游者最喜欢的排序居前三位的目的地。

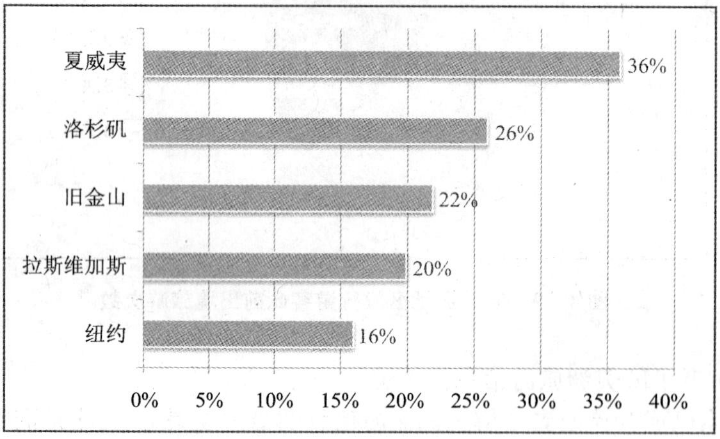

图 4－12　赴美洲地区旅行游客最喜欢的美国城市

（4）旅游者在美洲旅游购物消费

此次调查的受访旅游者除团费外的自费支出，主要用于购物、娱乐项目和自费餐饮项目，其中购物消费支出是游客自费支出的最主要部分。团队旅游者的各种自费消费人均约为 2 万元人民币，其中购物花费约为 1.4 万元人民币。

从商品种类看，赴美洲旅游者购买护肤、化妆品、香水的游客比例最高，其次是纪念品、手工艺品和电子数码产品。

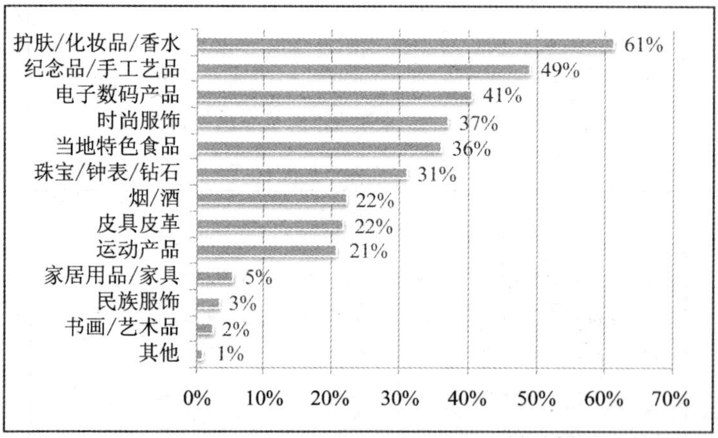

图 4－13　赴美洲地区旅行游客购买的商品种类

3. 旅游评价与未来意愿

在此次调查中，绝大部分旅游者对旅行社的各项服务表示满意，据旅游者所提出

的建议,旅行社服务需要改进的地方主要体现在下列几个方面:

在美国大陆乘飞机的时间需要更加合理安排;

城市大多走马观光,缺乏对博物馆与人文历史名胜的游览;

有的线路酒店住宿离市区太远,大巴接送安排需要改进。

表 4-1　赴美洲地区旅行游客对旅行社各项服务的满意程度

	非常满意(%)	满意(%)	一般,需要改进(%)	不满意(%)
旅游行程安排	45	50	5	0
导游服务	50	47	3	0
航班及其他交通工具的安排	41	52	6	1
酒店住宿的安排	44	50	6	0
餐饮安排	45	44	10	1
购物安排	38	52	9	1
自由活动时间的安排	38	49	13	0
自费游览项目的安排	38	49	12	1

(1)旅游者再次出境旅游的打算

此次去美洲的旅游者中,60%的人有在未来两年再出境旅游的打算。

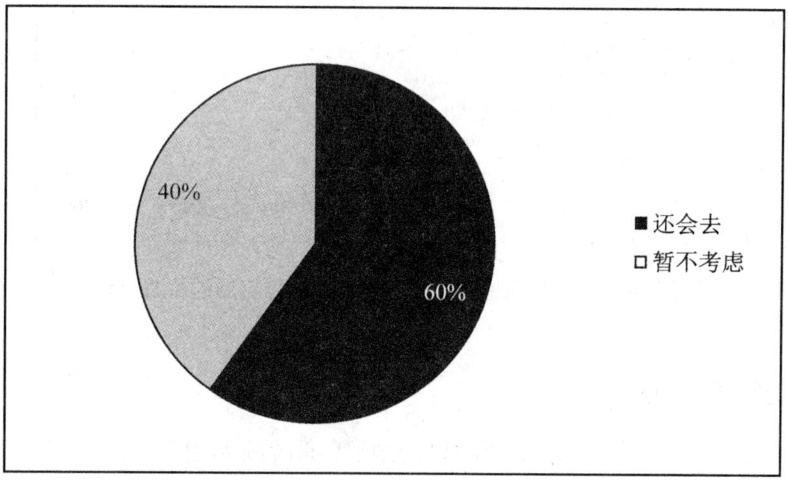

图 4-14　赴美洲地区旅行游客计划再次出境旅游的打算

(2)旅游者计划出境旅游的方式

在今后出境旅游方式的选择上,48%的旅游者仍选择跟团旅游,23%的旅游者认为哪种方式都可以。

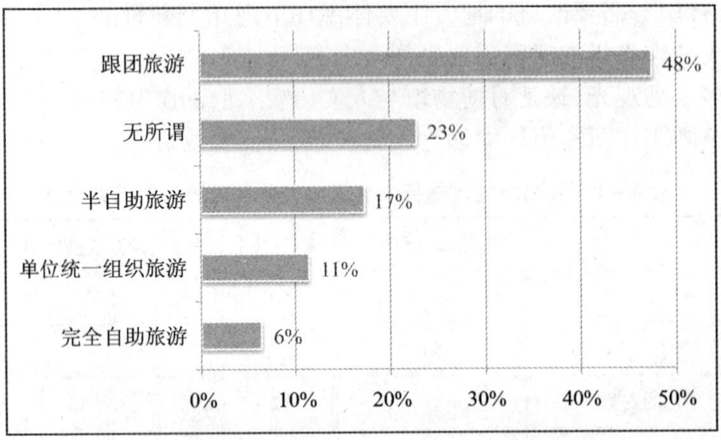

图 4－15　赴美洲地区旅行游客计划未来出境旅游的方式

(3)旅游者下次旅行喜欢的旅游活动

赴美洲的游客如果下次再去该地区旅行,国家公园、海滨沙滩和城市观光类活动将是他们最偏好的旅游活动。

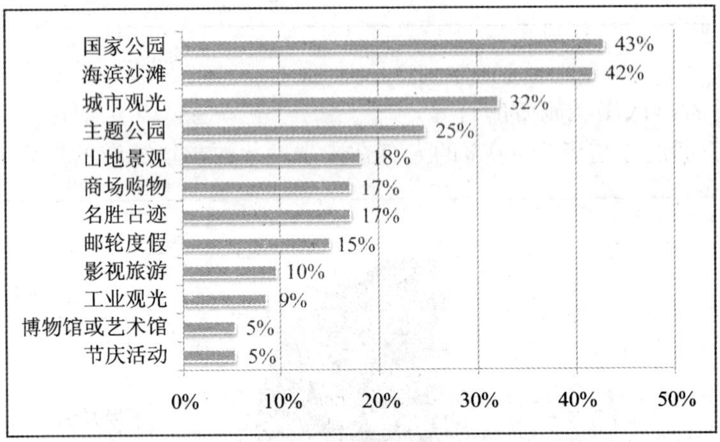

图 4－16　赴美洲地区旅行游客下次旅行喜欢的旅游活动

三、美洲游产品

美国和加拿大是美洲旅游主要的目的地,美洲游线路也以美国加拿大线路为主。美国和加拿大,均为开放不久的目的地国家,尤其是加拿大旅游在 2010 年正式实施后对中国游客赴北美旅游有巨大的促进作用。这两个国家经济发达,地域广阔,旅游资源丰富,线路设计精彩,签证政策逐渐放宽,对中国游客一直有极大的吸引力。目前美洲旅游产品以美国全景游为主,其他地区则以商务公务团组居多。

以墨西哥、古巴、巴拿马、加勒比海地区为代表的中美洲地区,是高端游客的休闲度假胜地,但目前赴中美洲和加勒比地区的旅游人数比较少。

南美国家独特的异国风情、原生态环境和神秘的历史文化古迹,也吸引不少旅游玩家。虽然一部分南美国家已经开放获得 ADS 地位,除了一部分公务商务旅行团外,目前中国公民到南美旅游的人还不多。由于直航线路很少,目前赴南美洲国家旅行的中国旅游者大多数是通过欧洲和北美国家中转。

表 4-2　美洲旅游产品类别及特点

类别	代表线路	特点
美国、加拿大常规观光线路	美国东西海岸 + 夏威夷 15 日 美国东西海岸 + 夏威夷 14 日全景 美国、加拿大大瀑布欢乐全景 15 日游 加拿大东西海岸洛基山 11 日经典之旅 纵横北美:美国、加拿大 16 日游 加拿大东西部都市风情 9 天游	一是以城市观光为主,囊括所有重要城市。如美国的纽约、华盛顿、拉斯维加斯、洛杉矶、旧金山、夏威夷;加拿大的多伦多、金斯敦、渥太华、蒙特利尔、魁北克城、温哥华。 二是以城市与自然风景相结合。如以城市观光结合科罗拉多大峡谷、黄石国家公园、大提顿山脉、尼加拉瓜大瀑布、千岛群岛、洛基山三大国家公园。
中南美常规观光线	巴西、阿根廷、秘鲁、智利 15 日经典行程 墨西哥、古巴 11 天玛雅文明之旅 巴西、阿根廷、智利、秘鲁 16 天南美全景之旅	以南美主要城市观光为主。如游览里约热内卢、布宜诺斯艾利斯、利马。充分满足旅游者对南美洲的猎奇心理。
主题深度及特种旅游	加拿大西部滑雪、购物 8 天 美国芝加哥、奥兰多、迈阿密深度 9 天行程 皇家加勒比游轮“无极号”阿拉斯加 12 日冰川之旅 巴西(玛瑙斯)、阿根廷(大冰川)13 天精华之旅	目前这种线路在常规观光团中较少。

第五章　大洋洲和太平洋地区目的地市场分析

一、总体情况

以澳大利亚、新西兰为主要旅游目的地国家的大洋洲，也是受中国游客欢迎的长线旅游目的地。2009 年，中国公民赴大洋洲旅行者约 66 万人次。2010 年，中国公民赴大洋洲旅行者约 110 万人次，比 2009 年增长了 66%。

2010 年，中国公民赴大洋洲主要国家澳大利亚和新西兰旅游的人数均有所增长，增幅分别为 21% 和 14%。从月度看，除 1 月外，其他各月均有所增长。

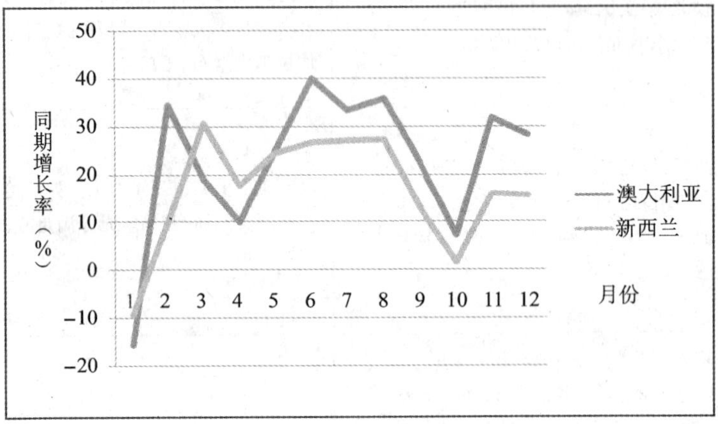

图 5-1　中国公民赴大洋洲主要国家月度增长率（2010 年）

二、赴大洋洲地区旅行游客特征

1. 基本特征

(1) 性别结构

在此次抽样调查中，受访旅游者女性多于男性。

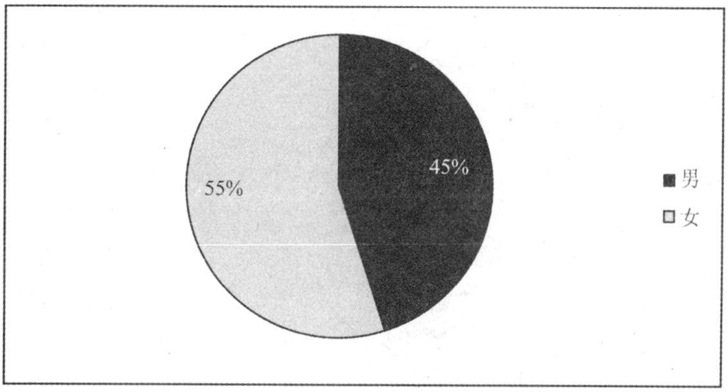

图 5-2　赴大洋洲地区旅行游客性别结构

(2)年龄结构

此次受访旅游者以中青年为主,26~55 岁的旅游者占 76%。

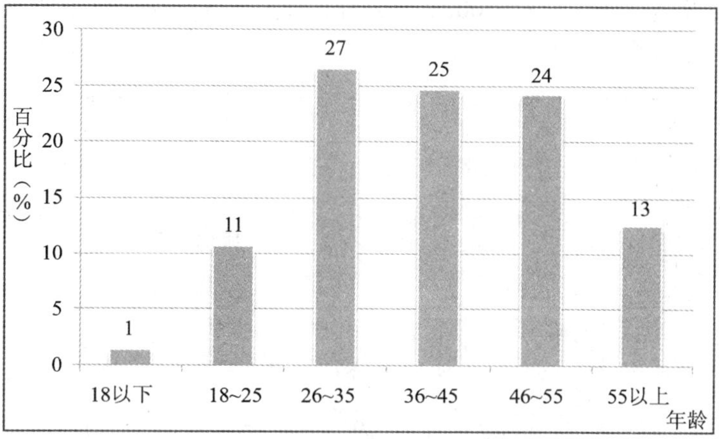

图 5-3　赴大洋洲地区旅行游客年龄结构

(3)婚姻状况

此次调查中,旅游者的婚姻状况以已婚有孩子者居多。许多已婚旅游者是与孩子一起的家庭出游。

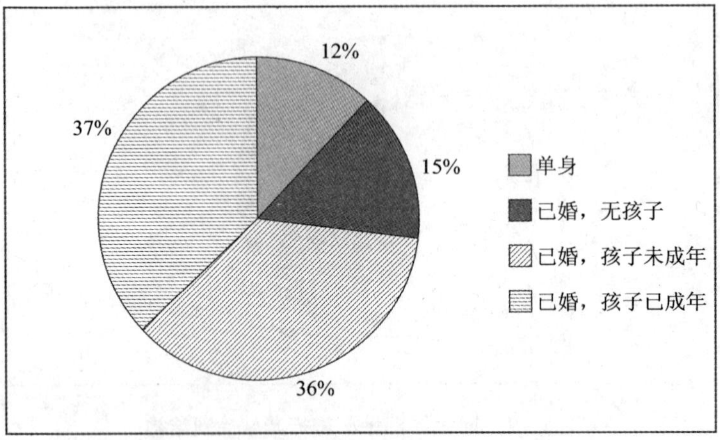

图 5-4　赴大洋洲地区旅行游客婚姻状况

(4)收入结构

受访旅游者个人月收入在 3 000 ~1 万元的最多。3 000 元以下收入的旅游群体主要为跟随父母出游的学生。

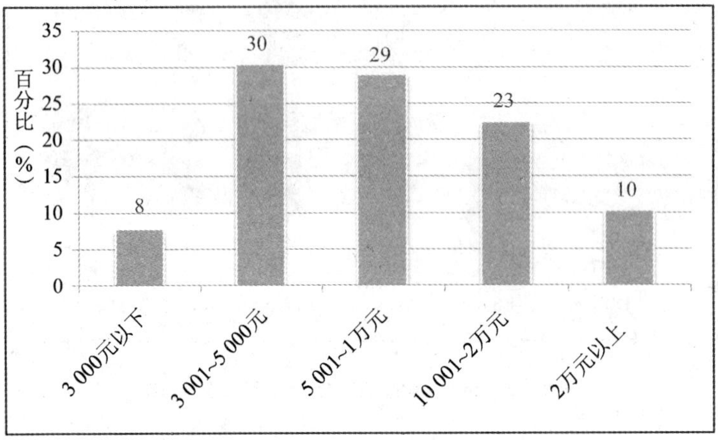

图 5-5　赴大洋洲地区旅行游客收入结构

(5)旅游者职业

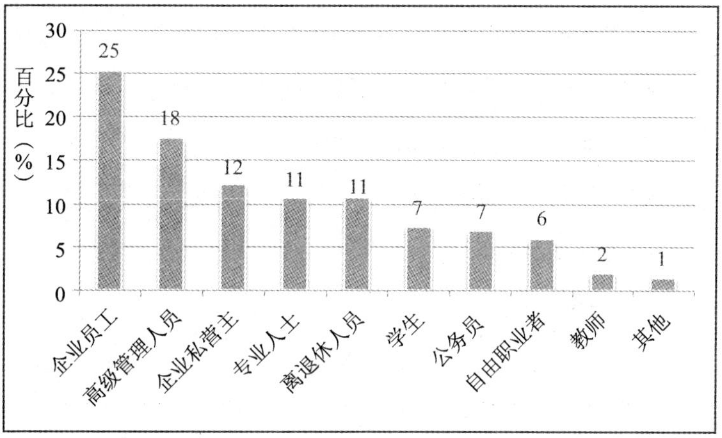

图 5-6　赴大洋洲地区旅行游客职业分布

2. 消费特征

(1)此前出境旅游经历

在此次赴大洋洲的旅游者中，88%曾有过出境旅游经历，说明赴大洋洲旅游者具有较多的出境旅游经验。在曾有过出境旅游经历者中，出境旅游过 3 次及以上者所占比例最大。

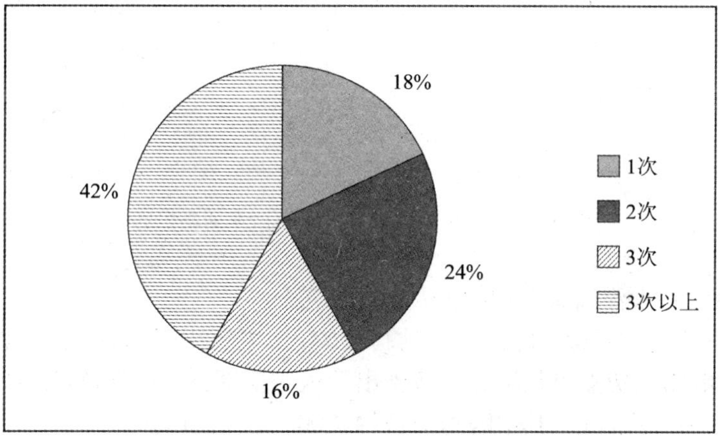

图 5-7　赴大洋洲地区旅行游客此前出境旅游次数

(2)旅游者了解大洋洲旅游信息的渠道

上网搜索是旅游者了解大洋洲旅游信息的最主要渠道，其次是询问旅行社和亲朋好友。杂志、报纸、书籍也占一定的比例。

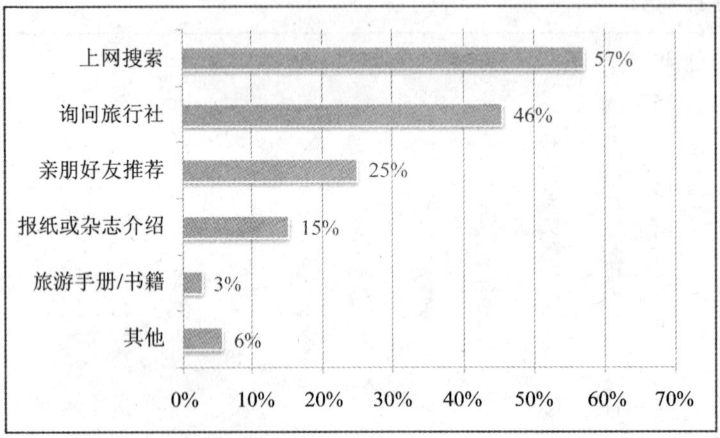

图 5-8　游客了解大洋洲旅游信息的渠道分布

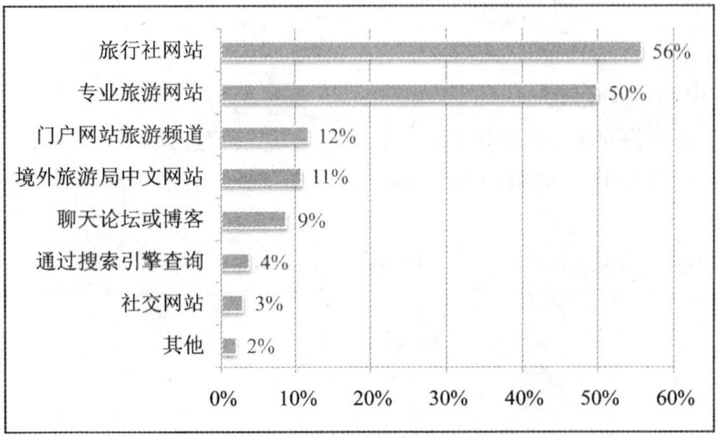

图 5-9　游客了解大洋洲旅游信息网站分布

(3)旅游者在大洋洲旅游购物消费

此次调查的受访旅游者除团费外的自费支出,主要用于购物、娱乐项目和自费餐饮项目,其中购物消费支出是游客自费支出的最主要部分。团队旅游者的各种自费消费人均约 1.3 万元人民币,其中购物花费约 9 000 元人民币。

从商品种类看,赴大洋洲旅游者购买护肤、化妆品、香水的比例最高,其次是纪念品、工艺品和特色食品。购买深海保健品的游客也占一定的比例。

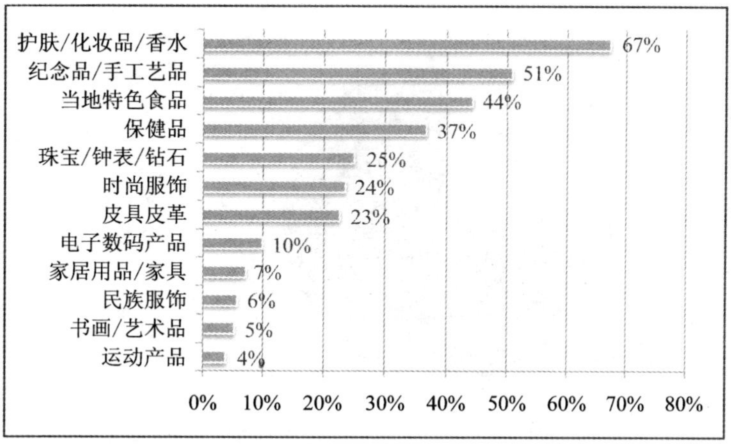

图 5-10　赴大洋洲地区旅行游客购买的商品种类

3. 旅游评价与未来意愿

在此次调查中，绝大部分受访旅游者对旅行社的各项服务表示满意，相反，对购物安排的不满意程度最高。

表 5-1　赴大洋洲地区旅行游客对旅行社各项服务的满意程度

	非常满意(%)	满意(%)	一般，需要改进(%)	不满意(%)
旅游行程安排	32	56	11	1
导游服务	44	48	8	0
航班及其他交通工具的安排	29	57	13	1
酒店住宿的安排	37	52	10	1
餐饮安排	27	52	17	4
购物安排	27	50	17	6
自由活动时间的安排	31	53	13	3
自费游览项目的安排	30	50	16	4

(1)旅游者再次出境旅游的打算

在此次去大洋洲旅游者中，71%有在未来两年再次出境旅游的打算。

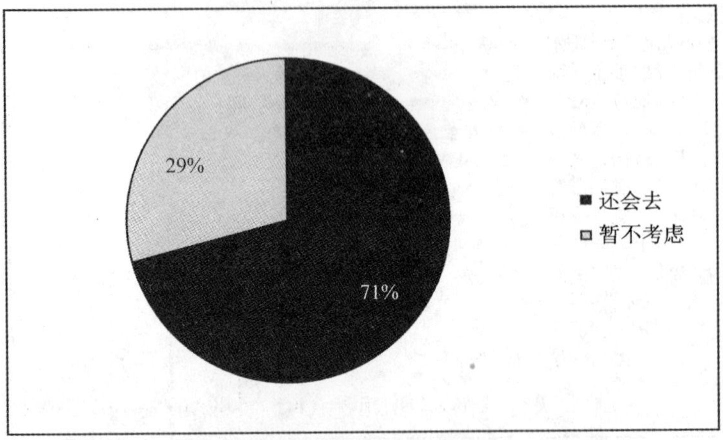

图 5－11　赴大洋洲地区旅行游客计划再次出境的打算

(2)旅游者计划出境旅游的方式

在今后出境旅游方式的选择上,59% 的旅游者仍选择跟团旅游,25% 的旅游者选择半自助游。

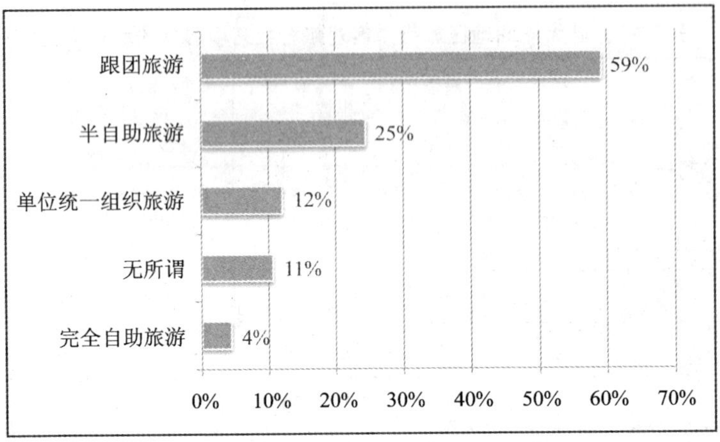

图 5－12　赴大洋洲地区旅行游客计划未来出境旅游的方式

(3)旅游者下次旅行喜欢的旅游活动

旅游者如果下次再赴大洋洲旅行,偏好的旅游活动以海岛度假、海岸观光和海底观光为主。

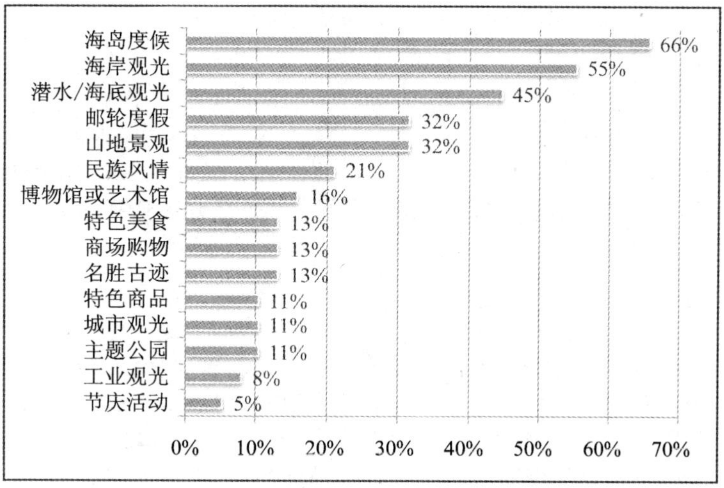

图 5－13　赴大洋洲地区旅行游客下次旅行喜欢的旅游活动

三、赴大洋洲和太平洋地区旅游线路产品

大洋洲以澳大利亚和新西兰这两个目的地国家为主,澳大利亚和新西兰是向中国开放最早的长线旅游目的地,它们也是目前最成熟的市场,各方面的旅游资源丰富。

常规的澳新线路仍受到中国游客的欢迎,集中于悉尼、布里斯班、黄金海岸、大堡礁、墨尔本、奥克兰等地。

一些新兴的大洋洲和太平洋地区的海岛旅游产品主要包括斐济、北马里亚纳群岛的塞班岛、天宁岛、法属波利尼西亚、大溪地、关岛等。这些目的地的优美环境符合长期在城市生活的人们日益增长的休闲度假需求,也受到市场越来越多的关注。

目前大洋洲和太平洋地区旅游产品总体呈现以下特点:

(1)产品设计差异化加大

各大旅行社加大了产品创新力度,在产品设计方面坚持走差异化路线,更加关注游客的感受,如为游客增加一些境外特色的景点,安排一些特色餐饮,赠送一些增值服务等。

(2)产品范围扩大

澳新线路的经营范围扩大。除澳大利亚和新西兰传统线路外,旅行社还开发了南太平洋地区的旅游线路,如斐济、大溪地等。目的地范围的扩大提供了产品设计的空间,可以进行更多的线路产品组合。

(3)主题旅游产品增多

澳新线路的主题旅游产品,如婚庆旅行,老年人旅行市场的开发,满足了市场上这部分被长期搁置人群的需求,加之全力推广试点,激发了各省(市)部分客户对此类产品的兴趣,进而带动了各地直客市场的推广力度,使得客源市场进一步细分,满足这部分消费群体的个性化需求,从而摆脱了以往那种被迫参加大团观光的被动局面。

表 5-2　大洋洲旅游产品类别及特点

类别	代表线路	特点
澳大利亚新西兰联游线路	澳新凯超值 12 日全景游 澳新凯全景品质 12 日游 澳大利亚新西兰 12 日体验之旅	一般串联澳大利亚和新西兰各主要观光城市和景点，如悉尼、蓝山、凯恩斯、布里斯班、黄金海岸、奥克兰、罗多路亚、墨尔本形成常规观光线路。
澳大利亚或新西兰一地深度游线路	黄金海岸 + 墨尔本 10 日深度之旅 黄金海岸 + 霍巴特 11 日梦幻之旅 凯恩斯(大堡礁) + 海豚岛 8 日精彩之旅 澳洲野生动物之旅 奇异自然新西兰南、北岛 8 日游 新西兰南北岛 8 日发现之旅 库克群岛——新西兰南岛的梦幻 12 日游	深入挖掘澳大利亚及新西兰各地旅游资源，形成更加丰富的行程，满足游客多样化的需要。例如在罗托鲁阿文化村内了解毛利文化及历史；在米佛峡湾赏冰河切割所形成的雪山奇景；在墨尔本观赏野生动物景观。
其他岛国线路	斐济——椰林岛 4 晚 6 天 海洋奇遇记——帕劳惊艳五日游 塞班——天宁 6 日游 大溪地三岛八日缘梦之旅	根据小岛的资源特色开发不同产品，例如在大溪地体验波利尼西亚的原始生活方式。目前线路较少。

四、案例分析：关岛

关岛位于西太平洋，是密克罗尼西亚群岛中最大的岛屿，也是距离中国最近的美国领土。由中国直飞关岛需 4~5 个小时的航程。旅游业是关岛目前最大的支柱产业。

1. 旅游资源

关岛旅游资源丰富，主要包括潜水、婚庆、高尔夫球、购物旅游。

关岛是热爱潜水人士的首选胜地——清澈的海水，缤纷的珊瑚礁，陡峭的礁堡壁及沉船残骸，加上海底培植了超过 400 种的珊瑚和 700 种鱼类，丰富的海洋生态及海底环境令关岛成为潜水爱好者的乐园。

关岛迷人的自然风光提供了天赋的浪漫背景，加上五星级豪华度假村及别致的结婚教堂，令关岛成为新婚及蜜月的热点。岛上更有多间婚姻服务社，为新人提供完善的婚礼服务。

关岛的高尔夫球场亦是举世知名，现有 7 个共逾 180 洞的专业高尔夫球场，荣列世界最佳高尔夫球场的水平。所有球场均拥有壮观的景致、完备的设施及独特的挑战性。

此外，关岛是个免税港，也是亚太地区最大的免税购物中心之一。关岛免税品店(Duty Free Galleria)于杜梦区的中心地带设立了一个大型购物总汇，包括大型好莱坞餐厅及停车场，而一些较小型的购物中心亦遍布整条圣维多利斯道。

2. 市场概况

近年来,关岛加大了对中国市场的推广力度,旅行社也推出了关岛半自由行产品。中国内地赴关岛旅游人数逐年增多,2010 年达 4 765 人次,增长率为 45%。游客主要源自北京和上海。

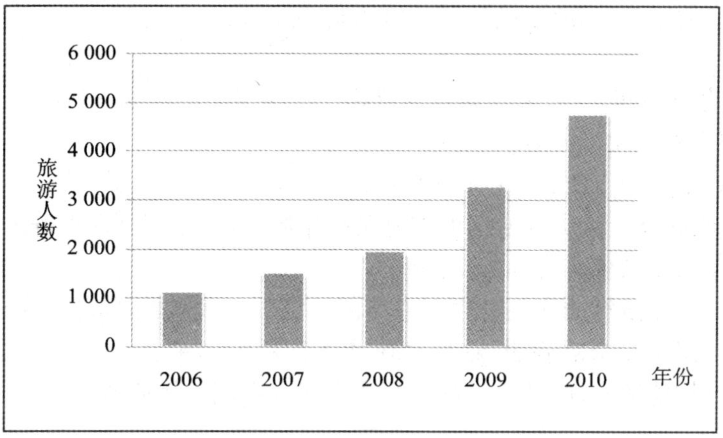

图 5-14　中国公民赴关岛旅游人数(2006—2010 年)

资料来源:亚太旅游协会(PATA),2011 年度旅游监测报告。

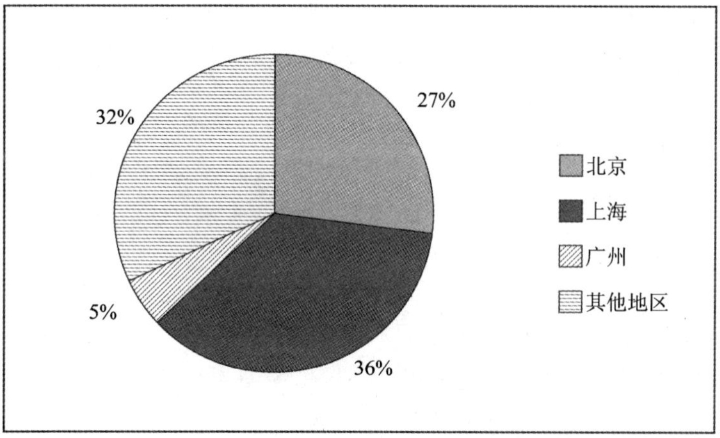

图 5-15　中国公民赴关岛旅游客源地区结构(2010 年)

资料来源:关岛观光局,2010 Annual Report & Membership Directory。

3. 旅行社产品案例

2011 年,中国康辉旅行社开发了关岛新春包机之旅,目标客户定位在已持有美国签证或有丰富出境旅游经验及有一定经济基础的三口之家。该线路向客户提供不同酒店星级的选择方案,以及各类水上项目、特色餐食、实弹射击、高空跳伞、甚至自驾飞机等户外活动。产品较好地满足了游客海岛休闲、购物和品味历史文化的需求。

上海强生国际旅行社设计的"美国关岛浪漫婚礼"旅游产品,目标客户集中于中高端的新人及其家属。产品集婚纱摄影、西式教堂婚礼仪式及蜜月为一体,为新人们营造出神圣、时尚及浪漫的婚礼。行程中所安排的酒店都是世界顶级品牌酒店的海景房,以满足新人对浪漫的需求。产品提供 1 对 1 的签证服务(表格填写 + 面试培训 + 材料审核等),婚礼细节的说明(和新人及时沟通),当地地接社的高品质接待,合作婚礼公司高水准的服务,构成了此类高品质的旅游产品。

4. 发展趋势

2011 年春节期间,关岛观光局分别推出了由北京、上海、杭州和沈阳至关岛的直航包机,吸引了众多中国游客。

据关岛航空公司介绍,2011 年下半年,关岛航空公司将开通上海——塞班——关岛的定期航班,这将大大方便中国游客赴关岛旅游,也给旅行社深度开发塞班、关岛旅游产品创造了重要条件。

目前中国内地游客前往关岛须办理美国签证。而关岛当地政府就此问题近年来一直在与美国国土安全部协商,希望尽快能够针对中国游客实施特别简便的签证政策。如果该计划能够实现,那么关岛将很快会成为中国出境旅游市场一个重要的海岛度假目的地。

第六章　非洲目的市场分析

一、总体情况

2010 年,中国公民首站赴非洲旅行者为 73 万人次,同比增长 91%。当年中国公民赴非洲人数各月均有所增长,尤其 6 月在南非举办足球世界杯比赛后,7 ~ 12 月保持了大幅度增长。

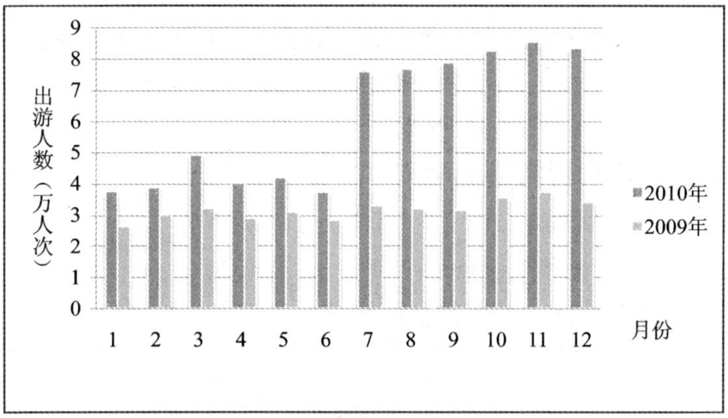

图 6 -1　中国公民赴非洲旅行人数月度分布(2009—2010 年)

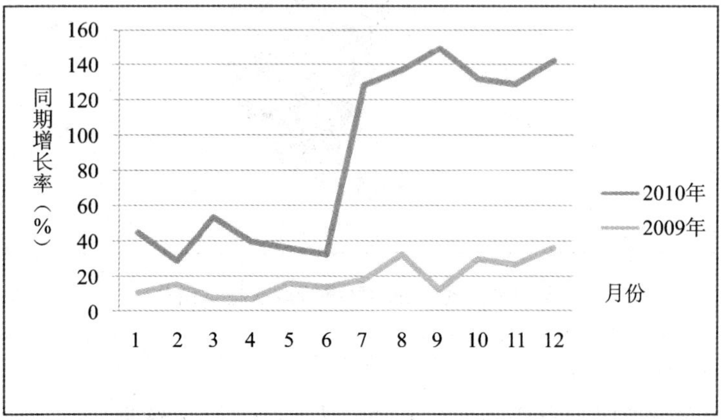

图 6 -2　中国公民赴非洲旅行人数月度同期增长率比较(2009—2010 年)

根据南非旅游局的统计,2010 年中国公民赴南非旅游者达 6.8 万人次,同比增长 62%。其中 6 月增幅最大,达 171%。

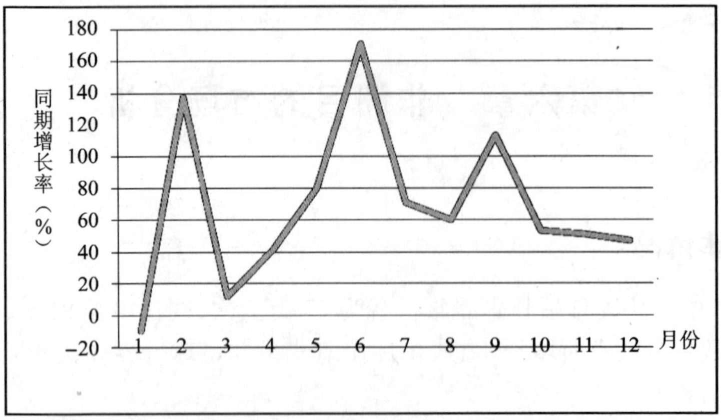

图 6－3　中国公民赴南非旅游人数月度同期增长率(2010 年)

资料来源:南非旅游局。

二、赴非洲地区旅行游客特征

1. 基本特征

(1)性别结构

在此次抽样调查中,受访旅游者女性多于男性。

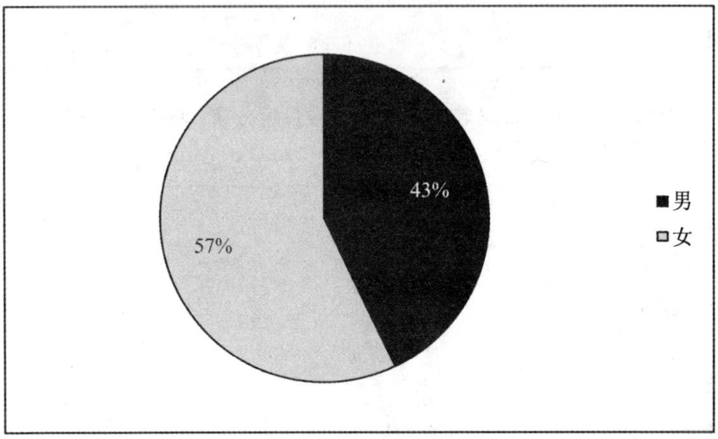

图 6－4　赴非洲地区旅行游客性别结构

(2)年龄结构

此次受访旅游者以中青年为主,26～55 岁的旅游者占 84%。

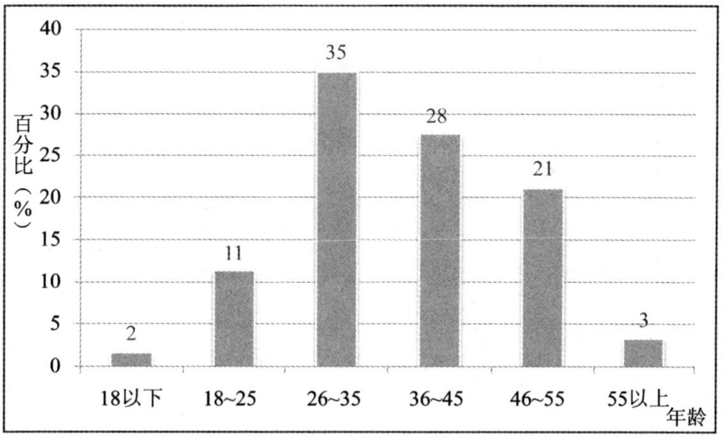

图 6-5　赴非洲地区旅行游客年龄结构

(3)婚姻状况

在此次调查中,旅游者婚姻状况以已婚有孩子者居多。

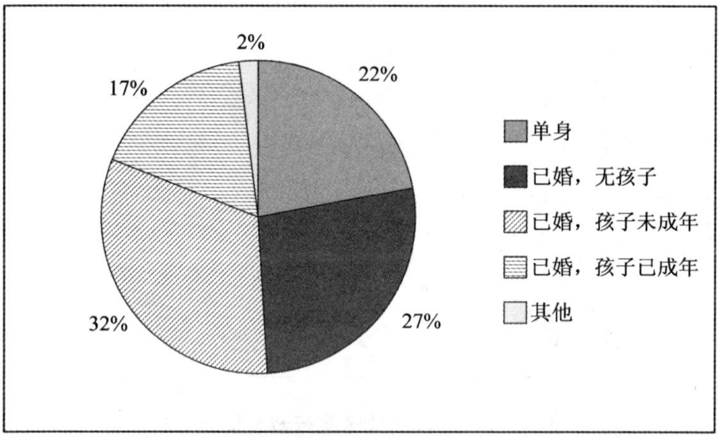

图 6-6　赴非洲地区旅行游客婚姻状况

(4)收入结构

受访旅游者个人月收入在 5 001 ~ 1 万元的最多。3 000 元以下收入的群体主要为跟随父母出游的学生。

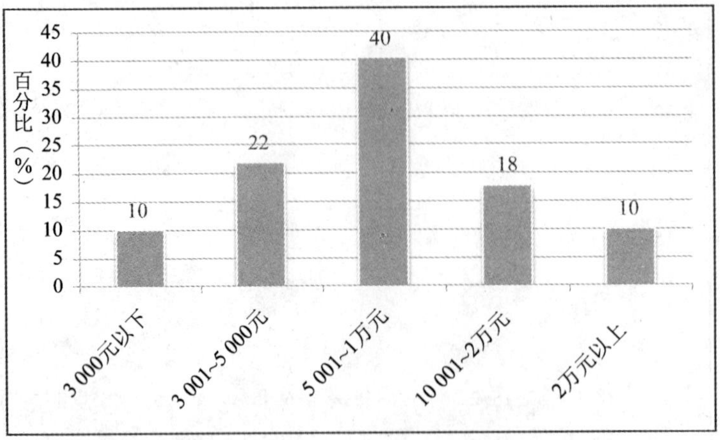

图 6-7　赴非洲地区旅行游客收入结构

（5）旅游者职业

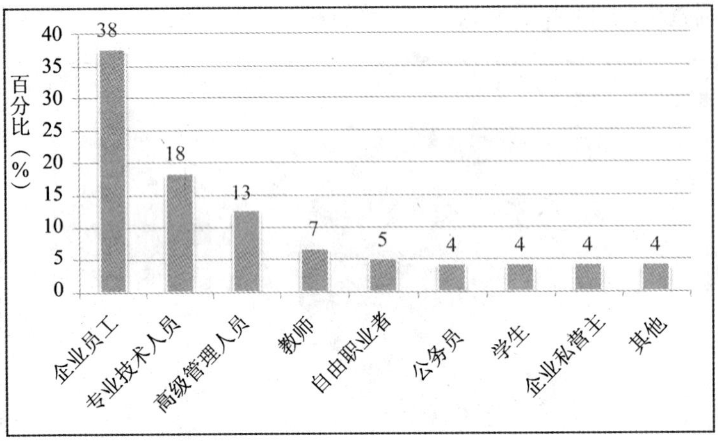

图 6-8　赴非洲地区旅行游客职业分布

2. 消费特征

（1）此前出境旅游经历

在此次赴非洲旅游者中，50%有过出境旅游经历，在曾有过出境旅游经历的游客中，出境旅游过 1 次者所占比例最大。

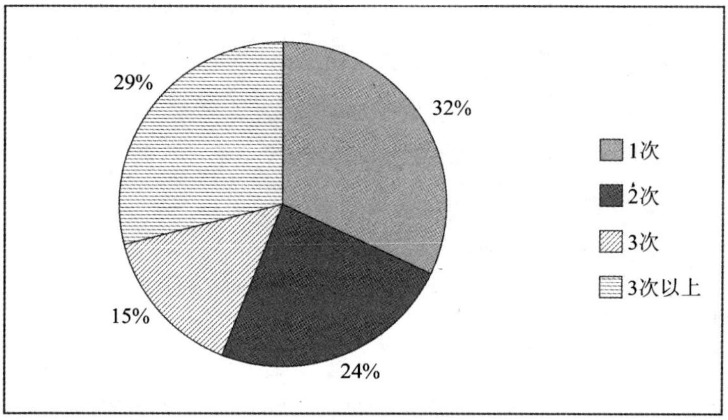

图 6－9　赴非洲地区旅行游客此前出境旅游次数

（2）旅游者了解非洲旅游信息的渠道

上网搜索是旅游者了解非洲旅游信息的最主要渠道，其次是询问旅行社和亲朋好友。杂志、报纸、书籍也占一定的比例。

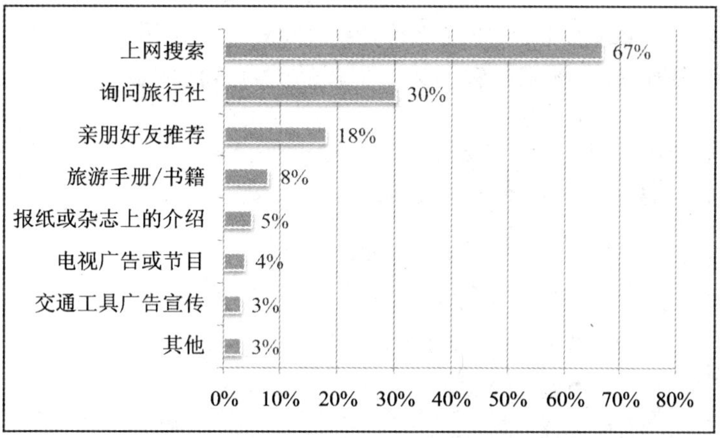

图 6－10　游客了解非洲旅游信息的渠道分布

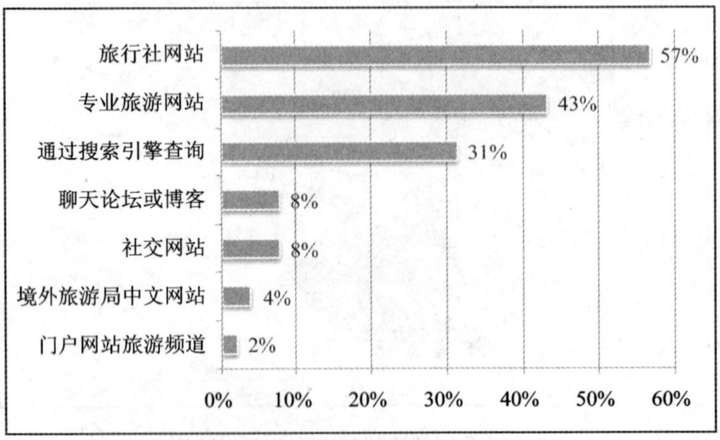

图 6-11　游客了解非洲旅游信息网站分布

(3)旅游者非洲旅游购物消费

此次调查的受访旅游者除团费外的自费支出，主要用于购物、娱乐项目和自费餐饮项目。其中购物消费支出是游客自费支出的最主要部分。团队旅游者的各种自费消费人均约 9 000 元人民币，其中购物花费约 7 000 元人民币。

从商品种类看，赴非洲旅游者购买手工艺品的游客比例最高。其次是象牙制品和特色食品。

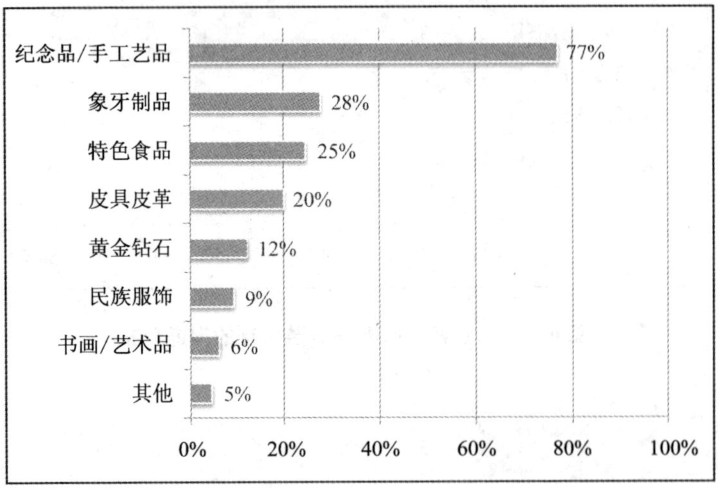

图 6-12　赴非洲地区旅行游客购买的商品种类

3. 旅游评价与未来意愿

在此次调查中，绝大部分旅游者对旅行社的各项服务表示满意，相反，其中对航班机及其他交通工具安排的不满意程度最高。根据旅游者所提出的建议，旅行社服务需要改进之处主要体现在下列两个方面：

一是由于非洲联线旅游产品路途较长,应考虑航班及航程的合理安排;二是自由活动时间需要更好地安排。

表 6-1　赴非洲地区旅行游客对旅行社各项服务的满意程度

	非常满意(%)	满意(%)	一般,需要改进(%)	不满意(%)
旅游行程安排	40	36	22	2
导游服务	55	32	10	3
航班及其他交通工具的安排	44	37	14	5
酒店住宿的安排	46	41	10	3
餐饮安排	38	46	15	1
购物安排	41	39	17	3
自由活动时间的安排	41	36	21	2
自费游览项目的安排	45	34	20	1

(1)旅游者再次出境旅游的打算

此次去非洲的旅游者中,近 70% 的人有在未来两年再出境旅游的打算。

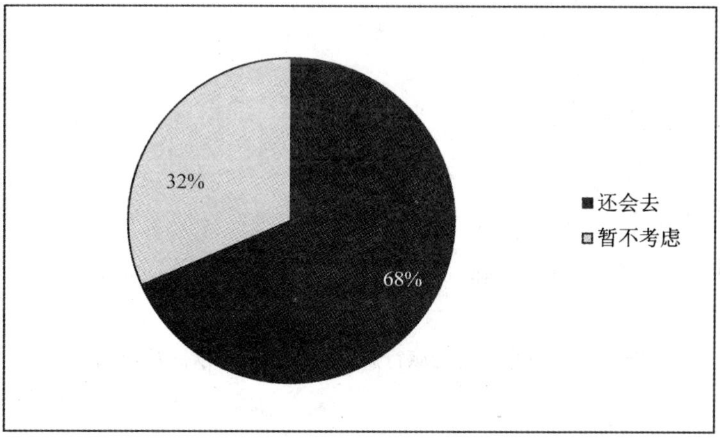

图 6-13　赴非洲地区旅行游客计划再次出境的打算

(2)旅游者计划出境旅游的方式

在今后出境旅游方式的选择上,47% 的旅游者仍选择跟团旅游,其次是 30% 的旅游者选择半自助游。

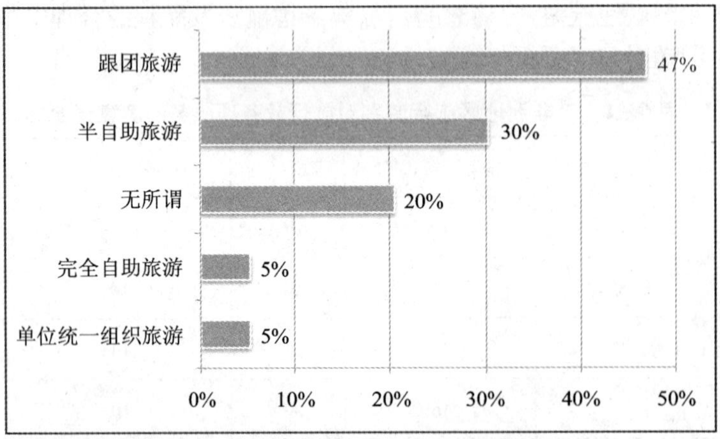

图 6－14　赴非洲地区旅行游客计划未来出境旅游的方式

(3)旅游者下次旅行喜欢的旅游活动

赴非洲地区旅行的游客,如果下次再赴非洲旅行,将把观赏野生动物、国家公园、海滨沙滩等视为最喜欢的旅游活动。

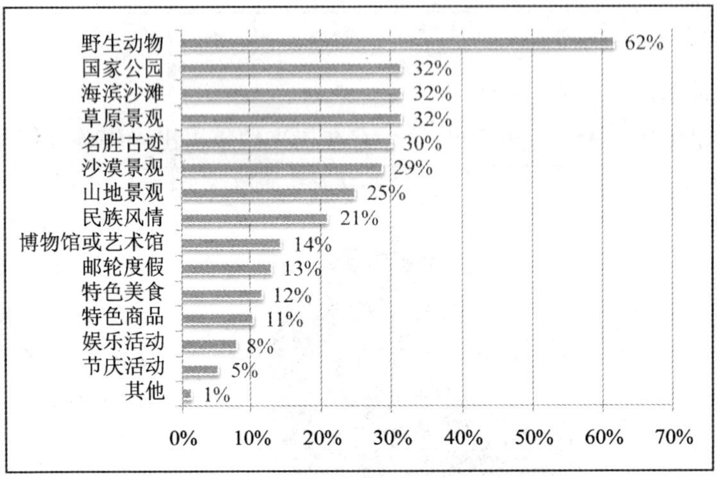

图 6－15　赴非洲地区旅行游客下次旅行喜欢的旅游活动

三、非洲游产品

非洲幅员辽阔,具有丰富的旅游资源,非洲悠久的历史文化,壮丽的自然风光,原始的生态环境,丰富的野生动植物,独特的民俗风情,对中国游客有极大的吸引力。相对于其他长线旅游目的地(如欧洲、北美、澳大利亚、新西兰等),非洲有其独特的旅游资源,如埃及的金字塔,东非大裂谷、维多利亚大瀑布,动物大迁徙等。

目前在中国出境旅游市场上,非洲和中东线路产品通常串联在一起。去非洲目的地的旅游线路主要集中在埃及、南非和肯尼亚这三个国家,这三个非洲目的地国家由于知名度较高,拥有独特的旅游资源,旅游线路较为成熟,接待设施比较完善,而且,由于旅游局的大力推广,因而受到中国游客的欢迎。

非洲目的地国家签证相对容易;非洲旅游产品独具特色,一直秉持高品质的产品质量,使之长期拥有固定的目标客户群;但是由于非洲路途比较遥远,能够抵达目的地的航空公司相对较少,有些目的地国家在交通上可进入性相对比较落后,接待条件参差不齐。加之非洲市场宣传和推广力度不够,非洲部分地区或国家频频出现不安全局势、国家动乱及疾病等,因此,非洲游市场认知度较低,非洲游产品目前不如欧、美、澳、新有竞争力。

2010 年赴非洲旅游市场持续增长,特别是 2010 年足球世界杯比赛在南非举办,吸引了更多的中国游客,不但埃及、南非、肯尼亚等非洲常规旅游线路受到更多游客的青睐,其他如津巴布韦、坦桑尼亚、突尼斯、摩洛哥等旅游资源丰富的非洲国家,也成为更多热爱旅游的人们关注的新目的地国家。同时,2009 年开放的阿拉伯联合酋长国也带动了 2010 年中东及非洲地区的旅游增长。

目前单一目的地线路产品和价格适中的两国目的地组合产品越来越多,多国串联线路有所减少,而非洲的高端旅游以及深度主题旅游仍具有很大的开发潜力。

表 6-2　非洲旅游产品类别及特点

类别	线路	特点
跨洲多国串联线路	南非+迪拜 10 日之旅(观光型大众系列) 埃及土耳其 10 日文化之旅	一般连接非洲、中东等地区,可满足游客一次旅程感受到各洲鲜明特色的旅游景观。
非洲各国串联线路	南非、津巴布韦、赞比亚、毛里求斯、塞舌尔 18 日彩虹之旅	非洲多区域国家串联,如东非、南部非洲相邻国家组合的旅游线路;或具有互补性的独特旅游资源的非洲国家组合,可满足游客一次旅程感受非洲不同国家的特色旅游景观。
深度一国游	南非一地精华 8 日 埃及一地超值 9 日 埃及休闲 9 日 肯尼亚猎奇 8 日之旅 纯净北非:突尼斯 7 日缤纷之旅 塞舌尔 8 天梦幻交响曲 毛里求斯 8 天 6 晚自由行	一国游产品特别受到中国游客的青睐,旅游天数相对较短,性价比高,行程安排比较宽松、舒适,游客能够对所去的国家进行比较深入和全面的感受与了解。
主题旅游	南非 8 日味蕾之旅 奢华浪漫——塞舌尔、迪拜 9 日狂欢盛宴	主题旅游属于高端旅游产品,其丰富性和独特性可满足游客的个性化需求,受到部分富裕阶层游客的欢迎。

第七章　旅游者需求与消费行为分析

一、潜在客源分析

2010 年 9 月至 2011 年 3 月，中国旅行社协会与艾威联合旅游顾问有限公司针对北京、上海及广州在旅行社门市进行咨询的客人进行了调研，并将其视为潜在游客，获得相关潜在客源特征信息。

1. 即将去的目的地

亚洲是潜在游客考虑即将去的主要目的地区域。

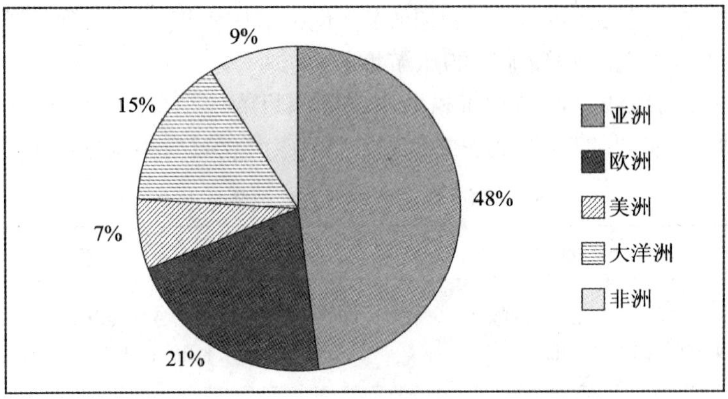

图 7－1　潜在游客即将去的目的地

2. 偏好旅游线路类型

自然观光、海岛度假和都市风光类线路居潜在游客最喜欢的旅游线路前三位。

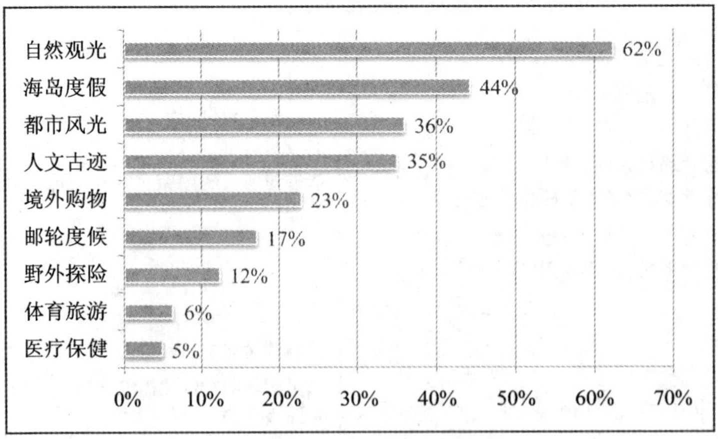

图 7－2　潜在游客喜欢的旅游线路类型

3. 选择旅行社考虑的因素

潜在游客在选择旅行社时,旅行社信誉及品牌是他们首要考虑的因素。其次是工作人员的服务态度。

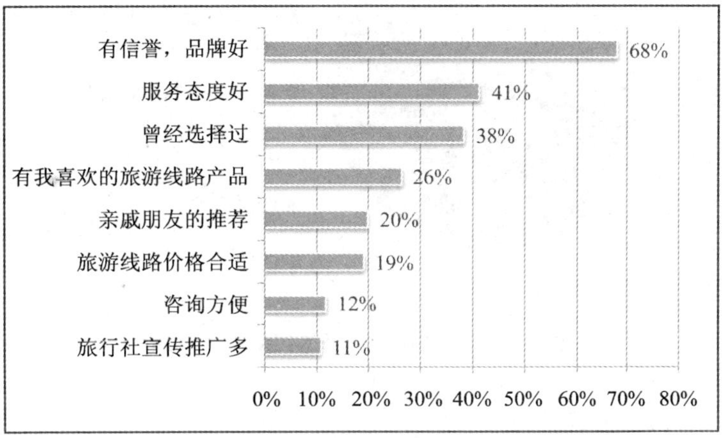

图 7-3 潜在游客选择旅行社考虑的因素

4. 出境旅游重视的因素

相对而言,游客最重视目的地的安全,而最不重视签证手续因素。

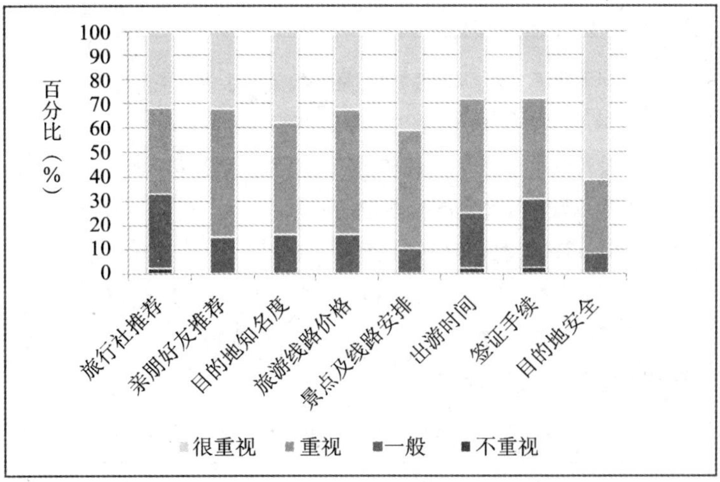

图 7-4 潜在游客对出境旅游各项因素的重视程度

5. 偏好的团队旅游产品

半数以上的潜在游客更加偏好有品质保障的纯玩旅行团。17% 的人偏好费用较高的豪华旅行团。

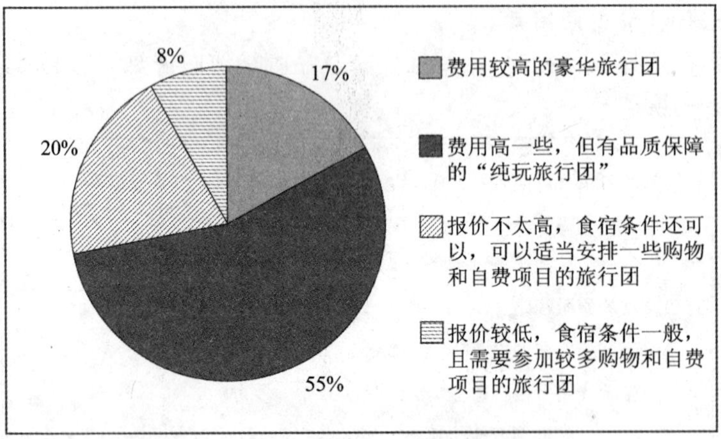

图 7-5　潜在游客偏好的团队旅游产品

6. 偏好的出国旅游目的地

潜在游客偏好的目的地的前十位分别为欧洲、日本、澳大利亚、新西兰、美国、马尔代夫、埃及、韩国、泰国、迪拜。

7. 选择目的地看重的因素

优美风景、城市魅力和历史文化底蕴是潜在游客未来选择出境旅行目的地时最看重的因素。

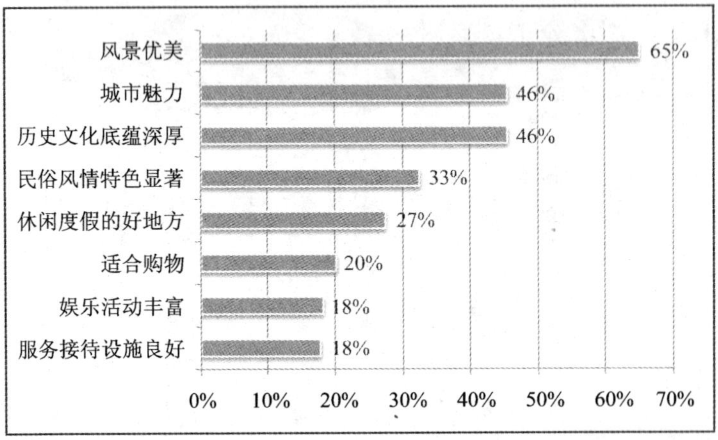

图 7-6　潜在游客未来两年选择出境旅行目的地最看重的因素

二、游客消费特征分析

2010 年 9 月至 2011 年 3 月，中国旅行社协会与艾威联合旅游顾问有限公司对出境游客进行了问卷调研并获得相关消费特征信息。本节对出境游客按地域划分进行特征比较分析。本次问卷调研受访游客来源地及分类：

东北(沈阳、哈尔滨、大连、长春);

华北(北京、天津、太原、呼和浩特);

华东(杭州、无锡、上海、青岛、南京);

华南(珠海、厦门、深圳、广州、福州、东莞);

华中(郑州、武汉、长沙、湘潭、株洲);

西北(西安、乌鲁木齐、兰州、咸阳、宝鸡)。

在部分项目中,仅对主要三大客源市场(华北、华东、华中)的旅游者进行比较分析。

1. 出境旅游经历及地区差异

总体而言,72%的出境旅游者此前有过出境旅游的经历。去美洲的出境旅游者出境旅游经历相对更丰富。从客源地来看,华东地区的出境旅游者中具有出境旅游经历的游客比例最大。

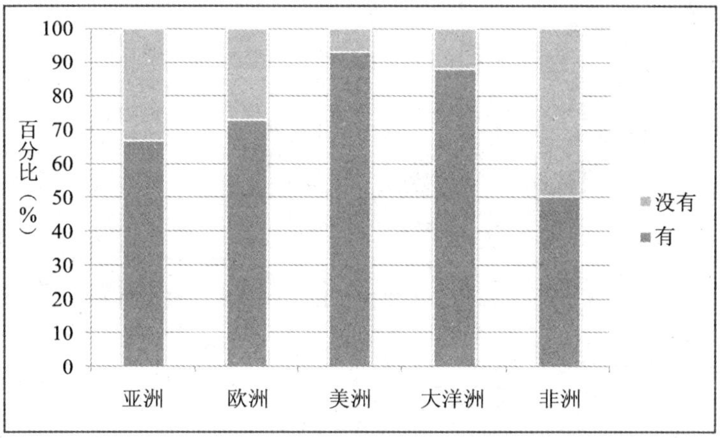

图 7-7 赴各目的地游客此前的出境旅游经历

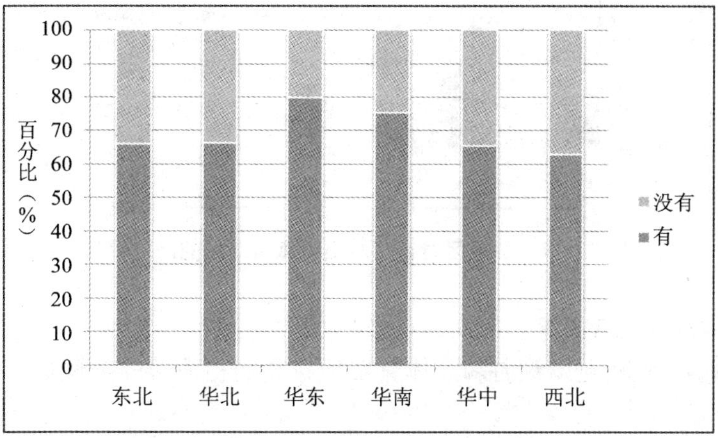

图 7-8 各地区游客此前的出境旅游经历

2. 信息来源及地区差异

上网搜索、询问旅行社及亲朋好友介绍是团队游客出游时获取旅游信息的主要来源。相对而言,华东地区游客选择上网搜索的游客比例更大;华北地区游客选择电视节目、旅游书籍手册以及广播节目的比例更大;而华南地区游客选择报纸杂志的比例较大一些。

携程、去哪儿等专业旅游预订及信息服务网站和各旅行社网站是游客网络信息来源的主要网站。相对而言,华东地区的游客选择专业旅游网站、搜索引擎、社交网站的比例较大;华南地区游客选择旅行社网站的比例较大;华北地区游客选择门户网站旅游频道的比例较大。

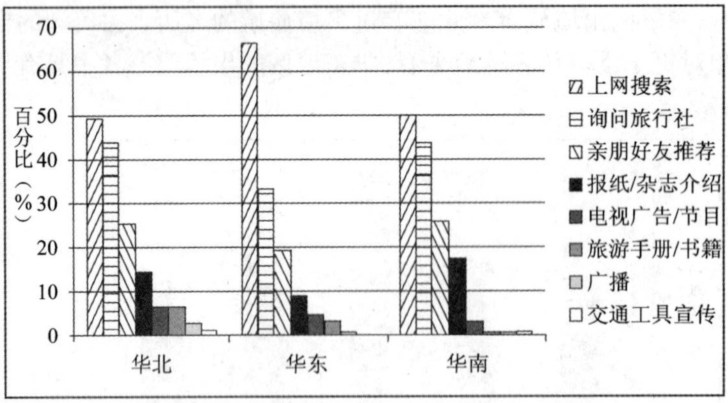

图 7-9　各地区游客了解出境旅游信息的渠道分布

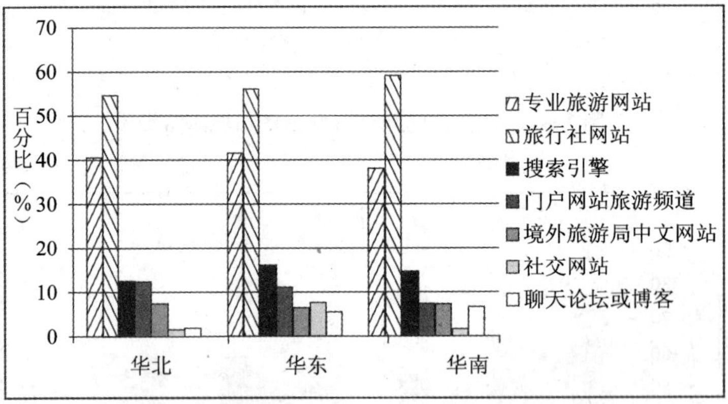

图 7-10　各地区游客了解出境旅游信息的网站分布

3. 旅行消费及地区差异

从目的地角度看,赴欧洲游客总体自费消费和购物消费的金额最高;而赴非洲游客的消费最低。

从客源地角度看,华北地区游客总体自费消费和购物消费的金额最高;而华南地区最低。

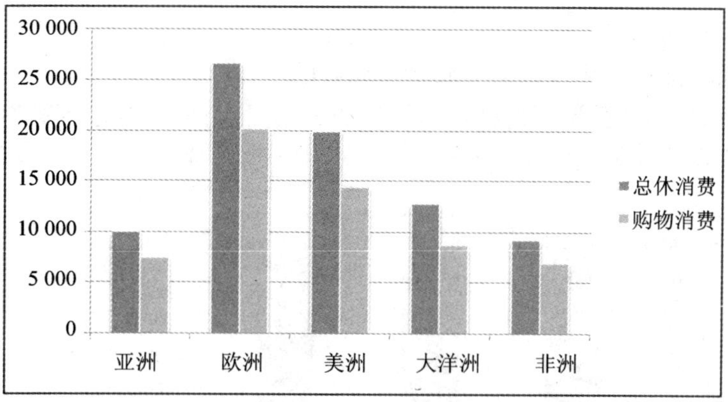

图 7-11　赴各目的地游客出境旅游消费

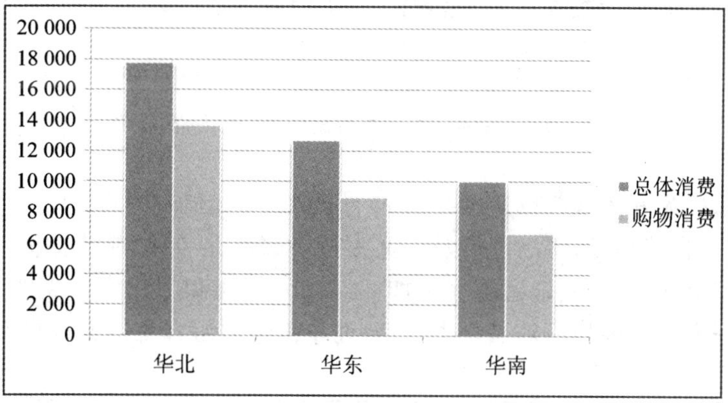

图 7-12　各地区出境游客旅游消费

4. 未来出境旅行意愿

相对而言,华南地区出境游客未来两年内仍考虑出境旅游的比例最大;而东北地区游客考虑再次出境旅游的比例最小。

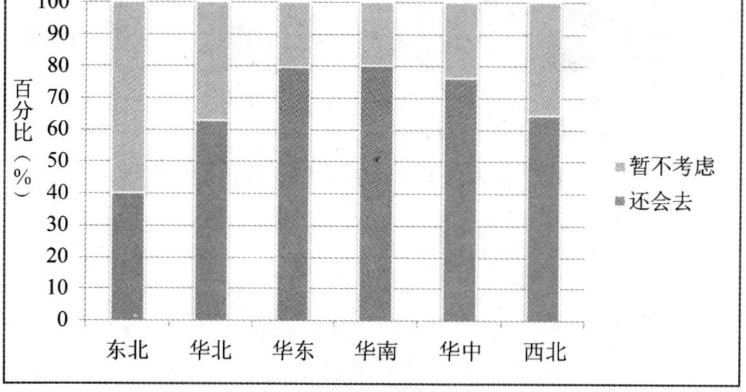

图 7-13　各地区出境游客未来出境旅行意愿

5. 未来偏好的旅行方式

跟团旅游仍然是游客未来出境旅行最偏好的旅行方式。

相对而言，华南地区游客选择跟团旅游的比例更大；而华东地区游客选择半自助游和完全自助游的比例更大。

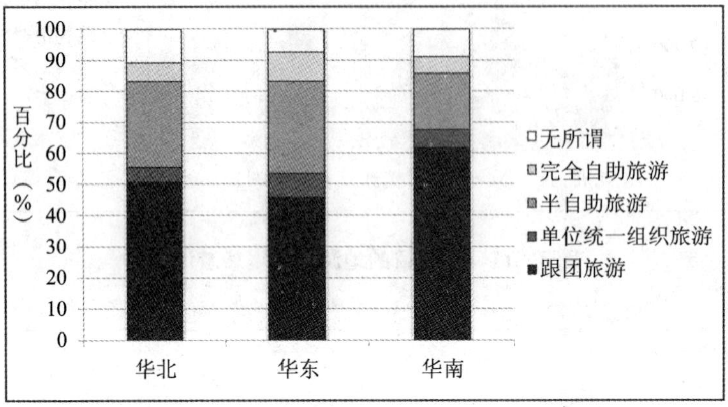

图 7－14　各地区游客未来出境旅行偏好的方式

6. 未来旅行偏好线路及地区差异

总体而言，自然观光、海岛度假及人文古迹类线路是各地游客未来出境旅行最偏好的线路。相对而言，华北地区游客更加偏好海岛度假和邮轮度假类线路；华东地区游客更加偏好人文古迹和境外购物类线路；而华南地区游客更加偏好自然及都市观光类线路。

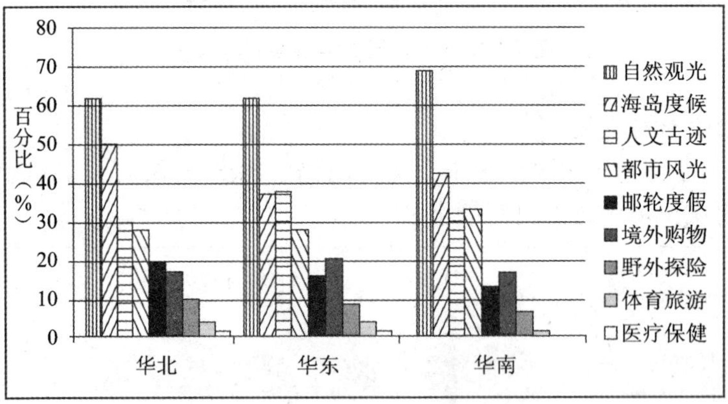

图 7－15　各地区游客未来旅行偏好的线路类型

第八章　出境旅游保险

一、出境旅游保险概述

由于境外目的地自然灾害、政局动荡引发了众多出境旅游风险，从而使出境旅游保险变得尤为重要。目前涉及出境旅游保险的种类主要包括旅行社责任保险和游客个人境外旅行保险。

1. 旅行社责任保险

2010 年 11 月，由国家旅游局、中国保险监督管理委员会联合下发的《旅行社责任保险管理办法》（以下简称《办法》）从 2011 年 2 月 1 日起正式施行。国家旅游局 2001 年 5 月 15 日发布的《旅行社投保旅行社责任保险规定》同时废止。相较于"旧版"规定，《旅行社责任保险管理办法》在整体章节、具体内容上都作了较多的修改和完善，其中最值得关注的是，在旅行社投保范围、每人人身伤亡责任限额和保险公司理赔服务工作程序等方面都有全新变化。

（1）根据新《办法》规定，旅行社责任保险的保险责任，具体包括三种情形

①因旅行社疏忽或过失应当承担赔偿责任的；

②因发生意外事故旅行社应当承担赔偿责任的；

③国家旅游局会同中国保险监督管理委员会规定的其他情形。

（2）责任赔偿限额有所提高

2001 年 5 月 15 日发布的《旅行社投保旅行社责任保险规定》中规定：国内旅游每人责任赔偿限额人民币 8 万元，入境、出境旅游每人责任赔偿限额为 16 万元。新《办法》中规定，责任限额可以根据旅行社业务经营范围、经营规模、风险管控能力、当地经济社会发展水平和旅行社自身需要，由旅行社与保险公司协商确定，但每人人身伤亡责任限额不得低于 20 万元人民币。外出旅游个人人身权益保障有了较大幅度的提高。

（3）对保险公司的理赔服务作出了新的约定

新《办法》依法规范了保险公司理赔服务及工作程序，对保险公司的理赔服务作出了新的约定。例如：根据旅行社的请求，保险公司应当直接向受害的旅游者、导游或者领队人员赔偿保险金。因抢救受伤人员需要保险公司先行赔偿保险金用于支付抢救费用的，保险公司在接到旅行社或者受害的旅游者、导游、领队人员的通知后，经核对属于保险责任的，可以在责任限额内先向医疗机构支付必要的费用。

2. 个人境外旅行保险

境外旅行保险，是针对国民境外旅行面临的意外、医疗等风险等推出的紧急救援服务及意外、医疗、救援服务费用保险保障。目前的境外旅游保险涵盖范围除意外伤

害险外，还包括医药补偿、旅行者随身财产、个人钱财、旅程延误、旅游证件遗失、行李延误等。

目前根据申根国家的规定，所有的短期签证申请者都必须在递交签证申请材料时购买境外保险，证明可担保国外住院费用及遣返费用，保险金额不得低于 30 万元人民币（即 3 万欧元），保险期限不得少于一个月，并且覆盖所有的申根国家（商务签证要求保险期限为 30 天）。在同时递交了护照和保险单后，才能发放签证。

而泰国、马来西亚、美国或非洲等国家或地区，则没有强制旅客购买旅游医疗保险。

随着中国出境旅游的快速发展，消费者保险意识的觉醒，境内外保险公司也推出各种不同产品，加大了对中国出境旅游保险市场的开拓。

以北京地区为例，提供境外旅游保险的保险公司有：华泰全球旅行保险、安联全球旅行保险、美国友邦保险有限公司、中国人寿保险股份有限公司、美国美亚保险公司、泰康人寿保险股份有限公司、中意人寿保险有限公司、中国平安人寿保险股份有限公司、中德安联人寿保险有限公司等。

此外，还有蒙迪艾尔网、慧择保险网、优保网、安联在线保和中国平安官网等也在线提供境外旅行保险的投保。

二、出境游客旅游保险需求与认知

1. 认为购买保险的必要性

针对门市咨询客人的调查显示，近 90% 的门市咨询客人表示有必要购买出境旅游保险。

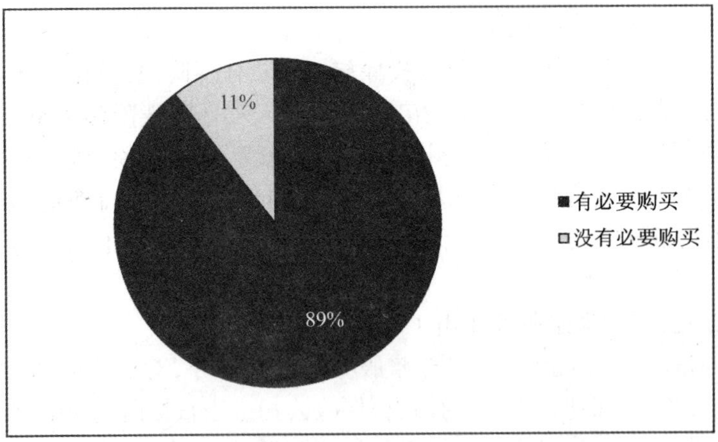

图 8-1　潜在游客认为购买出境旅游保险的必要性

2. 购买保险的途径

大部分潜在游客愿意通过旅行社渠道购买旅游保险，也有部分愿意通过保险公司购买，而其他方式则很少。

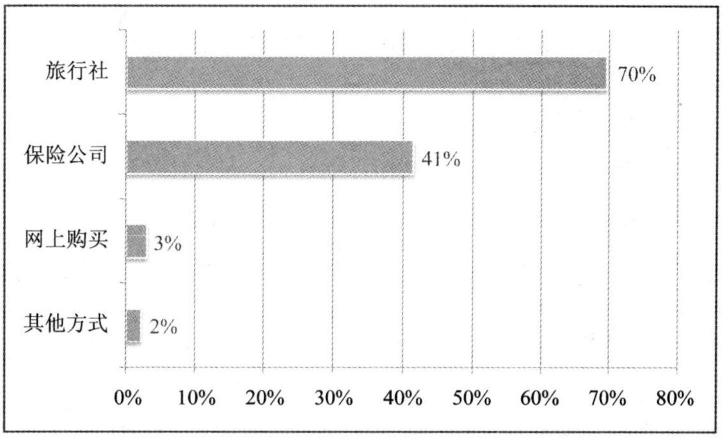

图 8-2　潜在游客愿意购买旅游保险的途径

3. 出境游客购买保险情况

对出境游客的调研显示，大部分出境游客购买了旅游保险。

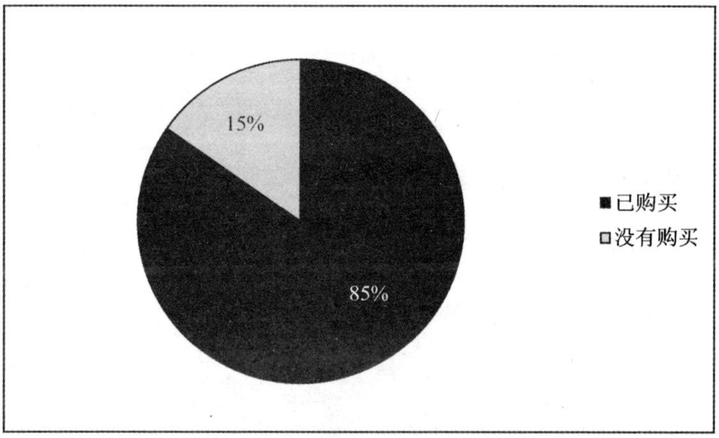

图 8-3　出境游客购买保险情况

4. 游客购买保险的类型

可以看出，绝大部分出境游客购买了旅行意外伤害保险，而其他类型保险只有很少部分人购买。

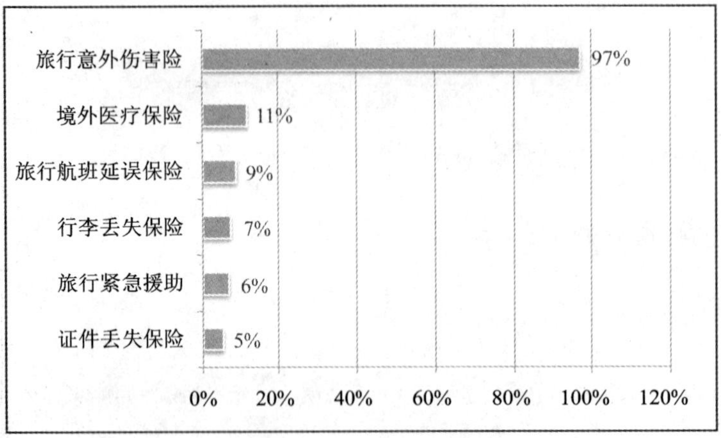

图 8－4　出境游客购买保险的类型

5. 未购买保险的原因

未购买保险的游客，主要认为不了解出境旅游保险产品，而部分游客认为没有必要购买。

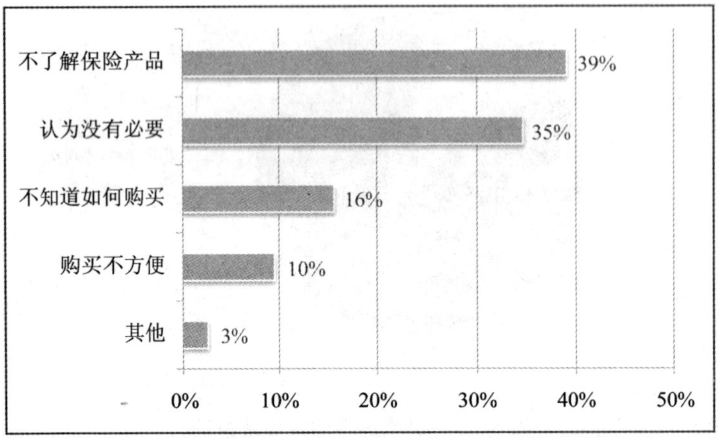

图 8－5　出境游客没有购买保险的原因

第九章　邮轮度假旅游

一、中国邮轮出境旅游市场发展概况

1. 中国邮轮出境旅游市场发展

随着居民生活水平的持续提高和旅游消费需求的迅速增长，以及旅游方式从以游览观光为主向度假休闲的转变，国际上已经非常成熟的邮轮旅游方式，逐渐引起中国旅游消费者的关注，并成为一种充满魅力的新兴旅游方式。

2006 年以前，我国内地游客体验邮轮游，一般都是乘飞机到香港，然后再从香港参加邮轮游。自 2007 年开始，歌诗达邮轮、皇家加勒比邮轮相继在上海、天津开辟邮轮航线，中国邮轮出境旅游开始迅猛发展。

据中国邮轮游艇协会（CCYIA）统计，2010 年中国内地共接待国际邮轮 223 航次，同比增长 42.9%。其中，以中国沿海城市为出发港的国际邮轮客班轮，全年共有 95 个航次，同比增长 18.8%。

在中国游客的邮轮出境旅行方面，2001 年，中国邮轮旅游消费者仅为 8000 余人，而在 2010 年，据中国邮轮游艇协会初步统计，乘坐邮轮赴海外旅游的出入境中国内地游客 79 万人次（不含中国香港、澳门、台湾），比 2009 年 65.8 万人次同比增长 20.1%。

据 PATA 亚太地区旅游报告分析：中国邮轮旅游的发展要经历“三步走”：

第一阶段（2006—2010 年）：北京奥运会和上海世博会等国际性大型活动将吸引更多的国际邮轮进入中国，并刺激港口设施的加速建设；邮轮会受到会展奖励等商务活动的青睐。

第二阶段（2011—2015 年）：邮轮旅游的出入境业务都将以惊人的速度增长，越来越多的中国内地游客将选择邮轮旅行，特别是去亚太地区的目的地。

第三阶段（2016 年后）：中国邮轮产业将进入成熟阶段，设施与服务都将与国际接轨，国内和出境邮轮旅行将成为主流，本土邮轮公司将大显身手。

2. 邮轮港口的发展

中国邮轮旅客量的不断增长，国内港口城市对邮轮旅游市场的竞相逐鹿和国际邮轮巨头的大举进入，也使国内邮轮港口开发热潮不断高涨。

近年来，我国初步形成了三大邮轮港口群，包括依托长江三角洲和环渤海湾的东北亚邮轮港口群，依托珠江三角洲和环北部湾的东南亚邮轮港口群，依托海峡西岸和台湾岛的（台湾）海峡两岸邮轮港口群。

据中国邮轮游艇协会发布的数据，目前中国拥有国际邮轮港口 16 个。中国国际邮轮码头已完全具备亚洲一流码头的硬件条件，如上海港 2010 年日接待能力已突破

6 000 人。

目前，除香港海运大厦邮轮码头外，国内已建成或即将建成的专业邮轮码头有上海国际客运中心、厦门国际邮轮中心、三亚凤凰岛邮轮码头，上海吴淞口邮轮码头、天津港国际邮轮码头等。另外，大连、青岛、宁波、深圳、广州、珠海、汕头等城市也都制定了建设或改造邮轮客运中心的规划。

3. 邮轮旅游发展政策

在产业发展政策方面，邮轮旅游得到了中央政府和各级地方政府的大力扶植与推进。近年来，相关部门相继出台了一系列推动我国邮轮旅游市场发展的利好政策。相关政策的出台有力地拉动了中国邮轮旅游的发展。

表 9-1　近年来主要促进邮轮旅游发展的政策

时间	主要政策内容
2008 年 6 月	国家发展与改革委员会出台了《促进我国邮轮业发展的指导意见》。
2009 年 1 月	教育部将邮轮专业纳入全国招生目录。
2009 年 2 月	国家旅游局将邮轮旅游纳入滨水旅游规划体系，国家质量检验检疫总局也出台了《国际航行邮轮群体性疾病突发事件应急处置技术方案》。
2009 年 3 月	国务院常务会议首次提出“促进和规范邮轮产业发展”。
2009 年 10 月	交通运输部发布了《关于外国籍邮轮在华特许开展多点挂靠业务的公告》，允许外籍邮轮在华开展多点挂靠业务。
2009 年 12 月	国务院发布的《关于加快发展旅游业的意见》中将邮轮游艇作为新时期重点培育的旅游消费热点。
2010 年 7 月	交通运输部表示正在修订《外商独资船务公司审批管理暂行办法》，拟允许经批准外国邮轮公司在华独资设立经营性机构。

二、国际邮轮在中国市场的发展

目前，中国邮轮旅游市场主要由三大邮轮公司嘉年华邮轮集团（歌诗达邮轮）、皇家加勒比国际邮轮、丽星邮轮主导，此外，公主邮轮、地中海邮轮等国际主要邮轮公司均针对中国市场不断增加的邮轮旅游需求，加大对中国市场的推广力度。

表 9-2　主要邮轮公司针对中国市场的发展

邮轮公司	主要针对中国市场的发展事件
嘉年华集团歌诗达邮轮	2006 年 6 月,歌诗达旗下"爱兰歌娜号"邮轮来到亚洲,开辟香港作为歌诗达亚太区第一个母港,并设立亚太区总部。 2006 年 7 月初,歌诗达开设了以上海为母港的往返于中、日、韩之间的定班航线。 2006 年 11 月起,自香港出发,航行在中国香港和三亚以及越南的航线上。 2007 年 8 月初,在天津开始了歌诗达在中国内地的第二个母港,进一步开拓亚洲市场。 2007 年 12 月,宣布亚洲市场将迎来第二艘邮轮"经典号"。 2008 年 8 月 5 日,歌诗达迎来在中国的第 100 个航次。 2009 年 4 月 25 日,中国市场迎来第二艘歌诗达邮轮"经典号"。 2009 年 4 月,作为外籍邮轮获准直航中国台湾。 2010 年 1 月起,面向中国内地游客推出定班台湾邮轮航线。 2010 年,由歌诗达"浪漫号"接替"爱兰歌娜号",进一步加大中国市场投资。 2010 年 6 月 26 日,歌诗达"浪漫号"首航中国,启用天津国际邮轮母港。同时,歌诗达邮轮公司与天津港集团签订战略合作协议,加深港航合作,在票务销售、市场开发、物资补给方面携手共进。
皇家加勒比国际邮轮	2008 年 4 月,皇家加勒比国际邮轮旗下的"海洋迎风号"以上海为母港,开设了 6 个航次的中、日、韩邮轮航线。 2008 年在上海开设代表处。 2009 年 2 月,"海洋神话号"首访上海。 2009 年 3 月,作为外籍邮轮获准直航中国台湾。 2009 年 11 月,皇家加勒比国际邮轮与上海国际港务(集团)股份有限公司签署了谅解备忘录,双方将在邮轮码头运作、市场推广、票务代理、销售渠道等方面展开深度合作。 2010 年,皇家加勒比国际邮轮首次在中国开设了全年母港航线,旗下"海洋神话号"在中国运营的航次增加到 39 个。 2010 年 7 月,"海洋神话号"首次打开华北市场,开设以天津为母港的游轮航线。
丽星邮轮	1999 年开始,在广州、北京、上海设立办事处,展开推广营销活动。 2000 年进入中国市场,"双鱼星号"开通海口——越南下龙湾线路。 2002 年"双子星号"开通深圳——香港——越南下龙湾航线。 2004 年在上海开设全外资国际旅行社。 2009 年推出"一程多站"香港、台湾暑假航次,吸引大批内地游客。
地中海邮轮	2009 年 12 月 16 日意大利地中海邮轮公司(MSC)与上海国际港务(集团)股份有限公司宣布成立地中海邮轮旅行社(上海)有限公司,共同开发中国邮轮市场。
公主邮轮	2005 年,公主邮轮进入中国,先后在上海、广州、北京、大连、成都成立代表处。
丽晶七海邮轮	自 2011 年 1 月 1 日起,中国国际旅行社总社有限公司正式以丽晶七海中国总代理的身份,全面负责其在整个中国市场的品牌推广与市场营销。丽晶七海邮轮公司将与国旅总社强强联合,共同携手开拓中国市场。

三、中国出境邮轮产品①

1. 自中国母港出发的邮轮产品

目前中、日、韩航线，中国香港、台湾航线和东南亚航线是中国游客参与邮轮旅游的主要线路。由于中、日、韩三国港口的航线距离短，很容易做到"朝发夕至"；热带地区独特的气候条件和港口优势，使东南亚航线的邮轮营运可以全年周期运作，航班密度高，航线选择多。与此同时，随着中国台湾地区对中国内地游客的进一步开放，港、台两地的邮轮目的地组合也很受游客青睐。作为全球邮轮度假目的地最受关注的地中海及加勒比海等地，虽然已经吸引越来越多中国客人的注意，但目前还没有直接从国内出发、最终停靠于地中海或加勒比海等地的航班。由于长线国际航班将面临更繁复的审批手续，游客也将面临更复杂的海关手续和签证手续等。这是导致目前中国游轮市场上仍以日、韩和东南亚为主要目的地的又一原因。

2011 年，歌诗达邮轮浪漫号、经典号，皇家加勒比国际邮轮海洋神话号与丽星邮轮宝瓶星号将经营从中国母港出发的邮轮产品。根据歌诗达邮轮和皇家加勒比邮轮公布的 117 个航次的邮轮产品分析，2011 年中国母港邮轮产品主要集中于夏秋两季，以 4 晚至 7 晚的航线为主，航行区域集中于日本、韩国、中国香港、中国台湾、东南亚地区。

(1) 主要邮轮

表 9-3　2011 年运营中国母港航线的邮轮

邮轮公司名称	邮轮名称	运载量(下铺床位)	母港
歌诗达邮轮	经典号	1 308	香港、上海
	浪漫号	1 356	香港、上海、天津
皇家加勒比国际邮轮	海洋神话号	1 804	香港、上海、天津
丽星邮轮	宝瓶星号	1 530	香港

(2) 航行周期

2011 年，中国母港邮轮航线以 4 晚至 7 晚的航线为主，皇家加勒比国际游轮首次在中国市场推出 3 晚和 4 晚的短途航线，以符合部分中国消费者的度假习惯和企业客户组织会奖旅游的特点，满足细分市场差异化需求。

① 2011 年 3 月 11 日，日本发生强烈地震，并引发了福岛核电站核泄漏事故。皇家加勒比邮轮及歌诗达邮轮均调整了航线中有关在日本的行程。因此，2011 年实际运营的中国母港邮轮航线在内容上将有所调整。

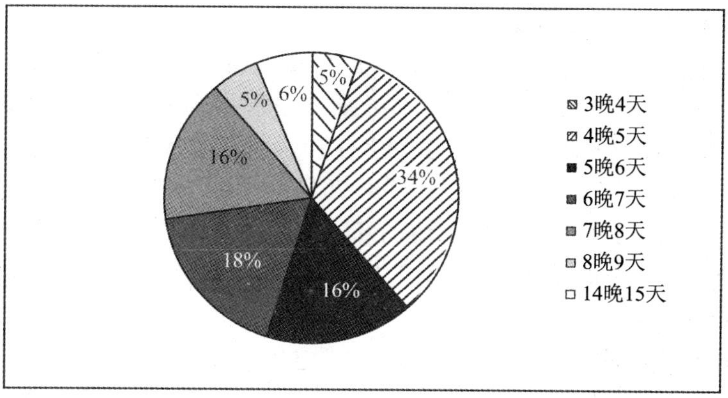

图 9-1　2011 年中国母港出发邮轮产品航行周期结构

(3)时间分布

从航次数及运载量来看,2011 年,自中国母港出发的邮轮产品主要集中于 2 月和夏、秋季节,以 6 月出发的航次最多。

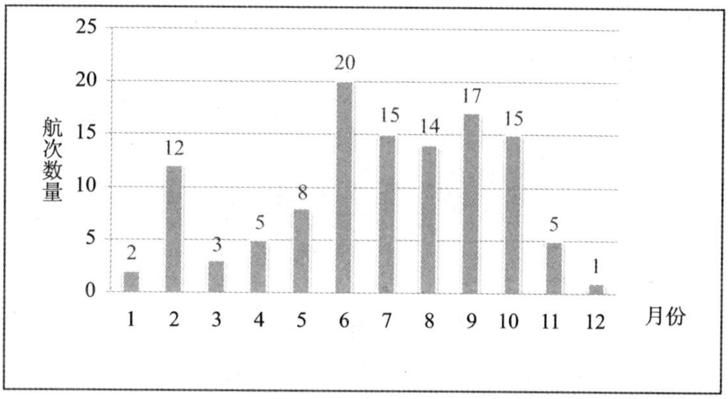

图 9-2　2011 年中国母港出发邮轮航次数量月度分布

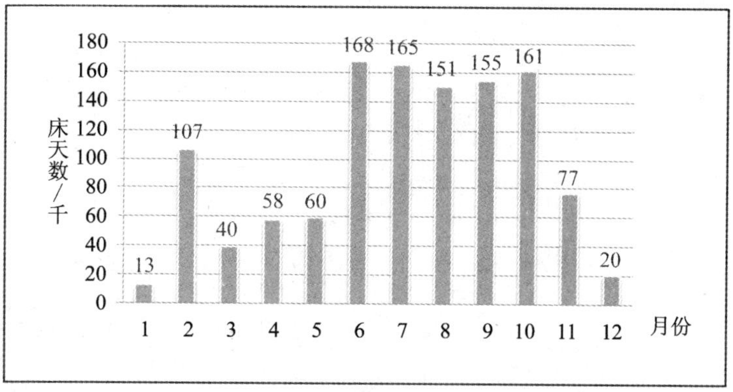

图 9-3　2011 年中国母港出发邮轮运载量月度分布

(4)航线内容

2011 年,中国母港航线航行区域集中于日本、韩国、中国香港、中国台湾,以及东南亚地区。在航线设计上,歌诗达针对航线推出一系列不同主题的玩法来满足邮轮爱好者的需求,如针对中国台湾推出一系列文化预热的主题,针对日、韩推出一系列丰富多彩的当地文化交流主题。"海洋神话号"在 2011 年保留了福冈、鹿儿岛、釜山、下龙湾、基隆和高雄等人气十足的城市,并新增加了日本温泉涌出量最大的世外桃源——别府、日本经济文化中心——大阪、被誉为韩国"蜜月之岛"的济州和中国"台湾之心"台中。

2. 非中国母港邮轮产品

根据对中国境内旅行社或其他机构代理的 11 家邮轮公司的 134 条航线共 1 035 个航次分析,针对中国市场展开销售的非中国母港邮轮产品提供者主要包括歌诗达邮轮、皇家加勒比邮轮、丽星邮轮、美国公主邮轮、地中海邮轮、挪威邮轮、航行区域集中于加勒比海和地中海,以加勒比海航线最多次数最多。

(1)时间分布

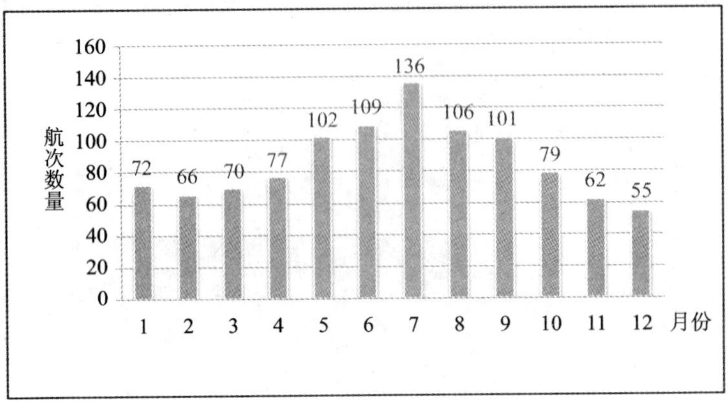

图 9-4　2011 年非中国母港邮轮产品线路时间分布

(2)区域分布

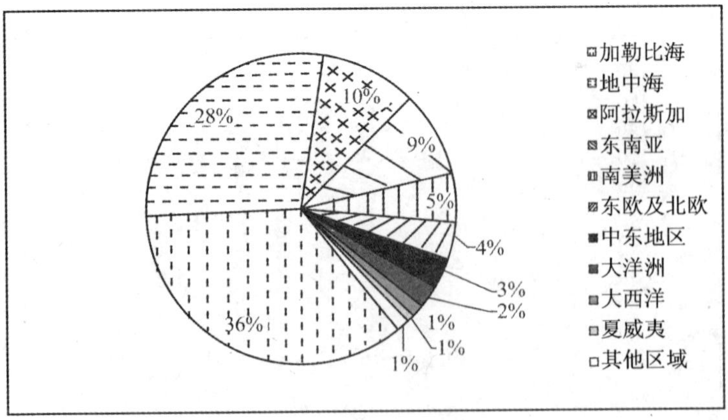

图 9-5　2011 年非中国母港邮轮产品线路涉及地区分布

(3)航行周期

从国内旅行社代理的境外邮轮航线来看,7晚8天的邮轮产品占绝大多数。

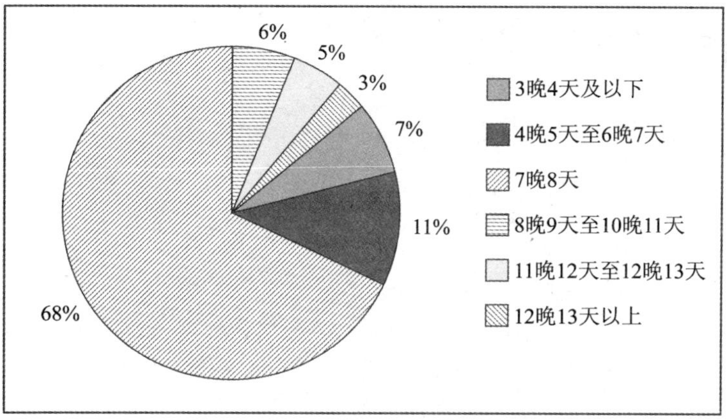

图9-6　2011年非中国母港邮轮产品线路航程分布

四、中国游客的邮轮度假消费特征与偏好

1.基本特征

2011年1~2月针对参加歌诗达邮轮和皇家加勒比邮轮新加坡——马来西亚——泰国线路、地中海线路、美国——墨西哥线路的中国邮轮游客的调研显示:参与邮轮旅游的游客男女比例基本相当,以中青年游客为主,多数具有高学历和高收入。

(1)年龄

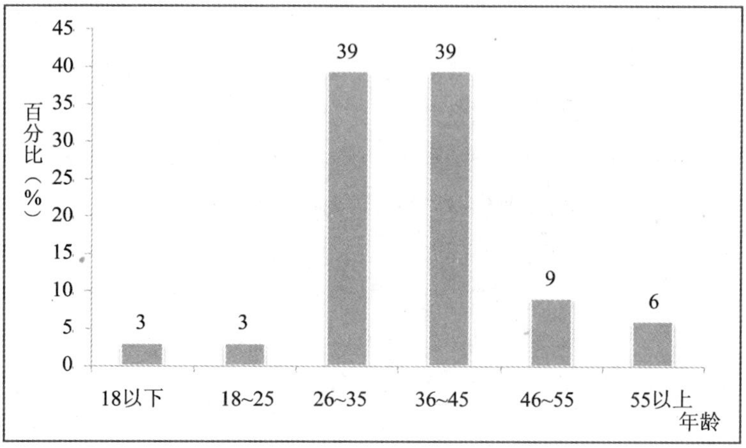

图9-7　邮轮游客年龄结构

(2)婚姻状况

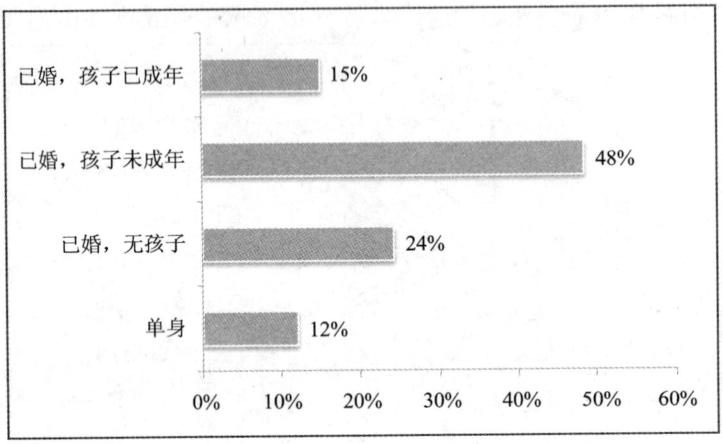

图 9-8　邮轮游客婚姻状况

(3)个人月收入

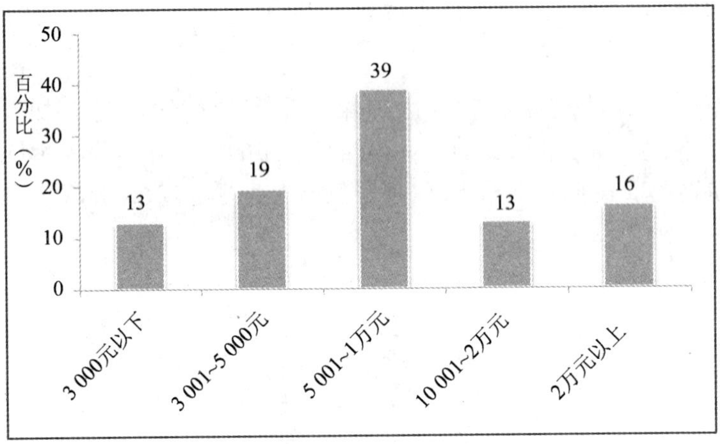

图 9-9　邮轮游客收入结构

(4)学历

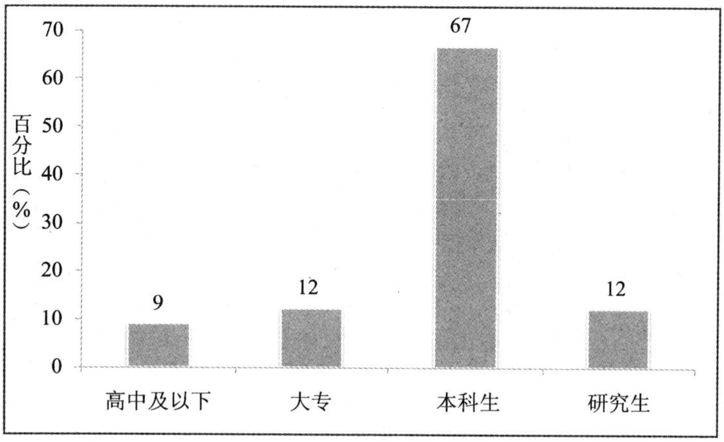

图 9-10　邮轮游客学历结构

(5)职业

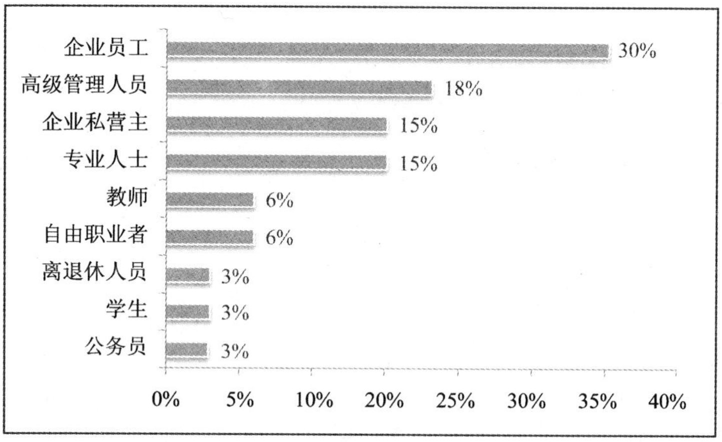

图 9-11　邮轮游客职业结构

2. 决策特征

参与邮轮出境旅行的中国游客大部分此前有过邮轮旅行经历,以家庭旅行为主,以放松身心为目的,大部分游客对邮轮旅行有一点了解,网络和旅行社是最主要的信息来源。

（1）此前的邮轮旅行经历

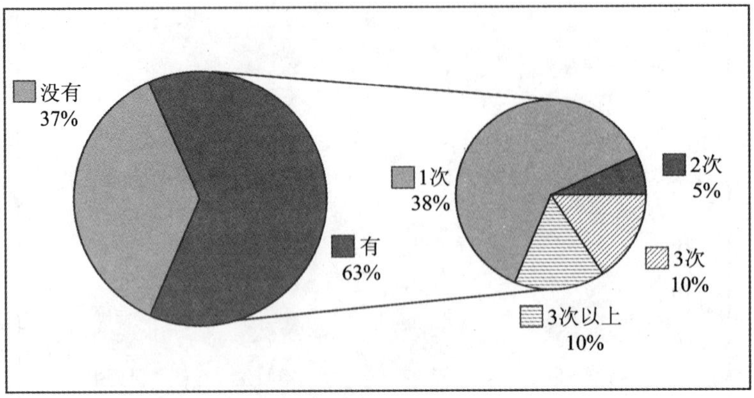

图 9－12　邮轮游客此前邮轮旅行经历

（2）邮轮旅行的目的

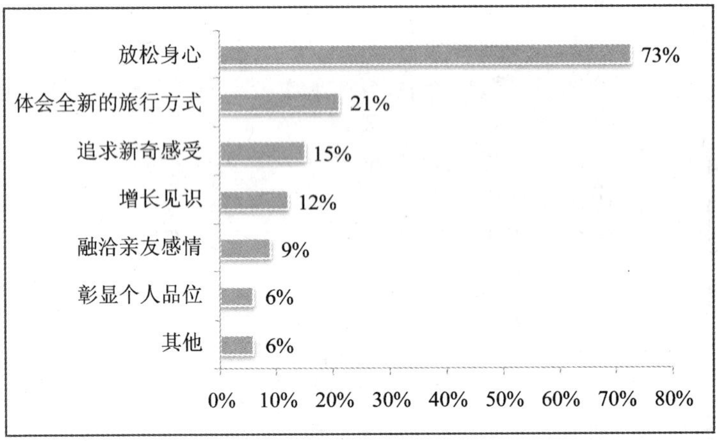

图 9－13　邮轮游客旅行目的

(3)邮轮旅行同伴

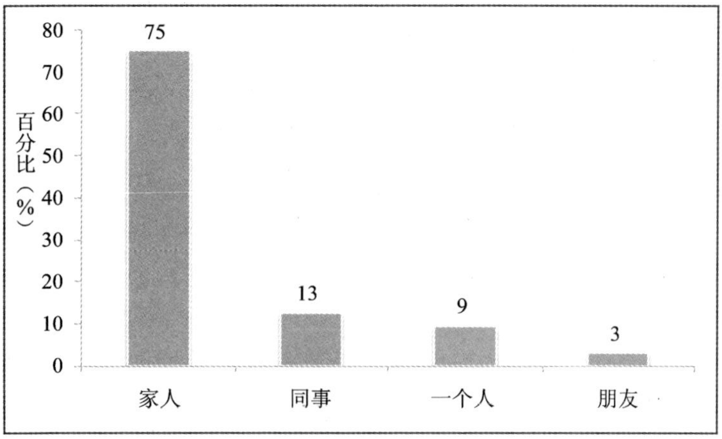

图 9-14　邮轮游客旅行同伴

(4)对邮轮旅游的了解

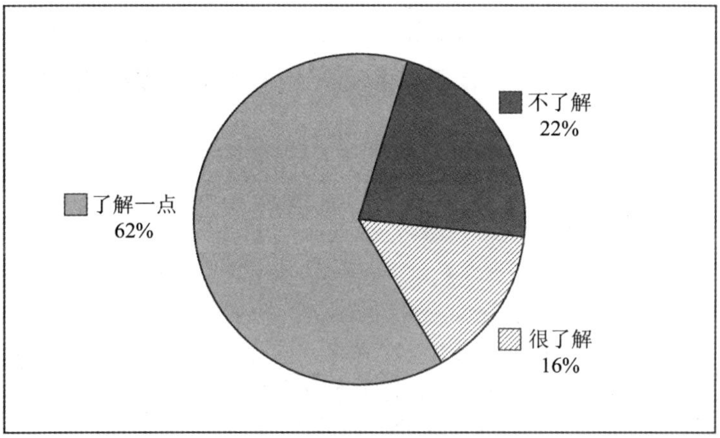

图 9-15　游客对邮轮旅游的了解程度

(5)了解邮轮的渠道

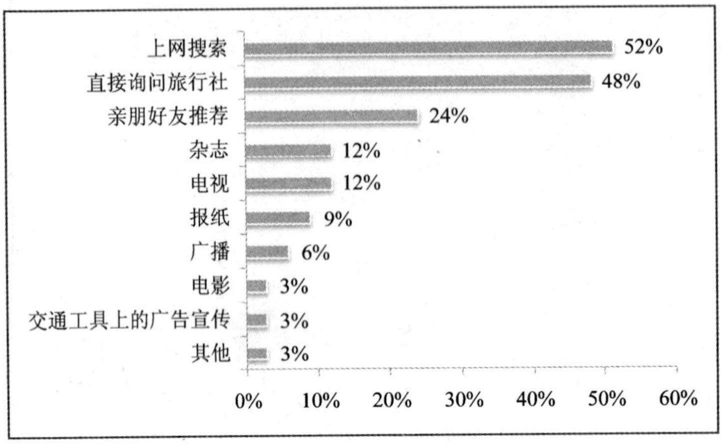

图 9－16　邮轮游客了解邮轮旅行的信息渠道

3. 旅行偏好

从中国邮轮游客对邮轮项目的偏好角度看,沿岸风光与船上服务质量是吸引游客的主要因素,而在邮轮设施中,游客认为露天泳池/日光浴场和特色餐厅最重要。

(1)邮轮旅行项目偏好

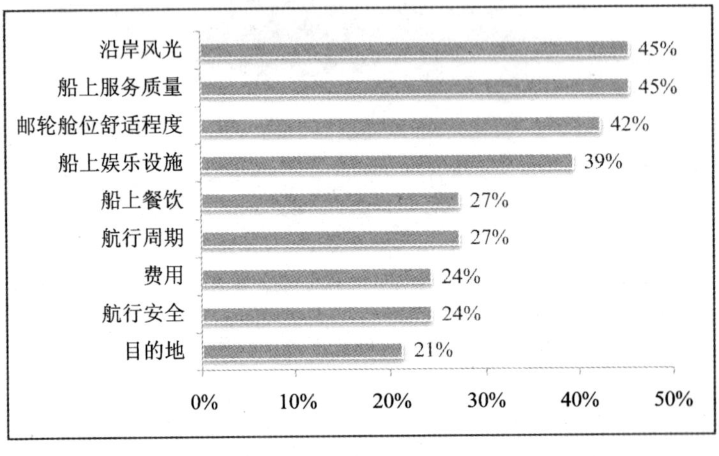

图 9－17　邮轮游客最注重的邮轮旅行项目

(2)邮轮设施的重要性

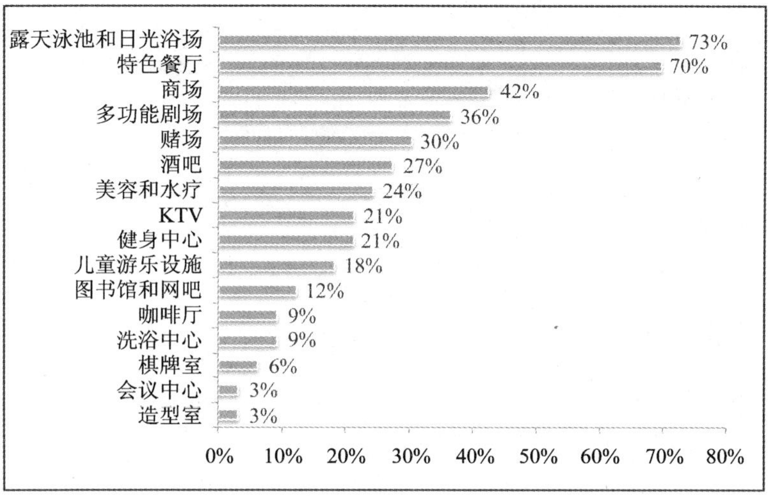

图 9-18　邮轮游客最注重的邮轮旅行设施

4. 满意度

表 9-4　受访游客对邮轮各项服务的满意程度

	非常满意(%)	满意(%)	一般(%)	不满意(%)
航线安排	51.5	42.4	6.1	/
娱乐活动安排	45.5	45.4	9.1	/
邮轮住宿	45.5	51.5	3.0	/
邮轮餐饮	42.4	45.5	12.1	/
邮轮医疗服务	54.8	32.3	12.9	/
邮轮生活服务	53.1	28.1	18.8	/
邮轮通讯服务	50.0	34.4	12.5	3.1

5. 未来意愿

90%的中国邮轮旅游者仍然愿意再参加邮轮旅游,偏向于在春节假期参加邮轮旅游,加勒比海和地中海区域仍是游客喜欢的邮轮旅行区域。

(1)时间偏好

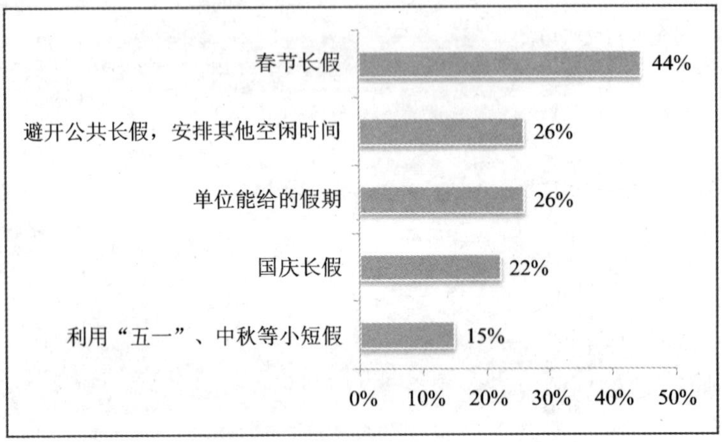

图9－19　邮轮游客参与下次邮轮旅行偏好的时间

(2)地区偏好

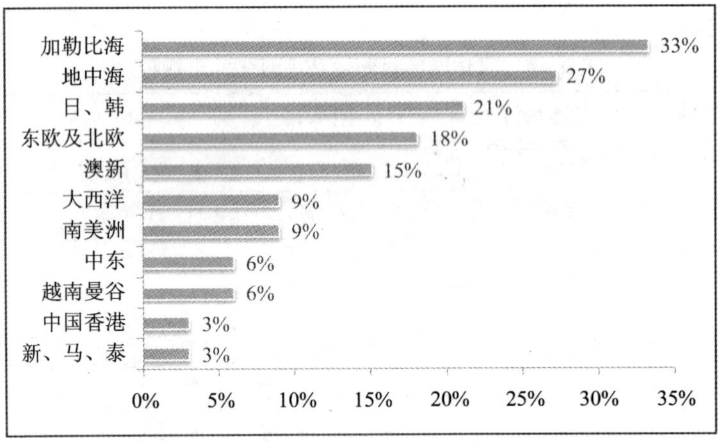

图9－20　邮轮游客下次邮轮旅行偏好的地区

第十章　2012 年出境旅游市场趋势

一、总体趋势

1.2011 年旅行社业绩预测

排除各种自然灾害和突发事件的影响，中国出境游的增长仍然是大势所趋。针对旅行社经理的抽样调查显示，80% 以上的旅行社认为，2011 年出境旅游业绩将保持增长态势。半数以上的旅行社经理认为，出境旅游业绩增长幅度在 6% ~20% 之间。有 10% 的旅行社经理认为，出境旅游市场受到各种因素影响，市场业绩难以预测。

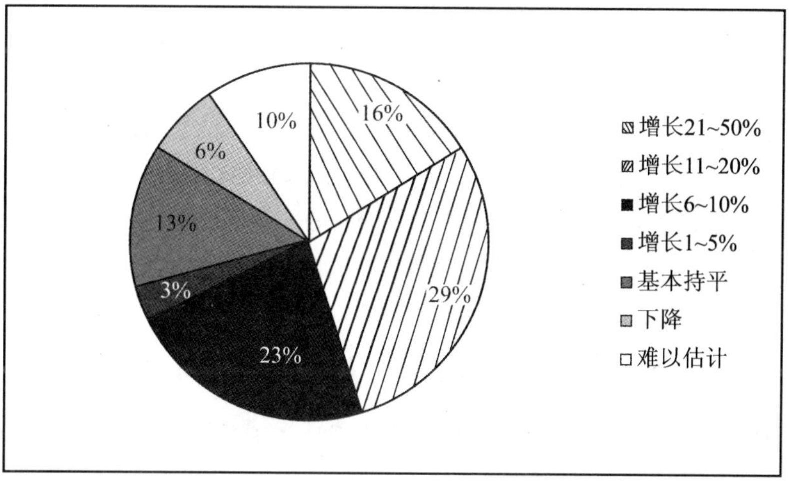

图 10－1　旅行社对 2011 年中国出境旅游市场的趋势判断

2. 出境旅游市场趋势

（1）规模继续扩大，二三线客源市场将快速增长。尽管受到国内通货膨胀等不利因素的影响，但由于整体经济基础向好，旅游发展的政策利好，境外目的地旅游签证门槛不断降低，2011—2012 年出境旅游市场规模仍将维持增长。但是目的地自然灾害与各种突发事件将影响中国出境旅游市场的客流结构。

从客源地角度看，由于更多口岸的开放，众多批发商加大了对二三线客源市场的拓展，二三线客源市场将呈现较快增长趋势。

（2）传统团队游市场趋向品质化与多元化。出于对出境旅游安全性、便利性及文化差异等多种因素的考虑，传统团队游仍将是出境旅游者的首选。但总体而言，团队游主题将更加多元化，内容上将趋于细致化，服务更加标准化。出境休闲旅游和商务奖励旅行将并重成为一种新趋势。

从目的地角度看，日、韩市场在2011年可能有所下降，中国香港、澳门、台湾，东南亚仍为传统基础市场。欧、美等长线目的地市场将维持稳定增长。

（3）高端与定制化产品需求加大。随着旅游经验的丰富，经济收入与教育程度的提高，旅游需求的档次和品位逐渐提高，个性化需求愈加明显。消费者可以自组团并定制行程，各大旅行社也在极力避免旅游产品同质化和低价竞争，2011—2012年各种高端主题旅游产品（海岛、邮轮、特色观光、体育、艺术、医疗、摄影、新婚蜜月旅游等）将明显增多。

（4）自由行市场快速发展。随着游客出境旅游的经验日趋丰富，在线路选择上主观意识更强，目的地个人旅游签证的逐渐放开，出境自由行市场快速发展，自由行市场也将成为出境旅游服务商竞逐的热点。

除了在线旅行服务商加强对境外自由行产品的开发力度以外，传统旅行社也开始立足散客市场，不再局限于"机票+酒店"的形式，而是强化更具特色和内容更加丰富的境外目的地服务体系，同时开始加强电子商务销售渠道。

从目的地角度看，近程的东南亚及海岛自由行为目前出境自由行的热点地域，而对远程的欧洲、澳洲自由行需求将会逐渐扩大。

在形式上，旅行社、目的地旅游局、航空公司、酒店各方合作推出自由行产品成为拓展自由行内容与深度的重要手段，例如，2011年美联航与芝加哥市旅游会展局及华远旅游推出芝加哥自由行，携程旅行网、上海锦江旅行社和澳航自由行推出澳洲航空自由行。

二、亚洲市场趋势

1. 增长趋势

亚洲各国和地区一直是中国游客的主要出境目的地，其中又以中国香港和澳门为最主要出境目的地。

受到2011年3月日本大地震及核辐射的影响，3月下旬开始各大旅行社取消所有日本团。预计2011年中国公民赴日本旅游人数将显著减少。但是旅游者出境旅游意愿并未受到影响，大多数改变旅游计划选择其他境外线路，如韩国、新加坡、泰国、马尔代夫等。总体而言，中国公民赴亚洲地区旅游人数仍将维持稳定增长。

2. 产品趋势

在中国的出境游市场中，赴亚洲各目的地旅游已发展到一定水平，因此在原有旅游产品的基础上不断创新与细分、并朝品质化方向发展，将是亚洲及中国港、澳、台地区旅游产品发展的必由之路。

分区域角度看，中国港澳游产品品质仍将是各方关注的焦点。中国台湾游产品将更加丰富，价格有望下降。日、韩自由行产品与东南亚海岛和城市自由行产品将快速发展，南亚地区旅游产品体系将更加细化，小团队旅游的包位产品将更加突出。

三、欧洲市场趋势

1. 增长趋势

近年来,欧洲各国旅游局加大了在中国市场的推广力度,中国公民赴欧洲大陆游客一直稳步增长,欧洲游产品逐渐向深度与个性化过度,市场基本成熟,预计未来中国赴欧洲的游客将保持稳步增长。

欧洲在历史、人文、自然、商务设施各方面的独特性和完善程度,产品的丰富性和可变性,使欧洲作为旅游目的地具有不可替代性。目前,众多欧洲目的地国家也加大了对中国市场的推广力度,显示出对中国市场的重视,而 2012 年伦敦奥运会也将进一步吸引中国游客的目光。只要不发生特殊的重大事件,中国赴欧洲旅游市场规模将稳步扩大。

2. 产品趋势

多国游因满足了首次赴欧洲旅游者希望多到访一些国家的愿望,在相当长时间内还将保持一定的比例,通过资源整合有可能实现规模效应和品质升级。深度、主题线路产品已经是出境游市场的亮点,并将成为欧洲出境游市场的重点,欧洲各目的地针对中国而推出的旅游产品显得更加丰富,各种针对细分市场的休闲度假、滑雪、高尔夫球及自由行等产品在未来将会更加突出。

此外,由于目前欧洲许多国家受理中国公民的个人旅游申请,比如法国、意大利、德国、瑞士等,即个人以旅游为目的、无须邀请函的签证类型,且此种类型的签证成功率较高。加之欧洲目的地旅游局和国内大型旅行社的极力推广,欧洲自由行产品的比例将会越来越大。

四、美洲市场趋势

1. 增长趋势

2010 年,中国公民赴美洲为 149 万人次。由于 2010 年组团赴加拿大旅游已经成行,随着各大旅行社大刀阔斧地推出加拿大游产品,以及美国、加拿大签证率的逐步提高,2011 年中国赴北美旅游人数有望获得大幅增长。

巴西和阿根廷等南美目的地已经关注中国旅游市场,巴西利用 2014 年举办世界杯足球赛和 2016 年举办奥运会的契机在中国旅游市场进行推广,预计中国赴南美旅游人数将有一定幅度的增长,但受制于航班、费用等问题,估计增幅不会很大。

2. 产品趋势

随着加拿大和美国游开放更加深入,各种主题游和个性游将会增多。2009 年夏威夷自由行已经开放,以纽约、华盛顿、费城和波士顿为主的东海岸文化历史旅游,以洛杉矶、拉斯维加斯为主的西海岸时尚娱乐旅游等各种主题游将会更加丰富。

加拿大已经完全开放,游客将逐渐从走马观花式的线路偏向深入了解加拿大的风土人情。美国、加拿大两国独立的深度游产品将更有卖点。

中南美洲的旅游产品将会逐渐丰富,并将有更多高端线路出现。但是仍然取决于目的地推广力度与航班、费用等因素。

五、大洋洲市场趋势

1. 增长趋势

大洋洲的澳大利亚和新西兰作为最早向中国开放的长线出境旅游目的地，一直是国内组团社出境游业务的重点市场。澳大利亚旅游局及各州推广机构一直积极进行宣传、推广活动，目前大洋洲一些海岛游也逐渐吸引越来越多的中国旅游消费者，预计未来中国赴大洋洲的游客将保持稳步增长。

2. 产品趋势

澳大利亚和新西兰已经向中国开放十多年，旅行社面向不同层次消费的旅行者提供各种类型的产品已经十分丰富，未来澳洲旅游产品将朝更多新的景点组合，新的体验活动的开发方向发展，使澳洲旅游产品更具深度、更加丰富和更有品质保障。

六、非洲市场趋势

1. 增长趋势

中国赴非洲旅游市场规模增速一直保持在两位数，近年来中国与非洲经贸交往频繁，2010 年在南非举办世界杯足球赛已经对中国市场产生了较大的拉动效应，由于 2011 年埃及政局动荡、利比亚战争等诸多因素将对 2011 年赴非洲旅游市场产生较大的负面影响。但着眼于长远，中国赴非洲旅游人数仍将保持高速增长。

2. 产品趋势

非洲游产品随着被游客的认知，会日趋丰富。既有性价比高的联线产品，也有一地深度游产品；既有高端奢华游（例如豪华列车，高尔夫球，自驾等），也有适合年轻人的相对价位低廉的经济团出现。相对经济的旅游团将是非洲市场的基础，高端产品应该是非洲产品利润来源。

预计未来两年内非洲游产品结构不会有太大变化，埃及、南非和肯尼亚等常规旅游线路仍是招徕客源的主要产品，知名度高、特色显著、内容丰富、价格适宜的产品受欢迎。但是产品会向更具深度、更多元化的方向发展。产品将会越来越细分，个性化需求的产品会很多，特色主题产品（如摄影、野生动物观赏、高尔夫球、探险、自驾车等）会逐渐增多。

结语

国务院通过的《国务院关于加快发展旅游业的意见》确定了中国出境旅游发展的目标：到 2015 年，“出境旅游人数达 8 300 万人次，年均增长 9%”。2011 年，中国经济整体仍有望保持平稳增长，居民收入水平继续提高，中国出境旅游市场规模仍将持续扩大，越来越多的旅游消费者把目光投向资源更丰富、独具特色的旅游目的地，个性化和定制化的旅游需求不断增多，中国出境旅游市场具有很大的潜力。

近年来，许多目的地国家和地区在中国设立旅游办事机构，开展高密度、大范围的促销宣传活动，旅游运营商也不断挖掘新的目的地与产品，这对中国出境旅游市场形成了较强的拉力。在各方共同推动下，未来中国出境旅游市场将继续稳步发展。

责任编辑：孙延旭

图书在版编目（CIP）数据

中国旅行社行业发展年度报告.2011/中国旅行社协会主编.—北京：旅游教育出版社，2012.3

ISBN 978-7-5637-2286-0

Ⅰ.①中… Ⅱ.①中… Ⅲ.①旅行社—经济发展—研究报告—中国—2011 Ⅳ.①F592.6

中国版本图书馆CIP数据核字（2012）第021430号

中国旅行社行业发展年度报告2011

中国旅行社协会 主编

出版单位	旅游教育出版社
地　　址	北京市朝阳区定福庄南里1号
邮　　编	100024
发行电话	（010）65778403 65728372 65767462（传真）
本社网址	www.tepcb.com
E-mail	tepfx@163.com
印刷单位	北京中科印刷有限公司
经销单位	新华书店
开　　本	787×1092 1/16
印　　张	21
字　　数	366千字
版　　次	2012年3月第1版
印　　次	2012年3月第1次印刷
定　　价	49.00元

（图书如有装订差错请与发行部联系）